钟山铜盆汉墓

广西文物保护与考古研究所
钟 山 县 文 物 管 理 所 编著

科 学 出 版 社
北 京

内 容 简 介

本书为2010年钟山铜盆发掘的47座汉墓的发掘报告。墓葬时代系列完整，从西汉前期一直延续至东汉后期，作为广西汉代非郡县治地墓葬最集中的一次发现，其对研究汉代普通平民的社会经济生活及丧葬习俗均提供了宝贵资料。

本书可供考古、历史、文物等方面的工作者及相关专业的师生阅读与参考。

图书在版编目（CIP）数据

钟山铜盆汉墓 / 广西文物保护与考古研究所，钟山县文物管理所编著.—北京：科学出版社，2018.5

ISBN 978-7-03-057236-3

Ⅰ.①钟… Ⅱ.①广…②钟… Ⅲ.①汉墓-发掘报告-钟山县 Ⅳ.①K878.85

中国版本图书馆CIP数据核字（2018）第083368号

责任编辑：赵 越 / 责任校对：邹慧卿

责任印制：肖 兴 / 封面设计：美光制版

科学出版社 出版

北京东黄城根北街16号

邮政编码：100717

http：//www.sciencep.com

中国科学院印刷厂 印刷

科学出版社发行 各地新华书店经销

*

2018年5月第 一 版 开本：889×1194 1/16

2018年5月第一次印刷 印张：17 1/4 插页：62

字数：480 000

定价：298.00元

（如有印装质量问题，我社负责调换）

目　录

附表

插图目录

图版目录

第一章 绪　言

第一节　钟山地理位置及环境

钟山为贺州市属县，位于广西东北部，介于东经110°58′～111°31′、北纬24°17′～24°46′。县境东邻贺州市八步区，南连昭平县，西接平乐县和恭城瑶族自治县，北抵富川瑶族自治县（图一）。县域面积1675平方千米，下辖钟山、回龙、石龙、凤翔、珊瑚、同古、公安、燕塘、清塘、红花10个镇及花山、两安2个瑶族乡。全县人口中汉族占80%以上，其余为壮、瑶等少数民族。

钟山属南岭支脉萌渚岭、都庞岭的外延部分，为山地丘陵地貌，地势由北向东南倾斜，地形地貌多样。县境东、北、西及西南面为山地地形，诸山环拱，地势高峻；中间为低陷盆地，在山地边缘与盆地之间分布着起伏不大的平原和坡度缓和的丘陵。境内河流纵横，主要河流有富江、思勤江、珊瑚河。其中富江自西北向东南流经钟山县城并于贺街汇入贺江；发源于县境西北部大桶山的思勤江与南部西流的珊瑚河在清塘乡合流后经昭平汇入桂江（图版一，1）。

全县地处北回归线以北，属亚热带季风气候，光热丰富，雨量充沛，温凉合度，寒暑适宜。

第二节　历史沿革

钟山县源于汉元鼎六年所设富川县，其扼湘、桂、粤要冲，历来为岭南岭北物质文化交流的重要通道。早在秦汉以前，古代先民就已利用潇水、贺江等相邻河流的便捷优势进行交往。至秦汉时期，伴随着岭南岭北文化交流的日益频繁，又在原有旧道的基础上开辟新道，是为潇贺古道。历史上汉平南越、马媛征交趾都曾走此道。特殊的地理位置及便捷的交通优势造就了钟山古代文化的发达，境内古墓群星罗棋布，目前调查发现较大的汉—晋古墓群就达20余处之多，而且规模均较大，尤以思勤江流域最为密集。

关于钟山历史沿革，民国二十二年《钟山县志》有一段较为概括性的论述："搜前后之汉史，肇造堪稽，览新旧之唐书，变迁叠见，陈隋之废兴靡定，宋明亦移徙连番，有清尤属镇区，民国方成县制，此钟山之历史，宜握笔以直书也。"事实上在考证钟山历史沿革时，由于古今县名更替，辖境、治所的变迁，明清时期行政建制方面的空白，加之古富川县与今之富川

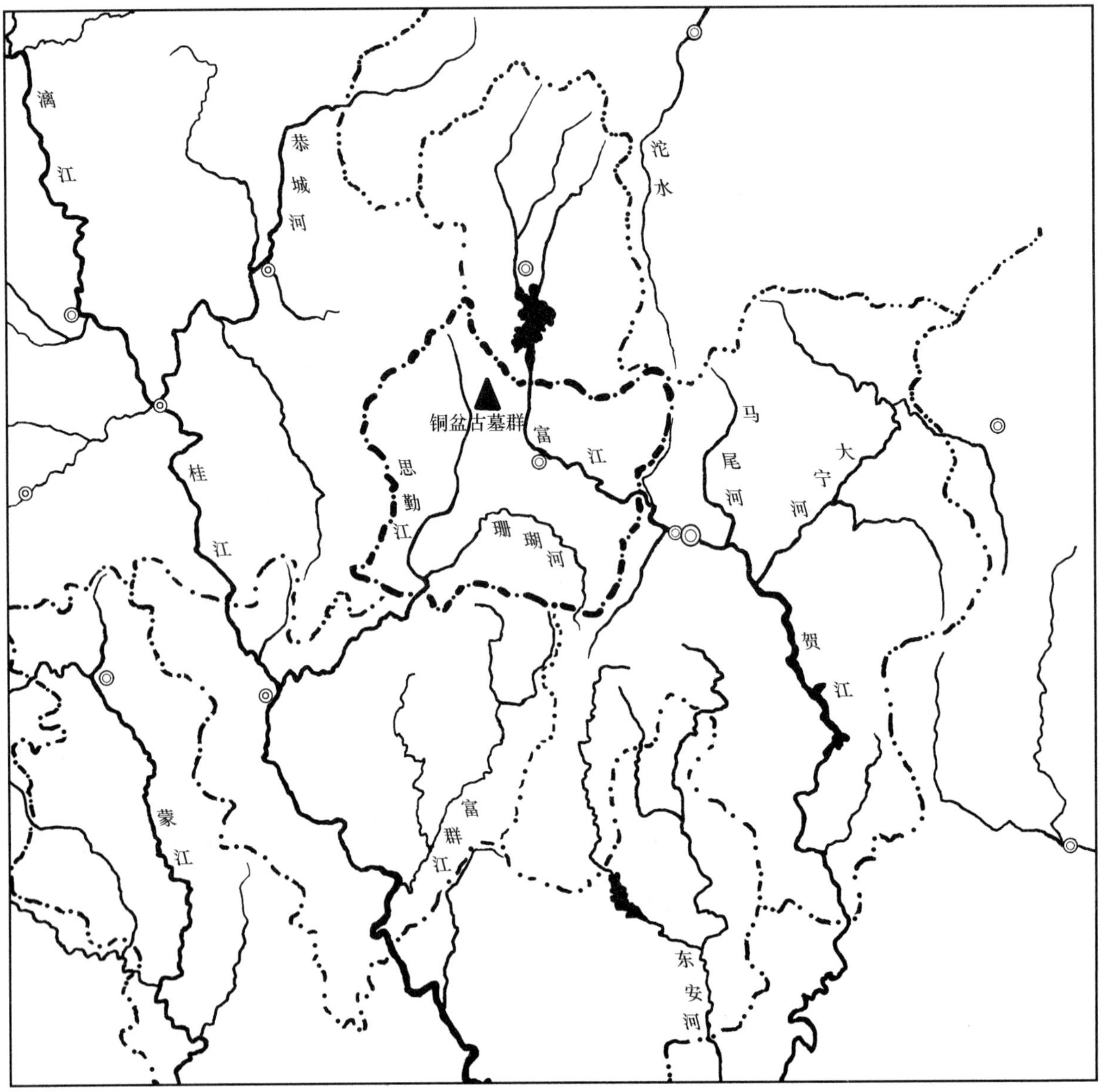

图一 钟山地理位置示意图

县实体之间的差异等因素，是以较易混淆。为便于读者参阅，参考《钟山县志》①及《富川瑶族自治县志》②，对钟山历史沿革简要概述如下：

先秦时期，钟山为禹贡荆州界，属百越之地。

秦并百越，于其地置桂林、南海、象三郡，钟山属南海郡辖地。

秦末汉初，钟山地属南越国。汉武帝元鼎六年平南越，于今钟山县境置富川县，治地为今钟山县城③，于今富川县境置冯乘县，皆隶苍梧郡，是为钟山行政建制之始。此后历经三国两

① 钟山县志编纂委员会：《钟山县志》，广西人民出版社，1995年。

② 富川瑶族自治县志编纂委员会：《富川瑶族自治县志》，广西人民出版社，1993年。

③ 目前汉富川县初治今钟山县城的说法无相关遗存支撑，从钟山汉晋墓葬分布情况看，其治地在思勤江流域的英家、燕塘一带的可能性更大，而其迁至今钟山县城的时间不会早于隋唐时期。

晋直至宋元时期，富川县辖境、隶属、治所虽有变迁，但治地范围与今钟山县境大致吻合。

吴黄武五年，分苍梧郡置临贺郡，县域属荆州临贺郡。

西晋太康元年，划始安、临贺郡入广州，县域属广州临贺郡。永嘉元年，以临贺、始安、兴安三郡为湘州，县域属湘州临贺郡。

南朝宋永初二年，改临贺郡为临庆郡，县域属湘州临庆郡。泰始六年，改临庆郡为临庆国，县域属临庆国。齐建元二年，复临庆国为临贺郡，县域属之。梁大同六年，分富川县西南置龙平县，属静州梁寿郡。陈太建年间，分富川县南置绥越县。

隋开皇九年，置富州，治富川县。开皇十九年，省绥越县入富川。

唐天宝二年，富川县更名富水县，乾元元年，复名富川县。

五代时期，县域先属楚国贺州富川地，后属南汉富州、贺州地。

宋开宝四年，冯乘县废，西部划入富川县。开宝五年，省县域西部之思勤县入龙平县，隶昭州。至道三年，分广南路为东西两路，县域西南属广南西路昭州，其余属广南东路贺州。大观二年，划贺州入广南西路，县域属广南西路贺州、昭州地。

元代，县域分属贺州、昭州两地。

明洪武九年，富川县属贺州，十年改隶浔州府，后属平乐府。洪武二十九年十一月，富川县治从今钟山县城迁至今富川县城，今钟山县城驻地始名钟山镇，此为钟山得名之始，亦为富川县搬离钟山之始。此后历经明、清两朝，今钟山县城一带再无县一级行政建制。

民国五年，析富川县之钟山镇区、昭平县之防字区、乐字区合并设立钟山县，隶广西省桂林道，是为钟山县名之始。

1949年12月13日，钟山县人民政府成立，县人民政府驻钟山镇。1953年4月23日，将富川、钟山二县合并为富钟县，治设钟山镇。1961年7月1日，富川与钟山分治，1962年3月27日，恢复钟山县，治地仍为钟山镇。此后至今，钟山县建制基本稳定不变。

第二章　发掘及资料整理

第一节　墓群位置及环境

铜盆古墓群位于钟山县城西北约20千米的红花镇铜盆村背后的凉伞岭上，其地处狭长的思勤江河谷盆地东部边缘，发源于北部大桶山脉的思勤江由北向南自墓群西面流过，河谷西面为延绵的土山，东面为陡直高耸的东岭山脉。墓群就位于东岭山脚向河谷延伸的低矮土岭上，其背靠东岭，前面是开阔的河谷盆地，地理位置及自然条件均极为优越（图版一，2；图版二）。

墓群所在位置处于潇贺古道支线要冲，是潇贺古道进入桂江流域的重要通道。历代通过潇贺古道进出岭南的人员及物资在墓群西北不远处分道，一支沿富江东南下入贺江，另一支翻过富江和思勤江之间的丘陵谷地进入思勤江后，南下入桂江。沿思勤江两岸有大量古墓群延绵分布，仅在铜盆古墓群周围5千米范围内就有莲花古楼墓群、红花古墓群、西岭古墓群、麦岭至挂榜山古墓群等4处较大的古墓群，下游不远处还有燕塘、里太、牛庙至张屋、清塘英家、黄岭等较大的古墓群分布。这些墓群大多延绵数里，规模较大，是思勤江流域古代文化发达的历史见证（图二）。

第二节　发 掘 经 过

2007年3月，为配合贵阳至广州高铁建设，受广西壮族自治区文化厅委托，广西文物考古研究所（2012年改名广西文物保护与考古研究所）对铁路沿线文物古迹进行调查评估，确定铁路经过的铜盆村背后土山上有古墓葬分布。

2009年6月，广西文物考古研究所根据与贵广铁路有限公司签订的协议要求，开始对铁路施工范围进行考古勘探。通过勘探，在铜盆村背后的山坡上共探出古墓葬54座。

2010年3月，经国家文物局批准，广西文物考古研究所联合钟山县文物管理所及广西师范大学历史文化与旅游学院对施工涉及墓葬进行考古发掘。发掘工作自3月20日开始至7月24日结束，前后历时4月有余。

本次发掘除勘探发现的54座古墓葬外，还新发现清理清代墓葬6座，合计清理墓葬60座，编号为M1~M60，出土文物500件（套），时代包含汉代及清代两个时期。

本次发掘领队为林强，参加发掘的人员有广西文物保护与考古研究所谢广维、谢广学；广

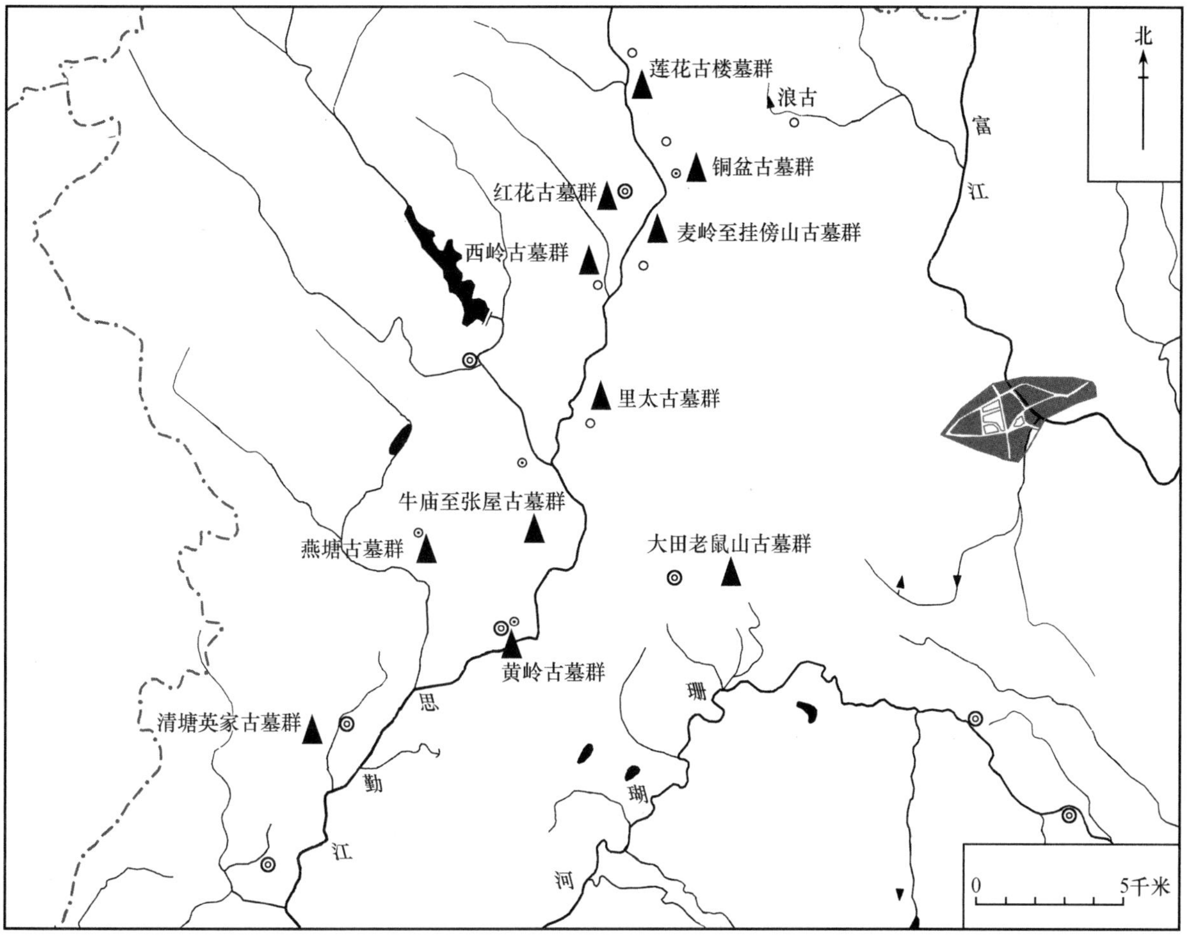

图二　铜盆古墓群位置示意图

西师范大学历史文化与旅游学院的陈洪波老师及2008级研究生黎文宗、2009级研究生黄秋红、吴雁、薛淑娉、葸礼峰；技工刘华；钟山县文物管理所李桂芳等。

第三节　资料整理

在发掘期间，曾对出土器物进行过清洗、编号，但整理工作未及展开，系统资料整理工作于2016年2月底开始。由于绘图、修复等工作量较大，耗时也相对较长，整个资料整理与报告编写断断续续共持续一年多。

鉴于这批墓葬分布较为集中，时代相互衔接，且均无后期盗扰现象，较为完整的保存了随葬器物摆放位置、组合及墓葬形态等方面的信息，为完整地将墓葬信息呈现给读者，报告采用先综述后分期的方式对每座墓葬从形制到出土器物均进行完整介绍。

综述部分主要对墓葬分布规律、形制、随葬器物、陶器的制法、纹饰等进行统一介绍，并对主要器物进行型式划分，以方便读者从整体上对墓葬特征进行掌握。

分期介绍部分按时代早晚顺序将发掘的47座汉墓按西汉早、中、晚及东汉前、后分五期进行介绍，对属于各期的每座墓葬从墓葬形制到随葬器物均一一进行描述；在墓葬分期时，对于随葬品较少且器物时代特征不太明显的墓葬主要参照墓葬形制、位置等综合因素进行判断，而对于未发现随葬器物且墓葬形制时代特征不太明显的墓葬，为慎重起见，将其单独列出一章进行介绍。由于本次发掘的13座清代墓葬与汉墓之间时代相差太远，且相互之间并无必要联系，因此不列入本报告。

在对随葬器物进行介绍时，由于随葬器物中存在大量下葬之前就已残损的器物，为了体现残损部位的信息，但凡线图能够表现的均将其绘出，同时在对器物进行描述时对残缺情况也予以指出；而对于出土时已经碎裂的器物，由于对其残缺情况的描述意义不大，为方便对二者进行有效区分，故在线图和文字介绍部分对此类器物的残缺情况均不予指出；器物修复同样遵循此原则，对于下葬之前残损部位一般不做修补。

在介绍墓葬时，为便于描述，常常用到前后左右等方位词，为了避免表述混乱，在本报告中，对于有墓道的墓葬，其前后左右均以面朝墓道所指方向为前进行相应的方位界定；而对于无墓道的墓葬，在综合大部分墓葬朝向及地形环境的基础上，以朝向西面的思勤江河谷为前进行相应界定。

对于出土器物名称，除陶器不指明质地外，其余均采用质地加器物名称的方式进行定名。对于墓葬封土或填土中发现的器物，由于其除个别为有意放入外，其余为扰入的可能性较大。对于扰入的器物，报告中均不将其视作随葬品，但将其作为出土器物放在所属墓葬中一起介绍。

此前这批墓葬资料曾在《中国考古学年鉴》①《中国考古新发现》②《广西基建考古发现》③三处刊物中进行过介绍，由于当时资料尚未经过系统整理，中间难免有错漏和不足。在此申明，以往一切已发表资料中与本报告有出入者，均以本报告为准。

资料整理由谢广维负责，参加资料整理工作的有谢广学、张小波、宁豇功、严术等。

① 《中国考古学年鉴》，文物出版社，2011年。

② 中国文物出版社：《中国考古新发现年度记录2010》，《中国文化遗产》2011年增刊。

③ 广西文物保护与考古研究所：《贺州钟山铜盆墓地》，《广西基本建设重要考古发现》，广西科学技术出版社，2015年。

第三章　墓葬综述

第一节　墓葬概况

本次共发掘汉代墓葬47座，主要沿凉伞岭岭顶西麓和南麓分布，从河谷边缘的山脚台地到山顶均有发现（图三），其时代早晚与所处位置高低存在一定的关联，一般时代越晚的墓葬其所处位置越低。

墓葬原先大多有封土，由于墓葬所在荒坡被开辟为果园或耕地，封土大部分遭到破坏，仅16座残存有封土。封土大多仅略微凸出地面，为堆筑，无明显分层，亦无明显夯打，其中有2座封土内发现夹砂三足陶釜残片。

墓葬均为土坑墓，大多处于缓坡之上，其或顺缓坡构筑，或横向垂直于缓坡，墓道多朝向下方，与墓室大多存在一定的高差。

墓室多开在风化软基岩内，土质多较松软，坑壁大多存在不同程度的崩塌。

填土均为原坑土，中间部位填土一般较疏松，靠近墓壁填土大多存在不同程度的夯打现象。虽然尸骨葬具均已腐朽不存，但从靠近坑壁填土多经夯实的情况判断，墓葬绝大部分应存在木椁，夯打的目的可能是为了填实木椁与坑壁之间的间隙。

墓葬朝向不一，大部分朝向西面开阔的思勤江河谷，也有少量颇违常理，朝向墓群背后（东面）近在咫尺的东岭山脉。

随葬品多放置于墓室两侧及前端，排列多较整齐，主要以陶器为主，最多者40余件，少者1～2件，有7座甚至无随葬器物。

墓底放置石块的现象较为普遍，在47座墓中，共有26座在墓底放置石块，其中除M45石块原料为岩块外，其余均为采自河滩的小砾石。小砾石多寡不一，在墓底的位置亦较为随意，最多的一座放置8件，少者仅1件，大部分在1～3件；砾石大小形态亦不统一，大者重2300余克，小者仅10余克，绝大部分重量在400克以内。小砾石均无人为加工痕迹，除M3存在有意挑选的自然穿孔小砾石外，其余选择均较为随意。

器物组合以瓮、罐、壶为主，基本不见岭南其他地区汉墓中常见的鼎、盒、簋、魁、鐎壶等器皿及井、仓、灶、屋等模型明器。随葬陶器中多残损陶器及烧制变形的残次品，其中尤以陶壶残损最为严重，不少陶壶出土时颈部以上及圈足均已不存，有的残缺部位还有明显修整痕迹，显然为下葬之前形成。

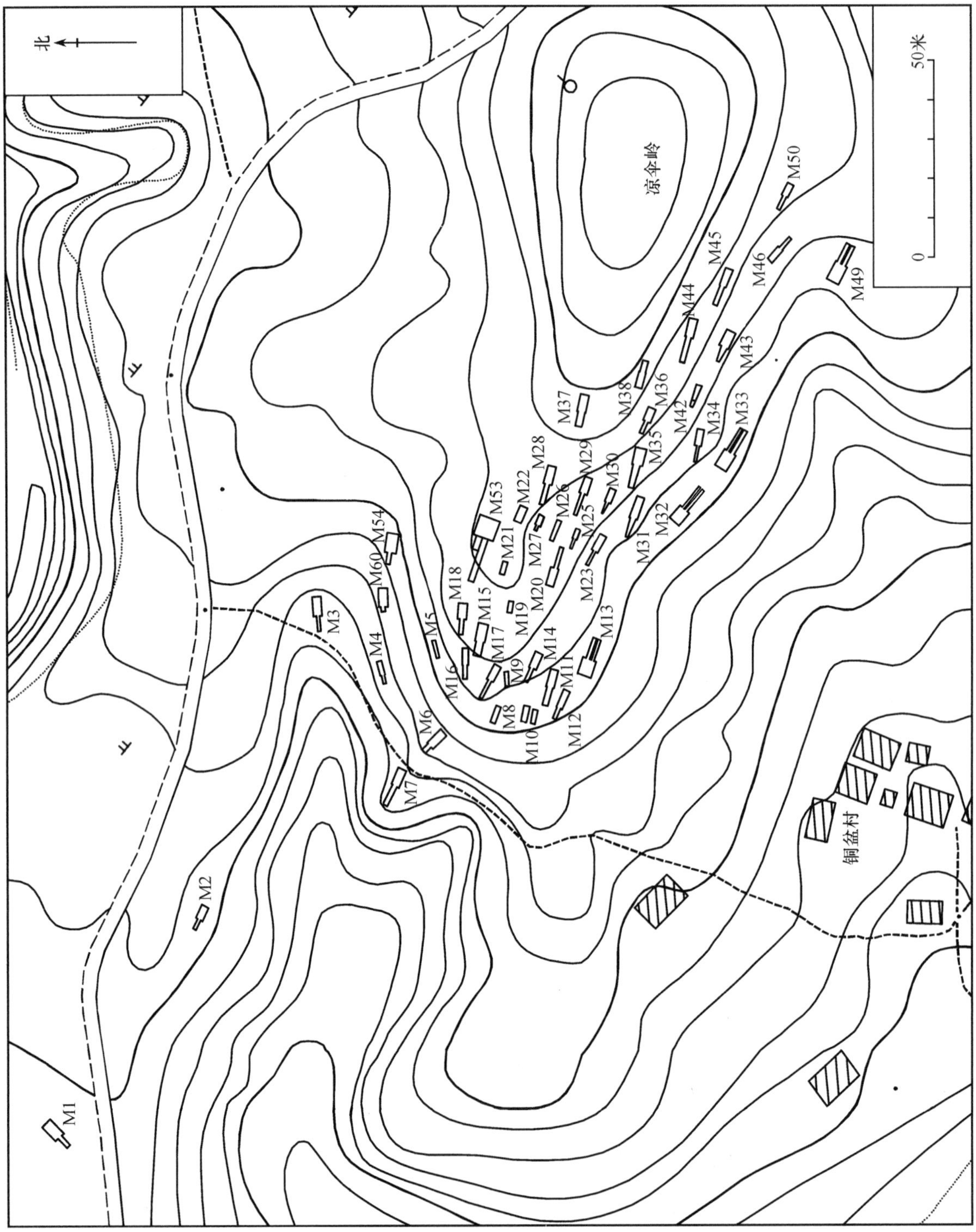

图三 铜盆汉墓墓葬分布示意图

第二节　墓葬形制

墓葬有长方形竖穴墓、梯形斜坡墓道墓、凸字形斜坡墓道墓、双墓道同穴合葬墓、凸字形带器物坑墓几种。为表述方便，分别以A、B、C、D、E五种形制代之。

A型　8座。长方形竖穴墓。根据墓葬设置柱洞、二层台及腰坑的情况分为四亚型。

Aa型　1座。窄坑，墓室两侧有柱洞及二层台，有腰坑。

Ab型　1座。窄坑，墓室两侧有柱洞及二层台，无腰坑。

Ac型　3座。窄坑，墓室两侧有柱洞，无二层台，无腰坑。

Ad型　3座。墓室两侧无柱洞、无生土二层台亦无腰坑。

B型　1座。梯形带斜坡墓道墓。墓坑窄长，墓道与墓室之间无转角。

C型　凸字形带斜坡墓道墓，共28座。根据墓葬形态分为四亚型。

Ca型　1座。墓室两侧有生土二层台及柱洞。

Cb型　1座。墓室两侧有柱洞。

Cc型　3座。墓道两侧有柱洞。

Cd型　23座。无柱洞及二层台。

D型　5座。双墓道同穴合葬墓。根据墓道结构的不同分为二亚型。

Da型　1座。墓道高低错落，长短不一，墓道两侧有柱洞。

Db型　4座。双墓道平行并列，墓道底部平齐。

E型　5座。凸字形带器物坑墓。根据器物坑的设置情况分为二亚型。

Ea型　2座。器物坑后部有土台。

Eb型　3座。器物坑后部无土台。

第三节　出土器物

共424件（套），除2件陶三足釜出土于封土、1件石箭镞、1件石凿及2件铁锸出土于墓葬填土外，其余均属随葬品。质地有陶、铁、铜、石、琉璃几种。

陶器　387件，占出土器物总数的91%强，器类有瓮、罐、壶、纺轮、小陶釜、盂、双耳罐、双耳直身罐、四耳罐、四耳瓮、碗、圈足碗、五联罐、圜底釜、三足釜、鼎、樽、瓿、盆、灯、豆、甗、熏炉、井、灶等，以瓮、罐、壶最为常见。纺轮亦出土较多，共22件，分出于20座墓，占墓葬总数的百分之42.5%。

青铜器　共18件（套），约占出土器物总数的4.2%。器形有碗、鋗、卮、镜、铜削刀、铜钱几种。其中有5座墓出土五铢钱，占墓葬总数的百分之10.6%。

铁器　共15件（套），占出土器物总数的3.5%。有铁环首刀、铁刀、铁锸及铁钉几种，铁锸均出于墓室填土，铁钉仅见于东汉后期。

石器及琉璃器　共4件，分别为石凿、石箭镞、玉环及琉璃耳珰，其中石凿、石箭镞均出于墓葬填土内，扰入的可能性较大。

第四节　陶器胎质、施釉、制法、纹饰及装烧方式

一、胎　　质

有泥质陶和夹砂陶两种，其中泥质陶373件，约占陶器总数的96.4%，夹砂陶14件，占陶器总数的3.6%。泥质陶中硬陶共317件，约占泥质陶总数的82%，软陶共27件，约占陶器总数的7%，还有29件胎质介于软硬之间（稍偏硬陶），约占陶器总数的7.5%。

胎色有灰白、灰褐、黑褐、黄褐、红褐、青灰、黄色、红色等，以灰白为主。器表大部分有陶衣，陶衣多掩盖胎体本身颜色。陶衣以褐色为主，也有少量黑色。硬陶或胎稍软者基本都有陶衣，尤以胎稍软者陶衣最为明显，且易脱落；软陶一般无陶衣。

二、施　　釉

陶器中施釉者共96件，约占陶器总数的24.8%。均为青黄釉，釉层厚薄不均，胎釉黏结较差，脱落现象严重。施釉部位主要集中在腹部，部分器物内口、内底或外底亦施釉，绝大部分器物下腹不施釉，或施釉后将釉层刮除。

施釉方式有刷釉和蘸釉两种，以刷釉为主。

采用刷釉的陶器施釉部位均集中在外壁，内壁及器底无釉；部分带盖器物还采用合盖刷釉的方式，此类器物口部被盖遮挡部位露胎明显。

蘸釉相对较少，从器物保留的釉面看大致有直立蘸釉和倒立蘸釉两种。直立蘸釉者以陶罐最为常见，采用此蘸釉方式的器物一般除器身带釉外，器底亦保留有釉面，但内壁无釉；倒立蘸釉者以陶壶和双耳罐居多，采用此方式蘸釉的器物一般器体内壁及内底均保留有釉面，但器腹下部及外底无釉。

三、制　　法

陶器制法大致有轮制、手制及模制几种，以轮制为主，手制及模制相对较少。一些器形相对复杂如鼎、樽、壶、联罐、井、灶、豆等分段组合的器物，不同部位往往采用不同的制作方式。

（一）轮制

主要用于一些圆形器皿的制作，有泥条盘筑和单纯的轮制两种。

泥条盘筑多在瓮、罐、壶一类体形稍大的圆器中采用，其制作时一般先在轮盘上制作出器底，然后通过泥条圈筑出器身，之后再通过转轮对器体进行修整。采用此种方法制作的陶器胎体一般厚薄不一，内壁多残留有泥条痕迹及垫石饼按压或手指按压痕迹，器体外壁旋抹光滑。也有极少部分采用底与器身分开制作的，个别瓮、罐底部尚依稀可见接缝痕迹，在一些陶壶中，为使分段结合的圈足和壶底黏结更加牢固，在对壶底进行修整时，往往会刻划一圈戳刺纹（图版三，1、2）。

单纯的轮制方式主要在一些小型圆器中使用，如小陶釜、陶盂、陶碗、联罐中的小罐等大多采用此种方式。采用此类方法制作的陶器体型一般较规整，器壁厚薄均匀，但近底部胎壁相对较厚，器身一般残留有较细的旋纹。

（二）手制

此类制法主要见夹砂三足釜及陶灶等不规则器物，另外三足器的器足及灯、豆等器类的短柄和各类器物的器耳亦多为手制。

（三）模制

此类制法仅在个别陶器的装饰部件中采用，如铺首及盖顶的四叶纹均为模制后再行贴附，鼎盖的立纽及联罐的鸟形立纽也可能为模制后黏附。

（四）起底方式

在通过转轮制作的器物中，从器物底部痕迹看，其起底方式主要有直接起底和切割起底两种。其中切割起底又有线直切起底、线旋切起底和切底三种形式，以直接起底和线直切起底最为常见，线旋切起底和切底主要见于碗、盂、小陶釜等体形较小的器物。

1. 直接起底

所谓直接起底，即在通过转轮制作器物时，为避免器底与轮盘粘连，在制作器物之前先在轮盘上垫有灰烬或竹篾，在器物制作完成后不采用切割方式，而是采用直接提取器物的方式将器物和转盘分离。采用此类起底方式的器物以瓮、罐为主，其底面大多凹凸不平，底面边缘往往有一圈不规则的凸起，也有个别器物底面有竹篾状痕迹（图版三，3、4）。

2. 线直切起底

所谓线直切起底，即在陶器制作完成后，通过线切割的方式将陶器和轮盘直接切割分离以提取器物，采用此类方式提取的器物底面一般切割较平整，边缘较平齐（图版三，5、6）。

3. 线旋切起底

旋切起底主要以细线或薄片状工具配和轮盘转动进行切底，此类起底方式多在小陶釜、陶盂一类的小型圆器中使用，其底面均有旋切时形成的偏心涡纹（图版四，1～4）。

4. 切底

切底主要以片状工具直接切入的方式将陶器和转盘分离，采用此类起底方式的器物较少，底面一般有条状切痕（图版四，5、6）。

四、纹　　饰

（一）纹饰类型

陶器纹饰有大方格纹、方格纹、戳印纹、凹弦纹、刻划纹、戳刺纹、叶脉纹、四叶纹、铺首纹、绳纹几种，以方格纹、戳印纹及凹弦纹最为常见，这几种纹饰多组合出现。其组合方式主要有方格纹+戳印纹+凹弦纹、方格纹+戳印纹、方格纹+凹弦纹几种，也有不少方格纹或凹弦纹单独出现的。

1. 绳纹

仅1件，见于1件夹砂圜底釜腹部，纹饰较模糊（图四，1）。

2. 大方格纹

仅6件，方格纹均较为宽大，纹饰较模糊，仅见三足釜和甗两类器物，且每件均有装饰（图四，2）。

3. 方格纹

共197件，约占出土陶器总数的50.9%。此类纹饰仅见于瓮、四耳瓮、罐、四耳罐、双耳罐、瓿、井一类器物腹部，以瓮、罐类最为常见。其演变规律为：由普遍施纹到逐渐减少并最终消失，纹饰由杂乱到规整、由施纹较满到局部施纹（图四，3）。

4. 凹弦纹

共243件，约占出土陶器总数的62.8%。主要见于瓮、罐、壶等容器腹部。弦纹有宽细之分，其演变规律为：弦纹由宽浅向细窄演变，横截面由圆弧向凹状演变，线条由平滑柔和向锐利演变，数量由普遍到逐渐减少。

宽凹弦纹　共143件，约占弦纹陶器总数的58.8%。此类弦纹均较宽浅，边缘旋抹光滑平整，截面呈弧形（图四，4）。

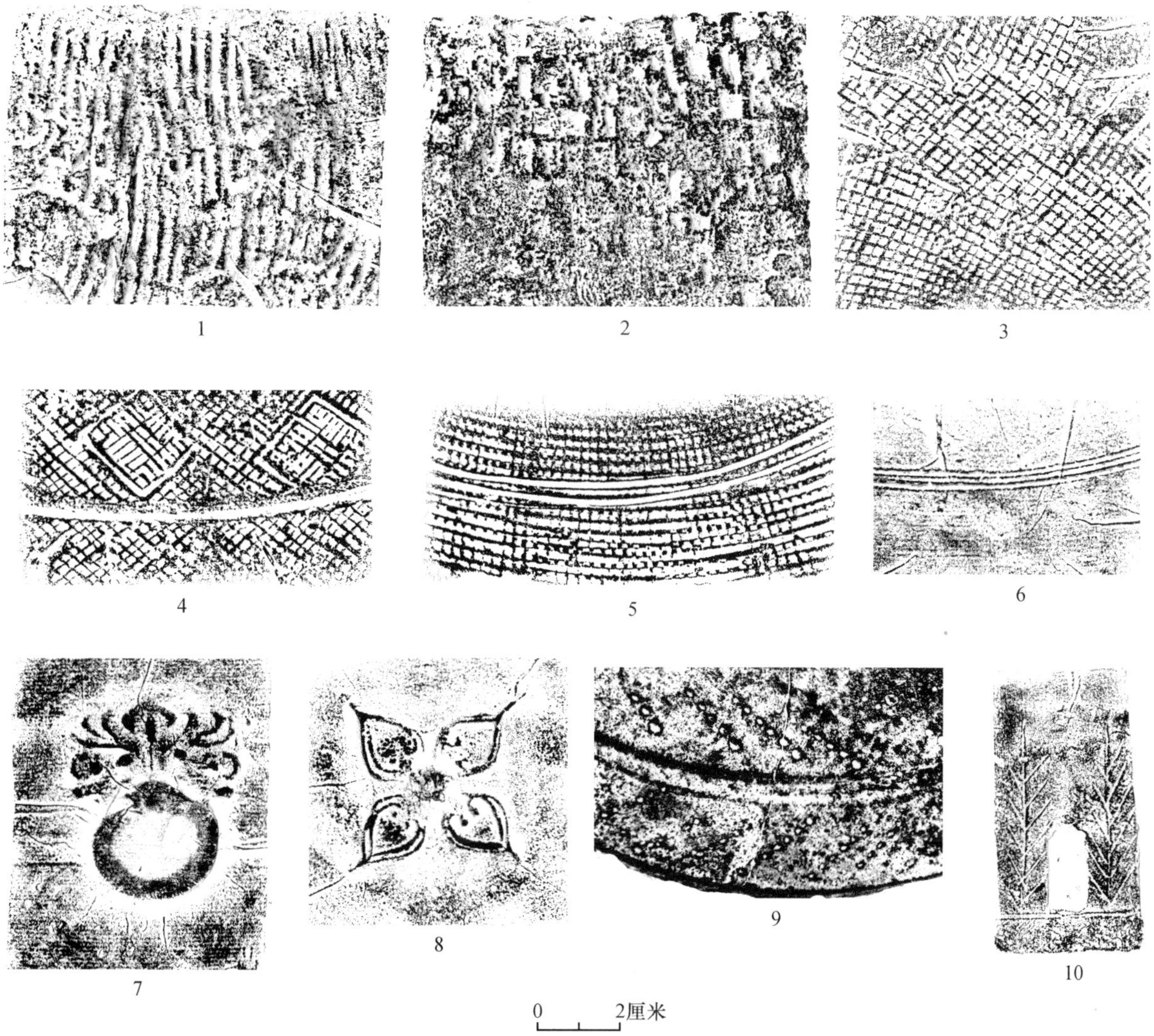

图四　铜盆汉墓陶器纹饰拓片

1. 绳纹　2. 大方格纹　3. 方格纹　4. 宽凹弦纹　5、6. 细凹弦纹　7. 铺首纹　8. 模印四叶纹　9. 戳刺纹　10. 叶脉纹

细凹弦纹　共100件，约占弦纹总数的41.2%。此类弦纹细窄且深，边缘较锐利，线条多不规整，截面近方形，部分较细，接近细线纹（图四，5、6）。

5. 铺首纹

仅见1例，位于陶樽腹部（图四，7）。

6. 模印四叶纹

2例，仅装饰于陶鼎盖顶，为模印后再贴附（图四，8）。

7. 戳刺纹

仅见2例，其出现于陶樽及四耳罐盖面之上，为篦点状戳刺（图四，9）。

8. 叶脉纹

仅见3例，分别见于陶灶台面和陶鼎耳部（图四，10）。

9. 戳印纹

共137件，约占陶器总数的35.4%。均与方格纹组合出现，在全部197件装饰有方格纹的陶器中，接近70%有戳印。戳印一般饰于器物肩部或腹部，以单个或组合形式环绕施纹。类型有圆几何形、方几何形、五铢钱形、菱形、三角形、四叶形、云纹、蛇纹及组合戳印几种。其整体演变规律为：戳印类型由复杂到简单，由多种戳印并存到最后仅剩方形戳印一种，装饰戳印的器物由较为普遍到逐渐减少并最终消失。

圆几何戳印　共30件。呈圆形或椭圆形，有双空心线或单实线圆形边框，其内一般填充几何图案，根据图案的不同可分为五型。

A型　1件。圆管状，内无图案（图五，1）。

B形　1件。圆形边框，内有五角星图案（图五，2）。

C型　1件。圆形边框，内有三角形及弧线组成的类钱纹图案（图五，3）。

D型　1件。圆形边框，内有“十”字交叉斜线，将内圆分成四份，每部分沿边缘填充实心三角纹（图五，4）。以“十”字交叉线将圆圈分为四区，每区内圈边缘各有1个实心三角形。

E型　26件。圆形边框，以“十”字交叉线将圆圈分为四区，每区有平行于“十”字交叉线的曲尺形线条，根据曲尺线有无顶点对角线分为二亚型。

Ea型　16件。无顶点对角线（图五，5、6）。

Eb型　10件。有顶点对角线（图五，7、8）。

方几何戳印　共77件。方形边框，其内有几何图案，根据图案的不同分四型。

A型　6件。方形边框，内以“×”形对角交叉线将方框分为四区，每区有与交叉线平行的曲尺形线条，根据曲尺线有无顶点对角线分为二亚型。

Aa型　14件。无顶点对角线（图五，9、10）。

Ab型　2件。有顶点对角线（图五，11）。

B型　57件。方形边框，内以“十”字交叉线将方框垂直等分为四区，每区有与交叉线平行的曲尺形线条，根据顶点对角线的有无及戳印内有无叠加另一个方形分为三亚型。

Ba型　39件。无顶点对角线。在此类戳印中，曲尺状线条的多少反映出一定的时代差异，时代越晚线条越少。根据曲尺状线条的多少分为三式。

Ⅰ式：3件。多曲尺状线（图五，12）。

Ⅱ式：17件。双曲尺线（图五，13）。

Ⅲ式：19件。单曲尺线（图五，14）。

Bb型　17件。有顶点对角线，依曲尺线条的多少分为二式。

Ⅰ式：13件。多曲尺线（图五，15、16）。

Ⅱ式：4件。单曲尺线（图五，17）。

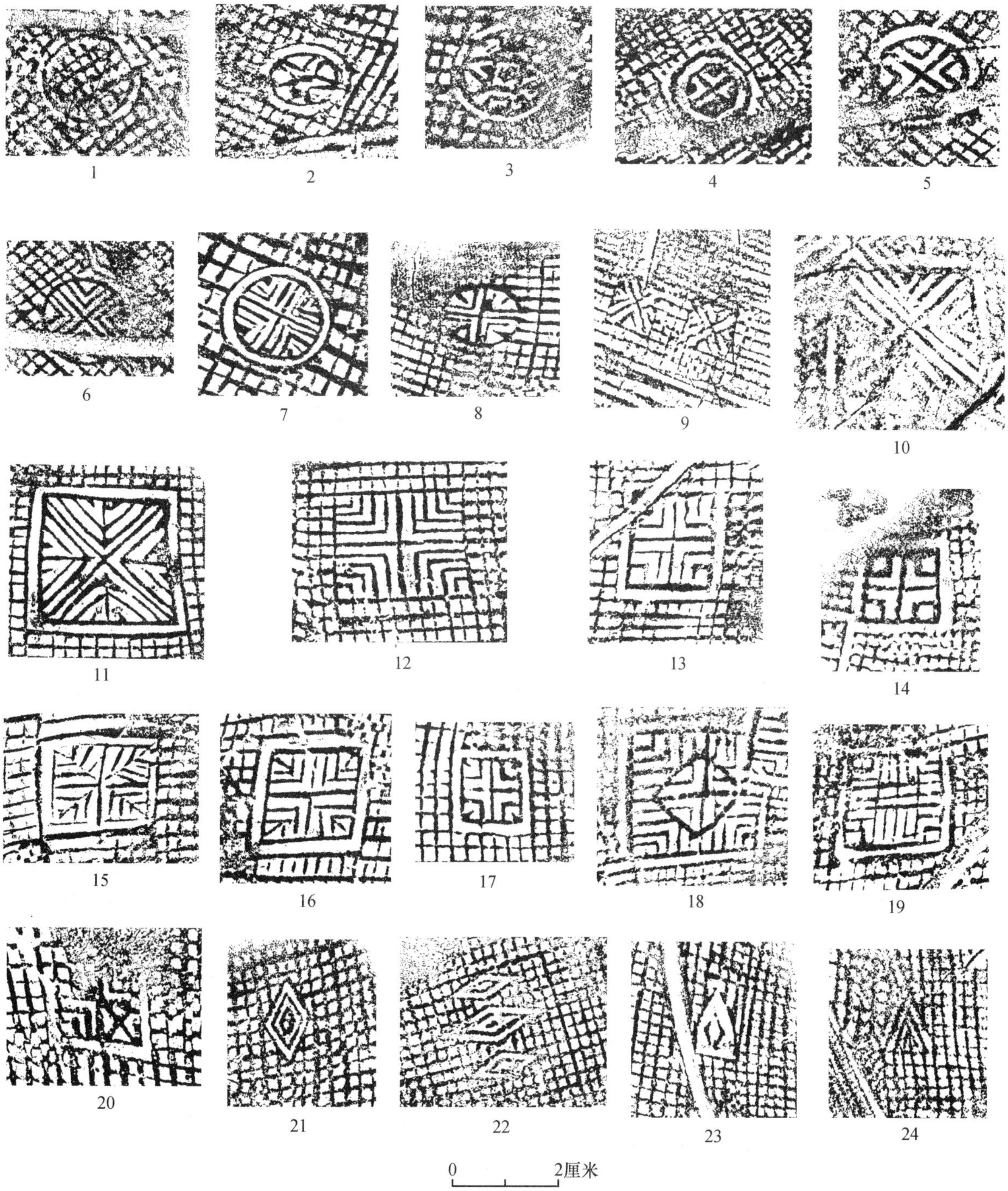

图五　铜盆汉墓陶器戳印纹拓片

1. A型圆几何戳印　2. B型圆几何戳印　3. C型圆几何戳印　4. D型圆几何戳印　5、6. Ea型圆几何戳印　7、8. Eb型圆几何戳印　9、10. Aa型方几何戳印　11. Ab型方几何戳印　12. Ba型Ⅰ式方几何戳印　13. Ba型Ⅱ式方几何戳印　14. Ba型Ⅲ式方几何戳印　15、16. Bb型Ⅰ式方几何戳印　17. Bb型Ⅱ式方几何戳印　18. Bc型方几何戳印　19. C型方几何戳印　20. D型方几何戳印　21、22. 菱形戳印　23、24. 三角形戳印

Bc型　1件。戳印内叠加另一个方形（图五，18）。

C型　3件。方框内有网格状线条（图五，19）。

D型　1件。方框内以“十”字交叉线等分，每部分填充曲尺线条或“×”形线条（图五，20）。

菱形戳印　共11件。边框呈菱形，有单个或多菱形组合形态，二者数量大致相当（图五，21、22）。

三角形戳印　共2件。边框线条或直或弧，均为大三角套小三角（图五，23、24）。

五铢钱戳印　共4件。与铜钱形状相同，轮廓俱备，有“五铢”二字，“五”字交笔较直，“铢”字均简写，分二型。

A型　4件。双空心线或单实线圆形边框，“五铢”二字从右至左顺读，“铢”字以“朱”字旁代替，“朱”字头方折（图六，1）。

B型　1件。双线圆形边框，“五铢”二字从左至右排列，五字交笔较直，铢字以金字旁代替，金字头呈大等腰三角形（图六，2）。

四叶纹戳印　1件。方形单实线边框，框内图案为四叶纹（图六，3）。

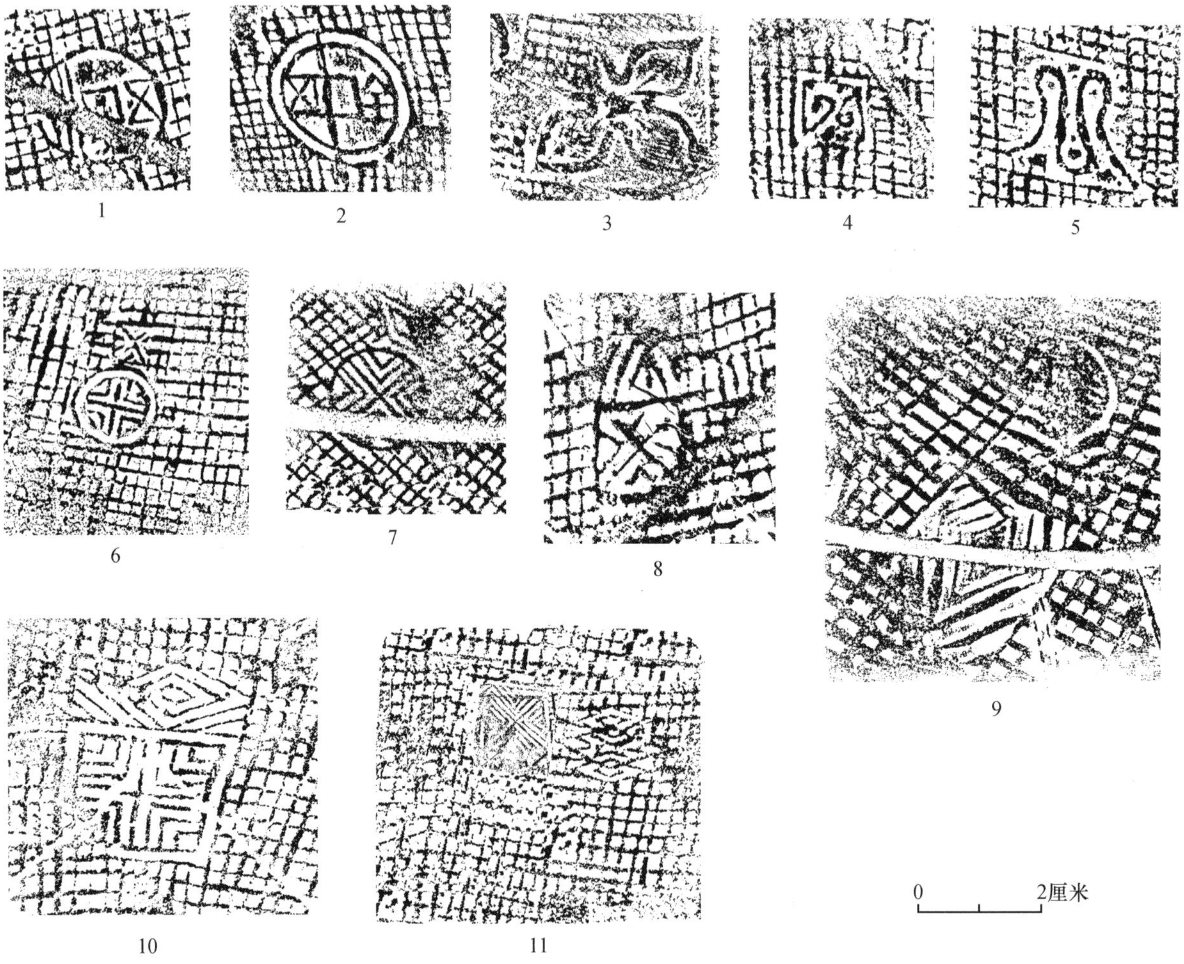

图六　铜盆汉墓陶器戳印拓片

1. A型五铢钱戳印　2. B型五铢钱戳印　3. 四叶纹戳印　4. 云纹戳印　5. 蛇纹戳印　6. 圆形和方形组合戳印　7、9. 圆形和菱形组合戳印　8. 方形和三角形组合戳印　10、11. 方形和菱形组合戳印

云纹戳印　1件。方形双线边框，框内图案为卷云纹（图六，4）。

蛇纹戳印　3件。方形边框，框内图案卷曲似蛇（图六，5）。

组合戳印　共7件。有圆形和方形组合、圆形和菱形组合、方形和三角形组合、方形和菱形组合几种。大部分组合连为一体，属同一印模，也有个别两种戳印略有间隔，可能不属同一印模（图六，6～11）。

10. 刻划

共27件，约占陶器总数的7%，仅见于罐、盂、豆、樽类器物，以罐肩、腹部最为多见，以线条简单的短直线刻划为主，也有少量箭头形及其他相对复杂的类符号刻划。

短线刻划　共18件。刻划相对随意，多见于罐类肩部，有单线、双短线和多短线几种，以单短线和多短线最为常见，双短线仅见二例（图七，1～3）。

箭头形刻划　2件。仅见于罐类肩部，一件呈"↑"状，另一件为单边箭头（图七，4、5）。

类符号刻划　共7件。符号特征较为明显，有"Ω""Q""小""兀""×""北"等形态（图七，6～12）。

（二）施纹方式

施纹方式有模印、拍印、戳印、旋划、刻划、模贴、戳刺等手法。

1. 模印

主要见于部分方格纹和戳印纹，陶樽上的铺首纹和陶鼎上的四叶纹亦为模印后贴附。采用模印的方格纹纹饰一般一体成型，方格纹线条方向一致，纹饰之间无空白亦无重叠。在部分陶瓮或陶罐中，颈部下凹部位依然保留部分纹饰，而此部位纹饰无法通过拍打形成，显然是通过模印的方式施加的。采用模印方式施纹的戳印纹，其戳印边框和方格纹线条平齐，两者之间无重叠，且戳印间距基本相同，表明印模本身可能就带有方格纹和戳印两种纹饰。

2. 拍印

主要采用带方格纹或戳印纹的陶拍拍打而成，此类纹饰一般成组出现，方向多不一致，每组纹饰之间有空白。部分戳印纹与方格纹成组出现，且相互之间无叠压，表明不少方格纹陶拍上可能本身就带有戳印。

3. 戳印

主要采用带戳印的模具以方格纹为地纹按压而成，其与方格纹之间存在明显叠加现象，部分戳印之间亦存在明显叠压。

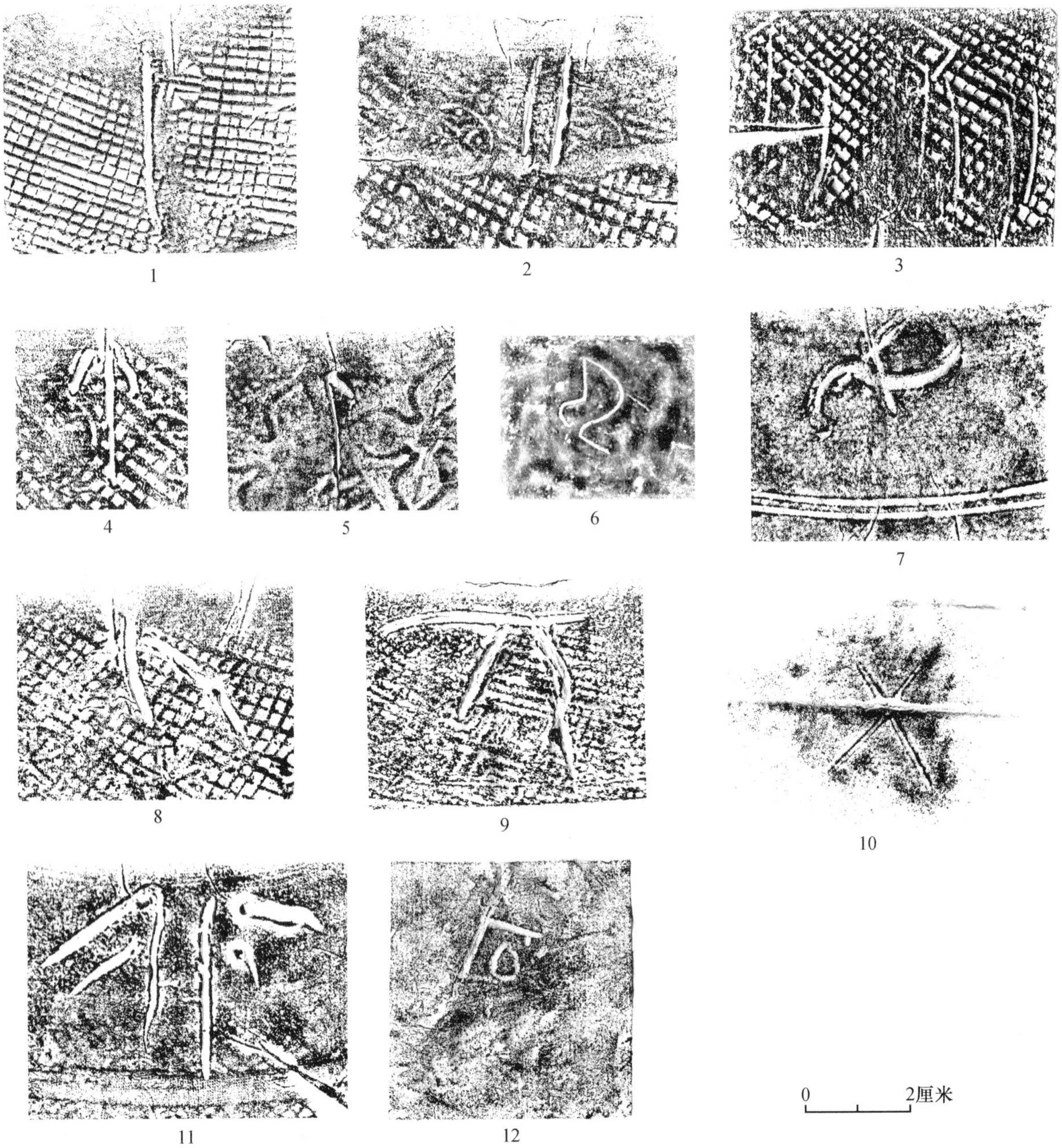

图七　铜盆汉墓刻划拓片

1～3. 短线刻划　4、5. 箭头形刻划　6. “Ω”形刻划符号　7. “Q”形刻划符号　8. “小”形刻划符号　9. “兀”形刻划符号　10. “X”形刻划符号　11. “北”形刻划符号　12. 戳记形刻划符号

4. 旋划

仅见于各类凹弦纹，其施纹方式为以尖状制陶工具抵住器壁，通过慢轮旋转形成。其中宽凹弦纹使用工具尖部厚钝，形成的弦纹一般较宽浅，边缘经旋抹，较为平滑；细凹弦纹使用工具多较尖细，形成的弦纹深而细窄，且边缘多不旋抹，较锐利和不规整。

5. 刻划

主要见于一些类符号纹饰，刻划多较随意。叶脉纹亦属于刻划的一种，另外部分细弦纹亦采用刻划施纹，此类弦纹多不平直，首尾衔接多存在错位现象。

6. 戳刺

主要在蓖点纹中使用。

五、装烧方式

岭南地区汉代陶窑少有发现，这批陶器表面残留的装烧痕迹为我们了解汉代岭南地区陶器的装烧方式提供了一些信息，在此一并指出，以供参考。

从残留痕迹看，装烧方式主要有单烧和叠烧两种。

（一）单烧

较为少见，主要是一些不方便相叠的器物采用，诸如鼎、樽、夹砂釜、壶、联罐等三足、圈足或其他一些不方便套叠的器物。

（二）叠烧

较为常见，从不少器物底部、腹部或口部保留有叠烧痕迹看，叠烧类型有直接叠烧和支钉叠烧两种。

支钉叠烧者为避免粘连一般在被叠压器物口部支垫一圈泥团，尤以罐类最为常见，在出土陶器中，有不少器物口部或底部有明显的支钉痕迹或残留有支钉（图版五，1～4）。

直接叠烧者不用支钉间隔，而是直接将一件器物叠于另一件器物之上的方式进行装烧，采用此种方式装烧的陶器口部或底部多留有一圈粘连痕迹（图版五，5、6）。

从叠烧痕迹看，瓮、罐类器物多采用口对底叠烧，而壶一类不方便相叠的器物除采用单件烧制外，也有部分采用架入瓮一类大型器物口部的方式进行叠烧，采用此类方式叠烧的陶壶下腹及圈足受火与其他部位存在明显差异，有的陶壶腹部还有一圈与其他器物口部粘连的痕迹。对于一些带盖器物则多采用带盖合烧的方式，此类器物被盖遮挡部位受火与其他部位存在明显的差异，部分器物如陶樽、陶壶等为了防止盖与器身粘连还采用支钉进行承垫。除此之外也有采用套叠方式烧制的，比如在M53出土的一件陶盆中，其腹部有一圈支钉残留，表明其为多件陶盆套叠装烧，而且从该件陶盆口部亦有支钉痕迹看，除套叠装烧外，不排除最上一层采用口对口叠烧。

第五节　主要器物型式划分

为明确各类器物的演变关系，亦为方便后文的器物介绍，本节主要对铜盆出土主要器物进行型式划分。部分器物由于出土数量较少，或因差异不明显，因此在本节中未进行统一介绍。

需要指出的是，本报告中的瓮和罐均特指无耳瓮和无耳罐而言，带耳的瓮、罐则以耳的数量进行界定。另外关于本报告中陶盂和小陶釜的界定，由于二者器形特征基本一致，其命名主要依据体型大小而定。小陶釜体型较小，其与陶灶上的小陶釜大小形制相同，可能存在以釜带灶的意图。而陶盂体型则较小陶釜大一些，若称其为小陶釜似不太合适，故以陶盂名之，事实上二者在类型学方面区分的意义并不是太大。

一、瓮

共41件，约占出土陶器总数的10.6%，分别出土于19座墓，占墓葬总数的40.4%。其中最多的一座随葬5件，大部分墓葬只随葬1件。

陶质以灰白色硬陶为主，其次为黄色软陶，另有少量胎质介于软硬之间；硬陶器表一般有褐色或黑褐色陶衣，使得部分器物器表与陶胎颜色多不一致，软陶均无陶衣。除个别器身局部施青黄釉外，绝大部分不施釉。

纹饰以方格纹为主，共39件饰有方格纹，占全部陶瓮总数的95%。方格纹多与戳印纹组合出现，在全部39件方格纹陶瓮中，共有31件饰有戳印，占方格纹陶瓮总数的79.5%。

戳印有方几何形、圆几何形、菱形、蛇纹、云纹及圆形加方形组合戳印几种，以方几何形戳印为主，其余戳印仅有零星发现。

除方格纹及戳印纹外，凹弦纹亦较为普遍，弦纹有宽有窄，时代演变特征较为明显。

器形演变规律为整体由厚重到轻薄，口沿由宽平到窄斜折，腹部由圆至弧至桶状，口、底由小变大，方格纹由凌乱到规整，戳印类别由多种戳印并存到单一的方几何形戳印，腹部凹弦纹由多到少、由宽到宽窄并存并最终消失。依据器物形态分为五型。

A型　2件。体型矮胖，圆腹，根据口沿变化分为二式。

Ⅰ式：1件。宽沿（图八，1）。

Ⅱ式：1件。窄沿（图八，2）。

B型　5件。体型略显瘦长，底稍小，圆弧腹，腹部重心略偏上。根据沿的宽窄分为二式。

Ⅰ式：3件。宽沿，短直颈（图八，3）。

Ⅱ式：2件。窄沿，短颈外张（图八，4）。

C型　6件。长弧腹，重心平稳。根据口沿宽窄分为二式。

Ⅰ式：2件。体型略显宽矮，宽沿，短直颈较明显（图九，1）。

Ⅱ式：4件。体型瘦长，窄沿，短颈外张（图九，2）。

D型　27件。唇沿尖斜或近平，广口，大底，弧腹近桶状，腹部均不饰弦纹。此型陶瓮在

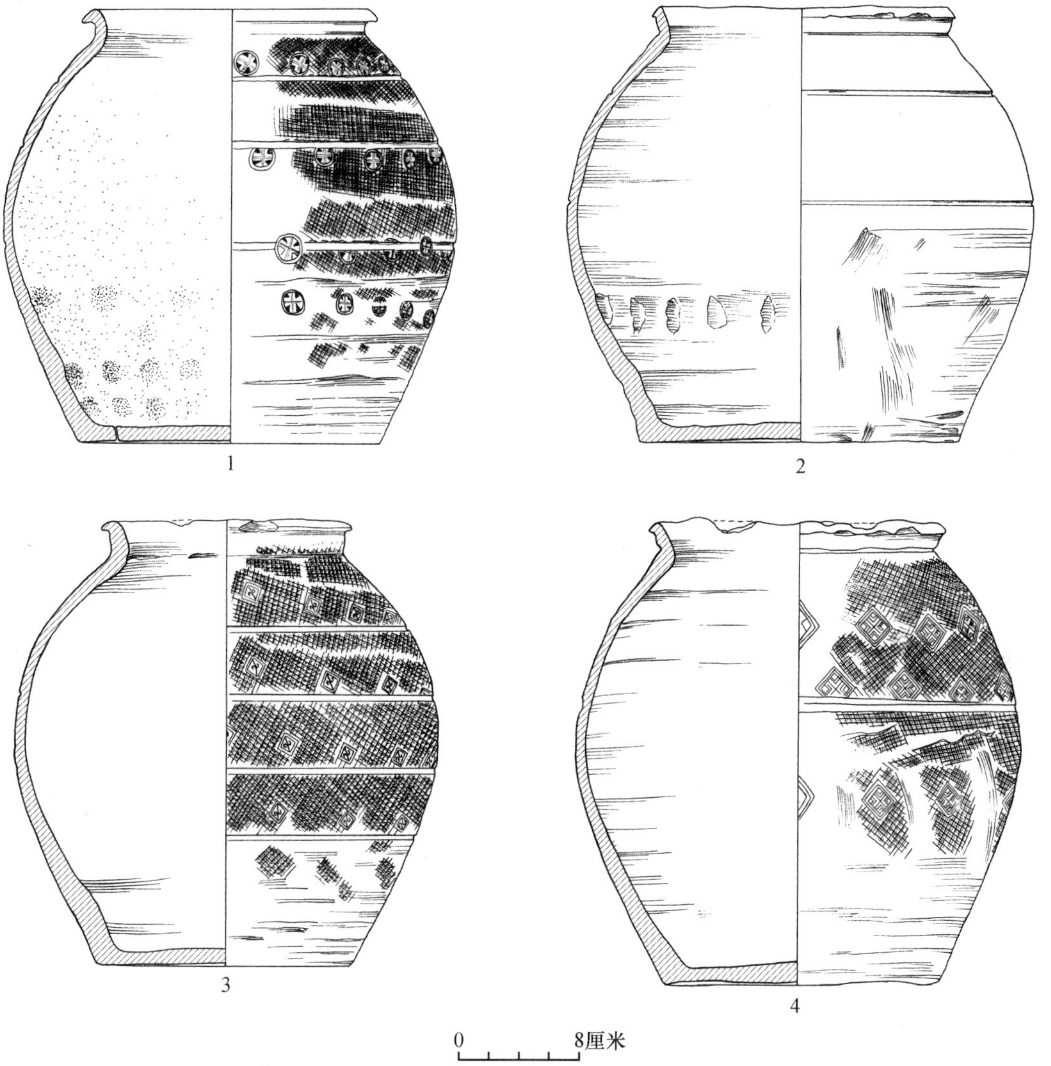

图八　陶瓮

1. A型Ⅰ式（M53b∶23）　2. A型Ⅱ式（M6∶1）　3. B型Ⅰ式（M15∶2）　4. B型Ⅱ式（M32b∶4）

不少发掘报告中归为罐类，但从整体特征考察，其形态虽大小有别，但演变关系清晰，且在尺寸方面较罐为大，因此归入瓮之范畴，事实上即便在今天广西广大乡村，也经常能见到此种类型的瓮存在，除胎质为缸胎外，其在器形方面和此类瓮并无太大差异。器形演变规律为：体型由大变小，口由侈变直或敛，重心由居中到偏上。根据口、腹差别分为三式。

Ⅰ式：9件。体型宽矮，侈口，弧腹，重心居中（图九，3）。

Ⅱ式：2件。侈口，器体重心略偏上（图九，5）。

Ⅲ式：16件。体型瘦小轻薄，直口或口微敛，腹壁弧直，器体重心偏上（图九，6）。

E型　1件。圆腹，近盘口，口外有凸棱（图九，4）。

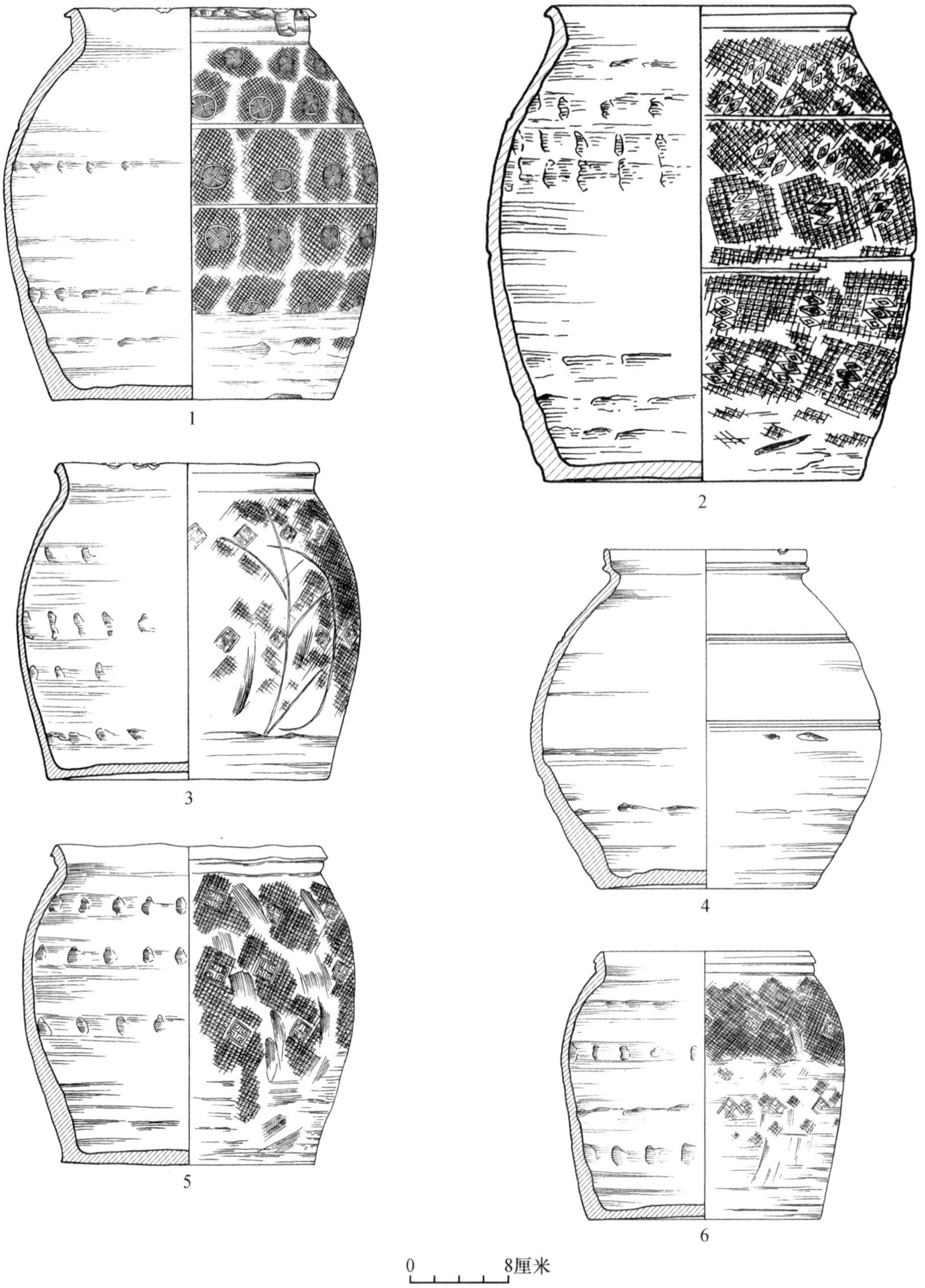

图九　陶瓮

1. C型Ⅰ式（M23：8）　2. C型Ⅱ式（M12：1）　3. D型Ⅰ式（M49a：1）　4. E型（M13a：5）　5. D型Ⅱ式（M10a：1）
6. D型Ⅲ式（M2：2）

二、罐

共211件，占出土陶器总数的54.5%，分出于28座墓，占墓葬总数的59.6%。随葬数量多寡不一，最多者随葬21件，最少者仅随葬1件，大部分随葬5～8件。

胎质有泥质和夹细砂两种，其中泥质陶209件，占陶罐总数的98.6%，夹砂陶仅3件，占陶罐总数的1.4%。泥质陶以硬陶为主，夹砂陶胎质一般稍软。其中硬陶176件，占泥质陶罐的84.2%，软陶15件，占陶罐总数的7.1%，另有20件胎质稍软，占陶罐总数的9.5%。胎色有灰白、青灰、黄褐、红褐几种，以灰白胎为主。硬陶和胎稍软者均有陶衣，尤以胎稍软者最为明显，软陶一般无陶衣。

陶罐中施釉者仅40件，占陶罐总数的19%，均为青黄釉，釉层厚薄不均，脱落严重。

纹饰有方格纹、戳印纹、凹弦纹、刻划纹几种。其中方格纹共146件，约占陶罐总数的69.2%。戳印纹均与方格纹组合出现，共有102件有戳印，占方格纹陶罐的69.9%。戳印类型几乎包含铜盆发现的所有戳印类型。

饰凹弦纹者共153件，约占陶罐总数的72.5%。弦纹有宽、细之分，其中宽弦纹共106件，占弦纹总数的69.3%；细弦纹共47件，占弦纹总数的30.7%，另有58件不饰弦纹，占陶罐总数的27.5%。

刻划纹相对多见，在铜盆汉墓发现的27件带刻划符号的器物中，仅陶罐就占24件。刻划有短线刻划、箭头状刻划和类符号刻划几种，以短线刻划最为常见。

陶罐体型大小不一，除少量体型较大或较小者外，绝大部分体型相当。器形演变规律一般为：沿由宽到窄到近无沿的尖唇或方唇演变，短直颈由高到矮直至消失，腹部整体由圆润饱满向鼓、折、垂等形态演变，腹部重心由偏上逐渐下移，下腹由轻微抹胎到刮胎。腹部弦纹由宽浅到细窄，戳印由多种戳印并存到以方形戳印为主直至最终消失。

在对陶罐进行型式划分时，由于其中7件陶罐因口沿本已不存或因残损无法修复，因此未纳入统一型式划分。另外在M45、M31、M16随葬陶罐中，有8件陶罐由于制作较为随意，不能真实的反映其完整形态，亦无法体现出其时代特征，为避免不必要的干扰，在进行统一型式划分时，亦未将其纳入。本报告纳入统一型式划分的陶罐共196件，从形态看，其最明显的时代差异在于口沿的宽窄和腹部的形态，因此在进行型式划分时，除了部分特殊器形外，主要采用以腹部定型，以口沿及腹部位置定式的方式进行。

A型　110件。腹部圆或圆弧，体型大小不一，以矮胖为主。根据口沿及腹部变化分为五式。

Ⅰ式：14件。宽沿，重心偏上（图一〇，1）。

Ⅱ式：62件。宽沿，重心居中（图一〇，2）。

Ⅲ式：13件。窄沿，腹部重心居中或略偏下（图一〇，3）。

Ⅳ式：20件。沿近无，方唇或尖唇，体型多较宽矮，广口大底，重心偏下或居中（图一〇，4）。

Ⅴ式：1件。尖唇，无短颈（图一〇，5）。

图一〇　陶罐

1. A型Ⅰ式（M14：4）　2. A型Ⅱ式（M18：4）　3. A型Ⅲ式（M11：2）　4. A型Ⅳ式（M6：6）　5. A型Ⅴ式（M7：8）　6. C型Ⅰ式（M53b：15）　7. B型Ⅰ式（M53b：4）　8. B型Ⅱ式（M13a：8）　9. C型Ⅱ式（M11：6）　10. D型Ⅲ式（M33b：4）　11. D型Ⅰ式（M13a：3）　12. D型Ⅱ式（M32b：3）

B型 6件。长弧腹，体型一般较大，根据沿的宽窄分为二式。

Ⅰ式：3件。宽沿（图一〇，7）。

Ⅱ式：3件。窄沿（图一〇，8）。

C型 11件。扁鼓腹，根据沿的宽窄分为二式。

Ⅰ式：9件。宽沿（图一〇，6）。

Ⅱ式：2件。窄沿近无，尖唇或圆唇（图一〇，9）。

D型 13件。溜垂腹。肩部下溜，底较大，腹下坠，根据口沿的宽窄分为三式。

Ⅰ式：3件。宽沿，圆腹溜垂（图一〇，11）。

Ⅱ式：5件。窄沿，鼓腹溜垂（图一〇，12）。

Ⅲ式：5件。沿近无，方唇或尖唇，腹溜垂近底（图一〇，10）。

E型 11件。圆垂腹。体型较矮，肩部圆弧，底较大，根据口沿宽窄分为二式。

Ⅰ式：8件。宽沿（图一一，1）。

Ⅱ式：3件。沿近无，方唇或尖唇（图一一，2）。

F型 12件。体型整体较小，稍显瘦长，腹部略鼓或鼓折。根据沿及腹部差异分为二式。

Ⅰ式：2件。窄沿尖斜，腹部略鼓，重心居中（图一一，4）。

Ⅱ式：10件。沿近无，方唇或尖唇，腹部鼓垂或鼓折（图一一，5）。

G型 5件。腹较大，腹部圆垂或扁鼓，演变关系不清，根据口、腹形态分为四亚型。

Ga型 2件。侈口，圆腹下垂（图一一，3）。

Gb型 1件。侈口，扁圆腹（图一一，6）。

Gc型 1件。盘口，腹部扁折（图一一，7）。

Gd型 1件。侈口，腹部鼓折（图一一，8）。

H型 2件。盘口，口外有凸棱，分二亚型。

Ha型 1件。小盘口，溜肩，鼓腹下垂（图一一，9）。

Hb型 1件。大盘口，鼓腹重心偏下（图一一，10）。

I型 1件。高领（图一一，11）。

J型 1件。圆球腹（图一一，12）。

K型 18件。颈部稍长，近无沿。除个别饰零星方格纹外，大部为素面。分四亚型。

Ka型 2件。圆弧腹（图一二，1）。

Kb型 7件。鼓腹。根据沿及颈部的差异分二式。

Ⅰ式：2件。沿稍明显，颈略直，颈与肩有明显分界（图一二，2）。

Ⅱ式：3件。尖圆唇，颈、肩分界不明显（图一二，3）。

Ⅲ式：2件。尖圆唇，颈较长（图一二，4）。

Kc型 5件。尖圆唇，圆腹，根据颈部差异分二式。

Ⅰ式：1件。颈肩分界稍明显（图一二，5）。

Ⅱ式：4件。颈肩分界不明显（图一二，6）。

Kd型 3件。丰肩，下腹斜直，根据沿的差异分二式。

Ⅰ式：2件。尖唇，唇沿稍宽（图一二，7）。

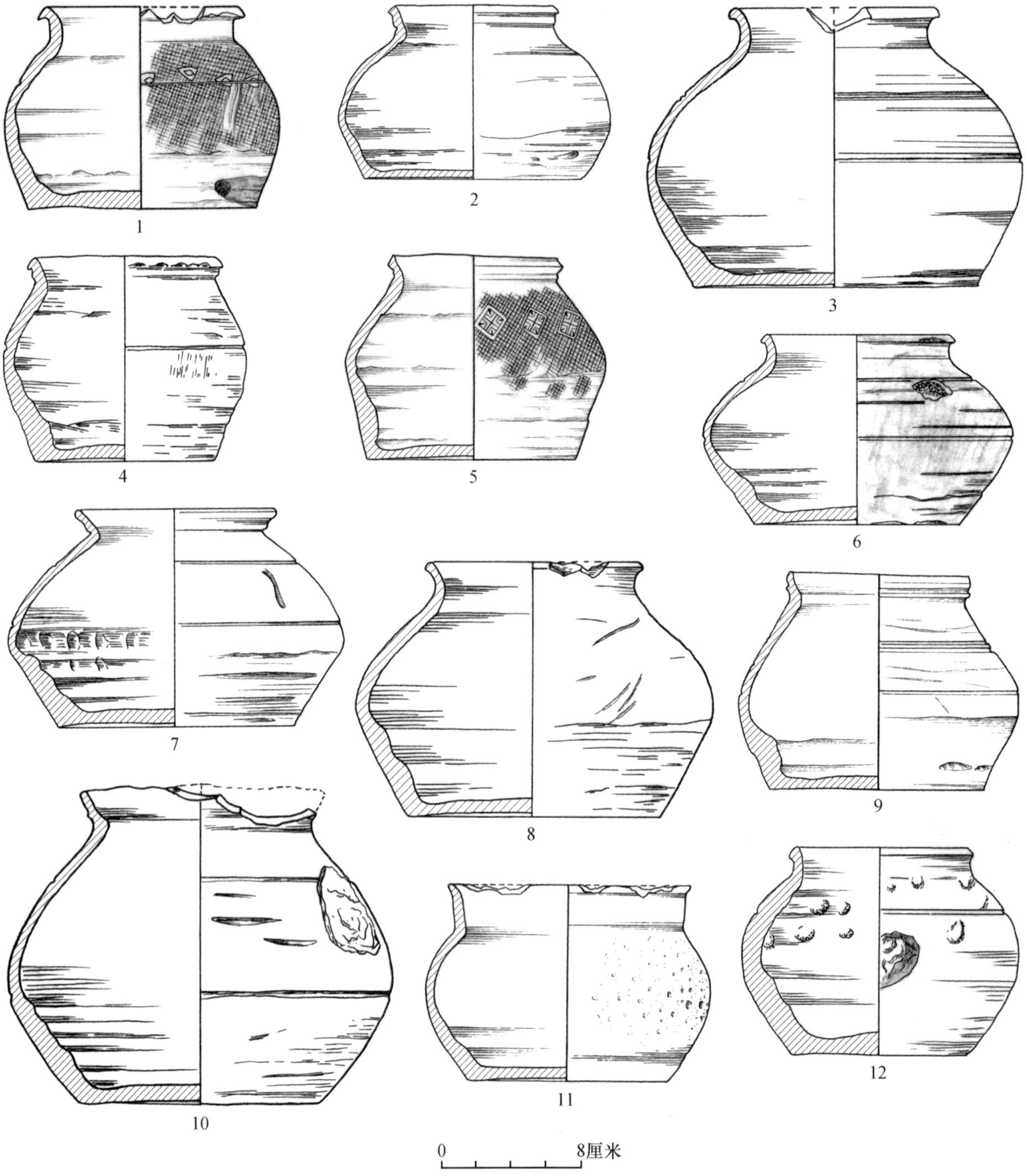

图一一　陶罐

1. E型Ⅰ式（M11：1）　2. E型Ⅱ式（M54：18）　3. Ga型（M49a：7）　4. F型Ⅰ式（M11：4）　5. F型Ⅱ式（M43：6）　6. Gb（M54：8）　7. Gc型（M54：4）　8. Gd型（M3：11）　9. Ha型（M13b：8）　10. Hb型（M33b：8）　11. I型（M44：8）　12. J型（M3：24）

Ⅱ式：1件。圆唇（图一二，8）。

Ke型　1件。体型较大，大圆腹（图一二，9）。

L型　6件。尖唇，弧腹近桶状，体多饰方格纹，体型较小，形态与D型Ⅲ式瓮基本相同（图一二，10）。

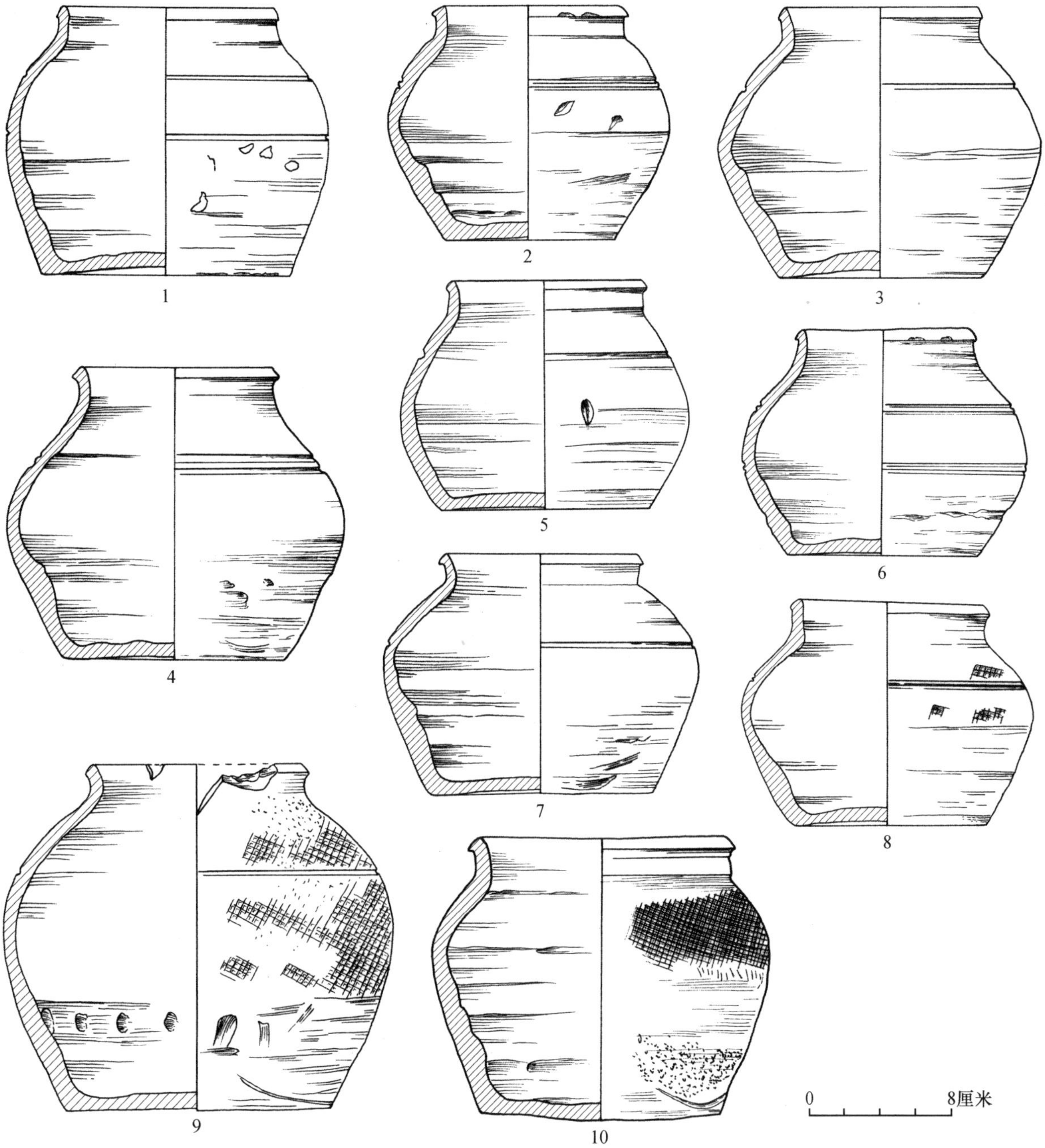

图一二　陶罐

1. Ka型（M7：20）　2. Kb型Ⅰ式（M3：4）　3. Kb型Ⅱ式（M3：16）　4. Kb型Ⅲ式（M7：11）　5. Kc型Ⅰ式（M3：17）　6. Kc型Ⅱ式（M7：3）　7. Kd型Ⅰ式（M7：19）　8. Kd型Ⅱ式（M3：19）　9. Ke型（M3：12）　10. L型（M3：20）

三、壶

共26件，占出土陶器总数的6.7%，分别出于21座墓，占墓葬总数的44.7%。最多者随葬3件，大部分仅随葬1件。除1件有盖外，其余均无盖。尺寸大小不一，除个别形态较小外，大部分相差不大。出土时大部分陶壶均存在不同程度的残损，残损部位主要集中在口部及圈足部位，残损程度不一，有的仅在圈足或口沿处有细碎的小缺口，有的圈足或颈部以上不存，有的颈部以上和圈足均已不存，部分器物在残缺部位有明显的修整和使用磨损痕迹，当为下葬之前形成。

陶质均为泥质陶，除2件黄胎稍软外，其余均为硬陶。胎色以灰白胎为主，有少量青灰胎或黄胎。其中有14件施青黄釉，占陶壶总数的53.8%，除个别釉层较厚，施釉较均匀外，大部分施釉不均，且脱釉现象严重。在施釉陶壶中，有4件除器身外，内口、内底或圈足底亦施釉，表明其可能采用蘸釉的方式施釉。

纹饰均以凹弦纹为主，弦纹有宽、细之分，二者数量大致相当。个别底部有一圈漩涡状刻划，主要目的在于使圈足与壶底黏结更加牢固。

器形演变规律为：整体造型由厚重平稳向轻巧单薄演变，腹部由圆向扁再向垂、折演变；底与圈足之间由凹状收束向无凹状收束演变；腹部弦纹由宽浅向细窄演变，圈足弦纹由多向无演变。

由于部分陶壶在葬入之前就存在明显的损坏，本报告仅对21件口部完整的陶壶进行型式划分，依口腹形态分为三型。

A型　14件。杯形口，腹部圆或扁圆。其演变规律为腹部由圆向扁圆演变，圈足由筒状向喇叭状演变。依腹部及圈足差异分为四式。

Ⅰ式：6件。圆腹，圈足收束（图一三，1）。

Ⅱ式：6件。扁圆腹，圈足收束（图一三，2）。

Ⅲ式：1件。扁圆腹，圈足不收束（图一三，3）。

Ⅳ式：1件。方折腹，圈足较高（图一三，4）。

B型　6件。盘形口。腹部由扁圆向圆垂演变，圈足由敞向喇叭状外撇演变。依腹部及圈足变化分三式。

Ⅰ式：3件。扁鼓腹，覆钵形圈足略高（图一三，5）。

Ⅱ式：2件。扁鼓腹，喇叭状圈足稍矮（图一三，6）。

Ⅲ式：1件。圆腹略下坠（图一三，7）。

C型　1件。子口，扁圆腹（图一三，8）。

四、双　耳　罐

共18件，占陶器总数的21.5%，仅见于东汉后期，随葬较为普遍，除其中一座外，其余墓葬均有随葬。随葬数量多寡不一，最多者随葬10件，其余随葬1～3件，多以D型Ⅲ式瓮及K型罐组合出现。

胎质以硬陶为主，器表施釉较为普遍，除个别胎釉黏结稍好外，大部分脱落严重。

纹饰有方格纹和素面两种，以素面居多。方格纹仅4件，且纹饰均较零星模糊。肩、腹部均饰凹弦纹，弦纹均较细，部分接近线纹。

器体形态大多与颈部稍长的K型罐较为类似，演变关系不清晰，依据器物形态分为八型。

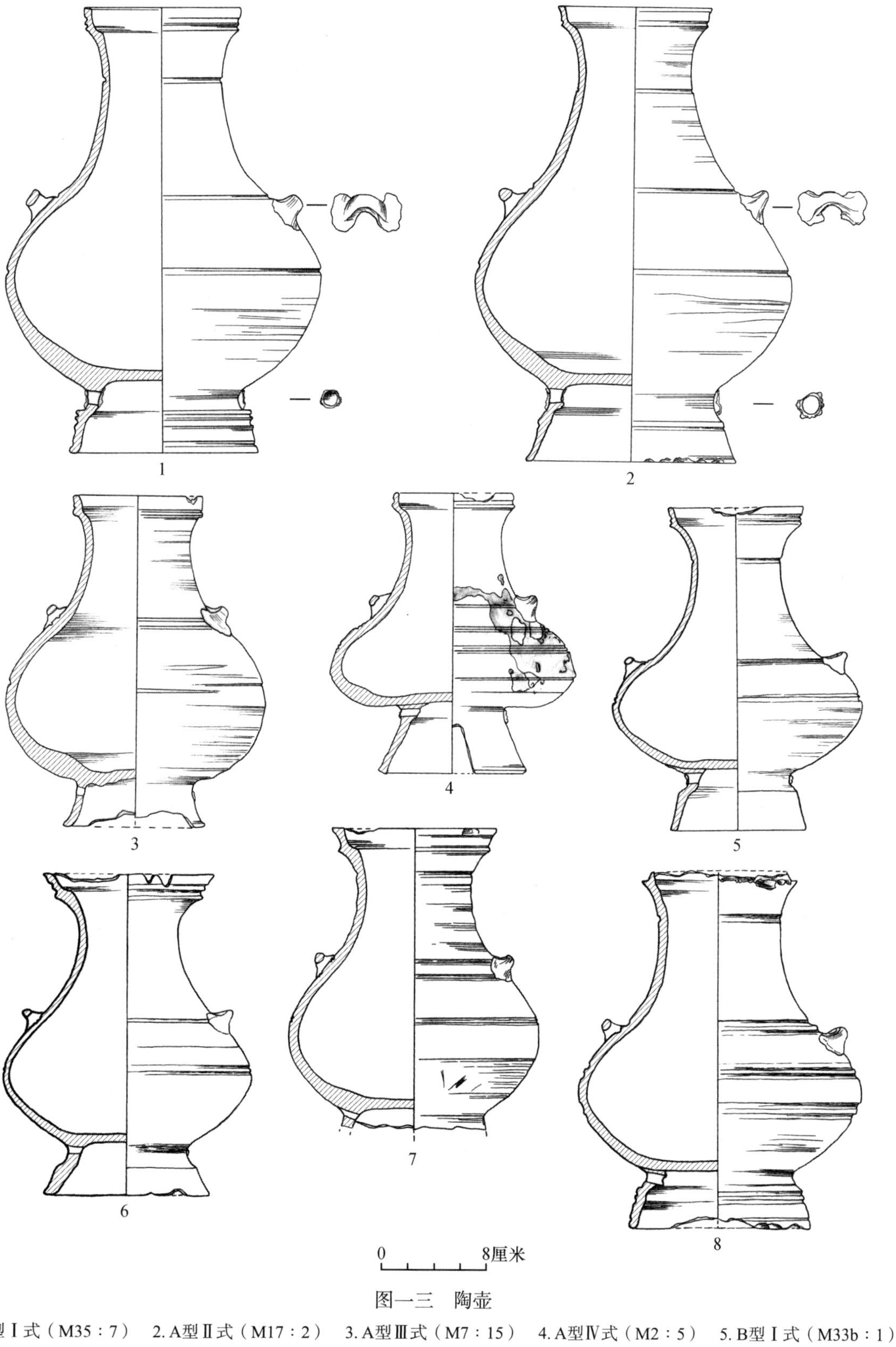

图一三　陶壶

1. A型Ⅰ式（M35：7）　2. A型Ⅱ式（M17：2）　3. A型Ⅲ式（M7：15）　4. A型Ⅳ式（M2：5）　5. B型Ⅰ式（M33b：1）　6. B型Ⅱ式（M49a：6）　7. B型Ⅲ式（M3：6）　8. C型（M32a：3）

A型　1件。直口内敛，圆鼓腹，器形与四耳罐基本相同（图一四，1）。

B型　1件。体型宽矮，束颈，圆鼓腹（图一四，2）。

C型　7件。体型宽矮，长颈，圆鼓腹（图一四，3）。

D型　2件。体型瘦长，长颈，鼓腹（图一四，4）。

E型　3件。体型瘦长，丰肩，下腹斜直（图一四，5）。

F型　1件。体型瘦长，弧腹（图一四，6）。

G型　2件。体型宽矮，大圆腹（图一四，7）。

H型　1件。体型较小，扁鼓腹（图一四，8）。

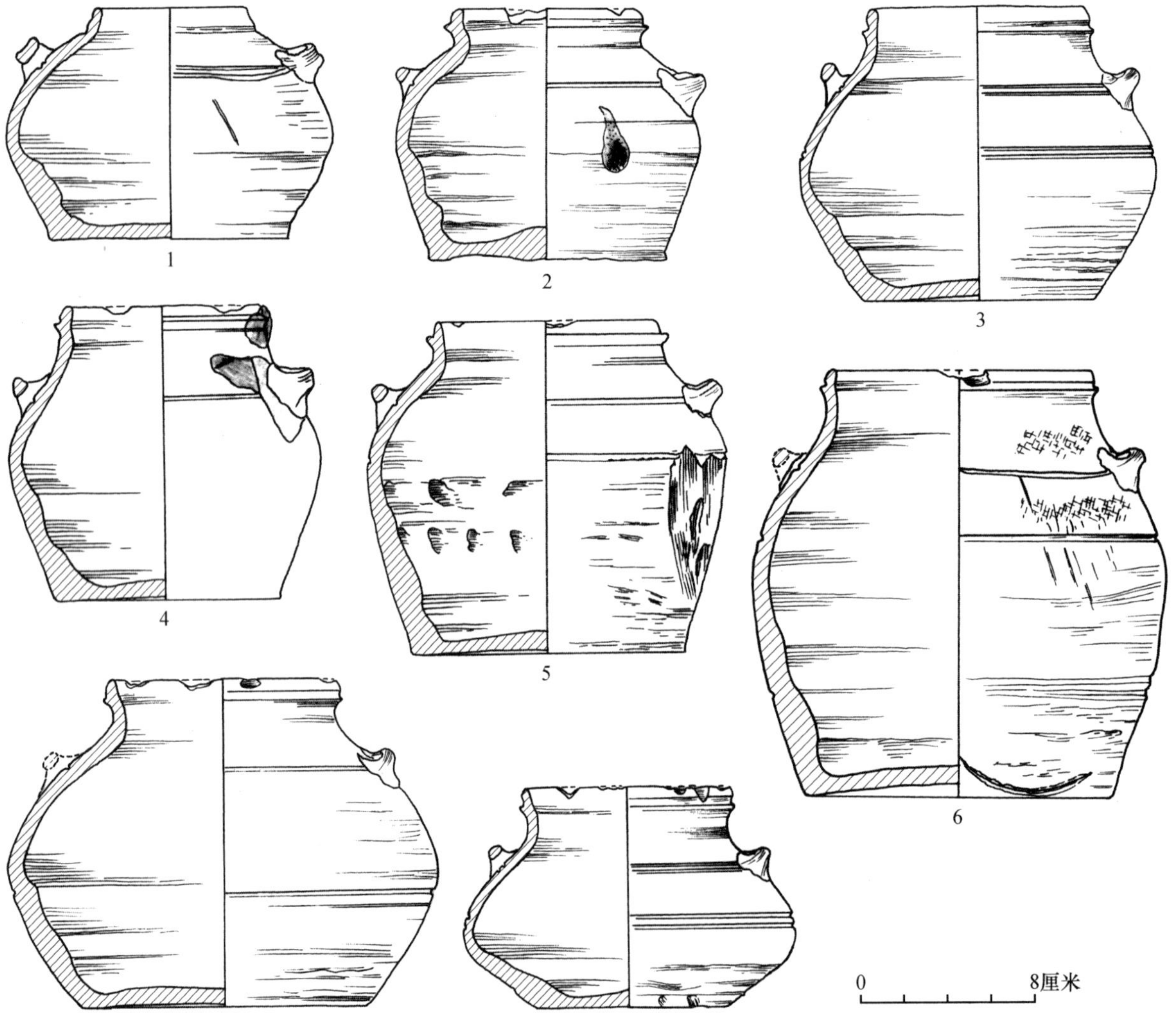

图一四　陶双耳罐

1. A型（M3：8）　2. B型（M2：10）　3. C型（M2：13）　4. D型（M2：19）　5. E型（M2：20）　6. F型（M1：13）　7. G型（M7：7）　8. H型（M7：5）

五、四 耳 罐

共7件，仅占陶器总数的1.8%。分别出于6座墓，除1件有盖外其余均无器盖，但从痕迹看，此类器物均为带盖合烧，只是器盖在使用或流转过程中遗失了。

胎质均较硬，施釉较为普遍，釉层厚薄不均，脱落严重。

纹饰有方格纹、戳印纹和凹弦纹三种，方格纹多与戳印组合出现。戳印有方几何形、圆几何形和五铢钱形三种，弦纹有粗、细之分。

器形演变规律为：肩、腹由丰满圆润向鼓垂演变，纹饰由方格纹加戳印向素面演变，弦纹由宽浅向细窄演变。根据器物特征分二型。

A型　3件。体型略高，圆腹，分二式。

Ⅰ式：2件。平唇，丰肩，圆腹，器体重心偏上（图一五，1）。

Ⅱ式：1件。斜平唇，圆腹，器体重心居中（图一五，2）。

B型　4件。体型宽矮，扁圆腹，分二式。

Ⅰ式：2件。扁圆腹较为丰满圆润，重心居中（图一五，3）。

Ⅱ式：1件。扁鼓腹重心略偏下（图一五，4）。

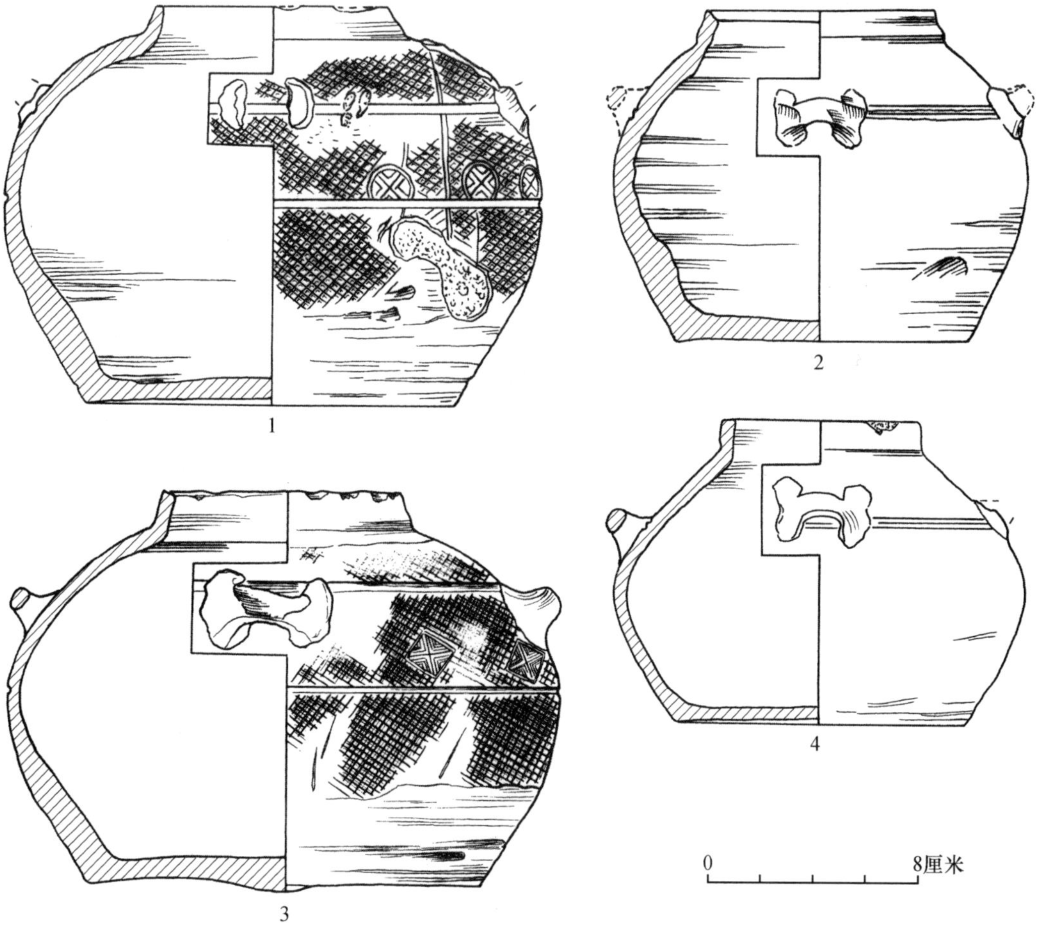

图一五　陶四耳罐

1. A型Ⅰ式（M11：8）　2. A型Ⅱ式（M3：5）　3. B型Ⅰ式（M35：4）　4. B型Ⅱ式（M54：12）

六、五 联 罐

共5件，分出于五座墓，演变规律不清晰，分二型。

A型　4件。鸟形立纽，鼓垂腹，平底（图一六，1）。

B型　1件。覆斗形立纽，扁鼓腹，圜底（图一六，2）。

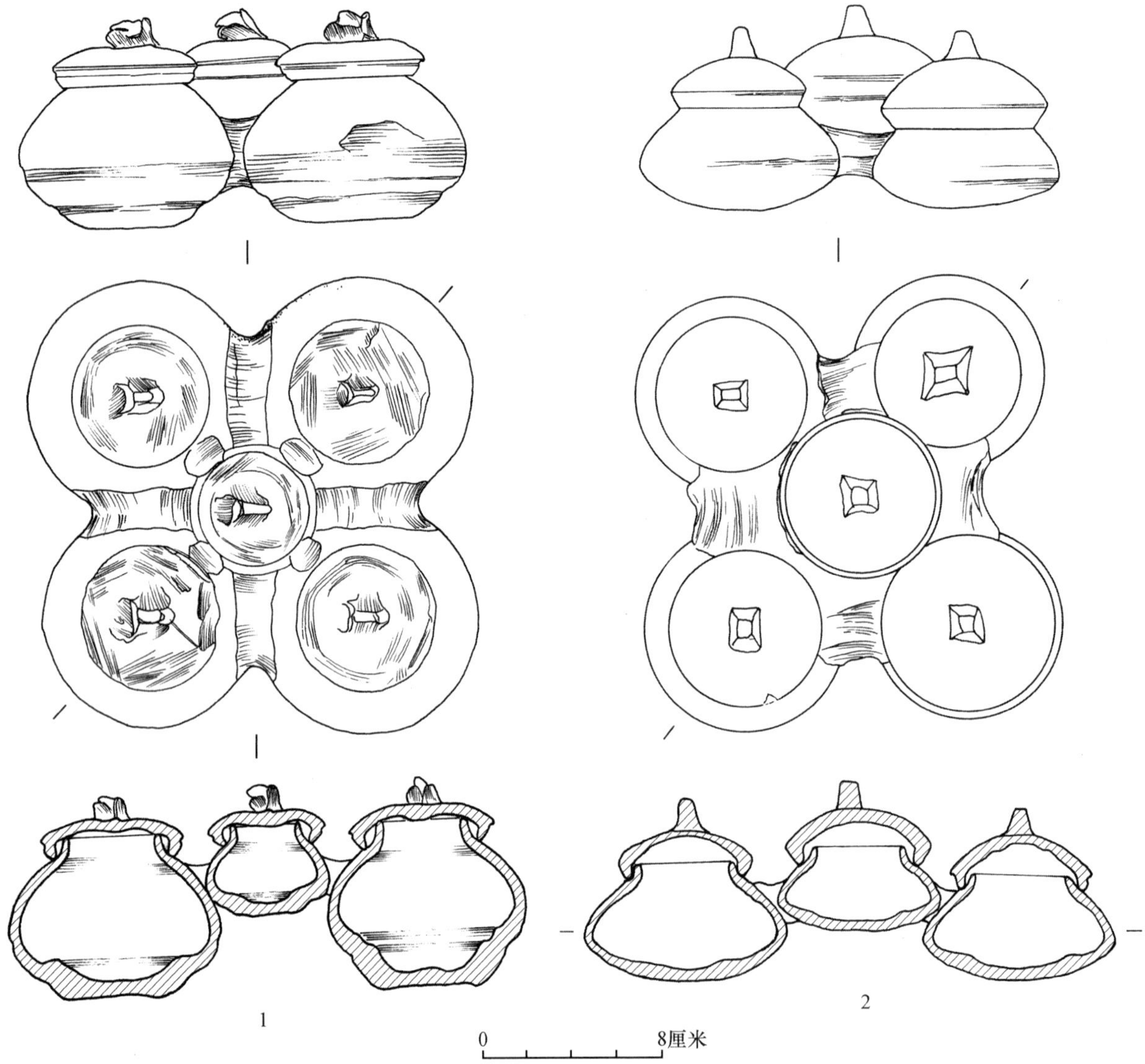

图一六　五联罐

1. A型（M35：9）　2. B型（M49a：2）

七、碗

共5件，分出于4座墓。均为硬陶，器表有陶衣，风格显得较为古朴。分二型。

A型　2件。浅腹（图一七，1）。

B型 3件。深腹，分为二式。

Ⅰ式：2件。近底部略内收，小平底（图一七，2）。

Ⅱ式：1件。近底部不内收，大平底（图一七，3）。

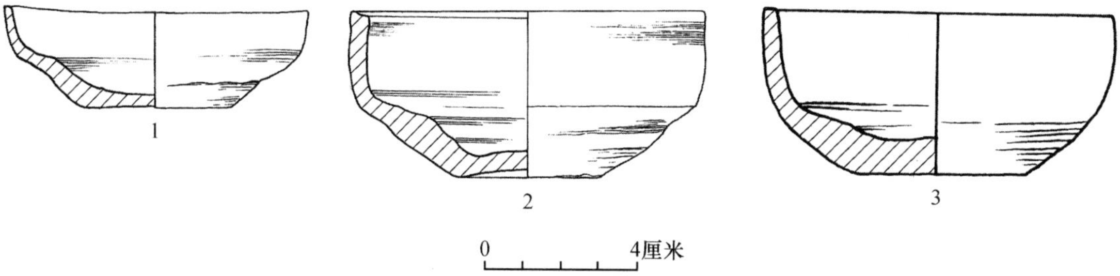

图一七 陶碗

1. A型（M37：1） 2. B型Ⅰ式（M37：2） 3. B型Ⅱ式（M15：1）

八、圈足碗

圈足碗 3件。分出于两座墓，胎质有硬陶和软陶两种，硬陶均施釉。分二型。

A型 1件。敞口，弧腹略浅（图一八，1）。

B型 2件。口近直，深腹略直（图一八，2）。

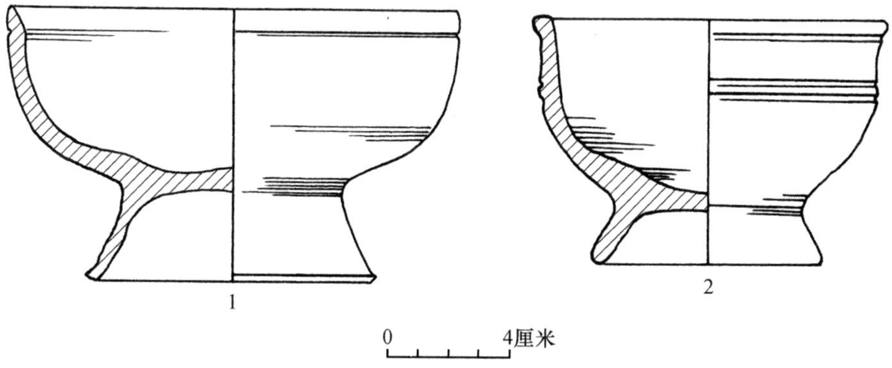

图一八 圈足碗

1. A型（M1：2） 2. B型（M3：21）

九、瓿

共2件，分出于两座墓，分二型。

A型 1件。扁圆腹（图一九，1）。

B型 1件。圆腹（图一九，2）。

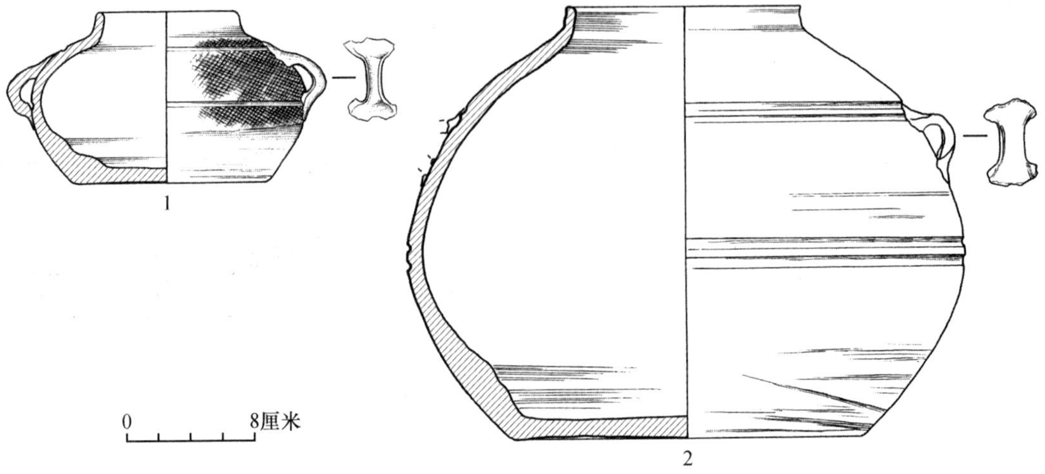

图一九　陶瓿

1. A型（M44：6）　2. B型（M32a：1）

十、盂

共12件，分出于5座墓，除两座墓分别随葬4件外，其余3座墓均仅随葬1～2件。

胎质多较硬，除个别软陶外，其余均为硬陶。器表施釉和不施釉者数量大致相当，釉层厚薄不均，存在脱落现象。

纹饰较为单一，除6件腹部饰有细弦纹外，其余均无纹饰。

器物形态多样，部分器形与陶灶上的小陶釜较为类似，唯体型稍大。演变规律不明显，依据形态分为六型。

A型　1件。大敞口，弧腹，大平底（图二〇，1）。

B型　3件。矮斜领，斜折腹下坠，分二亚型。

Ba型　1件。腹稍浅（图二〇，2）。

Bb型　2件。腹较深（图二〇，3）。

C型　4件。矮斜领，鼓腹下坠，分二亚型。

Ca型　3件。束颈（图二〇，4）。

Cb型　1件。短直颈（图二〇，5）。

D型　2件。领外有凸棱，腹较扁（图二〇，6）。

E型　1件。小直口，高短颈（图二〇，7）。

F型　1件。矮斜领，束颈，弧腹（图二〇，8）。

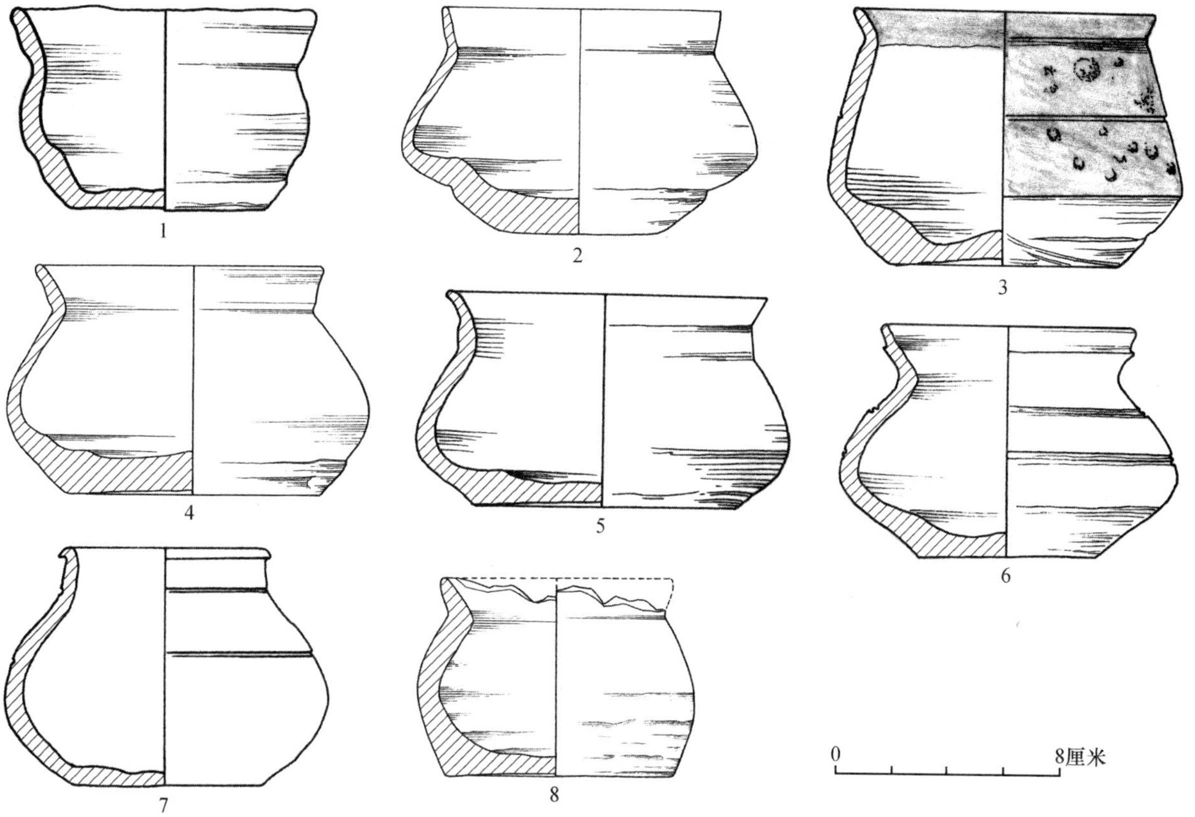

图二〇　陶盂

1. A型（M29：1）　2. Ba型（M53b：1）　3. Bb型（M2：17）　4. Ca型（M53a：5）　5. Cb型（M6：2）　6. D型（M6：3）　7. E型（M2：18）　8. F型（M6：4）

十一、小　陶　釜

共9件，分出于8座墓。均为硬陶，素面无纹，除个别施青黄釉外，其余均不施釉。

体形均较小，因器形及大小与陶灶上常见的小陶釜相同，故以小陶釜称之。器形演变特征不明显，分为五型。

A型　1件。圆弧腹，圜底（图二一，1）。

B型　1件。折腹，圜底（图二一，2）。

C型　2件。折腹，小平底（图二一，3）。

D型　3件。折腹，大平底（图二一，4）。

E型　2件。扁鼓腹（图二一，5）。

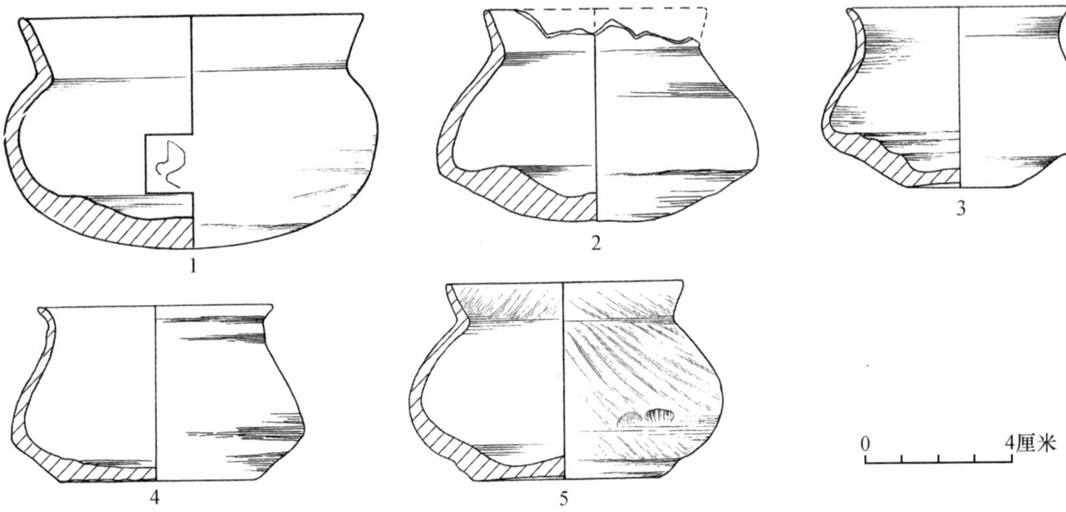

图二一　小陶釜

1. A型（M44：10）　2. B型（M46：1）　3. C型（M34：1）　4. D型（M53a：13）　5. E型（M23：5）

十二、三　足　釜

4件，分出于3座墓，除M1发现的2件为随葬品外，其余2件出于封土内。分为三型。

A型　1件。钵形（图二二，3）。

B型　1件。深直腹（图二二，1）。

C型　2件。扁圆腹（图二二，2）。

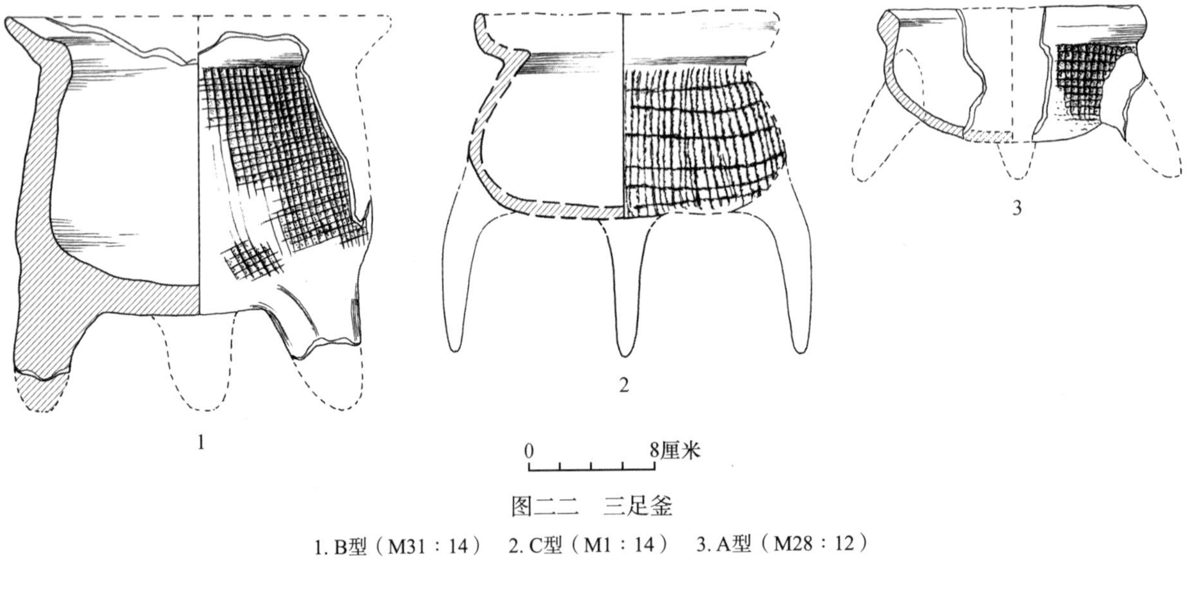

图二二　三足釜

1. B型（M31：14）　2. C型（M1：14）　3. A型（M28：12）

十三、五　铢　钱

共27枚，分出于5座墓，最多者随葬8枚，最少者仅随葬1枚。出土时大部锈蚀严重，残缺不全。依据字体分为二型。

A型　“五”字交笔略斜直，“朱”字头方折，“金”字头有三角形和带翼的箭镞形两种，“金”字头和“朱”字头等高。依金字头的差异分二亚型。

Aa型　“金”字头呈箭镞形（图二三，1）。

Ab型　“金”字头呈三角形（图二三，2）。

B型　“五”字交笔缓曲，“朱”字头方折，“金”字头同样有三角形和带翼的箭镞形两种，“金”字头和“朱”字头等高。依“金”字头的差异分二亚型。

Ba型　“金”字头呈箭镞形（图二三，3）。

Bb型　“金”字头呈三角形（图二三，4）。

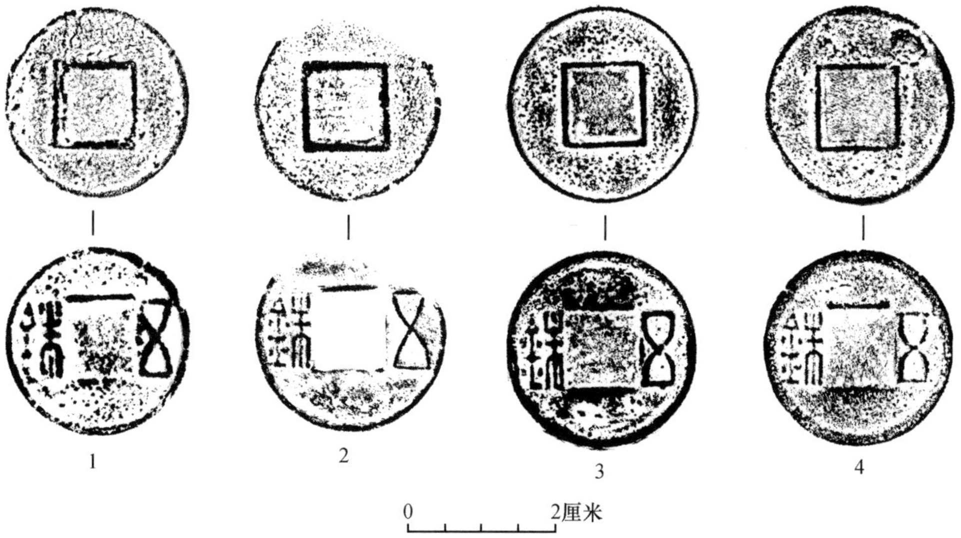

图二三　五铢钱

1. Aa型（M35：8）　2. Ab型（M18：13）　3. Ba型（M12：10）　4. Bb型（M18：13）

第四章　西汉前期墓

第一节　墓葬概况

一、墓葬分布及形制特征

本期墓葬共12座，分别为M5、M9、M19、M21、M22、M25、M26、M27、M36、M37、M42、M46。主要分布于凉伞岭西部坡顶，规模均不大，地表未见封土残留，除两座略朝西南、一座朝向东南外，其余均略朝向西北。

形制有A型长方形竖穴墓、B型梯形斜坡墓道墓及C型凸字形墓三种，以A型为主，其次为C型墓，B型墓仅发现1座。

A型墓墓室相对狭长，长度一般在4米左右，最长者达到6米，宽度多在1米左右，最宽达到2.3米，长宽比多在3：1左右，个别墓葬甚至达到5：1或7：1。

墓室两侧普遍设置柱洞是本期墓葬较为典型的特征，在此类墓葬中，除1座两侧不设柱洞外，其余5座两侧均有对称柱洞，个别墓葬还设置有生土二层台或在底部设有圆形腰坑。此类墓葬均未见葬具朽痕，从墓葬规模及形制特征看，除个别墓坑较宽的可能有木椁外，其余均不构筑木椁。

B型墓墓坑亦较为窄长，墓室长宽比超过4：1，墓室与墓道之间无转角。

C型墓亦存在墓室狭长及两侧设置生土二层台及柱洞的情况，部分墓坑稍宽的墓葬还见有枕木沟，且靠墓壁填土多存在夯实的现象。从墓葬底部枕木沟的设置及墓室两侧填土夯打的情况看，此类墓葬大部分应该构筑有木椁。

二、出土器物

本期墓葬随葬器物相对稀少，仅出土14件，分出于8座墓，数量1～3件不等。另外有4座墓放置有1～3颗不等的小砾石，除一座小砾石放置于腰坑之内外，其余摆放位置相对随意。

随葬器物有陶碗、陶纺轮、小陶釜、铁环首刀和玉环三种，均为小型器物，不见瓮、罐、壶一类的容器，也未见瓿、盒、三足罐等本期代表性器物。随葬器物的稀少及种类的单一应与本期当地经济的发展状况密切相关。

陶器均为泥质硬陶，多采用轮制法制作，器表无纹饰。本期出土陶碗器表均呈灰褐色，火候均较高，外表古朴，与其他几期出土陶器有明显差异。

第二节　个墓介绍

一、Aa型墓

长方形窄竖穴墓，墓室两侧有柱洞及生土二层台，墓底有腰坑。仅M21一座。

M21

墓葬概况

位于凉伞岭西部岭坪上，海拔约265米。未见封土，墓口距地表约0.2米。墓葬朝向西面略偏北，方向285°。

墓葬平面呈长方形，两端略呈弧形，长3.7、宽1.3、深0.8～1米。墓室左右两侧有宽约0.2、高约0.4米的生土二层台。二层台上各有三个对称柱洞，柱洞呈方形，大小不一，底与墓底平齐，高度直达墓口。墓底中部有一个直径约0.5、深0.2米的近圆形腰坑，坑内放置小砾石1颗。砾石较小，形态不规则，重仅20克（图二四；图版六，1）。

填土为原坑土，较疏松，未见葬具朽痕，亦无器物随葬。

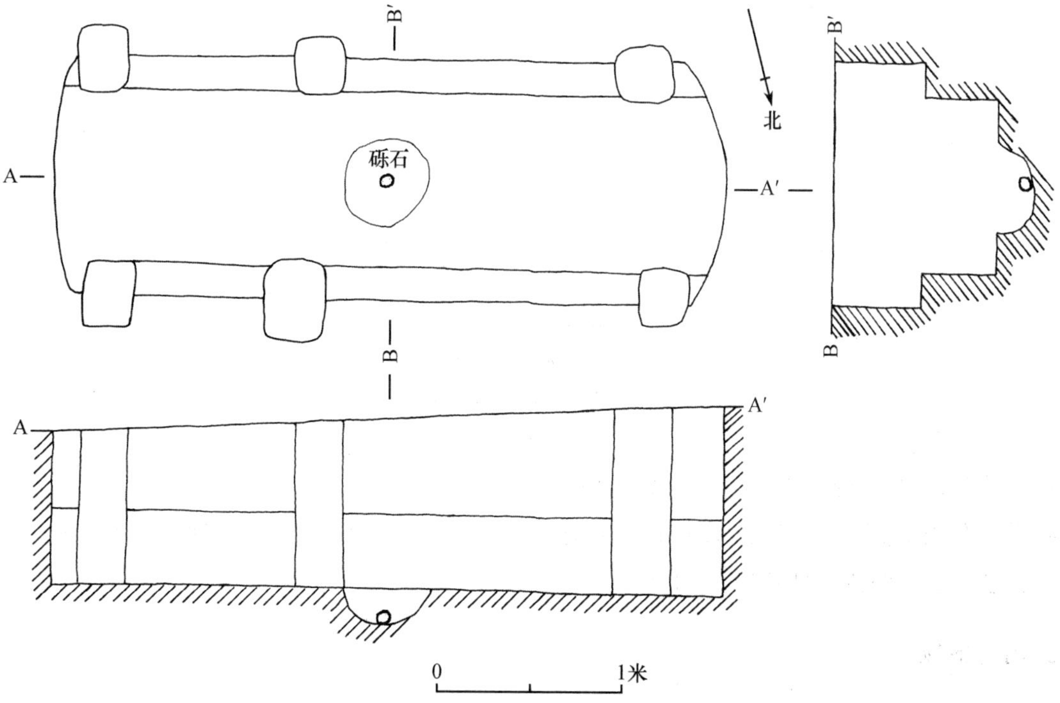

图二四　M21平、剖面图

二、Ab型墓

长方形竖穴墓，墓室两侧有柱洞及生土二层台，但无腰坑。仅M19一座。

M19

1. 墓葬概况

位于凉伞岭西部岭坪上，海拔约264米。未见封土，墓口距地表约0.2米。墓葬朝向西面略偏北，方向280°。

墓室长3.1、宽1.3、深0.9米。左右两侧壁各有一条宽约0.2、高约0.3米的生土二层台，二层台上各有三个对称柱洞，柱洞多近方形，底部与墓底平齐，深度与墓室等深（图二五；图版六，2）。

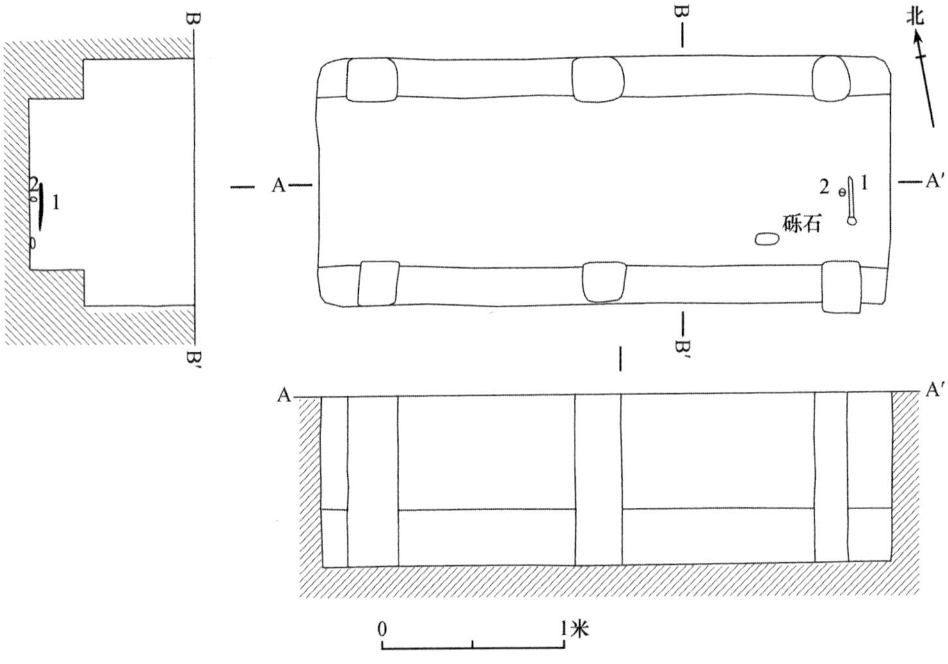

图二五　M19平、剖面图

1. 铁环首刀　2. 陶纺轮

填土为原坑土，较疏松，未见葬具朽痕。

随葬纺轮和铁环首刀各1，均出于墓室前端，另外在墓室后部左侧发现小砾石1颗，砾石呈长条形，长6.8、宽3.6、厚3厘米，重75克。

2. 出土器物

纺轮　1件。M19：1，灰白色硬陶，火候较高。体呈算珠形，两端较小，中间凸起较锐。

最大径3.3、高2.6厘米，重23克（图二六，1；图版六，3）。

铁环首刀　1件。M19：2，锈蚀严重，环首为弯折而成，截面呈椭圆形，短柄，柄与刀身区别不甚明显，刀尖前锋收刹。长21.4、宽1.6、刀背厚0.4厘米，重36克（图二六，2；图版六，4）。

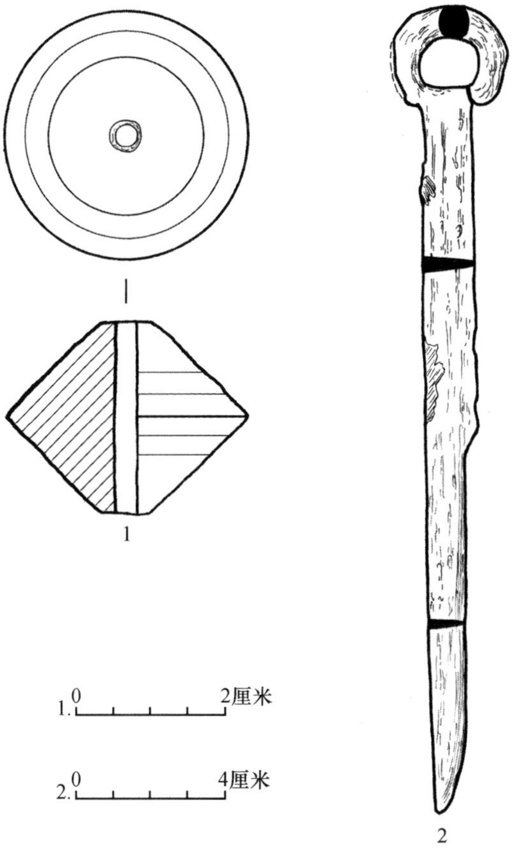

图二六　M19出土器物
1. 纺轮（M19：1）　2. 铁环首刀（M19：2）

三、Ac型墓

长方形竖穴墓，墓室两侧有柱洞，但无生土二层台，亦无腰坑。共3座，分别为M5、M9、M26。

（一）M5

墓葬概况

位于凉伞岭西面山坡上，海拔约260米。未见封土，墓口距地表约0.4米。墓葬朝向西面略偏南，方向255°。

墓葬平面近梯形，前宽后窄，一边平直，另一边略斜直。墓室长4.8、前端宽0.9、后端宽0.7、深0.6米，长宽比接近7∶1。在墓室的窄端两侧各有三个对称柱洞，柱洞多近椭圆状，与墓室等深（图二七；图版七，1）。

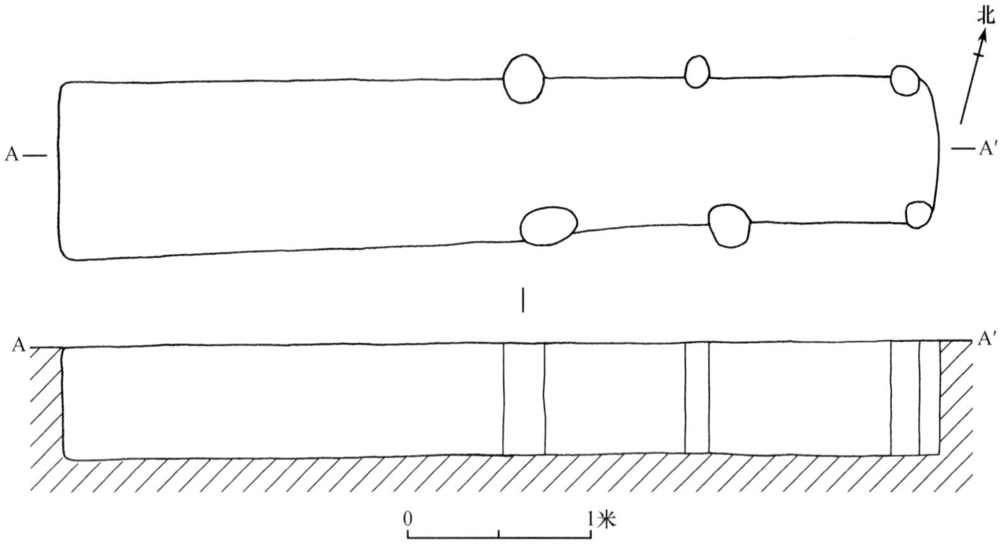

图二七　M5平、剖面图

填土为原坑土，较疏松，未发现棺椁葬具痕迹，亦无随葬器物。

（二）M9

1. 墓葬概况

位于凉伞岭西部缓坡上，海拔约262米。未见封土，墓口距地表约0.2米。墓葬朝向西面略偏南，方向265°。

墓室平面近梯形，前端局部被断坎破坏，残长3.8、宽1米，依坡势残深0.8 ~ 1.2米。墓室两侧分别有2个和3个柱洞，其中有两对左右对称，柱洞多呈方形，从墓口直通墓底（图二八；图版七，2）。

随葬器物仅见2件纺轮及1件铁环首刀，其中铁环首刀已锈蚀碎裂，仅余环首，环首为弯折而成。

2. 出土器物

纺轮　2件。大小相若，器体呈算珠形，两端较窄，中间凸起部分棱角锐利（图版七，3）。

M9∶1，青灰胎较硬，器表有褐色陶衣。直径3、通高2.6厘米，重18克（图二九，1）。

M9∶2，黄褐胎略硬，器表疏松多孔。直径3.1、通高2.5厘米，重13克（图二九，2）。

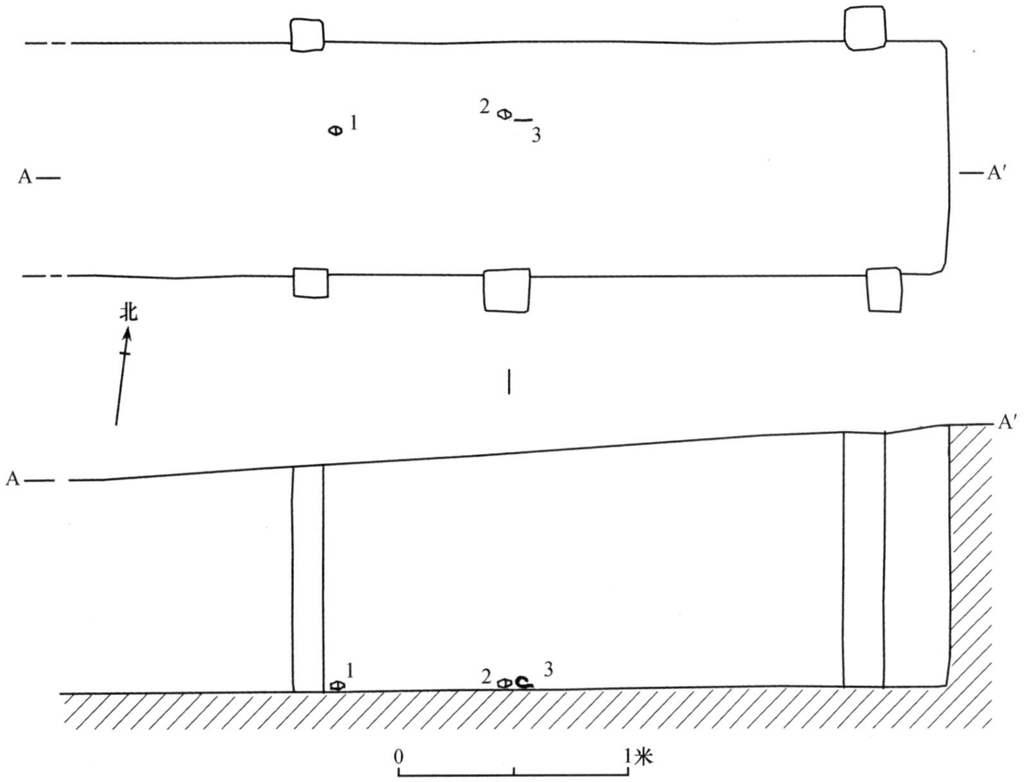

图二八　M9平、剖面图
1、2. 陶纺轮　3. 铁环首刀

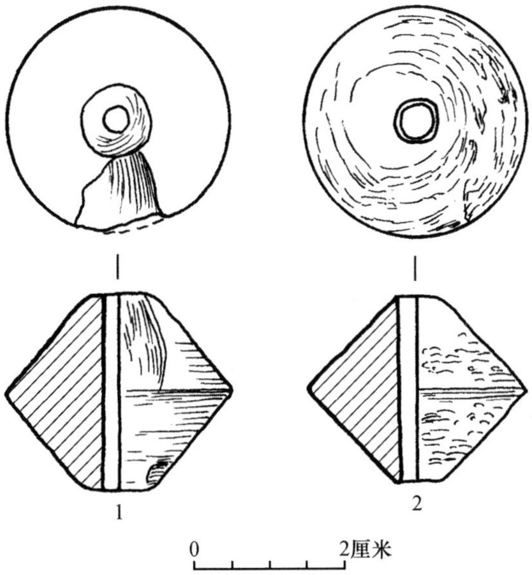

图二九　M9出土陶纺轮
1. M9：1　2. M9：2

（三）M26

墓葬概况

位于凉伞岭西部岭坪上，海拔约264米。未见封土，墓口距地表0.2米。墓葬朝向西面略偏北，方向290°。

墓室长6.4、宽1.1、依坡势深0.5～1.2米。两侧各有三个对称柱洞，柱洞部分伸出墓室外，与墓室等深（图三〇；图版八，1）。

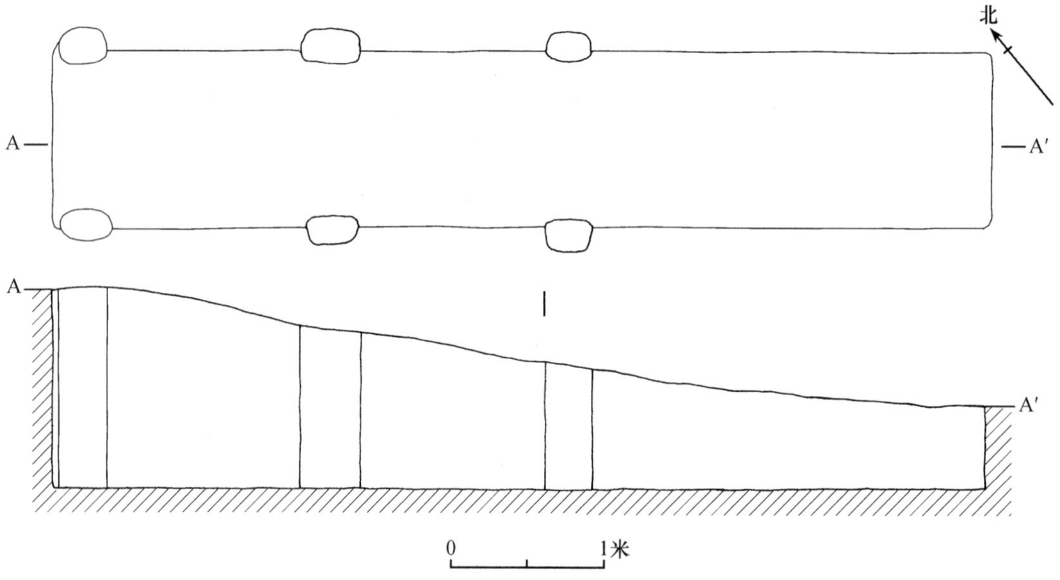

图三〇　M26平、剖面图

填土为原坑土，较疏松，葬具痕迹不清，亦无随葬器物出土。

四、Ad型墓

长方形竖穴墓，墓室两侧无柱洞，无二层台亦无腰坑墓。仅M22一座。

M22

1. 墓葬概况

位于凉伞岭西部岭坪上，海拔约266米。未见封土，墓口距地表约0.2米。墓葬朝向西面略偏北，方向294°。

墓室长4.5、宽2.3、深1.5米。墓壁规整平直，采用原坑土回填，靠近四壁填土存在夯打现象，中间填土较疏松。夯打部位厚约1米，宽0.4～0.5米，夯打不太结实，表明该墓可能存在棺椁葬具，夯实部位可能为填实椁室与墓坑之间的间隙所致（图三一；图版八，2）。

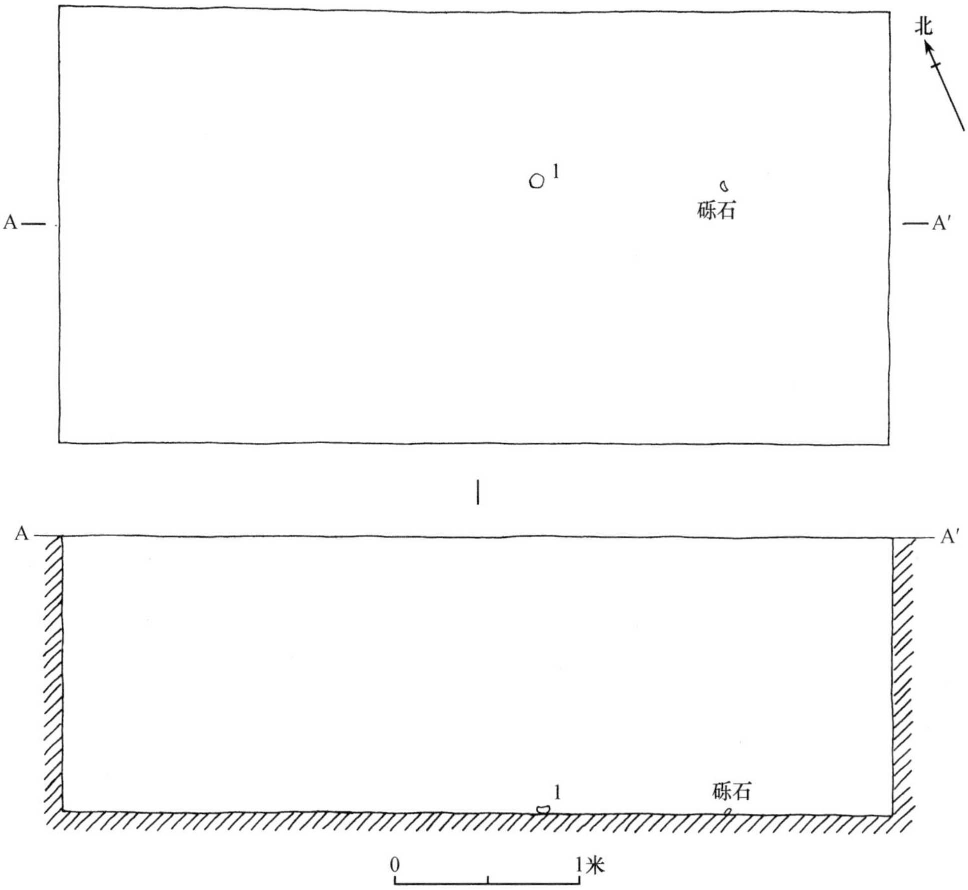

图三一　M22平、剖面图
1. 陶碗

随葬器物仅陶碗1件，其置于墓室底部正中，另外在墓室一端发现小砾石1颗，小砾石呈扁圆形，长5、宽4、厚2.2厘米，重20克。

2. 出土器物

碗　1件。深腹，近底部略内收，小平底，属B型Ⅱ式。M22∶1，青灰胎较硬，胎略厚。方唇，敞口，微残，深直腹，内底略凸起，较不规整，外底近平，底部有线旋切起底形成的偏心涡纹。口径8、底径3.2、高3.5厘米，重112克（图三二；图版八，3）。

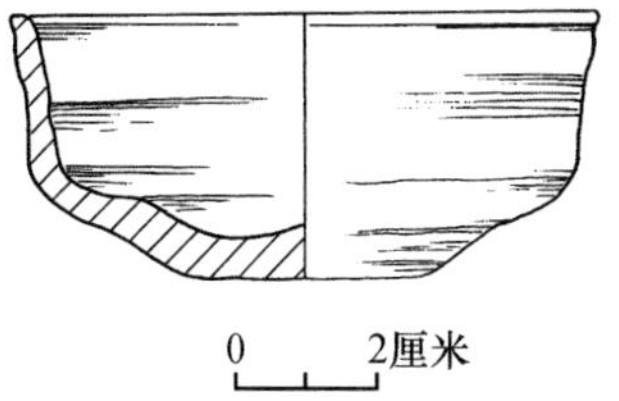

图三二　M22出土B型Ⅱ式陶碗
（M22∶1）

五、B型墓

梯形带斜坡墓道，墓坑窄长，墓室与墓道无转角。仅M42一座。

M42

1. 墓葬概况

位于凉伞岭岭顶南部缓坡上，海拔约264米。未见封土，墓口距地表0.2～0.5米。墓葬朝向西面略偏北，方向280°。

墓室平面近梯形，较窄长，长4.6、宽1.1～1.3、深约1.3米，墓室长宽比超过4：1。上部分别被M40和M41两座清代墓打破，墓室与墓道平滑过渡，未见转角。

墓道平面呈梯形，上部与墓室两侧边连为一体。长3.2、宽0.6～1.1米。底为斜坡式，自墓底直接起斜坡，坡度约15°（图三三；图版九，1）。

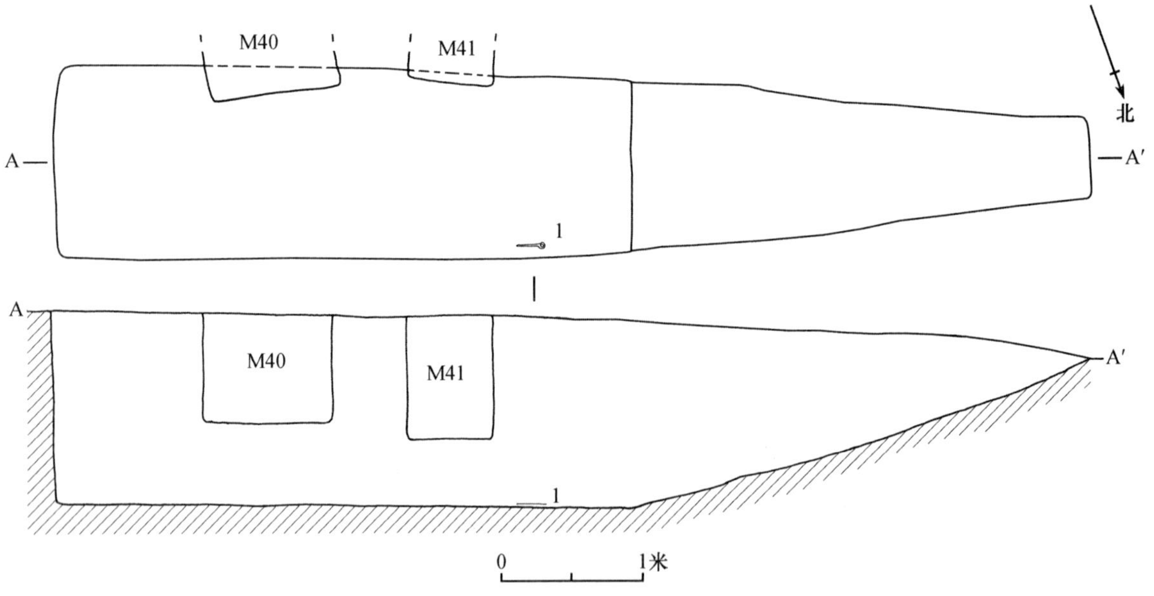

图三三　M42平、剖面图
1. 铁环首刀

填土为原坑土，较疏松，未见葬具痕迹。随葬器物仅铁环首刀1件，置于墓室前端右侧。

2. 出土器物

铁环首刀　1件。M42：1，锈蚀严重，环首为弯折而成，截面呈椭圆形，短柄与刀身区别不甚明显，刀身较窄，横截面呈三角形，前锋收刹。长23.5、宽1厘米左右，刀背厚约0.3厘米，重36克（图三四；图版九，3）。

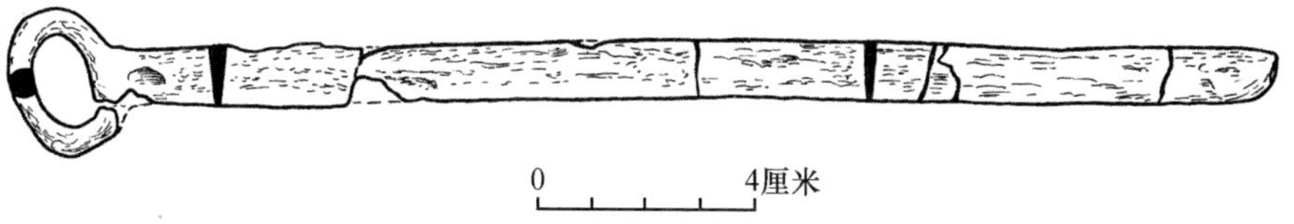

图三四　M42出土铁环首刀（M42：1）

六、Ca型墓

凸字形，有斜坡墓道，墓室两侧有生土二层台及柱洞。仅M25一座。

M25

1. 墓葬概况

位于凉伞岭西南面缓坡上，海拔约264米。未见封土，墓口距地表约0.2米。墓葬朝向西面偏北，方向290°。

墓室长2.62、墓口宽1.2、依坡势深1.1～1.3米。墓室两侧壁上部外敞，下部有高约0.6米的生土二层台，由于墓葬所处位置土质较软，二层台崩塌较严重，台面不规整，凹凸不平。二层台前、中、后部各设置一个对称柱洞，柱洞呈圆形，直通墓底。墓底前端有一道横向枕木沟，枕木沟与两侧柱洞相通。

墓道长3.1、宽0.8米。底为斜坡式，自墓底起斜坡，后部坡度较缓，约10°，尽头处坡度较陡（图三五；图版九，2）。

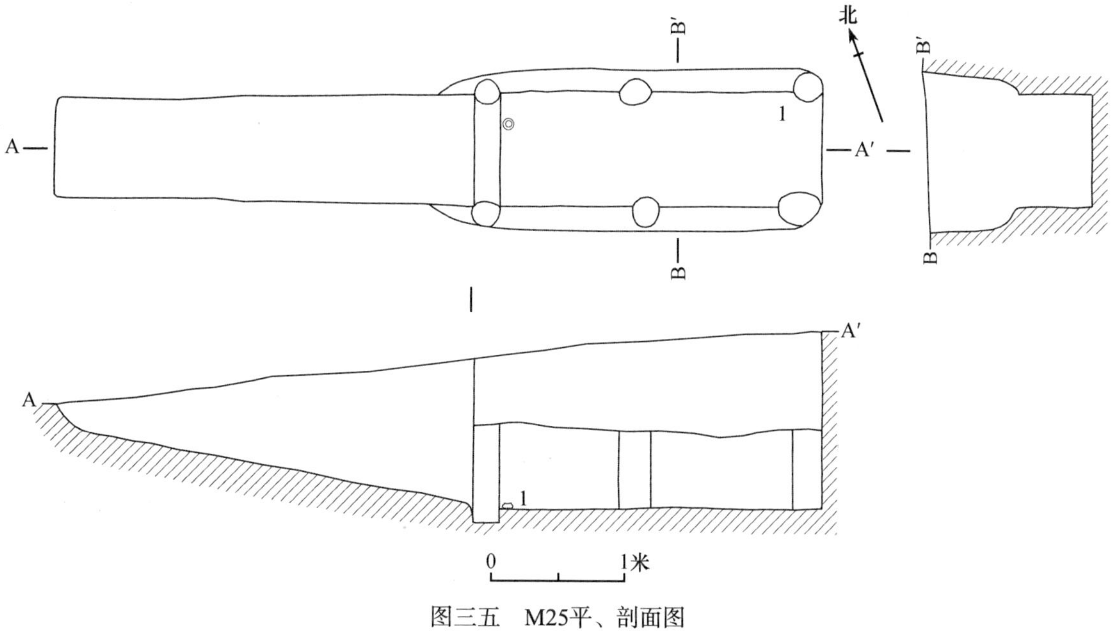

图三五　M25平、剖面图

1. 小陶釜

填土为原坑土，较疏松，未见葬具朽痕。

随葬器物仅小陶釜1件。

2. 出土器物

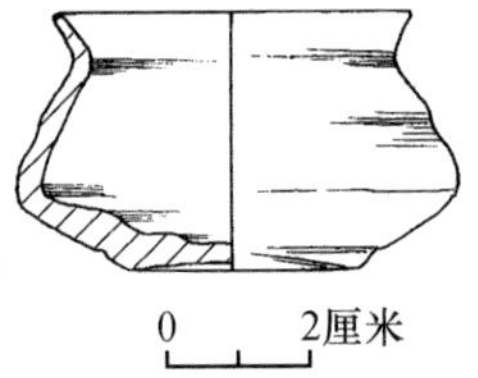

图三六　M25出土C型小陶釜（M25：1）

小陶釜　1件。折腹，小平底，属C型。M25：1，灰白胎较硬，体施青黄釉，多已脱落；体型较小，敞口，束颈，溜肩，小平底内凹，底部有线旋切起底形成的偏心漩涡纹。口径4.9、腹径6、底径3.2、高3.4厘米，重45克（图三六；图版九，4）。

七、Cb型墓

凸字形，有斜坡墓道，墓室两侧有柱洞。仅M27一座。

M27

墓葬概况

位于凉伞岭西部岭坪上，海拔约265米。未见封土，墓口距地表约0.3米。墓葬朝向西面略偏北，方向290°。

墓室长2.6、宽1.2、深0.5米。两侧各有两个方形柱洞，柱洞均伸出墓坑之外，相互对应，但略微错开。

墓道长1.7、宽0.8～0.9米。底呈斜坡式，坡度约15°左右（图三七）。

填土为原坑土，较疏松，底部受蚁穴扰动严重，未见葬具痕迹，亦未见随葬品。

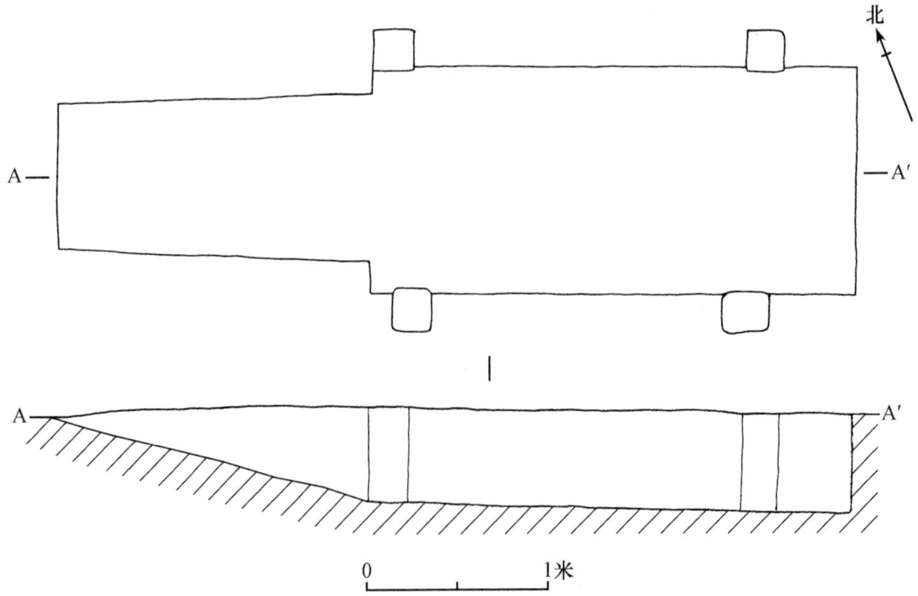

图三七　M27平、剖面图

八、Cd型墓

凸字形，有斜坡墓道，无柱洞亦无生土二层台。共3座，分别为M36、M37、M46。

（一）M36

1. 墓葬概况

位于凉伞岭岭顶西南部缓坡上，海拔266米。发掘前地表有直径7～9、高0.7米的封土。墓葬朝向西面略偏北，方向295°。

墓室长3.9、宽2.4、深约1.3米。墓坑平直，墓壁相对规整。填土为原坑土，中间部分较疏松，左右两侧及后部均有一道宽约0.5、厚约0.7米的夯土，夯打程度较轻，且不均匀，应为填实木椁与坑壁间的间隙所致。虽然未见葬具朽痕，但从夯土范围可大致推知木椁长3.5、宽1.6、高0.7米。

墓道长3.5、宽1.2米，底呈斜坡式，自墓底起斜坡，坡度约10°（图三八；图版一〇，1）。

随葬器物仅2件，陶碗和纺轮各1。其中陶碗出土于墓室中部，纺轮出于墓室前端右侧。

2. 出土器物

碗　1件。浅腹，属A型。M36：2，青灰胎较硬，器体规整，敞口，方唇，直腹，近底

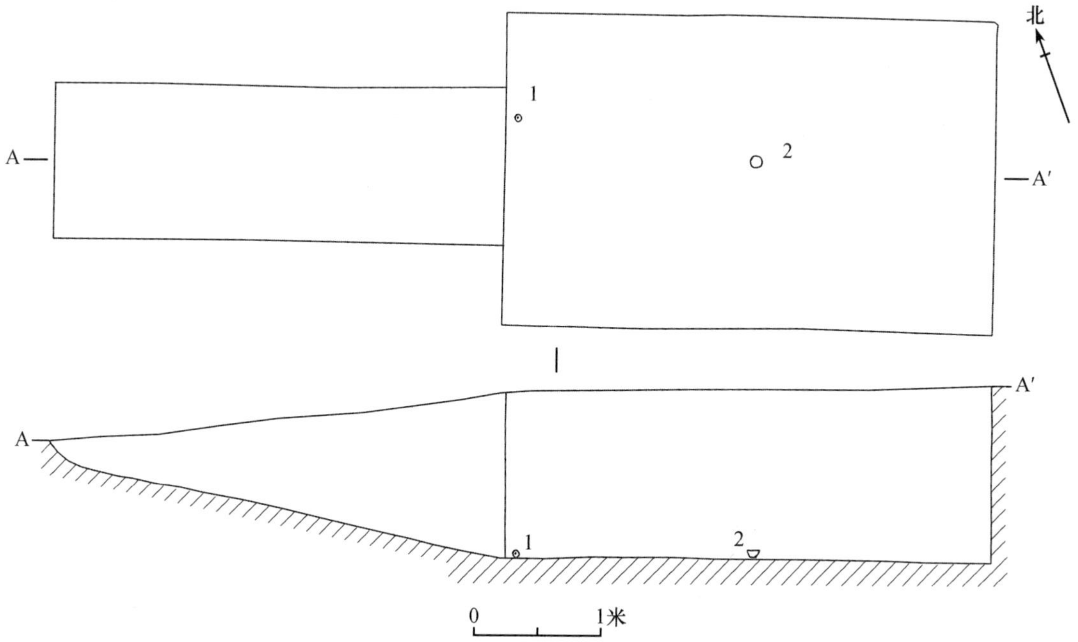

图三八　M36平、剖面图

1. 陶纺轮　2. 陶碗

部略内收，底近平，底部有线旋切起底形成的偏心涡纹。内腹壁饰凹弦纹一圈。口径9、底径5.2、胎厚0.5、高3.5厘米，重136克（图三九，1；图版一〇，3）。

纺轮　1件。M36：1，青灰胎较硬，体呈算珠形，器身较为扁薄，制作相对粗糙。直径3.5、高1.8厘米，重16克（图三九，2；图版一〇，4）。

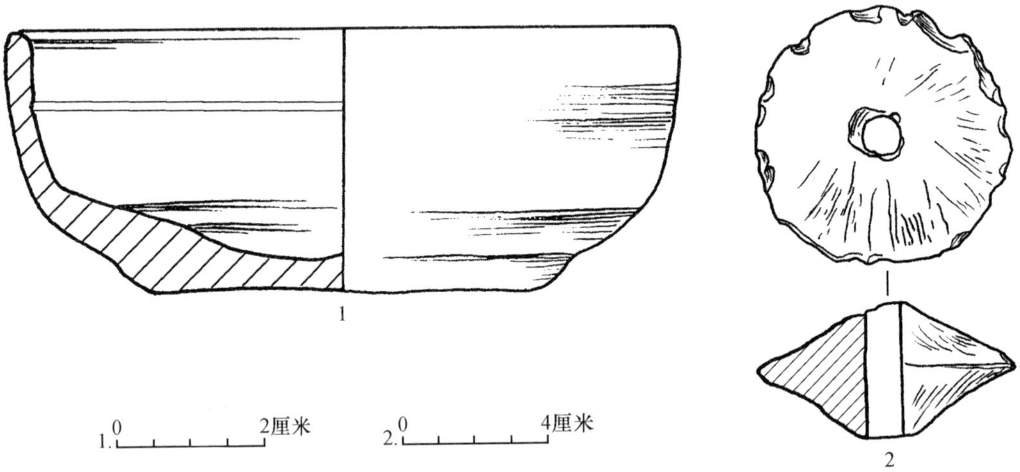

图三九　M36出土器物

1. 纺轮（M36：1）　2. A型碗（M36：2）

（二）M37

1. 墓葬概况

位于凉伞岭岭顶西部，海拔268米。发掘前地表有直径约9、高约1.1米的封土，方向282°。

墓室长4.9、宽2.6、深1.5～1.9米。墓壁较为规整，采用原坑土回填，靠近坑壁填土存在夯打现象，中间填土较疏松。墓底左右两侧及前后两端各有一条深0.2米的枕木沟，其中两侧枕木沟宽度均为0.3米，两端分别与两条横向枕木沟相通。葬具已朽，朽痕不清。从该墓设置枕木沟及近坑壁填土存在夯打的情况判断，该墓应为木椁墓。

墓道平面呈长方形，后部崩塌严重，前端分别被一处断坎和一座清代墓打破。残长4、宽1.8米，底部坡度较缓，仅5°左右（图四〇；图版一〇，2）。

随葬器物2件，均为陶碗，分别出土于墓室前部和前端横向枕木沟内。

2. 出土器物

碗　2件。均为青灰胎，火候较高，分属A型和B型Ⅰ式。

A型　1件。浅腹。M37：1，体型较小，胎较薄，器形不规整。敞口，方唇，浅腹，近底部内收，平底。口径8、底径3.9、胎厚0.3、高2.4厘米（图四一，1；图版一〇，5）。

B型Ⅰ式　1件。深腹，近底部略内收，小平底。M37：2，体型稍大，胎体较厚，形态较为规整。直口，方唇，深腹，上腹近直，下腹内收，底面有线旋切起底形成的偏心漩涡纹。口径9.3、底径3.8、胎厚0.6、高4.2厘米（图四一，2；图版一〇，6）。

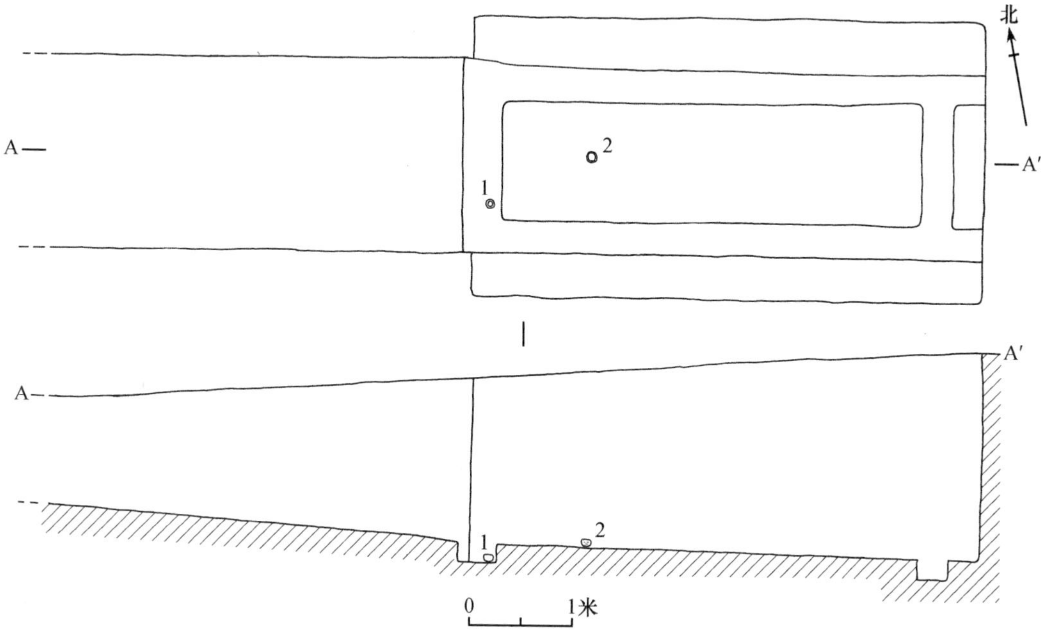

图四〇 M37平、剖面图

1、2. 陶碗

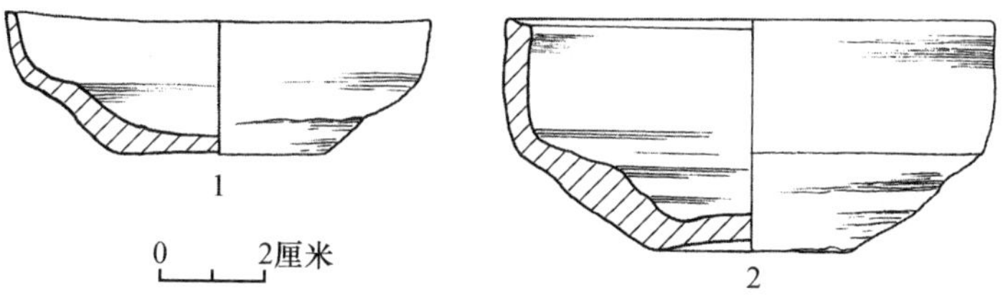

图四一 M37出土器物

1. A型碗（M37：1） 2. B型Ⅰ式碗（M37：2）

（三）M46

1. 墓葬概况

位于凉伞岭岭顶南部缓坡上，海拔约264米。未见封土，依坡势墓口距地表深0.3 ~ 0.8米。墓道朝向东南，方向132°。

墓室平面呈梯形，前窄后宽。长4.5、前宽1.8、后宽2.2、深1.4 ~ 1.6米。墓壁相对规整，采用原坑土回填，靠坑壁填土经夯打填实，中间部分较疏松，夯打部分宽度大致在0.2米左右，应为木椁与墓壁之间的间隙。墓底有横向枕木沟4条，两端均及墓壁，但大小、深浅不一，前端三条间距较近，后面枕木沟与其他间距较远。

墓道长4、宽1米。底为斜坡式，略微高出墓底起斜坡，坡度13°。墓道前端右侧被M48打破（图四二；图版一一，1）。

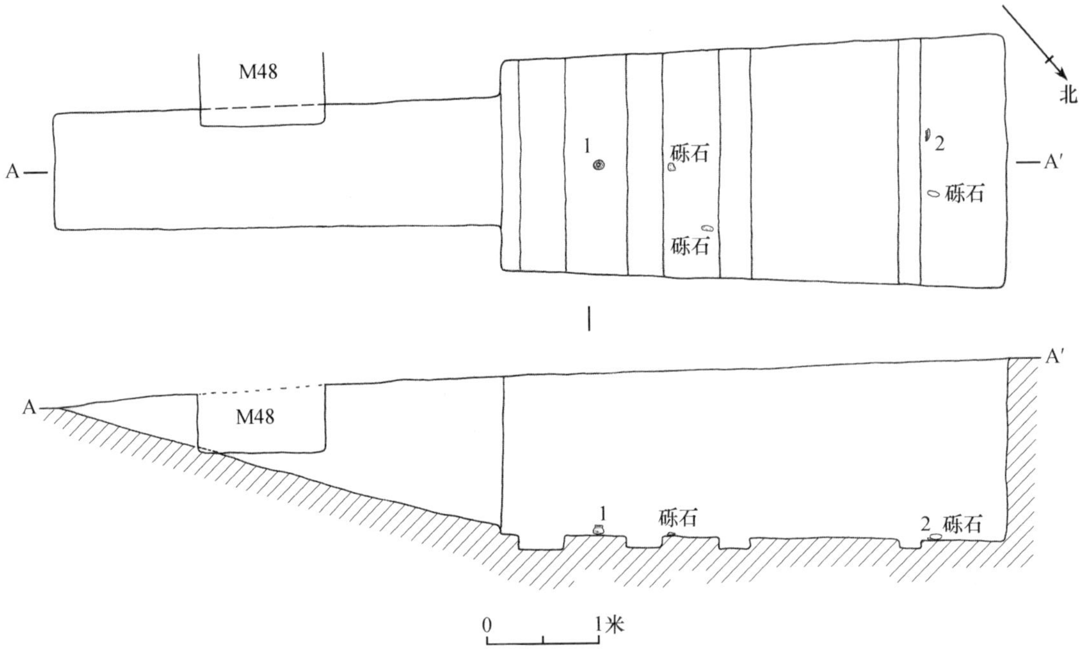

图四二　M46平、剖面图
1. 小陶釜　2. 玉环

随葬品仅2件，其中1件为小陶釜，置于墓室前端正中，另一件为玉环，位于墓室后端中部，出土时风化残损较严重。

墓底还发现小砾石3件，分别位于墓室中部和后部，形态分别呈长条形和扁圆形。长条形长10～14、宽5～7厘米，重160～220克；扁圆形宽约10厘米，重230克。

2. 出土器物

小陶釜　1件。折腹，圜底，属B型。M46：1，青灰胎较硬，器表有褐色陶衣，局部施青黄釉，釉层较薄。敞口，束颈，溜肩，垂折腹，近圜底。出土时口沿大部缺失。口径6、腹径8.8、高5.6厘米（图四三，1；图版一一，2）。

玉环　1件。M46：2，风化较为严重，石质呈鸡骨白状，较疏脆，表面有一层黄褐色包浆，出土时仅残留局部。双面均有凸棱，表面刻划细弦纹三圈。外径8.7、内径5.5、凸棱宽0.2、凸棱高0.2、厚0.25厘米（图四三，2；图版一一，3）。

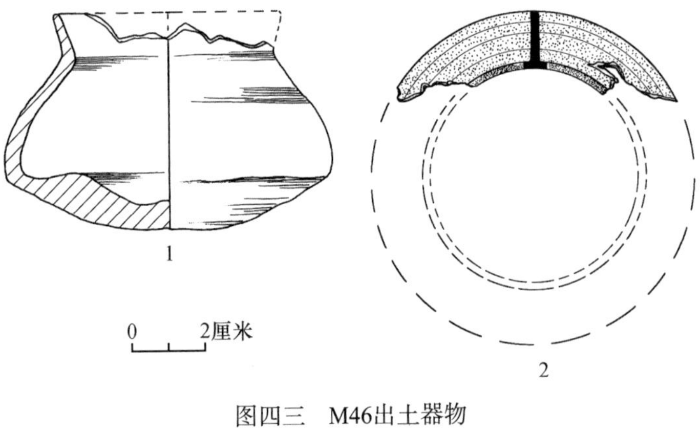

图四三　M46出土器物
1. B型小陶釜（M46：1）　2. 玉环（M46：2）

第三节 小 结

本期墓葬随葬品稀少，且种类单一，大部分墓葬仅随葬1～2件小件器物，部分甚至无器物随葬。虽然在随葬器物中不见两广同期墓葬中较为常见的壶、盒、瓿、三足罐等特色器物，但考虑到其在墓葬形制及随葬器物方面与墓地其他各期差异较为明显，且在时代特征方面与两广同期墓葬存在相似之处，因此将其单独划为一期。

从墓葬形制看，本期墓葬有长方形竖穴墓和带墓道的土坑墓两种。就长方形竖穴墓来说，此类墓葬主要流行于先秦至西汉前期，虽然在一些偏远地区东汉晚期仍然存在，比如在同属贺州地区的贺街凤凰岭东汉晚期墓①仍然存在大量墓坑窄长的长方形竖穴墓，但相较而言，凤凰岭发现的此类墓葬墓室两侧均未见柱洞及二层台，墓底亦未见腰坑，其在细部特征方面与铜盆发现的同类墓葬差异还是比较明显的。就目前来看，本期长方形竖穴墓墓室窄长、两侧设置柱洞及二层台、墓底设腰坑的做法与平乐银山岭战国墓②、平乐银山岭汉墓③、《广州汉墓》④等发现的战国或西汉前期墓的做法是一致的，因此其时代也应较为接近。

至于带墓道土坑墓，从目前发现情况看，这类墓葬在岭南地区的出现应当不会早于秦平岭南，而其延续时间亦相对较长。但就结构特征而言，本期发现的此类墓葬墓室两侧设置柱洞、墓室与墓道转角不明显等做法亦属早期特征，而类似的墓型在平乐银山岭及广州等地西汉前期墓葬中亦有发现。

从随葬器物看，本期墓葬虽然随葬品较为稀少，但时代特征同样较为明显。以陶碗为例，本期共发现陶碗4件，而在其他各期墓葬中，除西汉中期发现1件外，其余均未发现。另外从胎体特征方面看，本期发现的陶碗火候均较高，胎体显得较为古朴，与其他各期发现的陶器在胎体特征方面亦存在明显差异。事实上陶碗（有的报告称杯）亦是战国至西汉前期较为常见的随葬器物类型，以平乐银山岭为例，在银山岭战国墓中，共出土陶杯167件，分出于81座墓，是该期最为常见的器形；另外在银山岭西汉前期的13座墓葬中，有9座随葬陶器墓葬均有陶杯随葬。本期墓葬随葬陶碗的情况与银山岭随葬陶杯的情况具有一定的相似性，体现了相同或相似的时代特征。

另外，本期墓葬随葬器物稀少的情况与银山岭西汉前期墓也较为类似。在银山岭西汉前期的13座墓葬中，有不少墓葬随葬器物亦仅限于陶杯、纺轮、铁刀等小件器物。由于铜盆汉墓所在地在西汉前期处于汉与南越的边缘地带，双方之间关系虽然整体平稳，但也曾出现断绝往来

---

① 广西文物保护与考古研究所：《贺州凤凰岭古墓群考古发掘报告》，《广西考古文集》（第五辑），科学出版社，2013年。

② 广西文物工作队：《平乐银山岭战国墓》，《考古学报》1978年第2期。本节中凡提到银山岭战国墓皆出于此处。

③ 广西文物工作队：《平乐银山岭汉墓》，《考古学报》1978年第4期。本节中凡提到银山岭汉墓皆出自此处。

④ 广州市文物管理委员会、广州市博物馆：《广州汉墓》，文物出版社，1981年。本节中凡提到《广州汉墓》均与此同。

的紧张局面，这在一定程度上对当地经济发展状况存在一定制约。本期墓葬随葬品较为稀少的情况应与西汉前期当地经济开发程度相对较低有关，随着汉武帝平定南越后，在铜盆所在的思勤江流域设置富川县，依托当地沟通中原与内地的便捷交通优势，当地经济开始有了较大的发展，西汉中期随葬品种类及数量的增多就是这种转变的很好体现。

关于M25和M46的年代，需要指出的是，这两座墓均为带墓道土坑墓，且均随葬有广西西汉前期墓葬中较为罕见的小陶釜。对于M25而言，之所以将其归入西汉早期，一方面主要考虑其在墓葬形制方面具有窄坑及两侧设置柱洞这些早期因素，另一方面类似的小陶釜与《广州汉墓》西汉前期墓中的小陶盂形制也基本一致，因此将其定为西汉前期；而M46在墓葬形制方面虽不具备明显的西汉早期因素，但其随葬的玉环年代相对早一些，考虑到本期墓葬随葬品均较为稀少这一共性特征，故亦将其归入本期。

第五章　西汉中期墓

第一节　墓葬概况

一、墓葬分布及形制特征

本期墓葬共14座，分别为M14、M15、M16、M18、M20、M23、M28、M29、M31、M34、M35、M44、M45、M53。墓葬分布相对集中，主要分布于凉伞岭西部岭坪和西南部山坡，其所处位置多较西汉晚期墓高，大致分布在海拔262～266米的山坡上，尤以264米一线最为集中。墓葬朝向相对一致，除一座朝向东南外，其余均朝向西面略微偏北。

墓葬均有斜坡墓道，形制类型较前期有所减少，仅见凸字形带斜坡墓道和双墓道同穴合葬两种形制。

墓室两侧设置柱洞和墓底设置腰坑的做法已经消失，但仍有4座在墓道两侧设置有柱洞。

墓室两侧设置生土二层台的做法仅在个别墓中有发现，但绝大部分墓葬靠近墓壁填土均经夯打，其做法可能与夯填木椁与坑壁之间的间隙有关，表明本期墓葬棺椁葬具的使用较为普遍。

墓底设置枕木沟的做法亦较为常见，枕木沟有横有纵或横纵均有，也有个别不设枕木沟。

随葬器物的摆放较有规律，大部分沿枕木沟纵向排放，排列相对较为整齐，也有少量集中叠放的，集中叠放者原先可能有木箱盛放。

二、出土器物

本期出土器物共163件（套），有陶、铜、铁、石几种类别，无论是随葬器物数量还是种类均较前期大为增加。

其中陶器共147件，占本期出土器物的90.2%。器类有瓮、罐、壶、鼎、樽、盂、瓿、熏炉、三足釜、甗、五联罐、小陶釜、井、灶、盆、纺轮等，其中鼎、樽、熏炉、井、灶、甗仅见于本期。

铜器较少，仅出土12件（套），类别有碗、盆、鋗、镜、环首刀等，另有4座墓随葬有五铢钱。

铁器仅3件，均为铁环首刀。

石器仅石箭镞1件，出于M53填土。

三、陶器质地

陶器有泥质陶和夹砂陶两种，其中泥质陶共138件，约占本期陶器总数的93.9%。泥质陶有硬陶、稍软和软陶三种，陶土多未经淘洗，胎略粗糙，部分含有少量细沙；其中泥质硬陶共127件，约占本期陶器总数的86.4%；泥质软陶仅3件，约占本期陶器总数的2%；另有8件胎质稍软，其介于软硬之间，相对接近硬陶。夹砂陶共9件，主要见于三足釜，个别陶罐和纺轮亦夹细砂，此类陶器胎质一般相对略软。

陶器器表大多有陶衣，但施釉情况并不普遍，仅26件陶器局部施釉，占本期陶器的17.7%。

四、陶器纹饰

本期纹饰类型较为丰富，有大方格纹、方格纹、戳印纹、凹弦纹、刻划纹、戳刺纹、叶脉纹、四叶纹、铺首纹等，几乎包含墓地出土陶器的所有纹饰类型。其中戳刺纹、叶脉纹、四叶纹及铺首纹均仅见于本期。

（一）刻划纹

共25件，占墓地所有刻划纹总数的92.6%。有短线刻划、箭头状刻划和符号类刻划几种，其中短线刻划和箭头状刻划仅见于本期，符号类刻划亦主要见于本期（图四四，1～9）。

（二）叶脉纹

共3件，仅见于本期，分别饰于陶灶灶面及陶鼎耳部（图四四，11）。

（三）铺首纹

仅1件，饰于陶樽腹部（图四四，12）。

（四）四叶纹

2件，均饰于本期陶鼎盖顶（图四四，13）。

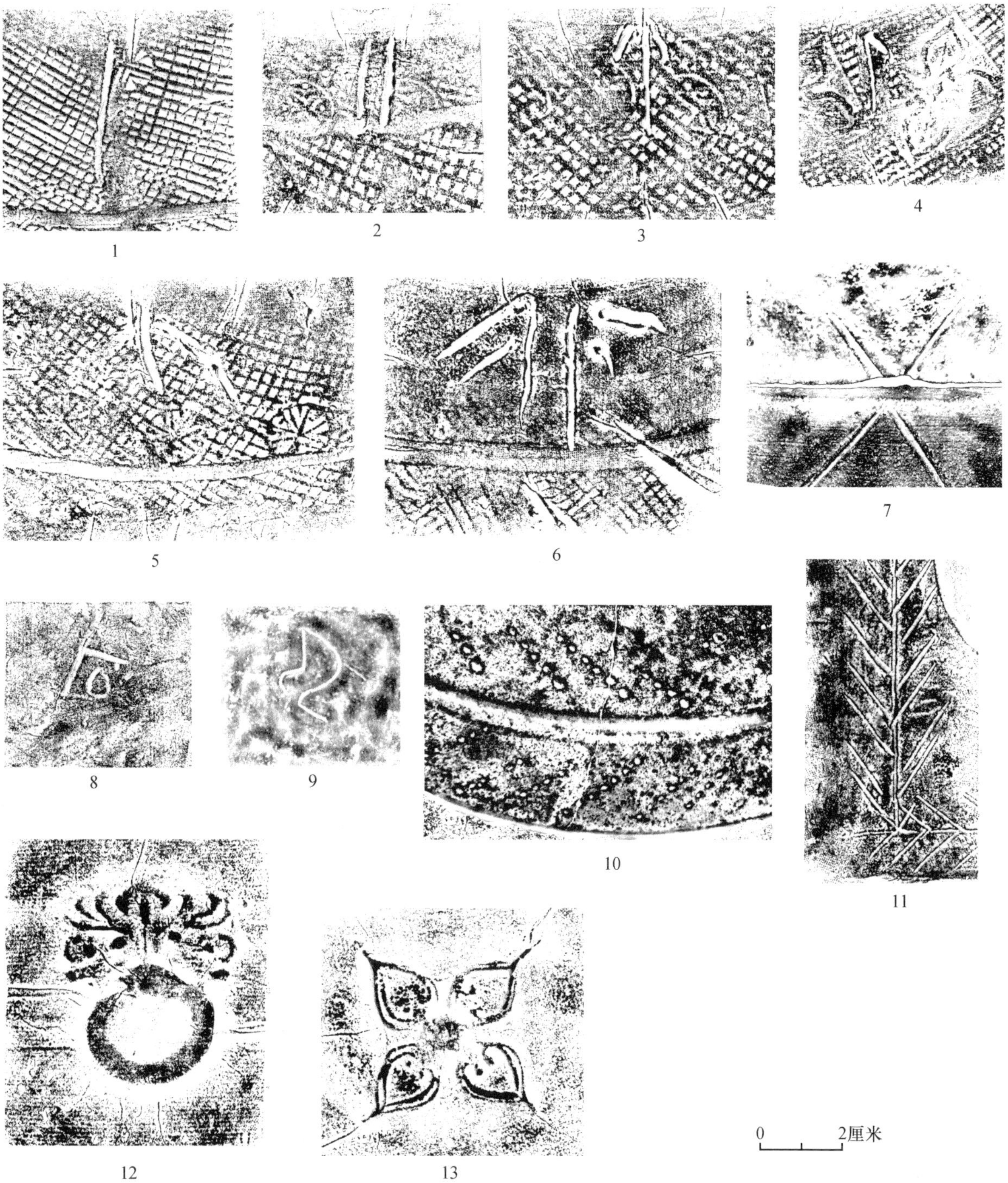

图四四　西汉中期陶器纹饰拓片

1、2. 短线刻划　3、4. 箭头形刻划　5. “小”形刻划　6. “北”形刻划　7. “X”形刻划　8. 戳记形刻划　9. “Ω”形刻划　10. 戳刺纹　11. 叶脉纹　12. 铺首纹　13. 四叶纹

（五）戳刺纹

共2件，仅见于本期，分别饰于四耳罐及陶樽盖面之上（图四四，10）。

（六）方格纹

共95件，主要装饰于瓮、罐、四耳罐、瓿、井一类的器物腹部，常与戳印纹组合出现，以瓮、罐类最为常见。本期所有陶瓮均装饰有方格纹和戳印纹；在陶罐中，89.5%装饰有方格纹。

（七）戳印纹

共66件，均与方格纹组合出现。类型较为丰富，有圆几何形、方几何形、菱形、三角形、五铢钱纹、四叶纹、云纹、蛇纹、组合戳印几种。以圆几何形及方几何形最为多见，其余戳印类型均相对较少，其中云纹及四叶纹戳印仅见于本期，组合戳印及五铢钱形戳印也主要见于本期。

1. 圆几何戳印

共24件，占本期戳印总数的36.4%，占墓地全部30件圆几何戳印总数的80%。型式有A、B、C、D、Ea、Eb几种，以Ea型和Eb型最为多见，二者合计达20件，占墓地全部26件E型圆几何戳印总数的76.9%。其中Ea型共11件，占本期圆几何形戳印总数的45.8%，占全部16件该型戳印总数的68.8%；Eb型共9件，占本期戳印总数的33.3%，占全部10件该型戳印总数的90%；其余A、B、C、D型均较为罕见，每种类型仅见一例，且均仅见于本期（图四五）。

2. 方几何形戳印

共24件，占本期戳印总数的36.4%，占全部77件方几何形戳印总数的31.2%。型式有Aa型、Ba型Ⅰ式、Ba型Ⅱ式、Bb型Ⅰ式及C型几种（图四六，1～8）。以Aa型最为常见，该型戳印共12件，占本期方几何戳印总数的50%，占墓地全部14件Aa型方几何戳印总数的85.7%；其次为Bb型Ⅰ式和Ba型Ⅱ式，Ba型Ⅰ式和C型仅有个别发现。

3. 菱形戳印

共5件，仅占本期戳印纹总数的7.6%，占全部11件菱形戳印的45.5%，菱形以单个为主，三个一组的菱形仅见1件（图四六，9、12）。

4. 四叶纹、云纹及蛇纹戳印

共3件，其中四叶纹和云纹仅见于本期（图四六，10、11、13）。

5. 五铢钱纹戳印

共4件，均为A型，占全部5件五铢钱戳印的 80%（图四七，6～8）。

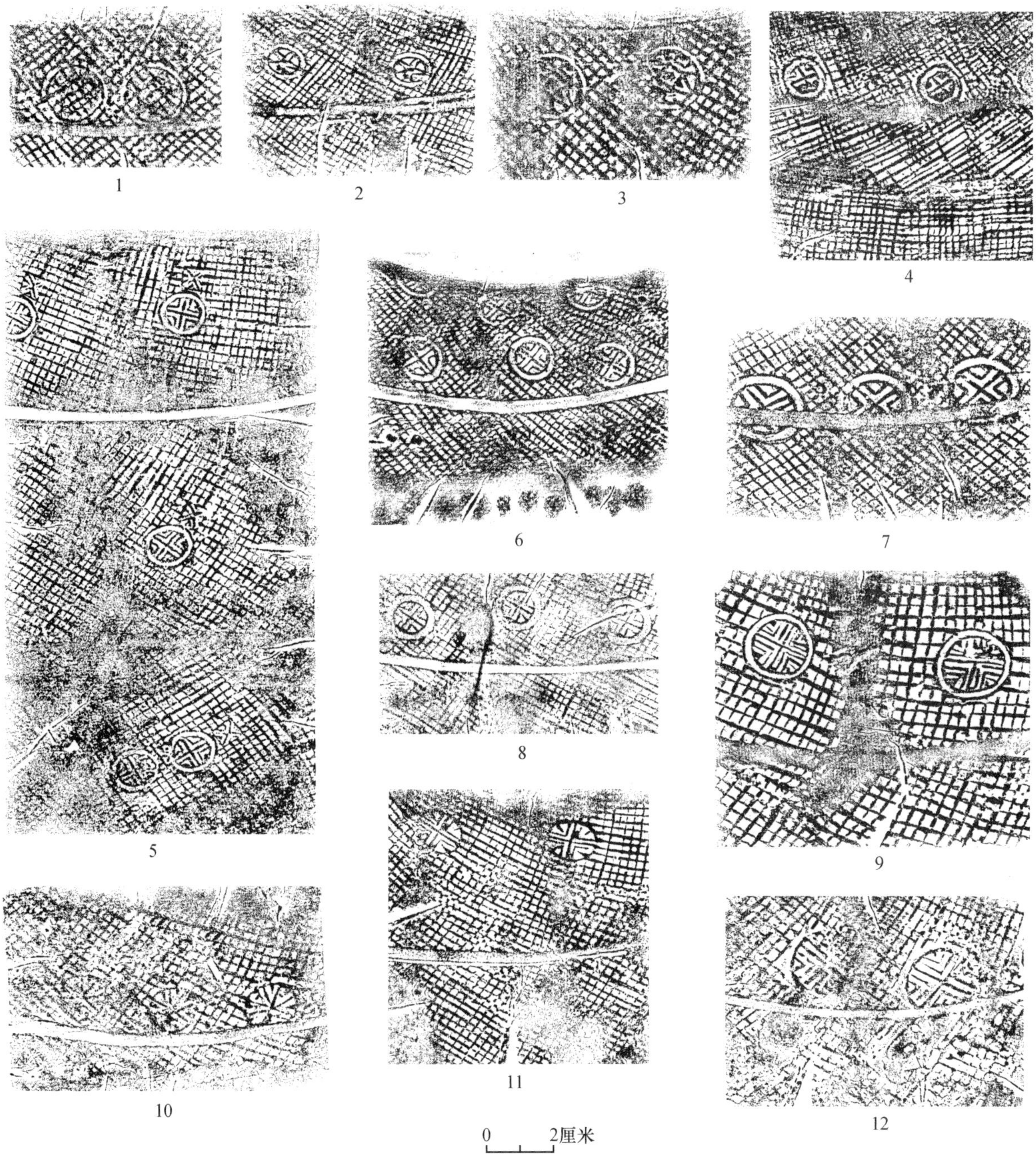

图四五　西汉中期圆几何戳印拓片

1. A型　2. B型　3. C型　4. D型　5～8. Ea型　9～12. Eb型

6. 组合戳印

共6件，占本期戳印总数的9.1%，占全部7件组合戳印的85.7%。有圆形和方形组合、圆形和菱形组合、方形和三角形组合、方形和菱形组合几种，墓地发现的每种组合戳印类型在本期均有发现（图四七，1～5）。

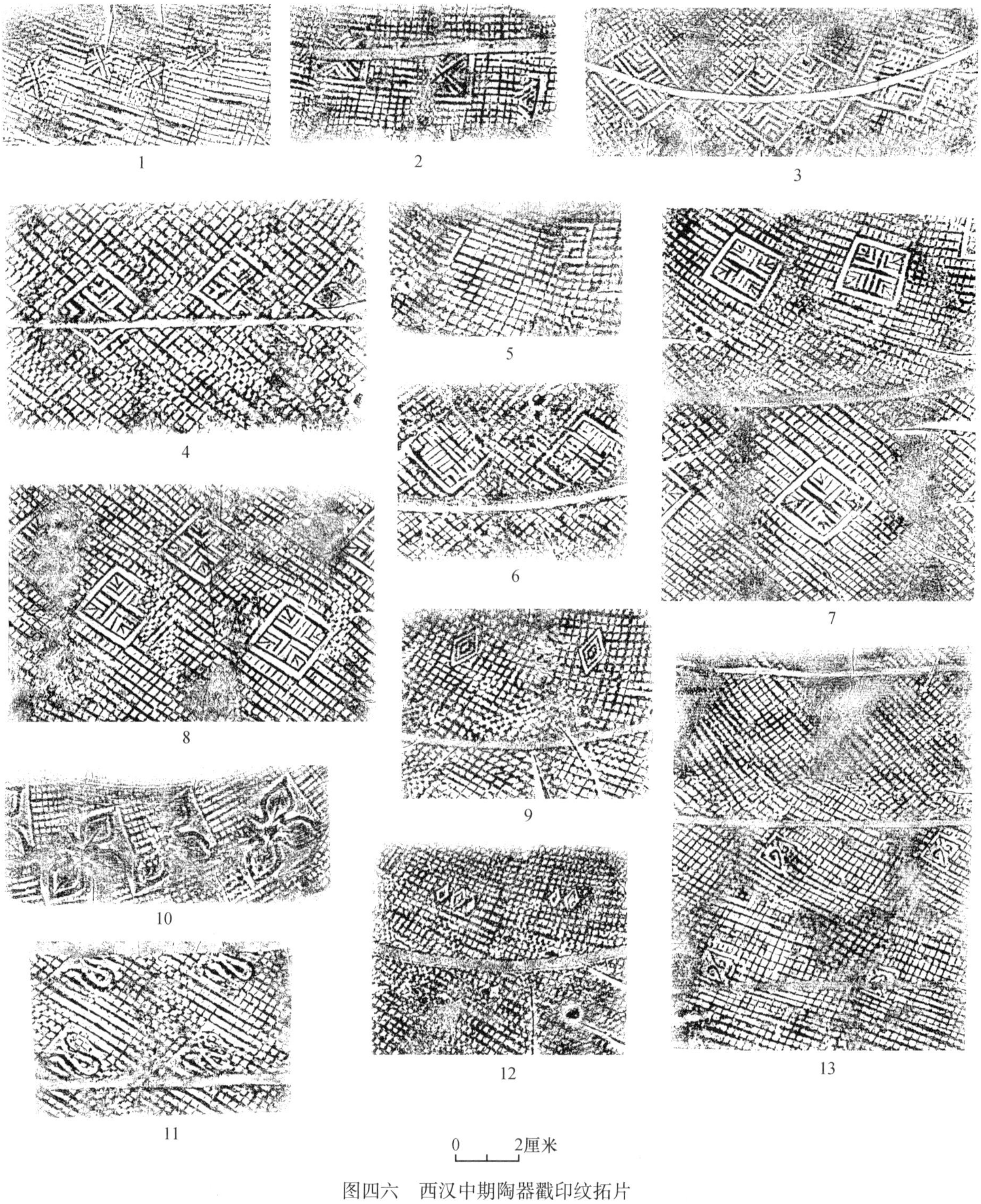

图四六　西汉中期陶器戳印纹拓片

1、2. Aa型方几何形　3. Ba型Ⅰ式方几何形　4. Ba型Ⅱ式方几何形　5、6. C型方几何形　7、8. Bb型Ⅰ式方几何形　9、12. 菱形　10. 四叶纹　11. 蛇纹　13. 云纹

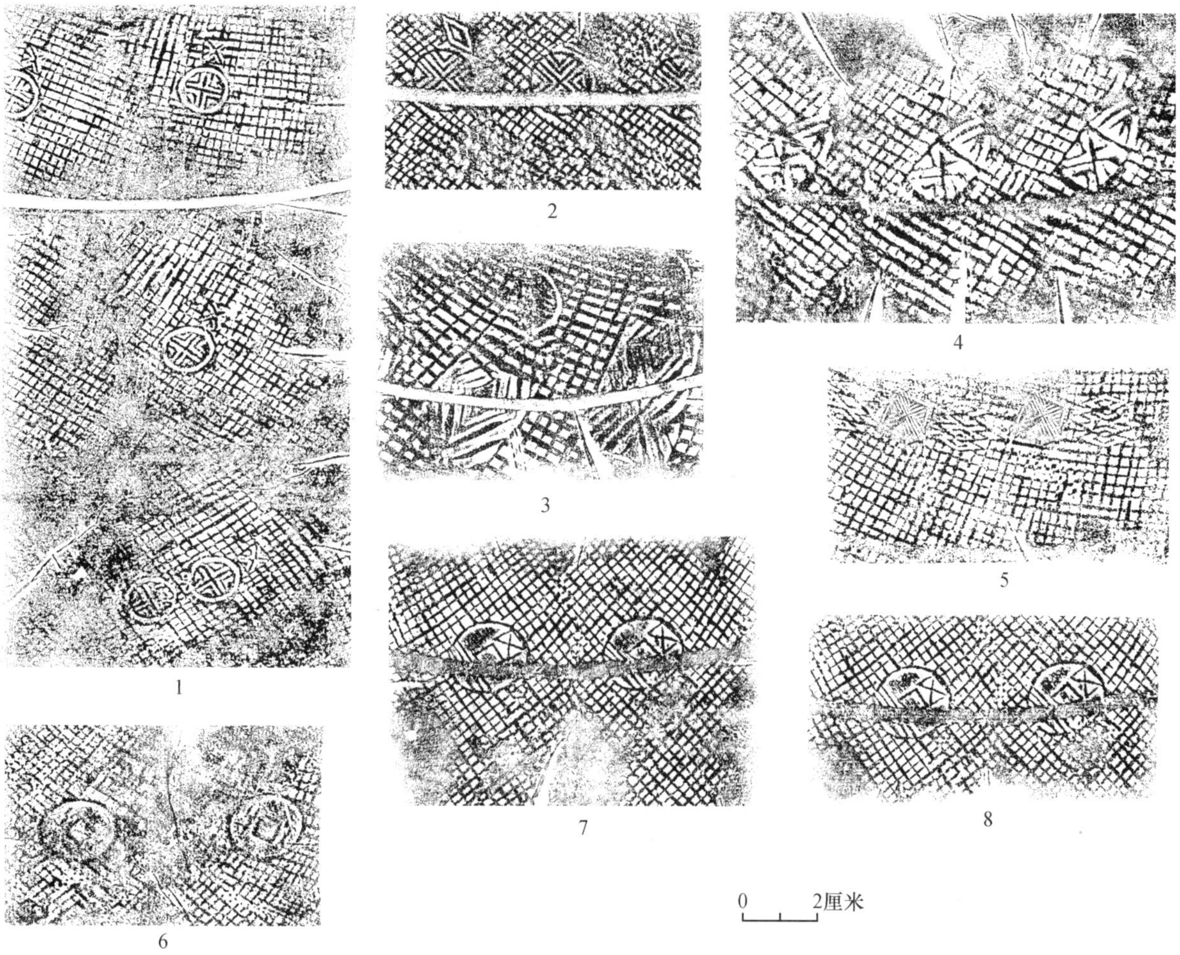

图四七　西汉中期组合及五铢钱戳印

1. 圆形和方形组合　2、3. 圆形和菱形组合　4. 方形和三角形组合　5. 方形和菱形组合　6～8. A型五铢钱戳印

（八）凹弦纹

共112件，其中宽凹弦纹108件，占本期弦纹总数的96.4%，细凹弦纹仅4件，仅占本期弦纹总数的3.6%。其装饰器类以瓮、罐、壶最为多见，本期瓮、壶均装饰凹弦纹，且均为宽凹弦纹；陶罐中有89.5%装饰有凹弦纹，且除3件为细凹弦纹外，其余均为宽凹弦纹。

五、主要器物组合及特征

本期随葬器物以瓮、罐、壶为主，但其组合往往不全，在本期14座墓葬中，瓮、罐、壶组合齐全者仅3座，占本期墓葬总数的21.4%；壶、罐组合者5座，占墓葬总数的35.7%；瓮、罐组合者仅1座，占本期墓葬总数的7%。

（一）瓮

共5件，占本期147件出土陶器的3.4%，分出于4座墓，占本期墓葬总数的28.6%。均为泥质陶，以硬陶为主，无软陶。

型式有A型Ⅰ式、B型Ⅰ式和C型Ⅰ式三种，无论哪种型式均为宽沿，口多近直或微敛，短直颈较高，腹部或圆或弧，重心略偏上或居中，器体均饰方格纹加戳印纹，方格纹以拍印为主，纹饰相对凌乱，腹部一般饰两道或两道以上凹弦纹，且弦纹均为宽凹弦纹。

（二）罐

共95件，占本期147件陶器的64.6%。陶质有泥质和夹砂两种，其中泥质陶92件，占本期陶罐总数的96.8%；夹砂陶仅3件，占陶罐总数的3.2%。在泥质陶中，硬陶共86件，占本期泥质陶罐总数的93.5%，软陶仅2件，占泥质陶总数的2.2%。陶罐施釉现象较为少见，共11件施釉，仅占本期陶罐总数的11.6%。

纹饰以方格纹为主，饰方格纹者共85件，占本期陶罐总数的89.5%；不饰方格纹的素白陶罐仅10件，仅占本期陶罐总数的10.5%，且这些素面陶罐大部分制作较粗糙随意，严格说来，其并不能真实反映本期陶器的纹饰特征，若将其扣除，则陶罐中饰方格纹者比例更高。

戳印纹均与方格组合出现，共58件有戳印，占本期方格纹陶罐的68.2%。

无论是方格纹陶罐还是素面陶罐，腹部多饰凹弦纹，总数达85件，占陶罐总数的89.5%；无凹弦纹者仅10件，仅占陶罐总数的10.5%。弦纹以宽凹弦纹为主，占弦纹总数的96.5%，细凹弦纹仅3件，仅占弦纹总数的3.5%。

本期共有87件陶罐纳入统一型式划分，型式有A型Ⅰ式、A型Ⅱ式、B型Ⅰ式、B型Ⅱ式、C型Ⅰ式、D型Ⅰ式、E型Ⅰ式及I型几种。以A型Ⅱ式最为普遍，其次为A型Ⅰ式和C型Ⅰ式，其余型式均相对较少，其中B型Ⅰ式和I型仅见于本期。

在整体特征方面，除个别沿稍窄外，其余均为宽沿，短颈相对高直且旋刮平整光滑，腹部相对圆润，造型协调，重心多偏上或居中，下腹刮胎现象较为少见。

（三）壶

共10件，分出于8座墓，占本期墓葬的57.1%。均为硬陶，有6件施青黄釉，占比达60%。

型式有A型Ⅰ式和A型Ⅱ式两种，以A型Ⅰ式为主，且仅见于本期。在整体特征方面，本期陶壶均为杯形口，腹部一般较圆，筒状圈足略敞，圈足与底部连接处均呈凹状收束，圈足均饰有多道宽凹弦纹，腹部均饰宽凹弦纹。

第二节　个墓介绍

一、Cc型墓

凸字形，有斜坡墓道，墓道两侧有柱洞。共3座，分别为M15、M29、M31。

（一）M15

1. 墓葬概况

位于凉伞岭西部稍微平坦的岭坪上，海拔约264米。发掘前地表未见封土残留，墓口距地表约0.2米。墓葬朝向西面略微偏北，方向282°。

墓室长4.5、宽2.8、深2.1～2.3米。墓壁相对规整，沿两侧壁及后壁填土均经夯打，中间填土相对疏松。其中两侧夯土宽约0.3米，后壁夯土宽约0.5米，厚度均为1米左右，夯土夯打程度不一。墓底左右两侧各有一条宽约0.3、深约0.2米的纵向枕木沟，枕木沟均直抵墓室前后壁。

墓道平面呈长方形，前端被一开荒形成的断坎破坏。残长约3、宽1.4米，底为斜坡式，直接从墓底起斜坡，坡度较缓，约10°。墓道两侧壁上部垮塌严重，两侧各发现两个对称柱洞，柱洞上部与墓室夯土高度大致相当，下部通向墓道底。墓道与墓室结合处填土有夯打现象，其目的可能是为防止墓道内积水渗入墓室。

随葬器物共11件，出土时形态保持基本完整，除1件陶碗置于墓室前端正中外，其余均成列集中排放于墓室前端左侧枕木沟旁，部分陷入枕木沟内。计有瓮2、罐7、四耳罐及碗各1件（图四八；图版一二）。

另外在墓室前端两侧枕木沟内还发现小砾石8颗，其体型均较小，大小形态不一，多不规则，有圆形和长条形两种，以长条形居多。最小者长仅3.3厘米，重仅20克；最大者长9厘米，重200克。

2. 出土器物

瓮　2件。体型略显瘦长，均为宽沿，圆弧腹，重心偏上，属B型Ⅰ式。

M15：2，黄色胎稍软，火候略低，器表有灰色陶衣，陶衣多已脱落。小口微侈，宽沿略卷，短直颈较长，腹部略圆弧，重心偏上，小底微内凹。体饰方格纹，腹部自上而下共饰四道宽凹弦纹，每组弦纹之间饰方形云纹戳印。短直颈不旋刮，颈部保留有部分方格纹，近底部方格纹经涂抹。出土时口沿有零星磕碰缺口。口径16、腹径28、底径17、高28.8厘米，重3820克（图四九，1；图版一三，1）。

M15：3，红褐胎较硬，火候较高，器表无陶衣。体型修长，小口微侈，宽平沿略下斜，

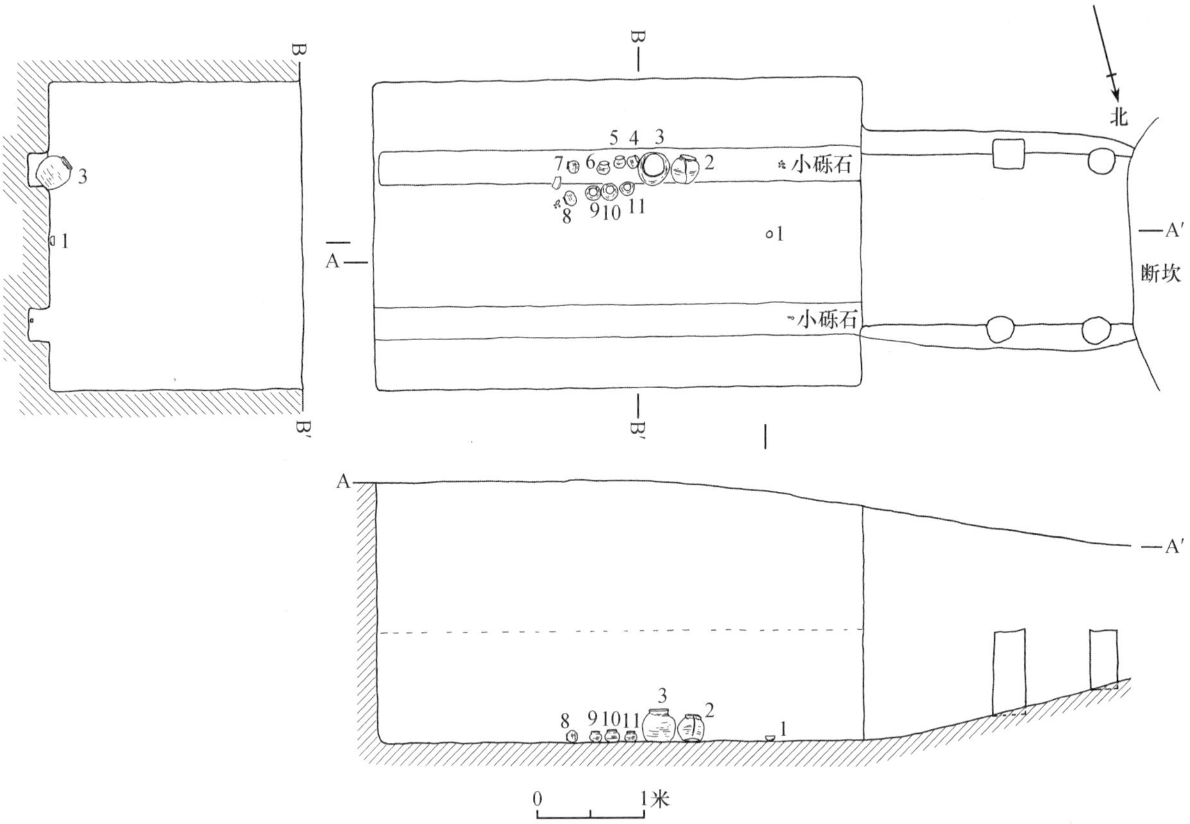

图四八　M15平、剖面图

1. 陶碗　2、3. 陶瓮　4～7、9～11. 陶罐　8. 陶四耳罐

短直颈稍高，颈部旋刮规整，腹部稍显圆弧，重心略微偏上，底微内凹。体饰方格纹，方格纹较细碎，有明显分组，当为拍印；器体自上而下饰四圈方几何形戳印，戳印排列不太规整。腹上下各饰宽凹弦纹一道，近底部纹饰均经涂抹。出土时口沿有轻微磕碰缺口。口径18、腹径31、底径20.2、高32.6厘米，重5420克（图四九，2；图版一三，2）。

罐　7件。均为宽沿，圆弧腹，属A型Ⅱ式。

M15∶4，青灰胎较硬，器表有褐色陶衣。侈口，宽平沿略下斜，短直颈稍高，颈下部有一道凹弦纹，圆弧腹略鼓，重心居中，底面边缘凸起一圈，底面凹凸不平，应为直接起底。体饰方格纹及一圈圆几何形戳印，腹中部饰宽凹弦纹一道，肩部有一处“小”状刻划符号，下腹旋抹痕迹明显，纹饰均抹净。口径10.6、腹径16.1、底径11、高12.2厘米，重990克（图四九，3；图版一三，3）。

M15∶5，灰白胎较硬，器表有黄褐色陶衣。口近直，宽平沿略下斜，短直颈较高，颈部旋刮规整，腹部较圆润，底微内凹，重心居中。器体拍印方格纹，腹上部饰圆几何形戳印一圈，近中部饰宽凹弦纹一道，近底部旋抹痕迹较明显。出土时口沿有零星缺口。口径10.4、腹径15、底径10.6、高11厘米，重840克（图四九，4；图版一三，4）。

M15∶6，灰白胎较硬，火候较高，器表有褐色陶衣，局部施青黄釉，釉层大部较薄，局部脱落严重。口微侈，宽沿近平，短直颈较高，颈部旋刮规整，腹部圆润，底近平，重心居中。器体模印方格纹，腹中部略偏上有宽凹弦纹一道，近底部旋抹痕迹明显。口沿有支钉叠

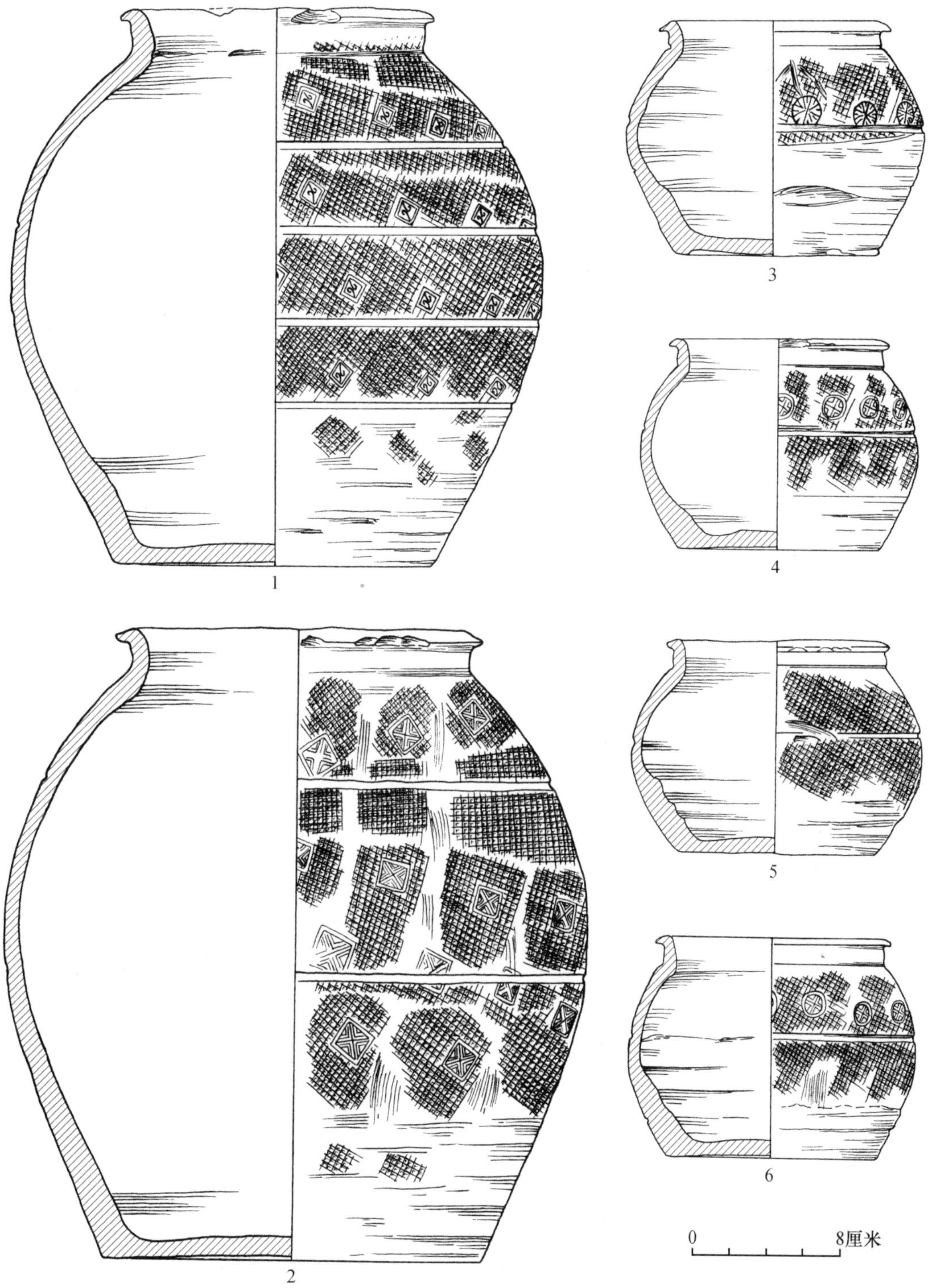

图四九　M15出土陶器

1、2. B型Ⅰ式瓮（M15∶2、M15∶3）　3～6. A型Ⅱ式罐（M15∶4～M15∶7）

烧痕迹，底面有三个支钉。口沿有磕碰形成的缺口。口径10.6、腹径15.6、底径10.5、高11.1厘米，重880克（图四九，5；图版一三，5）。

M15∶7，黄色胎较硬，器表有褐色陶衣。口近直，沿较宽平，短直颈较高，颈部旋刮规整，腹部圆弧，底微内凹，重心居中。器体模印方格纹，腹上部饰圆几何戳印一圈，近中部饰宽凹弦纹一道，上腹有一道单短线刻划，下腹旋抹痕迹明显。口径11、腹径15.6、底径11.4、高11.4厘米，重880克（图四九，6；图版一三，6）。

M15：9，青灰胎较硬，器表有褐色陶衣。侈口，宽沿下斜，短直颈略高，颈部旋刮规整，腹部圆弧，重心平稳，大底微内凹。体饰方格纹，方格纹无明显分组，上腹饰圆几何形戳印一圈，腹中部饰宽凹弦纹一道，近底部有明显抹胎痕迹。口径11.4、腹径15.6、底径12.2、高11.2厘米，重1040克（图五〇，1；图版一四，1）。

M15：10，青灰胎较硬，器表有褐色陶衣，外底及器身局部施青黄釉。体型略显扁矮，侈口，沿较宽卷，颈略短，颈部旋刮规整，圆腹稍扁，底微内凹，重心居中。器体模印方格纹，

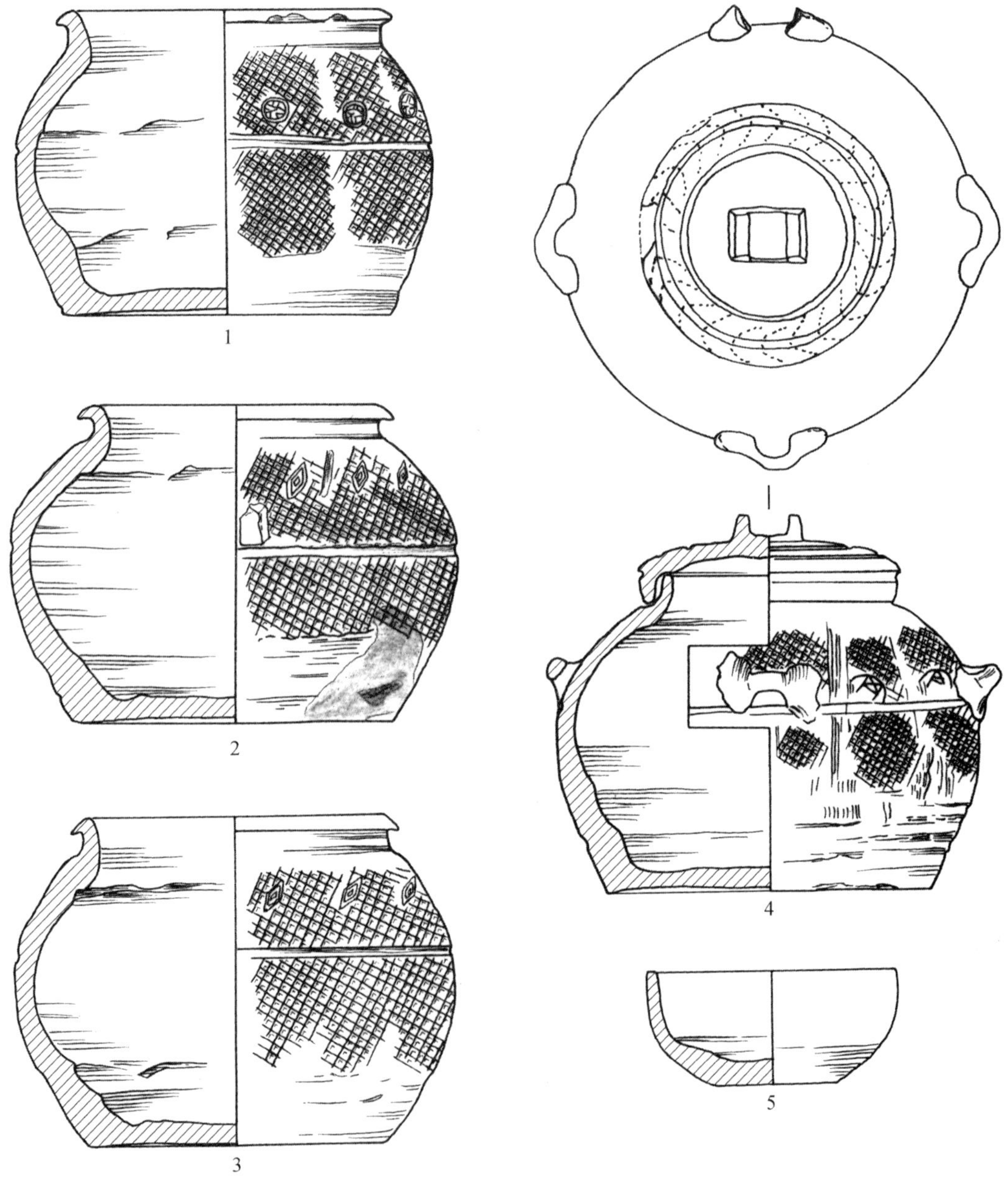

图五〇　M15出土陶器

1～3. A型Ⅱ式罐（M15：9～M15：11）　4. A型Ⅰ式四耳罐（M15：8）　5. B型Ⅱ式碗（M15：1）

肩部饰一圈单菱形戳印，腹中部饰宽凹弦纹一道。口沿有支钉痕，近底部抹胎痕迹明显。口径10.4、腹径16.8、底径12.2、高11.5厘米，重1300克（图五〇，2；图版一四，2、3）。

M15：11，青灰胎较硬，器表有黄褐色陶衣。口近直，沿较宽卷，短直颈略高，颈部旋刮规整，腹部较圆润，底近平。体饰方格纹，方格纹无明显分组，肩部饰一圈单菱形戳印，腹饰宽凹弦纹一道，近底部有抹胎痕迹。口径10.2、腹径16.6、底径11、高12.1厘米，重1320克（图五〇，3；图版一四，4）。

四耳罐　1件。平唇，丰肩，圆腹，器体重心偏上，属A型Ⅰ式。M15：8，青灰胎较硬，火候较高，器表有褐色陶衣，陶衣局部脱落，盖顶及外底施青黄釉，但器身不施釉。直口合盖，盖顶近平，中有凹形立纽，立纽外围饰两圈凹弦纹及两圈指向相反的戳刺篦点纹，外缘饰凹弦纹一道。器身为直口，方平唇，丰肩，肩附四对称耳，圆腹，外底边缘凸起一圈，底面凹凸不平。体饰方格纹，方格纹相对模糊，腹上部饰一圈五铢钱戳印，中部饰宽凹弦纹一道，近底部旋抹痕迹明显。口径7.4、腹径16、底径12、高14厘米，重1090克（图五〇，4；图版一四，5）。

碗　1件。深弧腹，大平底，属B型Ⅱ式。M15：1，黄色胎较硬，器表局部残存有褐色陶衣。器形规整，为直口，方唇，底面有条状切痕，当为起底时用片状工具切底所致。口径8.6、底径4、高4.2厘米，重130克（图五〇，5；图版一四，6）。

（二）M29

1. 墓葬概况

位于凉伞岭岭顶西部，海拔约265米。发掘前地表有封土残留，封土直径约6、高0.5米，采用堆筑而成，土质较疏松。墓葬朝向西面偏北，方向290°。

墓室长4.3、宽约2.2、深约2.3米。墓坑平直规整，填土为原坑土，近两侧壁填土稍微夯实，中间填土较疏松。葬具已朽无存，朽痕不清，但从靠近坑壁填土存在夯实的情况看，该墓应构筑有木椁。

墓道长6.5、宽1.5米。在接近墓室处左右两侧各有一个对称柱洞，由于柱洞所在位置上部崩塌严重，其高度不详。墓道底呈斜坡式，自墓底起斜坡，坡度约10°（图五一；图版一五，1）。

随葬器物3件，保存均较好，均置于墓室前端，计有熏炉、盂、纺轮各1件。另外在墓室后部还发现砾石1颗，砾石呈扁长形，长14、宽7、厚5厘米，重550克。

2. 出土器物

熏炉　1件。M29：2，青灰胎较硬，火候较高，器表有褐色陶衣，局部施青黄釉，釉层较薄。熏炉由炉盖、炉体及承盘三部分组成。盖呈半橄榄球形，与炉体呈子母口扣合，盖面有戳刺镂空花瓣形气孔，盖顶正中有鸟形立纽，盖面自上而下分别饰三圈细凹弦纹。炉体呈杯形，子口，圆弧腹，圜底，下与短实心柱状柄相接。承盘略变形，宽平沿略上翘，腹部略弧折，内

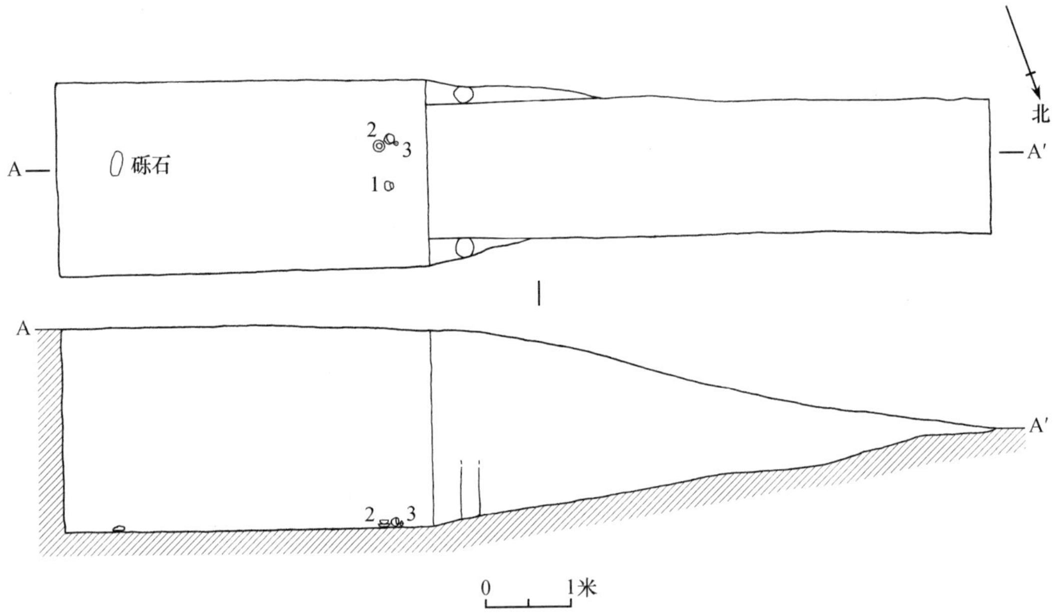

图五一　M29平、剖面图

1. 陶盂　2. 陶熏炉　3. 陶纺轮

底与短实心柱状柄相接，外底微内凹。盛盘采用线旋切方式起底，底部有偏心涡纹。承盘口径15.4、底径7.8、通高16厘米，重820克（图五二，1；图版一五，2）。

盂　1件，属A型。M29：1，黄胎稍软，敞口，高斜领，圆唇，束颈，圆弧腹，平底。口径10.8、腹径10.2、底径7、高7厘米，重225克（图五二，2；图版一五，3）。

纺轮　1件。M29：3，红褐色夹砂陶，胎稍软。体呈算珠形，器身较扁，制作粗糙。直径3.2、高3厘米，重17克（图五二，3；图版一五，4）。

（三）M31

1. 墓葬概况

位于凉伞岭岭顶西南部缓坡上，海拔约262米。发掘前地表有馒头状封土，封土直径11～15、高1.62米，采用堆筑而成，较疏松，封土内出土三足夹砂残陶釜1件。墓葬朝向西面略偏北，方向290°。

墓室平面略呈长方形，坑壁上部塌陷严重，墓边不甚规整，底部长4.8、宽1.7～1.9、深1.5～2米。填土为原坑土，靠坑壁填土稍微夯实，中间部分较疏松，葬具朽痕不清。

墓道平面近梯形，上部亦存在崩塌，坑壁不平整。长5、宽0.9～1.5米。后部两侧有一个对称柱洞，柱洞部分伸出墓道外，底部超过墓道底。墓道底部呈斜坡式，为两级斜坡，坡度均较缓。

随葬器物共13件，计有罐9件，豆、五联罐、井、铜鋗各1件。除陶豆置于墓室前端中部、陶井置于墓室后部左侧外，其余器物均置于墓室中部左侧，且均紧挨一起，排列较为整齐，下

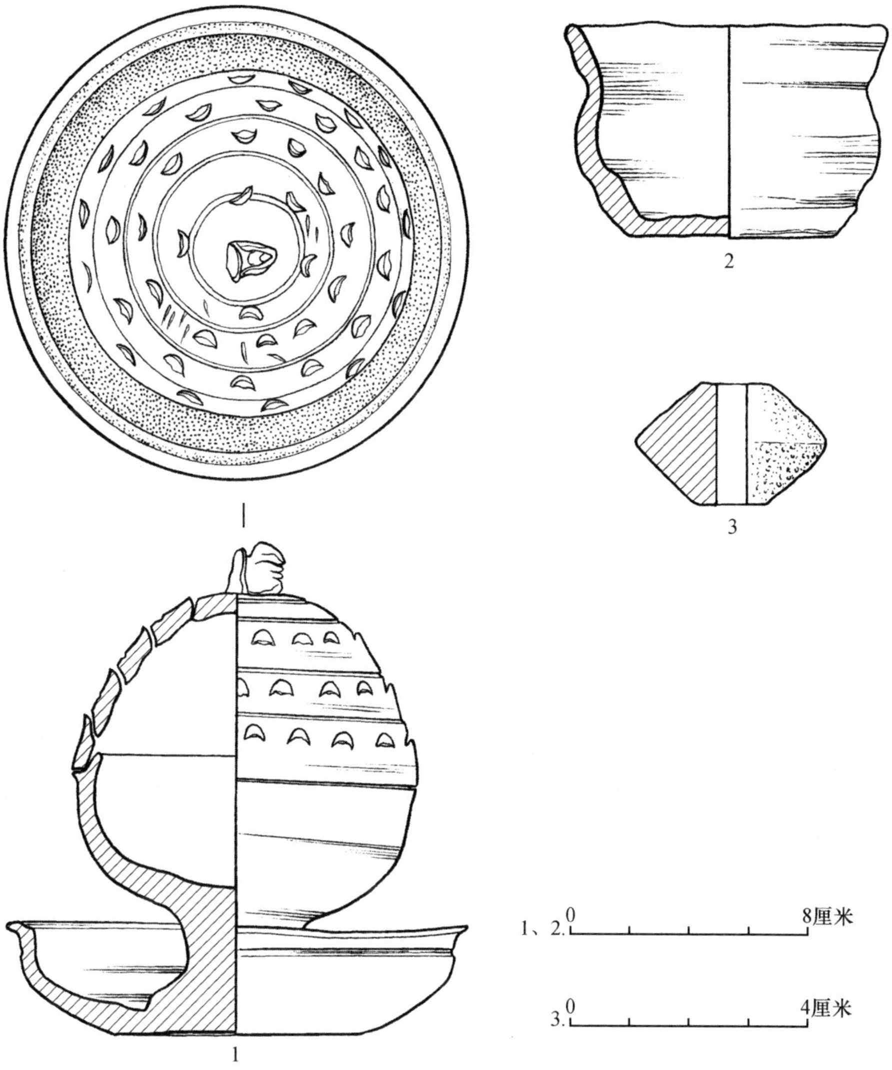

图五二 M29出土陶器

1. 熏炉（M29：2） 2. A型盂（M29：1） 3. 纺轮（M29：3）

部有漆皮，似用漆箱盛放。其中陶罐大多口对底叠放，五联罐上部摆放1件铜鋗（图五三；图版一六）。

另外在墓底前后各发现小砾石2件，形态分别为椭圆形和长条形，长6.2～12.6、宽2.6～5.8、厚2.1～4.2厘米，重48～380克。

2. 出土器物

罐 9件。体型均较小，较具特色。均为青灰胎，胎体多较厚，火候较高，器表有褐色陶衣。除一件制作较随意未进行型式划分外，其余8件分属A型Ⅰ式、A型Ⅱ式、C型Ⅰ式和E型Ⅰ式。

M31：9，胎体较厚，制作随意，器体不规则。宽沿较厚，短颈不明显，圆弧腹，大平底。腹饰宽凹弦纹一道，近底部抹胎。口径9.2、腹径12、底径9.8、高9厘米，重610克（图五四，1；图版一七，1）。

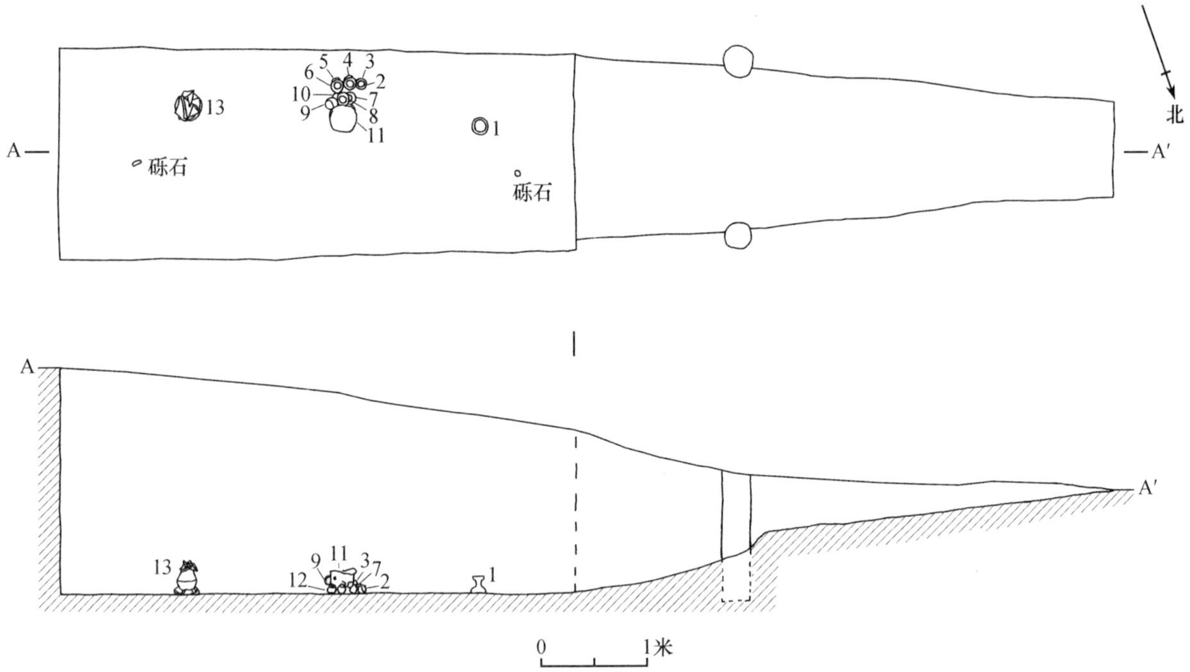

图五三　M31平、剖面图

1. 陶豆　2～10. 陶罐　11. 铜鋗　12. 陶五联罐　13. 陶井

A型Ⅰ式　1件。M31∶5，侈口，宽平沿下斜，束颈，圆弧腹略鼓，重心略偏上。体饰方格纹，腹饰宽凹弦纹一道，近底部抹胎，器身局部施青黄釉。口径9.7、腹径13、底径9.4、高10.1厘米，重690克（图五四，2；图版一七，2）。

A型Ⅱ式　3件。均为宽沿，圆弧腹，重心居中或略偏下。

M31∶2，侈口，宽沿略下斜，短直颈较高，颈部旋抹，圆弧腹略变形，重心稍偏下，底微内凹。器身模印方格纹，方格纹较清晰。口径9.1、腹径12.7、底径9.4、高10.2厘米，重690克（图五四，3；图版一七，3）。

M31∶4，侈口，宽沿略下斜，短颈不直，腹部弧圆，平底，重心居中。器身模印方格纹，腹中部饰宽凹弦纹一道。口径8、腹径10.8、底径8.1、高8.9厘米，重430克（图五四，4；图版一七，4）。

M31∶6，口近直，宽沿近平，直颈较短，颈部旋刮规整，圆弧腹略鼓，重心居中，底凹凸不平。器身拍印方格纹，下腹饰一圈方几何戳印，腹中部饰宽凹弦纹一道。口沿有零星缺口。口径9.2、腹径12、底径8、高9.6厘米，重570克（图五四，5；图版一七，5）。

C型Ⅰ式　1件。M31∶3，侈口，宽平沿，束颈，扁圆腹较鼓，底不平。体饰方格纹加一圈方几何形戳印，纹饰多较模糊，腹饰宽凹弦纹一道，弦纹局部有分叉，近底部抹胎，纹饰均抹净。口沿有两处磕碰形成的缺口。口径9.2、腹径13、底径8.4、高9.2厘米，重580克（图五四，6；图版一七，6）。

E型Ⅰ式　3件。体型扁矮，均为宽沿，大底，圆腹下垂。

M31∶7，侈口，宽沿较下斜，短颈不直，圆腹最大径偏下，大底近平。体饰方格纹，纹饰较模糊，上腹饰宽凹弦纹一道。口径12.4、腹径13.8、底径12.4、高9厘米，重730克（图五四，8；图版一八，1）。

图五四　M31出土陶器

1. 罐（M31：9）　2. A型Ⅰ式罐（M31：5）　3～5. A型Ⅱ式罐（M31：2、M31：4、M31：6）　6. C型Ⅰ式罐（M31：3）　7～9. E型Ⅰ式罐（M31：10、M31：7、M31：8）　10. 豆（M31：1）

M31：8，口近直，宽沿近平，颈较短，颈部旋刮规整，圆腹最大径偏下，大底不平。体饰方格纹，方格纹相对清晰，腹饰宽凹弦纹一道。口径9.9、腹径13.4、底径9.4、高9.4厘米，重700克（图五四，9；图版一八，2）。

M31：10，敞口，口呈椭圆形，宽沿下斜，直颈较高，圆腹最大径偏下，底近平。体饰方格纹，纹饰较清晰，腹饰宽凹弦纹一道。口径9.4～10.6、腹径14.2、底径9.5、高10厘米，重760克（图五四，7；图版一八，3）。

豆　1件。M31：1，灰褐色胎较硬，器表有褐色陶衣。浅盘，实心柱状柄，覆钵形圈足，圈足上饰宽凹弦纹一道。盘径11.4、足径9.8、高12.2厘米，重440克（图五四，10；图版一八，4）。

五联罐　1件。鸟形立纽，鼓垂腹，平底，属A型。M31：12，黄色胎较硬。器体系以四个大小形制相同的小罐以陶土黏接而成，中间嵌入一个体型稍小的罐，黏结部位捏制痕迹明显。小罐均带盖，盖面略微弧隆，大小不一，中有水鸟形立纽。罐体为敛口，方唇，溜肩，鼓腹，平底。通长20、通宽19.8、通高8.2厘米（图五五，1；图版一八，5）。

三足釜　1件，深直腹，属B型。M31：14，出土于封土内，仅余少许残片，但可大致复原。体型较大，夹砂褐陶，火候较低。盘口，宽沿上翘，束颈，深直腹，圜底，底附三锥状足。口径22.4、腹径22.4、残高22厘米（图五五，2；图版一九，1）。

井　1件。M31：13，黄胎稍软，火候略低。由井身及井亭两部分构成，井亭为黄色软陶，火候较低，平面略呈长方形，四面坡起脊，坡面刻划瓦垄；井身呈罐形，宽平沿，腹中部有一圈凸棱，下接圆形地台，地台上有四个带圆形柱洞的方形柱础。体饰方格纹加方几何形戳印。井口径13.2、腹径18、地台直径22.2、高17厘米；井亭长24、宽21、高6.2厘米（图五五，4；图版一九，2）。

铜鋗　1件。M31：11，胎较薄，保存较差。宽沿上翘，束颈，深弧腹，平底。腹部有三道宽凸棱，两侧有对称铺首衔环。器体内壁有明显的麻布痕迹。口径24.6、底径14、残高14.2厘米（图五五，3；图版一九，3、4）。

二、Cd型墓

凸字形，有斜坡墓道，无柱洞及二层台。共10座，分别为M14、M16、M18、M20、M23、M28、M34、M35、M44、M45。

（一）M14

1. 墓葬概况

位于凉伞岭西部缓坡上，海拔约262米。未见封土残留，墓口距地表约0.4米，墓葬朝向西面略偏北，方向295°。

墓室平面近梯形，长4.5、宽2.1～2.2、深约2米。墓壁上部因崩塌而不甚规整，底部平直。墓底两侧有两条宽约0.3、深0.1米的纵向枕木沟，枕木沟直抵后壁，前端与一条宽约0.2、深0.1米的横向枕木沟相连。填土为原坑土，较疏松，填土内发现铁锸残片一片，当是筑墓时遗弃。人骨及葬具均朽不存，朽痕不清。

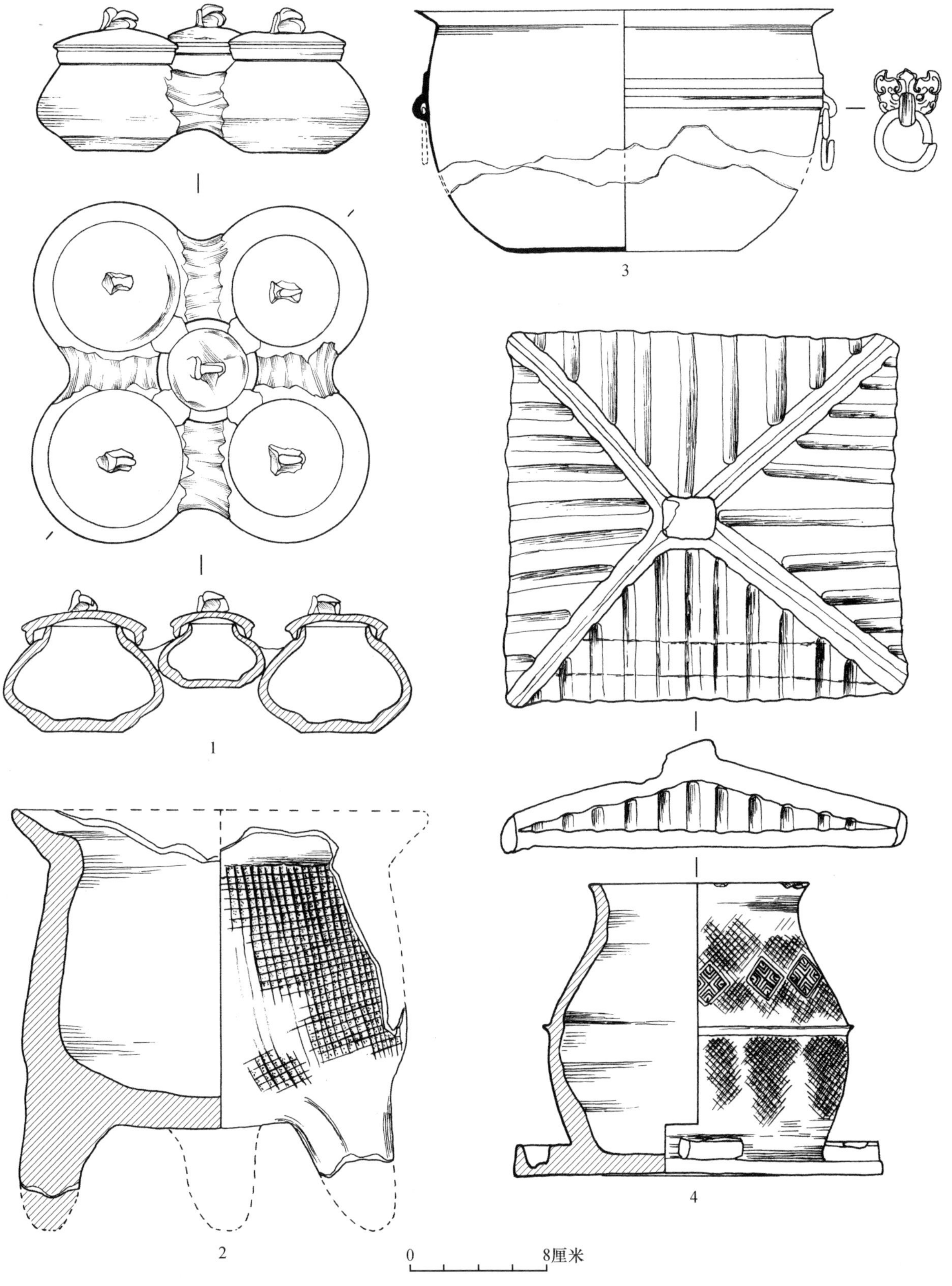

图五五　M31出土器物

1. A型五联罐（M31：12）　2. B型三足釜（M31：14）　3. 铜鋗（M31：11）　4. 陶井（M31：13）

墓道长4、宽1.2米。底为斜坡式，自墓底起斜坡，坡度约15°。

随葬器物共9件，均置于墓室中部偏前两侧，紧挨枕木沟纵列放置，出土时基本保持完整，计有罐8、壶1件（图五六；图版二〇，1、2）。

另外在墓底还发现小砾石5颗，其中2颗位于墓室后部，3颗位于墓室前端中部，体型均较小，形态有长条形及椭圆形两种，长4～8厘米，重60～100克。

2. 出土器物

罐　8件，大小相若，器形相对规整。器表多有褐色陶衣，个别施青黄釉。短颈均旋抹光滑，体饰方格纹加戳印纹，近底部抹胎，纹饰多抹净。依腹部的偏上或居中分属A型Ⅰ式和A型Ⅱ式。

A型Ⅰ式　4件。均为宽沿，圆腹，重心偏上，腹均饰宽凹弦纹一道。

M14：3，青灰胎较硬，外底及器体局部施青黄釉。直口，宽平沿略斜，直颈较高，圆腹较丰满。体饰方格纹较清晰，腹上部饰一圈方几何形及三角形组合戳印。口部有泥团状支钉，底部有叠烧痕迹，口沿有磕碰形成的缺口。口径11.4、腹径17、底径12、高13.4厘米，重1300克（图五七，1；图版二一，1）。

M14：4，黄色胎较硬，器表无陶衣。口微侈，宽平沿稍厚，直颈较高，丰肩，圆弧腹，底近平。上腹饰一圈圆形管状戳印。口径10.6、腹径14.9、底径10、高11.2厘米，重860克（图五七，3；图版二一，2）。

M14：7，青灰胎较硬，器体变形较为严重。口微侈，宽沿近平，圆弧腹重心略偏上。腹上部饰一圈圆几何形戳印，肩部有两道短直线刻划。口沿磕碰磨损严重，沿边缘均已不存。口径

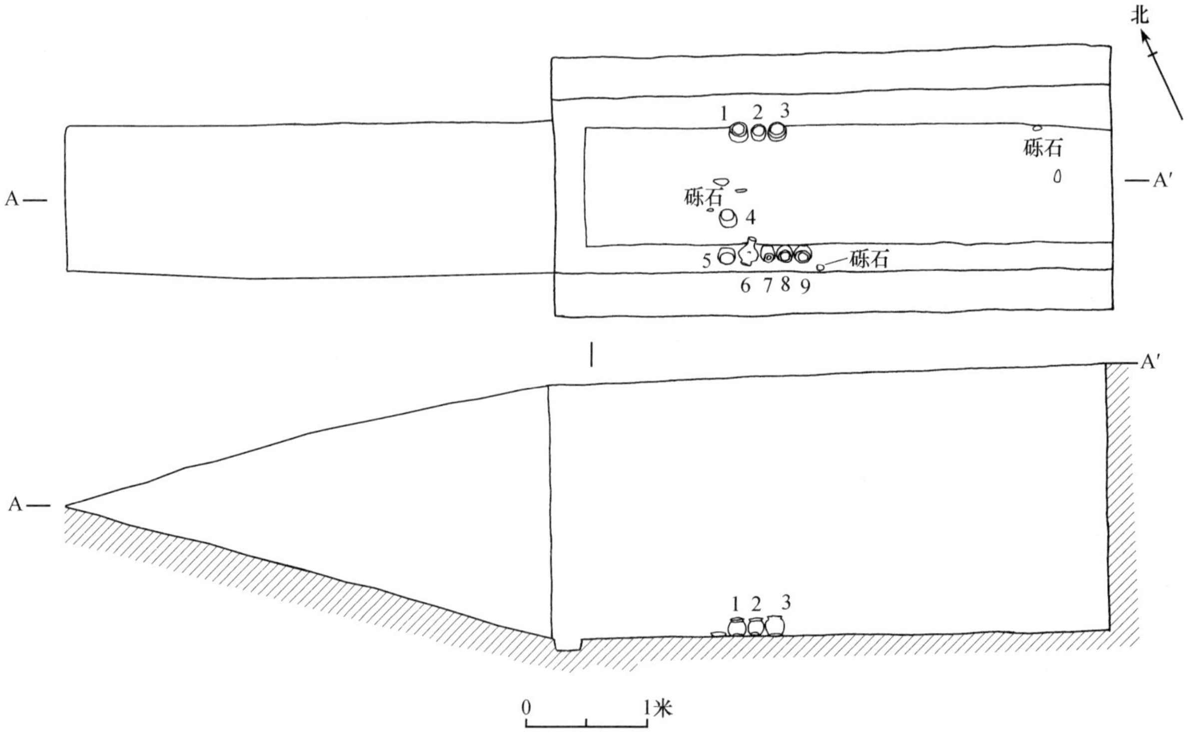

图五六　M14平、剖面图

1～5、7～9. 陶罐　6. 陶壶

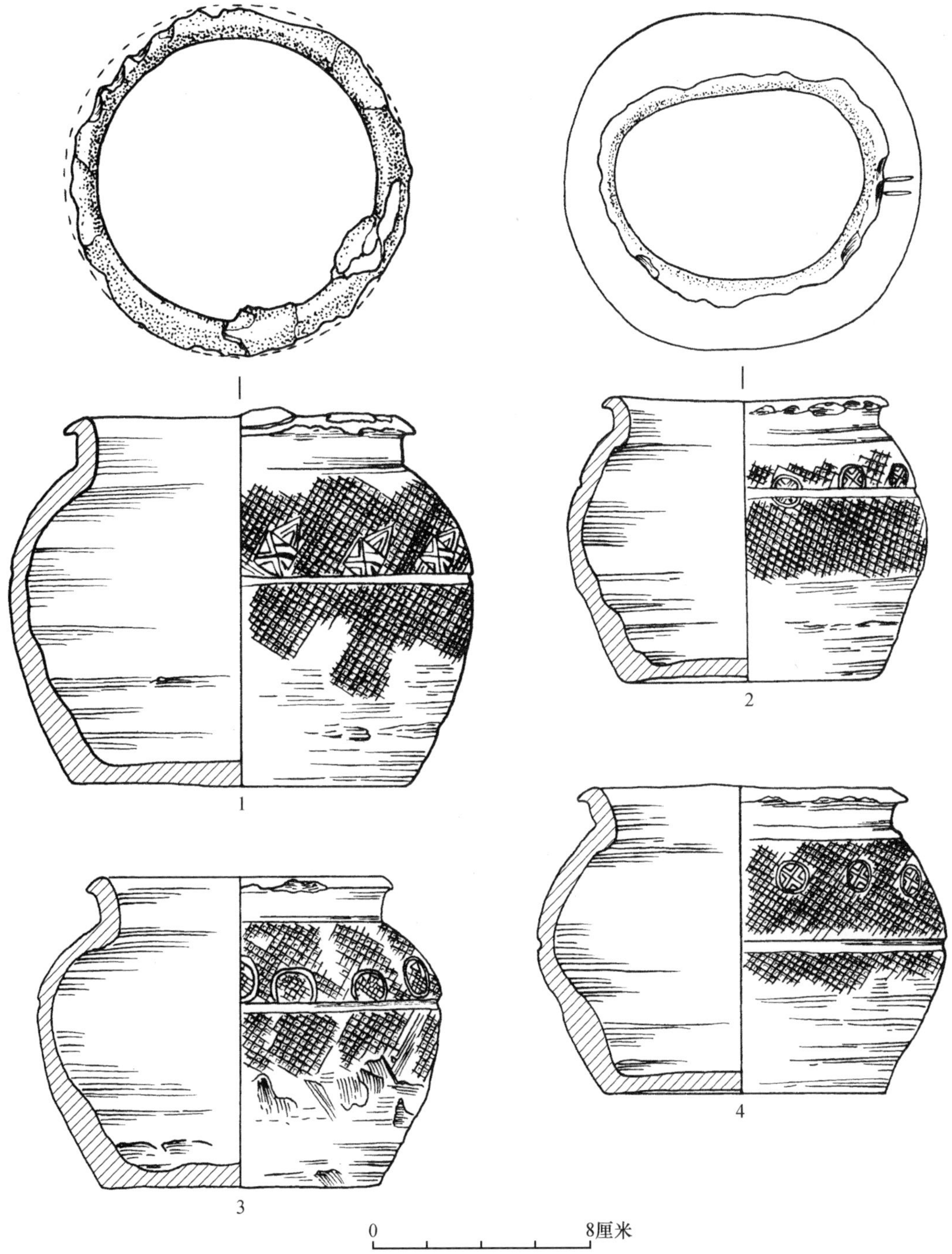

图五七　M14出土A型Ⅰ式罐

1. M14：3　2. M14：7　3. M14：4　4. M14：9

7.8～9.6、腹径12～13.4、底径9～9.4、高10.2厘米，重630克（图五七，2；图版二一，3、4）。

M14：9，青灰胎较硬。侈口，宽沿近平，短颈略外张。圆弧腹略鼓，底稍小。腹上部饰一圈圆几何形戳印。口沿有多处磕碰形成的细小缺口。口径11.2、腹径15、底径10.6、高11厘米，重900克（图五七，4；图版二一，5）。

A型Ⅱ式　4件。宽平沿，圆腹，重心居中。

M14：1，黄色胎稍软，火候略低，器表有褐色陶衣，陶衣多脱落。形态较为规整，口近直，宽平沿下斜，短直颈较高，腹部较圆，底微内凹。上腹戳印一圈首尾相接的四叶纹戳印，腹饰宽凹弦纹一道，肩部有一处箭头状刻划。口沿有多处磕碰形成的细小缺口。口径11.2、腹径16.8、底径12.4、高13.1厘米，重1020克（图五八，1；图版二一，6）。

M14：2，黄色胎稍硬，火候略低，器表无陶衣。口近直，圆腹略弧，底近平。体饰方格纹加一圈圆几何形戳印，腹部不饰凹弦纹，肩部有一处箭头状刻划符号。口沿有多处磕碰形成的细小缺口。口径11.2、腹径14.9、底径11.2、高11厘米，重650克（图五八，5；图版二二，1）。

M14：5，青灰胎较硬，火候较高，器表有褐色陶衣。直口，宽沿略卷，短直颈较长，腹部较圆，下腹抹胎稍严重，外底边缘凸起一圈，底面不平。腹上部饰一圈方几何形戳印。口沿

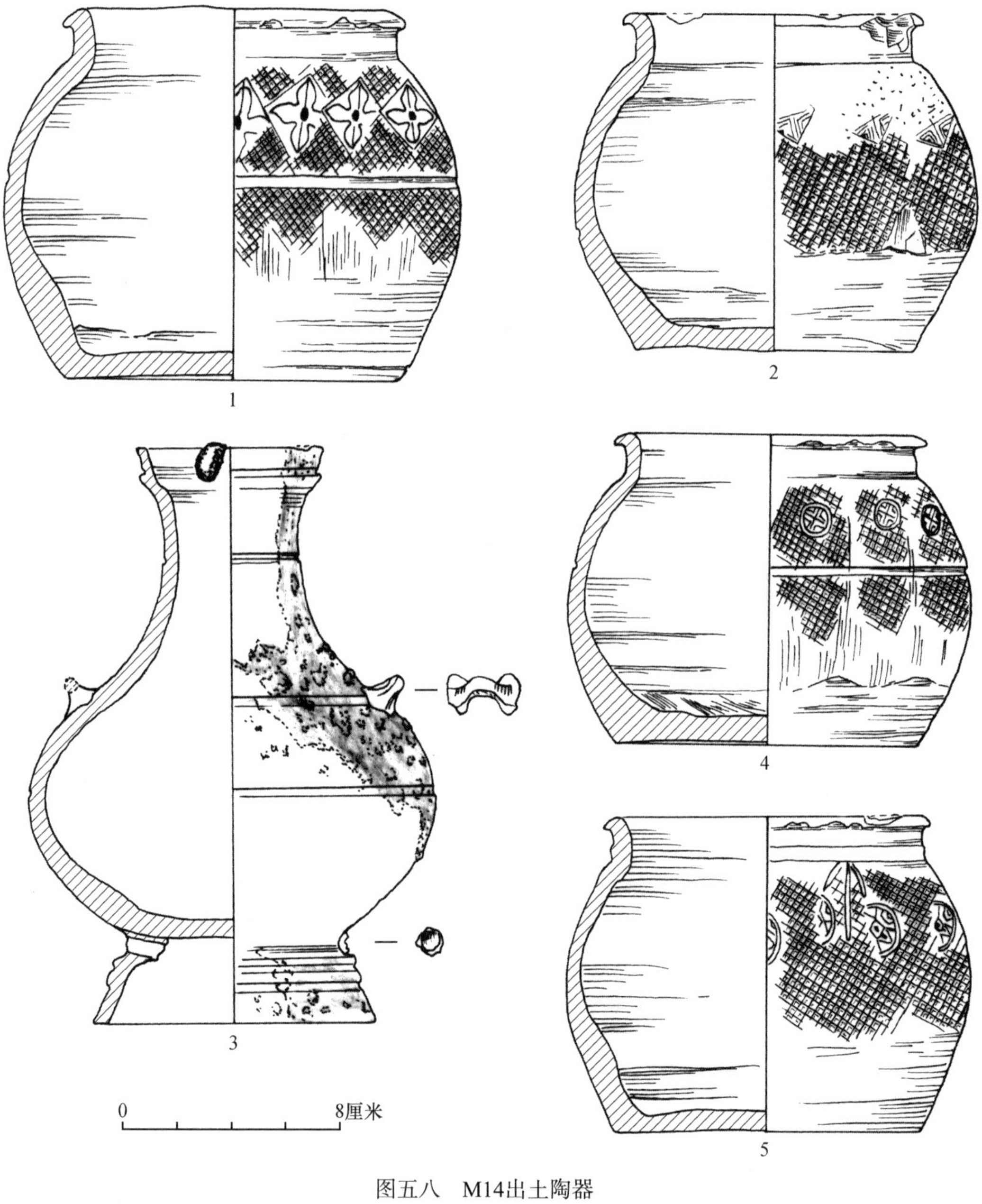

图五八　M14出土陶器

1、2、4、5. A型Ⅱ式罐（M14：1、M14：5、M14：8、M14：2）　3. A型Ⅰ式壶（M14：6）

有多处磕碰形成的缺口。口径10、腹径14.8、底径10.4、高11.8厘米，重870克（图五八，2；图版二二，2、3）。

M14：8，黄胎稍软，火候略低，器表有褐色陶衣，陶衣多已脱落。器形规整，宽平沿，短直颈较高，腹部较圆。器体拍印方格纹，上腹饰一圈圆几何形戳印，腹饰宽凹弦纹一道，上腹有一处单短直线刻划。口径10、腹径14.8、底径11、高11厘米，重830克（图五八，4；图版二二，4）。

壶　1件。杯形口，圆腹，圈足收束，属A型Ⅰ式。M14：6，体型较小，青灰色硬陶，火候较高，器表有铁褐色陶衣，体施青黄釉，釉面粘连大量窑渣。颈部及圈足略有变形，口微敞，肩部附两对称耳与器底两对穿圆孔对应，圆腹，肩腹过渡明显，筒状圈足外张，圈足与器底间呈凹状收束。口外部及颈、肩、腹各饰宽凹弦纹一道，圈足外部饰两道宽凹弦纹。出土时口部有利刃切削的痕迹，一只耳已缺失。口径6.6、腹径15、足径8.7、高20.4厘米，重1150克（图五八，3；图版二二，5）。

（二）M16

1. 墓葬概况

位于凉伞岭西部缓坡上，海拔约262米。发掘前地表无封土，墓口距地表约0.3米。墓葬朝向西面，方向270°。

墓室长4.4、宽1.7、深1.6～1.8米。墓壁相对规整平直，靠坑壁填土夯实，中间填土较疏松。墓底有四条横向枕木沟，枕木沟长短不一，深度也略有差异。

墓道平面呈长方形，上部存在崩塌现象。长3.8、宽1.1米。底呈斜坡式，自墓底起斜坡，坡度15°。

随葬器物仅2件，陶罐及陶纺轮各1件。其中陶罐位于墓室前部正中，陶纺轮位于墓室中部枕木沟内（图五九；图版二三，1）。

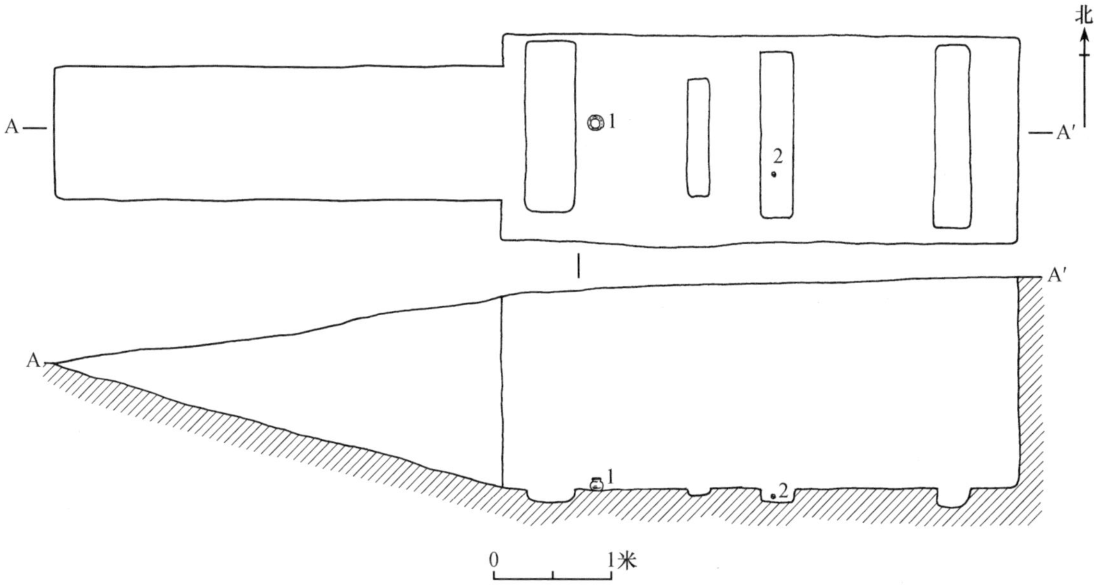

图五九　M16平、剖面图

1. 陶罐　2. 陶纺轮

2. 出土器物

罐　1件。制作较为随意，与M31：9号罐风格较为接近，未进行型式划分。M16：1，灰白色硬陶，火候较高。口微侈，沿较宽厚，束颈，圆弧腹，底微内凹。腹饰宽凹弦纹一道。口径8.8、腹径11.7、高8厘米（图六〇，1；图版二三，2）。

纺轮　1件。M16：2，灰白色硬陶，体呈算珠形。最大径3.3、高2.9厘米（图六〇，2；图版二三，3）。

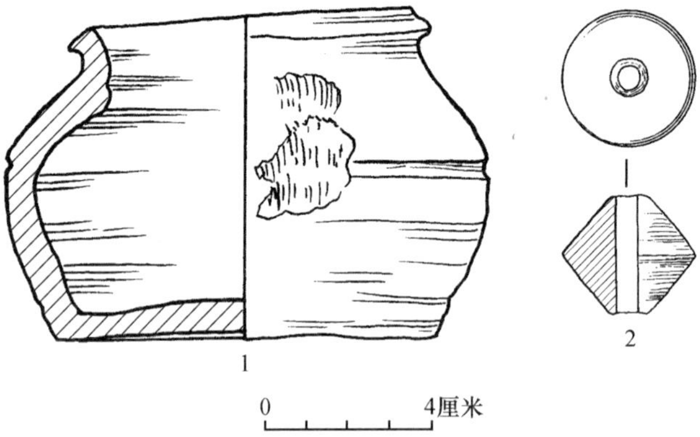

图六〇　M16出土陶器

1. 罐（M16：1）　2. 纺轮（M16：2）

（三）M18

1. 墓葬概况

位于凉伞岭岭顶西部相对平坦的岭坪上，海拔约264米。发掘前地表未见封土残留，墓口距地表约0.2米。墓葬朝向西面略微偏北，方向275°。

墓室平面呈梯形，长4.8、宽2.4、深2.6米。墓坑相对平直，采用原坑土回填，靠坑壁局部有轻微夯打，中间填土较疏松。墓底左右两侧各有一条宽约0.2、深约0.1米的纵向枕木沟，枕木沟后部直抵墓室后壁，前端与一条横向枕木沟相连。

墓道平面呈长方形，前端被断坎破坏。残长4、宽1.3米。底为斜坡式，自墓室底部直接起斜坡，坡度约15°。

随葬器物13件（套），计有罐6、瓮1、壶1、四耳罐1、灯盘1、铁环首刀1、铜盆1、铜钱1串。除铜钱、陶灯盘、铁环首刀及铜盆散置于墓室左侧外，其余器物均集中摆放于墓室后部右侧（图六一；图版二四）。

另外在墓底前后共发现4件小砾石，体型均较小，形态大致为长条形或椭圆形，最大的长约0.8、宽约0.5厘米，最小的长约0.4、宽约0.3厘米，重18～120克。

2. 出土器物

罐　6件。均为宽沿，腹部圆弧或扁鼓，分属A型Ⅱ式和C型Ⅰ式。

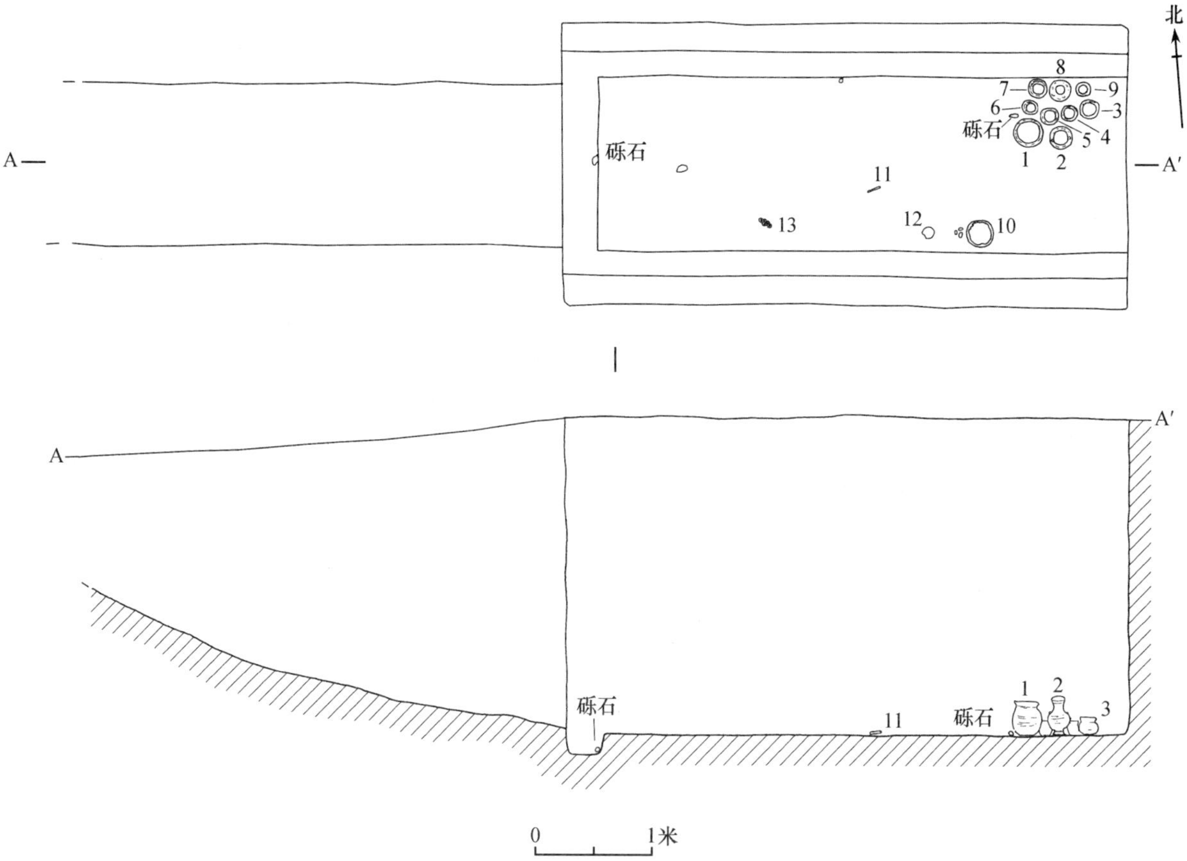

图六一　M18平、剖面图

1. 陶瓮　2. 陶壶　3～7、9. 陶罐　8. 陶四耳罐　10. 铜盆　11. 环首铁刀　12. 陶碗　13. 五铢钱

A型Ⅱ式　4件。腹部圆或略圆弧，重心居中。

M18：3，黄褐胎较硬，器表无陶衣。口近直，宽沿略下卷，短颈略内收，颈部旋刮规整，腹部较圆，大底近平。体饰方格纹加一圈五铢钱戳印，腹饰宽凹弦纹一道，方格纹较规整清晰，戳印“五”字交股较直，“朱”字无金字旁。近底部抹胎，纹饰均抹净。口沿有磕碰形成的缺口。口径12.8、腹径16.4、底径13.1、高12.5厘米，重1100克（图六二，1；图版二五，1）。

M18：4，灰白胎较硬，器表有褐色陶衣。体型较规整，侈口，口有支钉痕，宽沿近平，短直颈略外张，颈部旋刮规整，腹部较圆，底近平。体饰方格纹加一圈圆几何形戳印，腹饰宽凹弦纹一道，肩部有两道短直线刻划，近底部抹胎，纹饰均抹净。口径11、腹径14.8、底径10.8、高10.7厘米，重840克（图六二，4；图版二五，2）。

M18：5，灰白胎较硬，器表有褐色陶衣。侈口，宽沿略下卷，短颈不明显，近束颈，圆弧腹微鼓，底面平整。体饰方格纹加一圈方几何形戳印，戳印较模糊，上腹饰宽凹弦纹一道，近底部抹胎。口沿有支钉痕。口径12、腹径16.4、底径12、高11.4厘米，重1120克（图六二，3；图版二五，3）。

M18：9，灰白胎较硬，器表有褐色陶衣。口近直，宽沿略卷，直颈较高，颈部旋刮规整，圆腹，平底。腹饰凹弦纹一道，其余素面。口沿有多处缺口。口径11.8、腹径15.6、底径

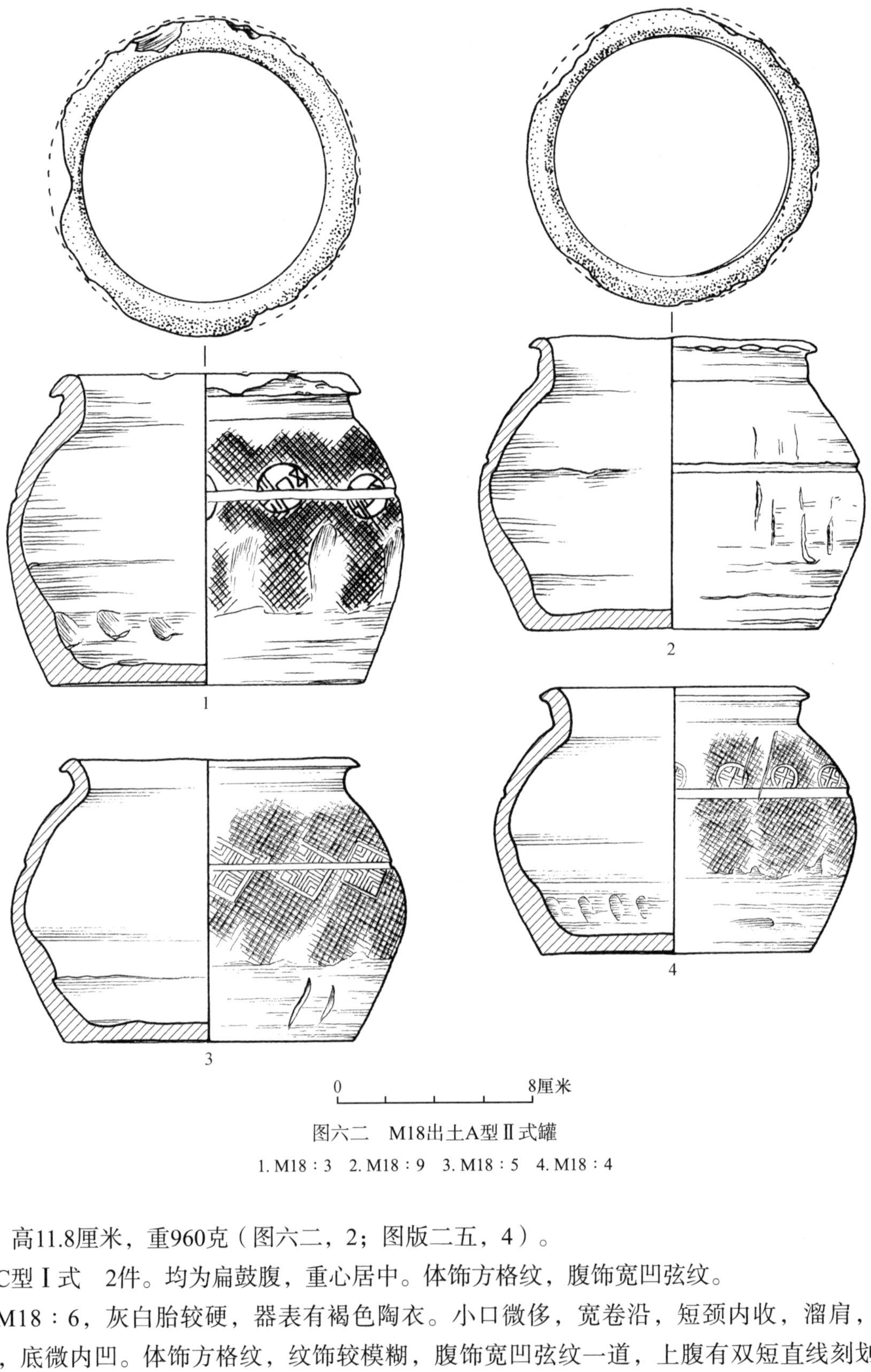

图六二　M18出土A型Ⅱ式罐

1. M18：3　2. M18：9　3. M18：5　4. M18：4

11.9、高11.8厘米，重960克（图六二，2；图版二五，4）。

C型Ⅰ式　2件。均为扁鼓腹，重心居中。体饰方格纹，腹饰宽凹弦纹。

M18：6，灰白胎较硬，器表有褐色陶衣。小口微侈，宽卷沿，短颈内收，溜肩，大腹扁鼓，底微内凹。体饰方格纹，纹饰较模糊，腹饰宽凹弦纹一道，上腹有双短直线刻划。口沿有磕碰形成的缺口。口径8、腹径14、底径8.6、高11.8厘米，重780克（图六三，2；图版二五，5）。

M18：7，灰白胎较硬，器表有褐色陶衣。体型较小，小侈口，宽沿近平，短颈略高，腹部扁鼓，小底近平。器表有零星方格纹，方格纹不明显，腹饰宽凹弦纹一道，肩部有三短线刻划。口沿有磕碰形成的缺口。口径8、腹径13.8、底径8.2、高10.5厘米，重750克（图六三，3；图版二五，6）。

瓮　1件。宽沿，长弧腹，重心居中，属C型Ⅰ式。M18：1，夹砂红褐胎稍软，器表有褐色陶衣。口微侈，略有变形，宽沿略卷，短直颈旋刮规整，长弧腹，底微内凹。器体拍印方格纹，方格纹较细，自上而下共饰五圈方形和圆形组合戳印，腹上下各饰一圈宽凹弦纹。口沿有磕碰形成的缺口。口径18.6～20、腹径26.5、底径18.6、高25厘米，重4200克（图六三，1；图版二六，1）。

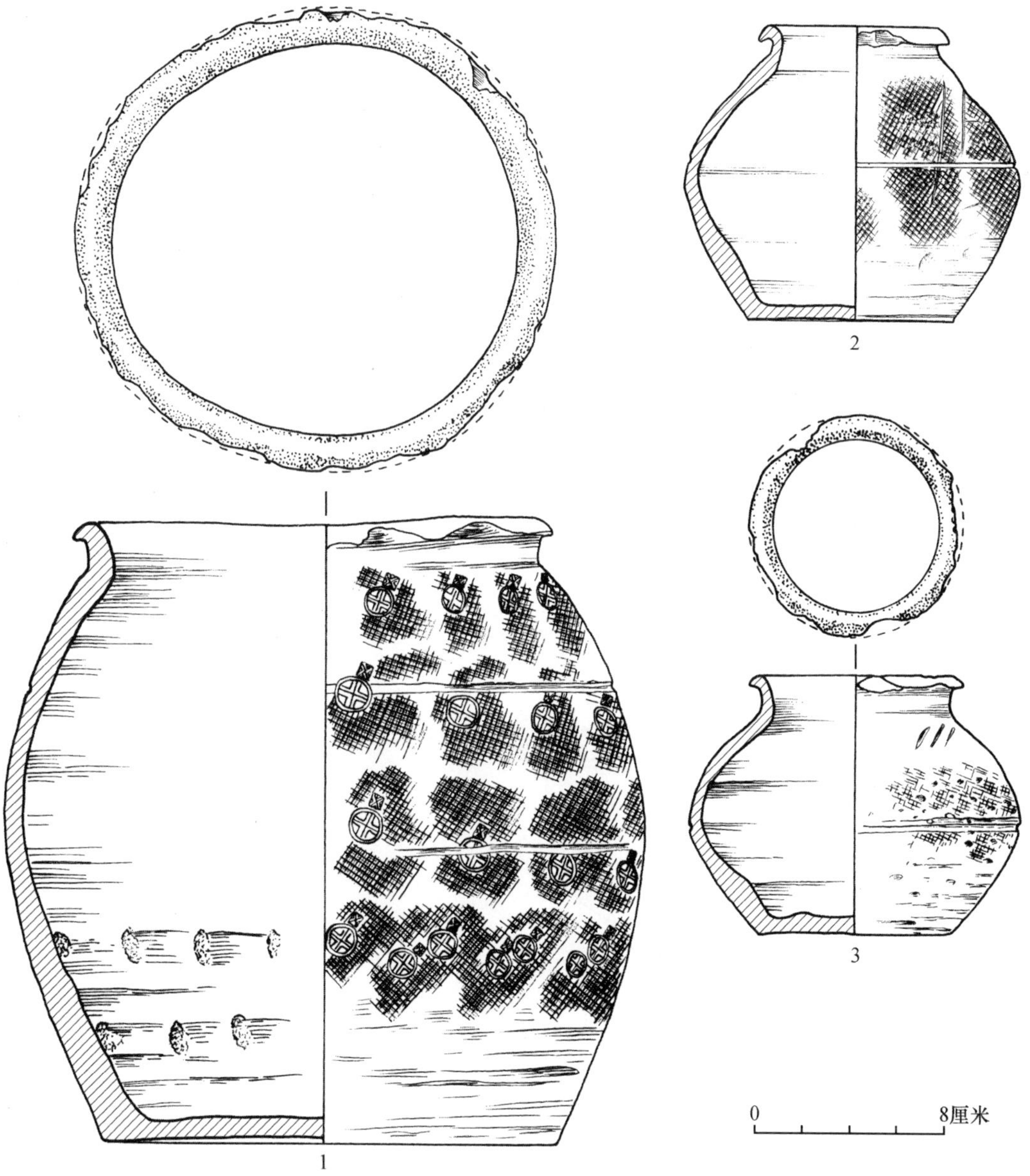

图六三　M18出土C型Ⅰ式瓮

1. M18：1　2. M18：6　3. M18：7

壶　1件。杯形口，扁圆腹，圈足收束，属A型Ⅱ式。M18∶2，青灰胎较硬，火候较高，器表有铁褐色陶衣，体施青黄釉，器身沾满沙粒及黑色玻璃质窑汗。杯形口近直，方唇，肩部附两对称耳，与底部两对穿圆孔对应，圆腹略扁鼓，下腹弧收。筒状圈足略外张，底与圈足之间呈凹状收束。口外侧及圈足各饰宽凹弦纹两道，颈、肩、腹各饰宽凹弦纹一道。口径12、腹径13.2、足径13.6、高31.9厘米，重2920千克（图六四，1；图版二六，2）。

四耳罐　1件。体型宽矮，扁圆腹较为丰满圆润，重心居中，属B型Ⅰ式。M18∶8，灰白胎较硬，器表有褐色陶衣。小口微敛，口部变形严重，腹部丰满，肩部横置四对称耳，外底边缘凸起一圈。体饰方格纹，腹部上下各饰宽凹弦纹一道，下腹纹饰均抹净。口径6.6～7.6、腹径15.4、底径11、高10.8厘米，重940克（图六四，2；图版二六，3）。

灯盘　1件。M18∶12，黑褐色软陶，火候较低。发掘时未见底座，仅余灯盘。灯盘为敞口，圆唇，折腹，近平底。口径9.5、残高3.6厘米（图六四，3；图版二六，4）。

铁环首刀　1件。M18∶11，锈蚀较严重，环首大部因锈蚀缺失，刀身截面呈三角形。残长11、宽1.2厘米，刀背厚0.2厘米（图六五，1）。

铜盆　1件。M18∶10，胎较薄，锈蚀严重，仅残存部分口沿。为斜领，束颈。口径20、残高4.4厘米（图六五，2）。

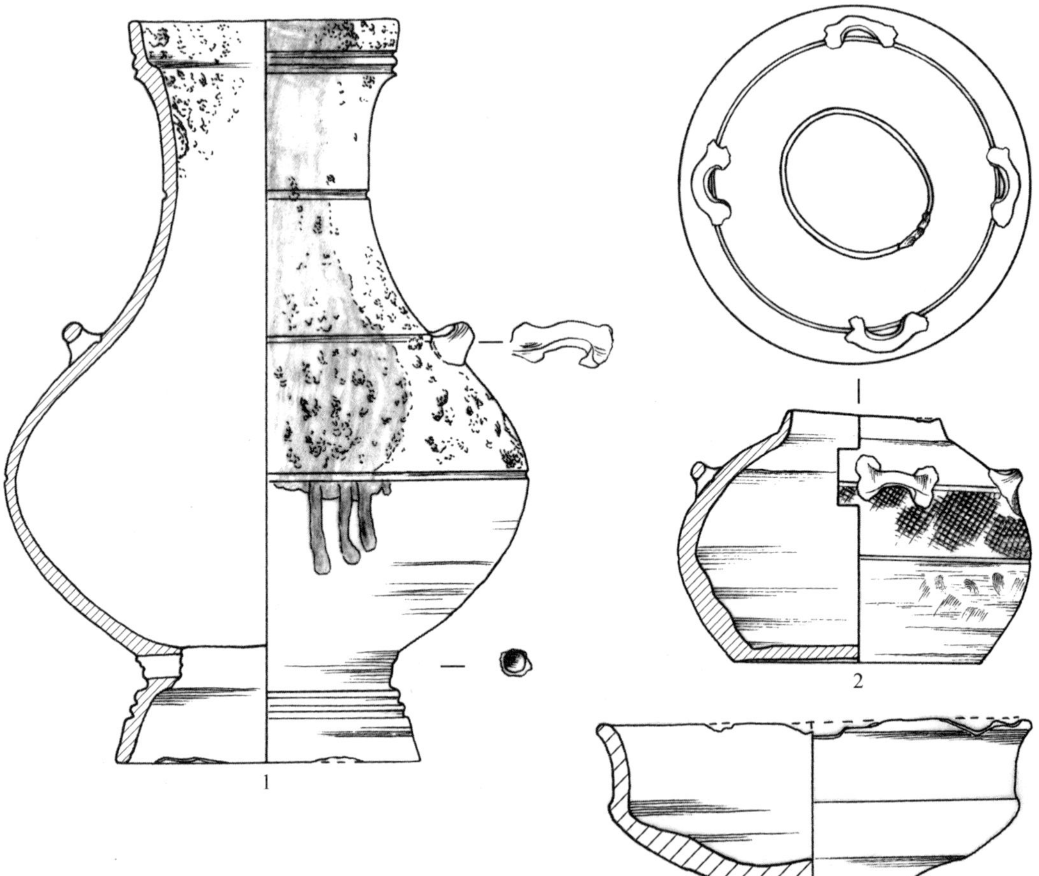

图六四　M18出土陶器

1. A型Ⅱ式壶（M18∶2）　2. B型Ⅰ式四耳罐（M18∶8）　3. 灯盘（M18∶12）

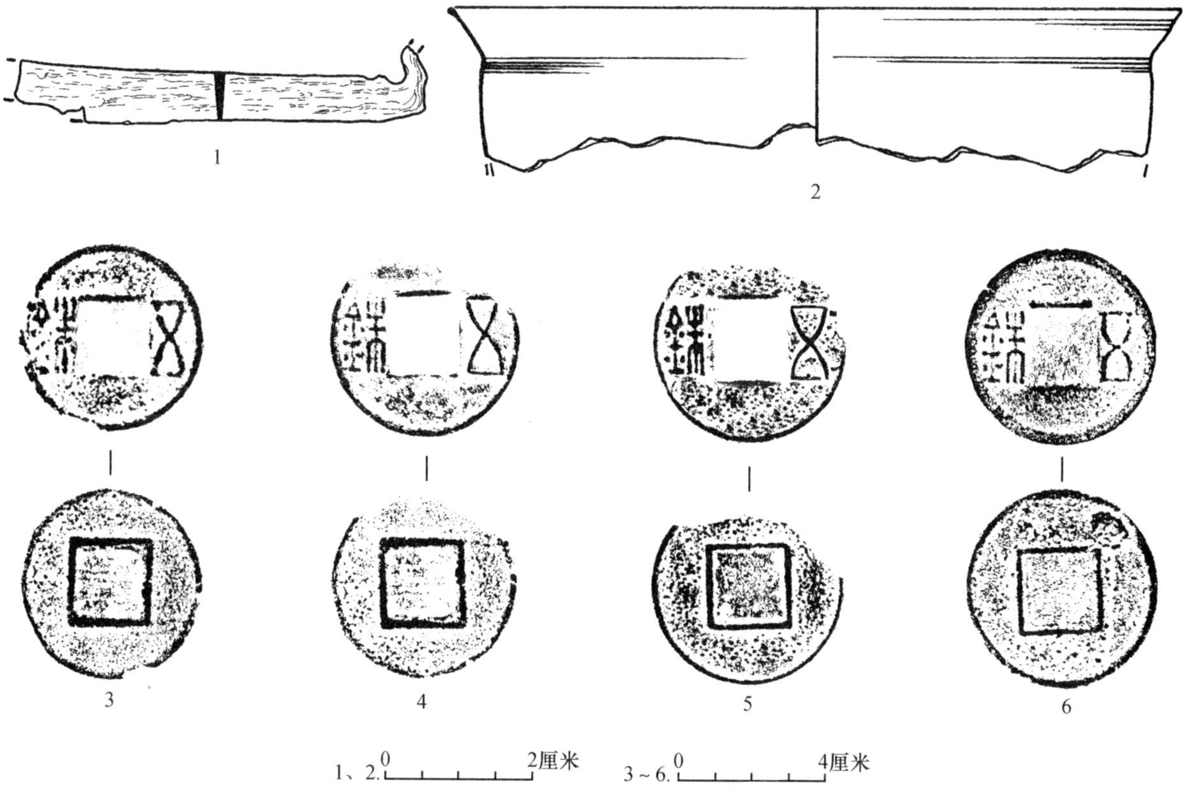

图六五 M18出土器物及拓片

1. 铁环首刀（M18：11） 2. 铜盆（M18：10） 3～6. Aa型、Ab型、Ba型、Bb型五铢钱拓片（M18：13）

铜钱 1套，共6枚。M18：13，锈蚀严重，部分字迹较模糊，直径2.5～2.6厘米。“五”字交笔有直有曲，“铢”字“金”字头有带翼箭镞形和三角形，“朱”字头方折，“金”字与“朱”字等高。分属Aa型、Ab型、Ba型、Bb型（图版二六，5）。

Aa型 “五”字交笔斜直，“铢”字“金”字头呈双翼箭镞形。直径2.5、穿宽1厘米（图六五，3）。

Ab型 “五”字交笔斜直，“铢”字“金”字头呈小三角形。直径2.5、穿宽1厘米（图六五，4）。

Ba型 “五”字交笔微曲，“铢”字“金”字头呈双翼箭镞形。直径2.6、穿宽1厘米（图六五，5）。

Bb型 “五”字交笔弯曲，“铢”字“金”字头呈小三角形。直径2.6、穿宽1厘米（图六五，6）。

（四）M20

1. 墓葬概况

位于凉伞岭岭顶西部的岭坪上，海拔约264米。发掘前地表无封土，墓口距地表约0.3米。墓葬朝向东面略偏南，方向108°。

墓室平面近长方形，由于墓葬开在软黏的风化软基岩内，坑壁上部崩塌严重，下部因向内挤压而略呈亚腰形。墓室长5、深2.5米，口部宽2～2.3米、底部宽1.7～2.1米。填土为原坑土，较疏松。葬具已朽，朽痕不清。

墓底设两纵一横共三条枕木沟，两条纵向枕木沟后部距墓室后壁均为0.5米，前端与横向枕木沟相连。除前端与墓壁有间隙外，两纵向枕木沟因坑壁向内挤压而与墓坑平齐。枕木沟宽窄不一，深度均为0.1米。

墓道平面呈长方形，前端被一个现代水窖打破，残长仅1.5、宽1.2米，底呈斜坡式，自墓底起斜坡，坡度较缓，仅7°左右。

随葬器物共12件，计有壶1、罐8、铜碗1、铜卮1、铜钱1枚。其中陶器均集中排列于墓室中部左侧枕木沟旁，呈两列摆放，排列较规整，保存较完好，铜器均摆放于墓室前端，保存较差（图六六；图版二七）。

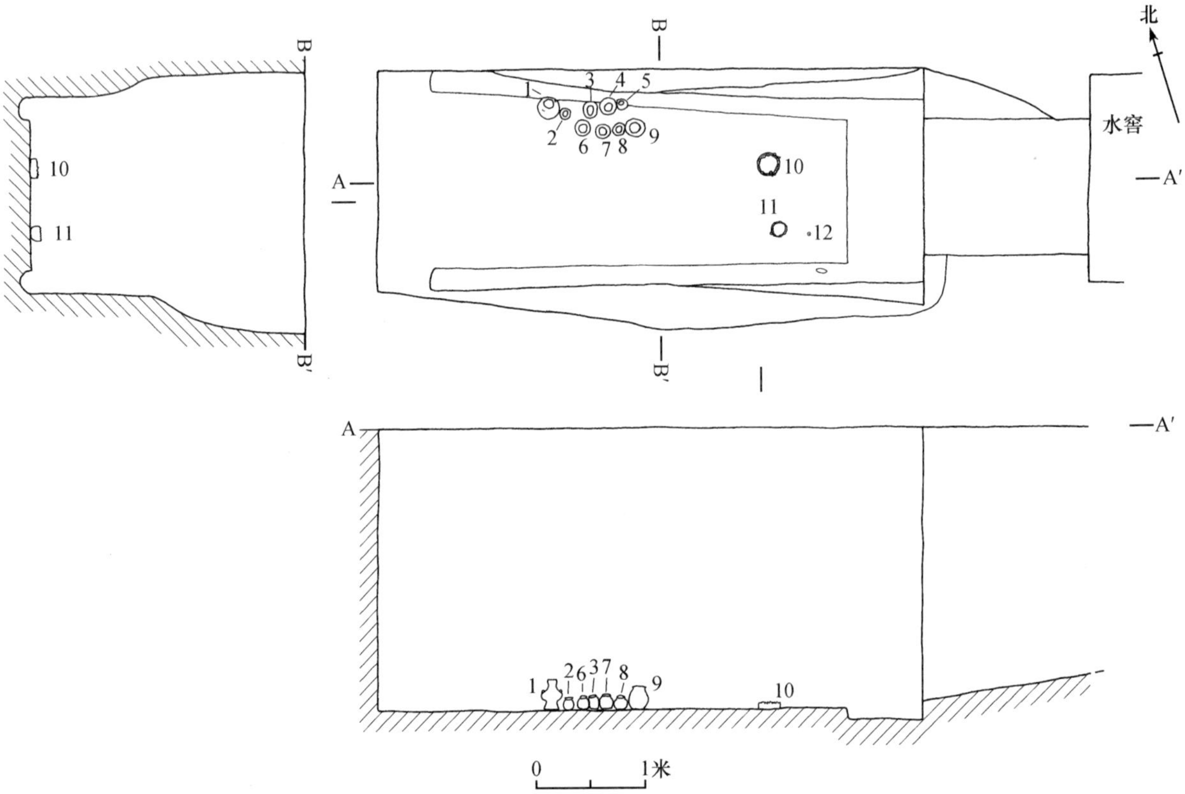

图六六　M20平、剖面图

1. 陶壶　2～9. 陶罐　10. 铜碗　11. 铜卮　12. 五铢钱

另外在墓室前端右侧枕木沟内发现小砾石1件，小砾石长6、宽4厘米，重65克。

2. 出土器物

壶　1件。杯形口，圆腹，圈足收束，属A型Ⅰ式。M20：1，灰白胎较硬，火候较高，器身有烧制形成的气泡。杯形口外敞，方唇，肩腹分界明显，肩部附两对称耳与底部两对穿圆孔对应，下腹圆弧收。筒状圈足略外张，底与圈足之间呈凹状收束。口外侧饰两道宽凹弦纹，颈、肩及腹部各饰宽凹弦纹一道，圈足饰三道宽凹弦纹。出土时一耳已缺失，口部亦存在轻微磕碰痕迹，应为下葬之前形成。口径9.2、腹径18.4、足径10.8、高27厘米，重1910克（图六七，1；图版二八，1）。

罐　8件。体型大小不一，分属A型Ⅱ式、C型Ⅰ式和D型Ⅰ式。

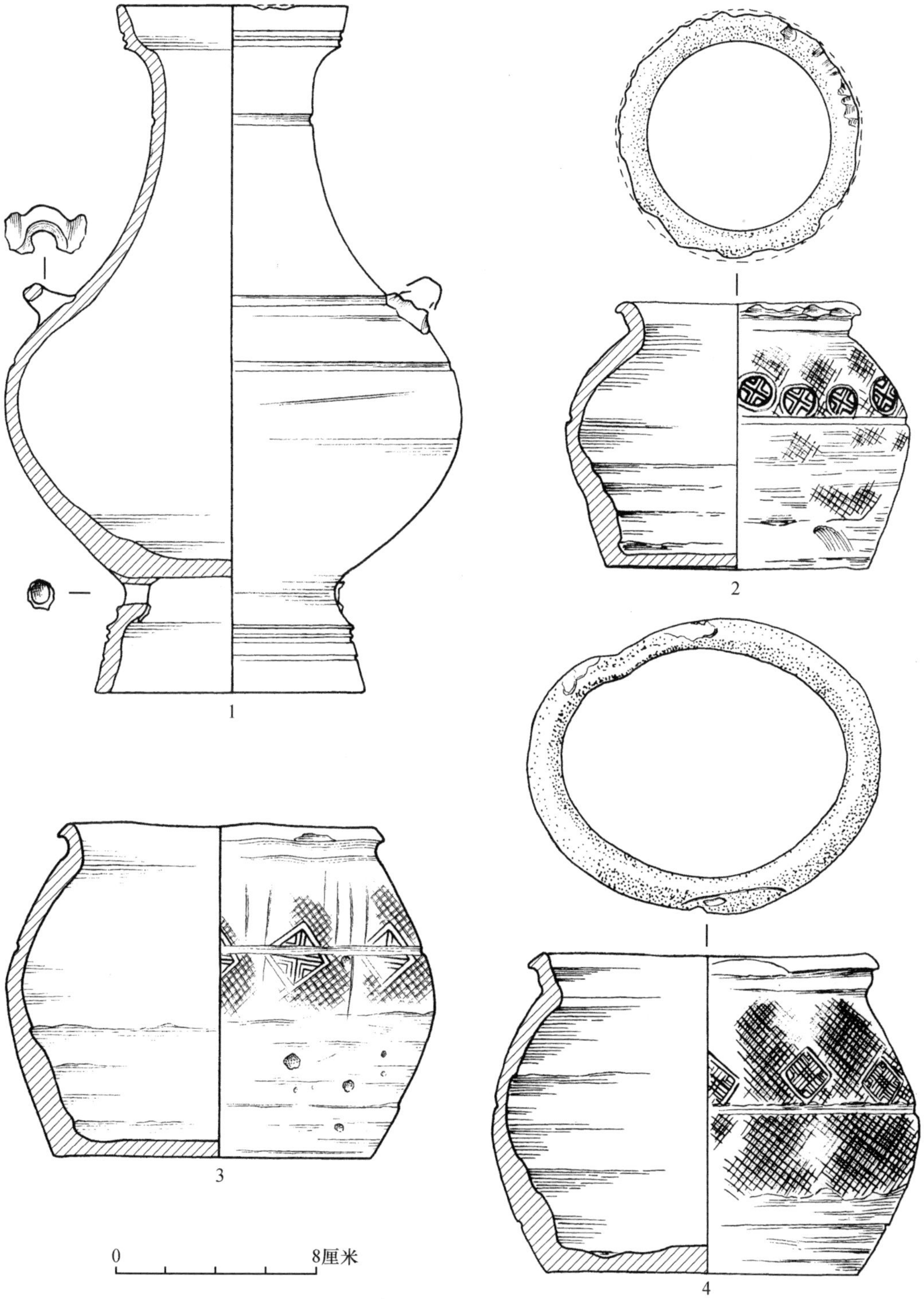

图六七　M20出土陶器

1. A型Ⅰ式壶（M20：1）　2～4. A型Ⅱ式罐（M20：2、M20：6、M20：3）

A型Ⅱ式　6件。均为宽沿，短直颈多较明显，颈部多旋刮规整，腹部圆或圆弧，重心居中或略偏下，近底部多抹胎。

M20：2，红褐胎较硬，器表无陶衣。侈口，宽沿近平，颈较短且略外张，圆腹略鼓，大底近平，重心居中。器体拍印方格纹，方格纹略显模糊，肩部饰一圈圆几何形戳印，腹饰宽凹弦纹一道。口沿有多处磕碰形成的缺口。口径10、腹径14、底径10.8、高10.5厘米，重700克（图六七，2；图版二八，2）。

M20：3，青灰胎较硬，器表有褐色陶衣，外底面有釉。器体变形较严重，侈口，宽平沿略下斜，短直颈略外张，圆腹略鼓，平底，重心居中。体饰方格纹加一圈方形戳印，腹饰宽凹弦纹一道。口径11～14.2、腹径17.3、底径12.6、高12.6厘米，重1130克（图六七，4；图版二八，3、4）。

M20：6，青灰胎较硬，器表有褐色陶衣。口沿略有变形，侈口，宽沿略下斜，束颈，圆腹略鼓，平底，重心居中。器体拍印方格纹及方几何戳印一圈，方格纹较模糊，腹饰宽凹弦纹一道。口沿有支钉痕，口径13.1、腹径17.2、底径12.6、高13.2厘米，重1320克（图六七，3；图版二八，5）。

M20：7，灰白胎较硬，器表有褐色陶衣。器体略有变形，侈口，宽沿略下斜，直颈较短，颈部旋刮规整，圆弧腹重心居中，外底不平。体饰方格纹加两周方几何形戳印，局部纹饰较模糊，腹饰宽凹弦纹一道，下腹纹饰多抹净。口径11.7、腹径15.6、底径11.4、高13.2厘米，重920克（图六八，2；图版二九，1）。

M20：8，灰白胎较硬，器表有褐色陶衣。侈口，宽沿略下卷，直颈略高，颈部旋刮规整，圆腹重心居中，底近平。体饰方格纹加方几何形戳印，腹饰宽凹弦纹一道。口沿有支钉痕迹。口径11.8、腹径16、底径11.2、高12厘米，重1220克（图六八，4；图版二九，2）。

M20：9，青灰胎较硬，器表有褐色陶衣。体型较高大，侈口，宽卷沿，短颈略外张，颈部不旋刮，局部保留有方格纹，圆弧腹，底稍小，重心偏下。体饰方格纹加两周圆形戳印，腹部不饰凹弦纹。口沿有支钉痕迹。口径15.5、腹径21.2、底径13.8、高19.2厘米，重2380克（图六八，1；图版二九，3）。

C型Ⅰ式　1件。宽沿，扁圆腹，重心居中。M20：4，灰白胎较硬，火候较高，器表有褐色陶衣。体型扁矮，侈口，宽卷沿，短颈分界不明显，颈部旋抹，但局部保留有方格纹，腹部扁圆，小平底。器体拍印方格纹加一圈方几何形戳印，戳印较模糊，腹饰宽凹弦纹一道，口沿有支钉叠烧痕迹，近底部纹饰涂抹。口径13、腹径17.4、底径11、高12厘米，重1060克（图六八，3；图版二九，4）。

D型Ⅰ式　1件。宽沿，溜垂腹。M20：5，灰白胎较硬，器表有褐色陶衣。小口微侈，宽沿下斜，短直颈较高，颈部旋刮规整，圆腹溜垂，大平底。体饰方格纹，腹部刻划细凹弦纹纹两道，上腹有数道杂乱的刻划线条，近底部纹饰抹净。口径9.4、腹径13.8、底径10.6、高11厘米，重930克（图六八，6；图版二九，5）。

铜碗　1件。M20：10，胎较薄，锈蚀严重，仅残留少许残片，形态不清。

铜卮　1件。M20：11，胎较薄，锈蚀残破严重。直口，深腹，假矮圈足，平底。一侧有上翘鋬耳，腹部有三道带状凸箍。口径12、底径7、残高8厘米（图六八，5；图版二九，6）。

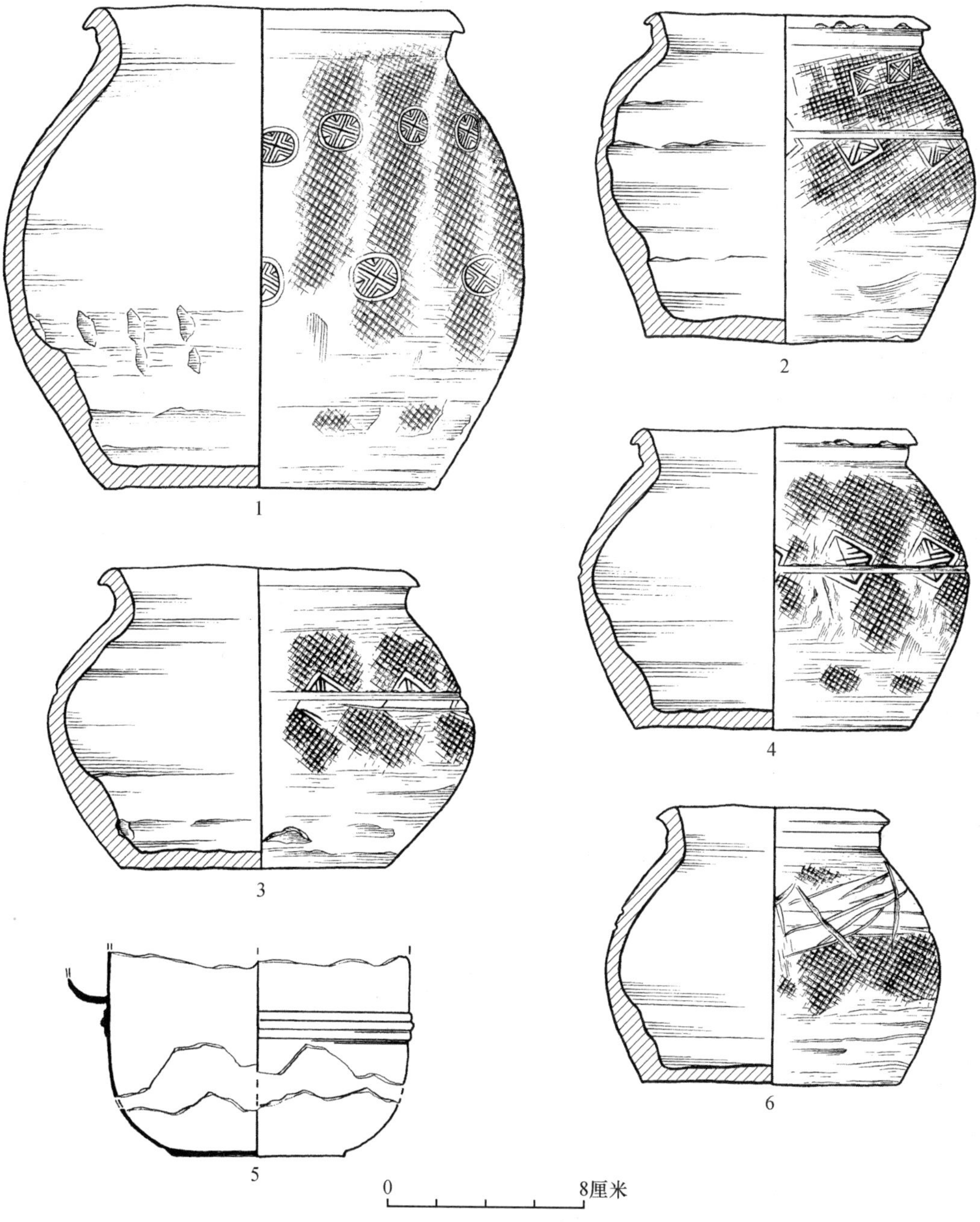

图六八　M20出土器物

1、2、4. A型Ⅱ式罐（M20：9、M20：7、M20：8）　3. C型Ⅰ式罐（M20：4）　5. 铜卮（M20：11）　6. D型Ⅰ式罐（M20：5）

铜钱　1枚。M20：12，锈蚀严重，仅残存小半，从残存的“五”字看，其交笔缓曲，属B型。

（五）M23

1. 墓葬概况

位于凉伞岭岭顶西南部缓坡上，海拔约262米。发掘前地表未见封土，墓口距地表约0.3米。墓葬横向垂直于缓坡，两侧坑壁落差略大。墓向朝西面偏北，方向290°。

墓室平面呈长方形，右侧壁上部崩塌严重，底部相对规整平齐。墓室长4.2、宽2、深约2米。填土为原坑土，靠两侧壁填土局部夯实，中间部分较疏松。葬具已朽，朽痕不清。墓底有四条横向枕木沟，枕木沟长短深浅不一，两侧大多不抵墓壁。

墓道平面近梯形，前窄后宽。长4、宽1.1～1.2米。底为斜坡式，自墓底起斜坡，坡度约25°。

随葬器物共11件，计有壶1、瓮1、罐5、小陶釜2、纺轮1、铁刀1件。除1件纺轮置于墓室后部中间外，其余均整齐排列于墓室中部右侧（图六九；图版三〇）。

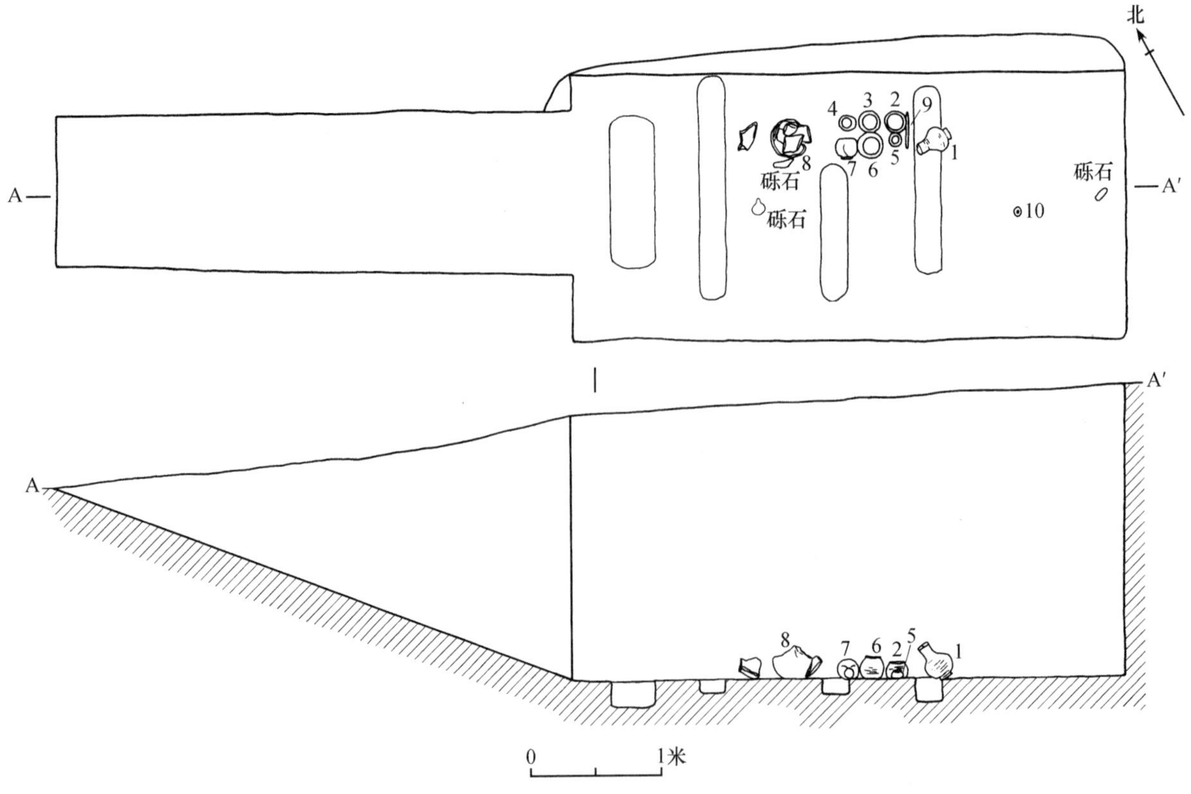

图六九　M23平、剖面图

1. 陶壶　2～4、6、7. 陶罐　5、11. 小陶釜　8. 陶瓮　9. 铁刀　10. 陶纺轮

另外在墓底中部和后部共发现砾石3颗，砾石体型均相对较大，形状不规则，重400～720克。

2. 出土器物

壶　1件。杯形口，圆腹，圈足收束，属A型Ⅰ式。M23：1，灰白胎较硬，器身有烧制形成的气泡。直口较浅，方唇，粗颈，圆腹，肩、腹分界明显，肩部附两对称耳与底部两对穿孔对应。筒状圈足外张，底与圈足之间呈宽凹状收束。口外侧、颈、肩、腹部上下及圈足各饰宽凹弦纹一道。出土时口部局部缺失，圈足有密集细碎的缺口。口径11.5、腹径21.8、残高30厘米，残重2900克（图七〇，2；图版三一，1）。

瓮　1件。弧腹，宽沿，重心居中，属C型Ⅰ式。M23：8，灰白胎较硬，火候较高，器表有褐色陶衣。口微侈，宽沿近平，短直颈较高，颈部旋刮规整，弧腹，大平底。器体拍印方格纹加圆几何形戳印，方格纹及戳印纹分组明显，当出于同一陶拍，腹上下各饰一道宽凹弦纹，近底部纹饰涂抹。口径20.4、腹径30.4、底径22.8、高30.5，重5930克（图七〇，1；图版三一，2）。

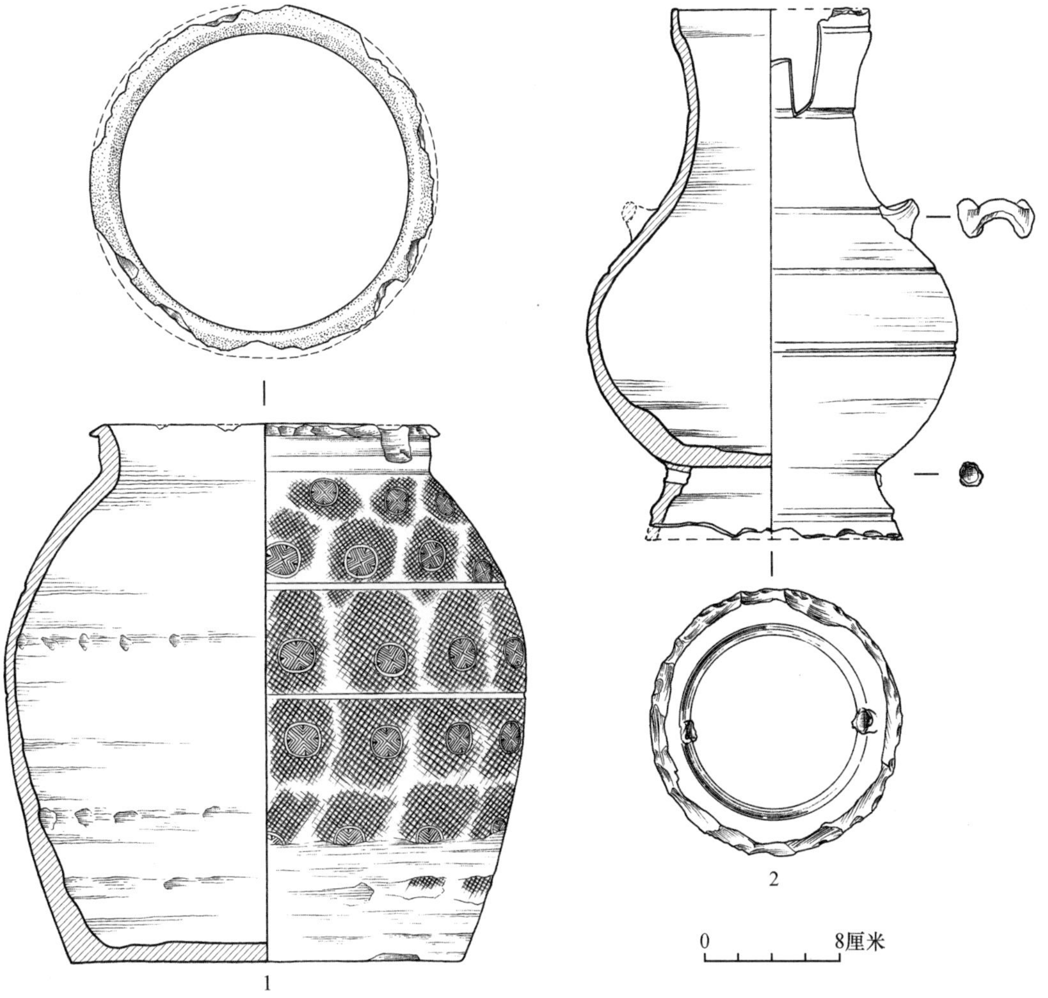

图七〇　M23出土陶器

1. C型Ⅰ式瓮（M23：8）　2. A型Ⅰ式壶（M23：1）

罐　5件。分属A型Ⅰ式、A型Ⅱ式和C型Ⅰ式。

A型Ⅰ式　1件。圆弧腹，宽沿，重心偏上。M23：6，红褐色夹砂陶，胎略软，器表局部有褐色陶衣。体型稍大，器体变形严重。口近直，宽卷沿，短直颈旋刮规整，肩部略显丰满，圆弧腹，底微内凹。体饰方格纹，方格纹较模糊，腹饰宽凹弦纹一道。口沿有多处缺口。口径12～12.6、腹径17.8、底径12.4、高15厘米，重1350克（图七一，1；图版三一，3）。

A型Ⅱ式　3件。均为宽沿，腹部圆或圆鼓。

M23：3，灰白胎较硬，器表有褐色陶衣。口近直，宽沿略下斜，短直颈较高，颈部旋刮规整，圆腹，外底边缘凸起一圈，底面不平。体饰方格纹加一圈五铢钱戳印，方格纹及戳印均较模糊，腹饰宽凹弦纹一道，肩部有一道短直线刻划，近底部纹饰涂抹。口沿有磕碰形成的密集缺口。口径11.2、腹径15、底径12、高11.4厘米，重800克（图七一，2；图版三一，4）。

M23：4，黄色胎略软，火候略低，器表无陶衣。口近直，宽沿略卷，颈较短直，圆鼓腹略变形，底面凹凸不平。器体模印方格纹，方格纹规整清晰，近底部纹饰抹净。口沿有较多缺口。口径8、腹径11.4、底径8、高8.6厘米，重360克（图七一，7；图版三二，1）。

M23：7，黄色软陶，火候较低。器体变形严重，口近直，宽卷沿，短直颈旋抹规整，圆弧腹略变形，平底。体饰方格纹，方格纹较模糊。口径11.8、腹径15.8、底径11.6、高12.4厘米，残重670克（图七一，6；图版三二，2）。

C型Ⅰ式　1件。宽沿，扁圆鼓腹，重心居中。M23：2，灰白胎较硬，器表有褐色陶衣，局部施青黄釉，有滴釉现象。口微侈，宽沿近平，短直颈稍高，颈部旋刮规整，大腹扁鼓，底内凹。口有支钉痕，沿有细碎缺口。口径11.1、腹径15.8、底径11、高10.6厘米，重710克（图七一，8；图版三二，3）。

小陶釜　2件。体型较小，均为灰白色硬陶，器表有褐色陶衣，分属D型和E型。

D型　1件。折腹，大平底。M23：11，敞口，束颈，斜直腹，近底部折收，底面有细条纹状切痕，当为片状工具切割起底所致。口径6.7、腹径9.2、底径6.1、高4.9厘米，重140克（图七一，4；图版三二，4）。

E型　1件。扁鼓腹。M23：5，敞口，束颈，扁圆腹略鼓，底近平，底面有偏心涡纹，当为线旋切起底所致。口径6.2、腹径8.8、底径6、高5.3厘米，重140克（图七一，3；图版三二，5）。

纺轮　1件。M23：10，体型稍大，灰白胎较硬。体呈算珠形。直径3.7、高2.8厘米，重27克（图七一，5；图版三二，6）。

铁刀　1件。M23：9，锈蚀严重，柄与刀身区别不明显，横截面均呈三角形，前端收刹。长28、最宽2.5、厚0.4厘米，重92克（图七一，9；图版三二，7）。

（六）M28

1. 墓葬概况

位于凉伞岭岭顶西部缓坡上，地势相对较高，海拔约266米。墓葬朝向西面偏北，方向

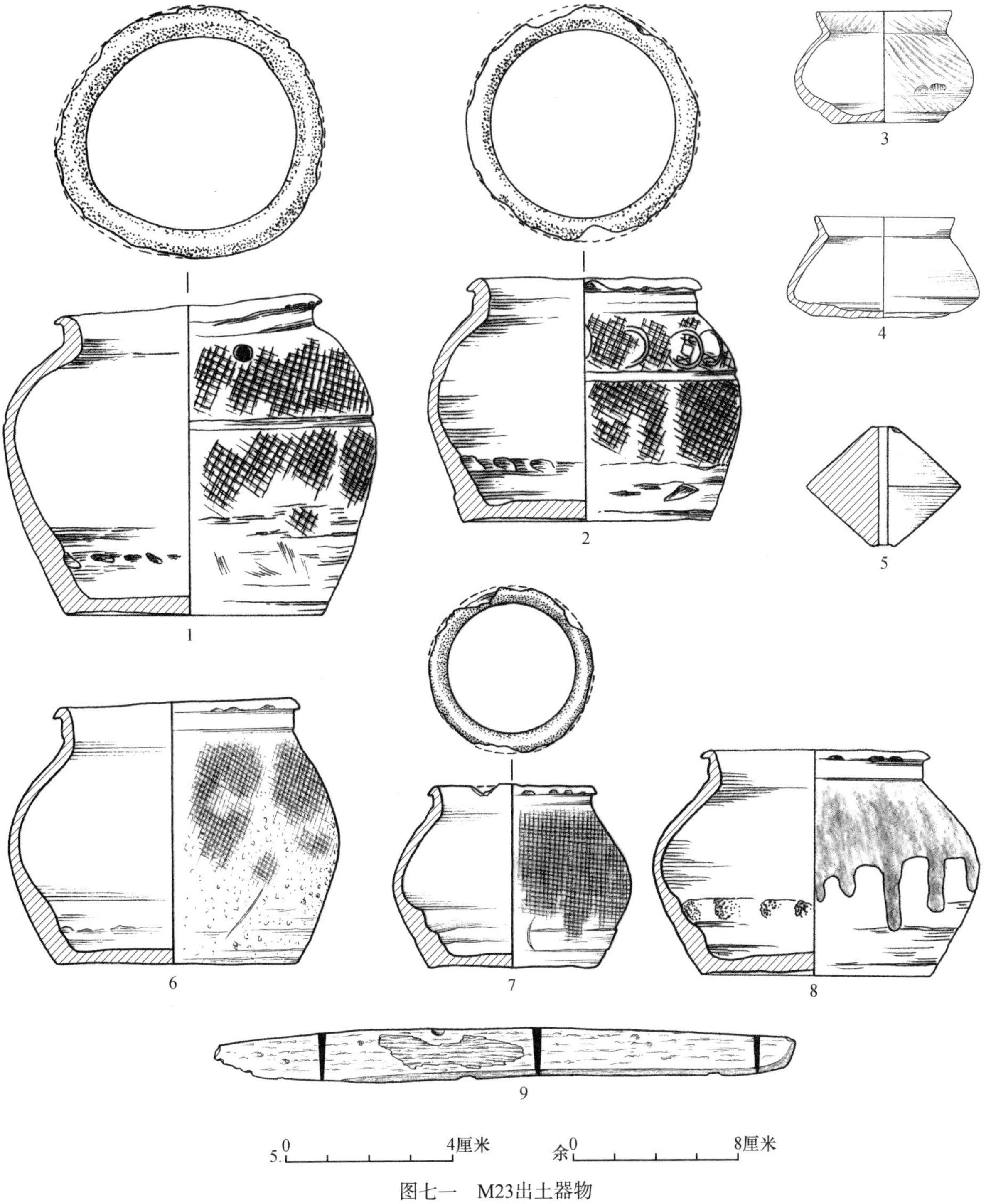

图七一　M23出土器物

1. A型Ⅰ式罐（M23：6）　2、6、7. A型Ⅱ式罐（M23：3、M23：7、M23：4）　3. E型小陶釜（M23：5）　4. D型小陶釜（M23：11）　5. 纺轮（M23：10）　8. C型Ⅰ式罐（M23：2）　9. 铁刀（M23：9）

285°。发掘前地表有封土残留，封土直径10、高0.8米，采用堆筑的方式筑成，未经夯打。封土内偶有炭粒及红烧土，另外还发现两片碎瓦片及1件夹砂三足釜残片。

墓室平面呈长方形，上部崩塌严重，下部相对规整，长4.9、宽2.2、深2.6米。填土为原坑土，靠近墓壁填土局部夯实，在距墓底1米处发现有椁板朽痕，从朽痕看，椁室长4.2、宽2、高约1米，椁板厚度在5厘米左右（图版三三，2）。墓底有两纵两横共四条枕木沟，横纵枕木沟宽窄不一，深度均为0.1米。

墓道平面近长方形，长6.8、宽约1.5米。底为斜坡式，自墓底起斜坡，底部不甚规整，后端较缓，坡度约12°，前段略陡，坡度约20°。

随葬器物共11件，计有壶1、罐8、小陶釜1、纺轮1件。除1件小陶釜位于墓室前端近中部外，其余器物均纵向排列于两侧枕木沟之内，当为椁底板腐朽之后掉落（图七二；图版三三，1）。

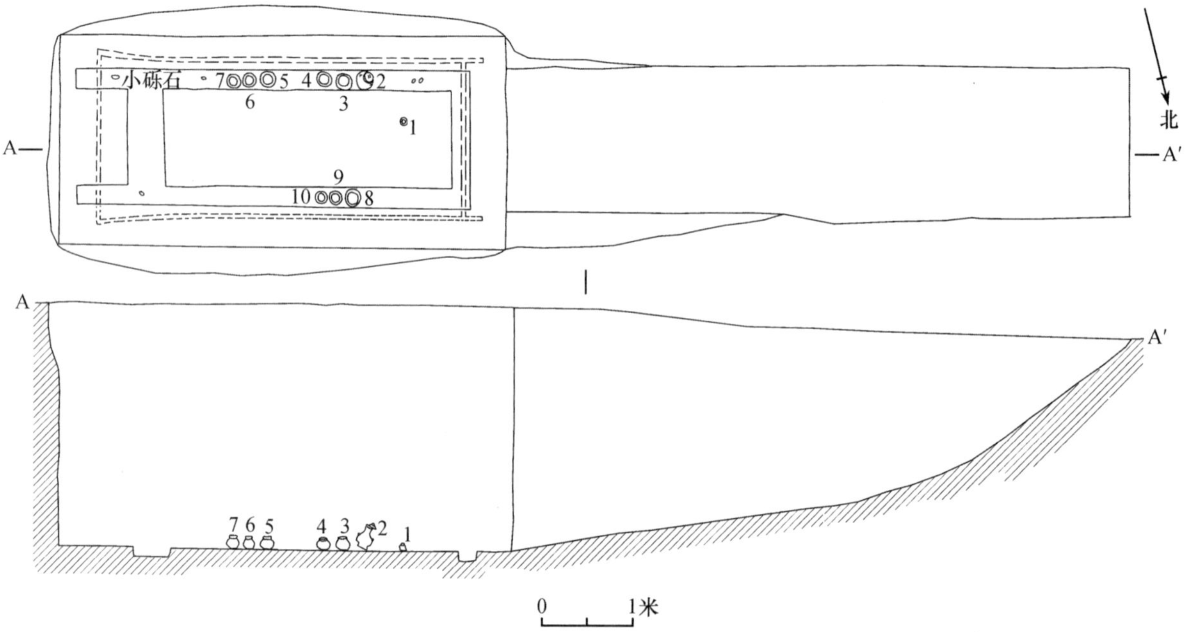

图七二　M28平、剖面图

1. 小陶釜　2. 陶壶　3～10. 陶罐

另外在墓底还发现小砾石5件，小砾石均位于枕木沟内，分布较为零散，形态均呈扁长条形，长4.5～7.9厘米，重27～100克。

2. 出土器物

壶　1件。杯形口，圆腹，圈足收束，属A型Ⅰ式。M28∶2，灰白胎较硬，火候较高，口部内侧及器表施青黄釉，釉层相对较厚，胎釉黏接不好，局部有脱落。附盖，盖面弧隆，顶部有“凹”字形纽，外围饰宽凹弦纹。壶为小直口，方唇，肩、腹分界明显，肩部附两对称耳与底部两对穿孔对应，腹较圆，圈足外斜，底与圈足之间有凹状收束，但不明显。口外侧饰两道宽凹弦纹，颈部饰凹弦纹一道，肩、腹及圈足各饰凹弦纹三道，弦纹均相对较深。出土时口部部分残失，当为下葬之前形成。口径11.6、腹径22.4、足径13.2、高34.8厘米，重3720克（图七三，1；图版三四，1）。

罐　8件。均为宽沿，口近直或微侈，短直颈旋刮规整，腹部圆或圆弧，重心偏上或居中，下腹多抹胎，纹饰多抹净。依腹部重心的差异分属A型Ⅰ式和A型Ⅱ式。

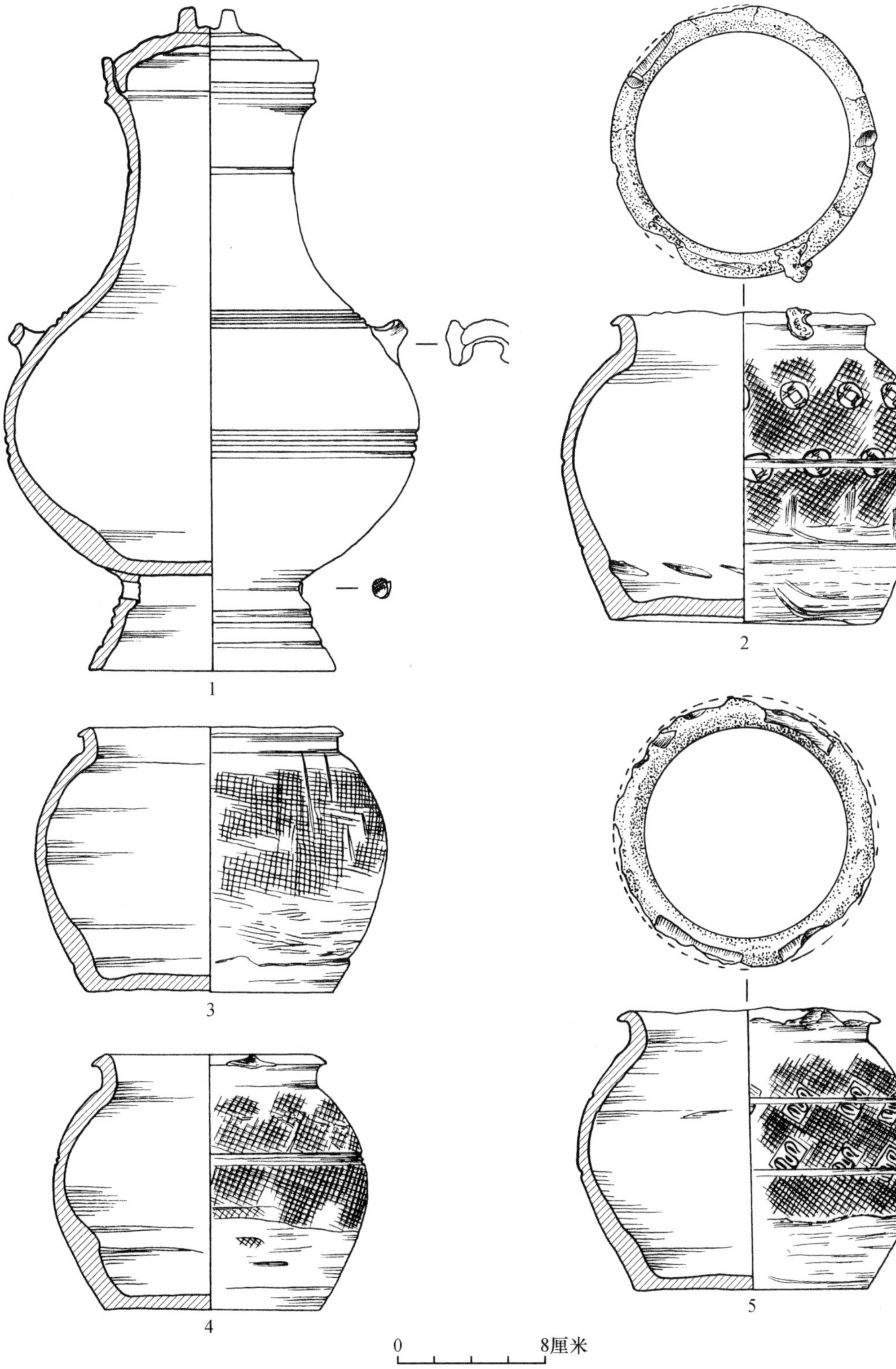

图七三　M28出土陶器

1. A型Ⅰ式壶（M28：2）　2、3. A型Ⅰ式罐（M28：3、M28：8）　4、5. A型Ⅱ式罐（M28：4、M28：5）

A型Ⅰ式　2件。均为宽沿，圆弧腹，上腹显丰满，器体重心偏上。

M28：3，灰白胎较硬，器表有褐色陶衣，局部施青黄釉，釉层较薄，多已脱落，内底亦施釉。口近直，宽沿略卷，短直颈较高，颈部旋刮规整，圆弧腹，上腹丰满，重心偏上，外底边缘凸起一圈，底面相对平整。体饰方格纹加两圈五铢钱戳印，五铢钱戳印呈椭圆形，大部分较模糊，“五”字两撇交股斜直，“铢”字无金字旁，腹中部饰宽凹弦纹一道。口沿有较明显的支钉叠烧痕迹，局部还残留有泥团状支钉。沿有多处缺口。口径14.4、腹径20、底径14.6、高16.5厘米，重1930克（图七三，2；图版三四，2）。

M28：8，黄褐夹细砂陶，胎略软，器表有褐色陶衣。器体变形严重，口近直，宽平沿略下斜，短直颈稍矮，圆弧腹，上腹略丰满，底近平。方格纹多较模糊，未见戳印及凹弦纹，上腹有多道短直线刻划。口沿边缘磨损严重。口径14、腹径19、底径13.4、高14厘米，重1370克（图七三，3；图版三四，3）。

A型Ⅱ式　6件。宽沿，圆腹，重心居中。

M28：4，黄褐胎较硬，胎较厚，器表有褐色陶衣。体型规整，口近直，宽平沿略下斜，短颈稍高，腹部较圆，底近平。体饰方格纹，方格纹较清晰，腹饰宽凹弦纹一道。沿有多处缺口。口径12.6、腹径17、底径11.6、高13.6厘米，重1400克（图七三，4；图版三四，4）。

M28：5，灰白胎较硬，火候较高。侈口，宽平沿，短直颈稍矮，腹较圆，底近平。体饰方格纹加两周方蛇形戳印，腹部上下各饰宽凹弦纹一道。口、底均有支钉痕，沿有较密集的缺口。口径14.4、腹径19、底径13、高14.8厘米，重1650克（图七三，5；图版三四，5）。

M28：6，黄胎稍软，器表无陶衣。直口，宽平沿略下斜，颈稍短，腹略圆弧，底稍大。体饰方格纹加一周圆几何形戳印，腹饰宽凹弦纹一道，弦纹局部分叉。口沿有较为细碎的磕碰缺口。口径12、腹径15.7、底径12.4、高12.7厘米，重1230克（图七四，1；图版三五，1）。

M28：7，灰白胎较硬。侈口，宽平沿略下斜，短颈略外张，圆腹，底近平。体饰方格纹加一圈圆几何形戳印。口径11、腹径15、底径10.2、高12.2厘米，重960克（图七四，2；图版三五，2）。

M28：9，灰白胎较硬，火候较高，局部施青黄釉，釉层厚薄不均，脱落严重，外底亦施釉。器身略有变形，口近直，宽平沿，束颈，腹部略圆鼓，底近平。体饰方格纹，腹饰宽凹弦纹一道。口部有叠烧时形成的黏连痕迹及支钉一块，沿外缘大部分缺失。口径11.8、腹径15.2、底径10.6、高11.6厘米，重920克（图七四，4；图版三五，3）。

M28：10，灰白胎较硬，器表有褐色陶衣。口微侈，宽沿略下卷，短直颈稍高，圆腹，近底部抹胎严重，底近平。体饰方格纹加一圈方几何形戳印，戳印较模糊。口沿有零星缺口。口径10.9、腹径14.6、底径11.2、高11.1厘米，重920克（图七四，3；图版三五，4）。

三足釜　1件。钵形器身，属A型。M28：12，出土于封土内，仅见少许残片，可大致复原。黑褐色夹砂陶，火候较低。敛口，方唇内斜，弧腹，圜底，三锥足外撇。体饰大方格纹，纹饰模糊。口径15.6、残高8.2厘米（图七四，7；图版三五，5）。

小陶釜　1件。扁鼓腹，属E型。M28：1，青灰胎较硬，火候较高，器表有褐色陶衣。敞口微残，束颈，扁鼓腹，平底，底面有偏心涡纹。口径5、腹径6、底径3.6、高3.7厘米，重57克（图七四，5；图版三五，6）。

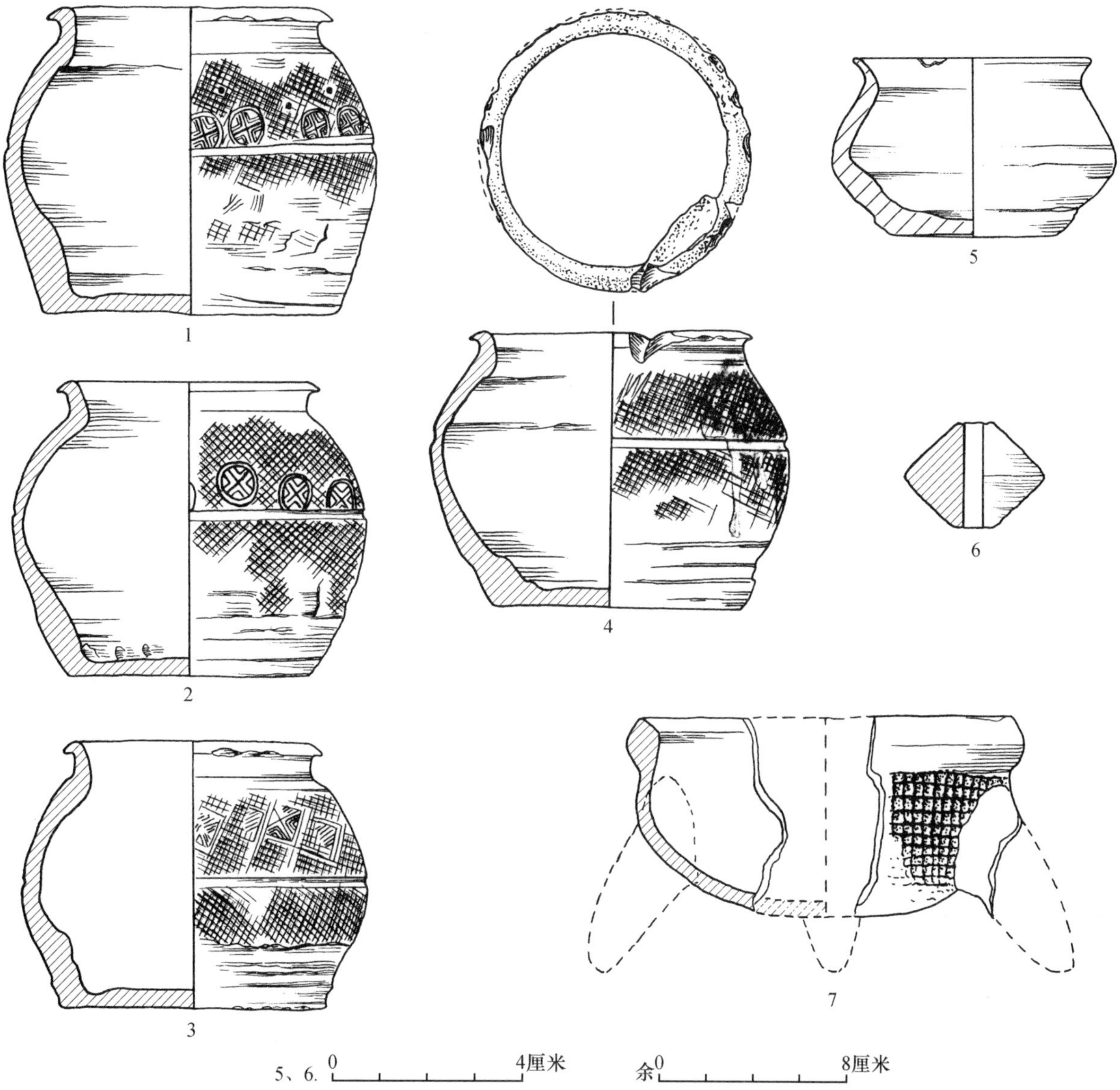

图七四　M28出土陶器

1～4. A型Ⅱ式罐（M28：6、M28：7、M28：10、M28：9）　5. E型小陶釜（M28：1）　6. 纺轮（M28：11）　7. A型三足釜（M28：12）

纺轮　1件。M28：11，黄褐色硬陶，器表有褐色陶衣。体呈算珠形，器身稍扁。直径3、高2.2厘米，重17克（图七四，6）。

（七）M34

1. 墓葬概况

位于凉伞岭岭顶西南部缓坡上，海拔约262米。发掘前地表有馒头状封土，封土仅略微凸出地面，采用堆筑方式筑成，较疏松，无明显分层。墓葬朝向西面略偏北，方向280°。

墓室平面呈长方形，长4.6、宽1.9、深1.5 ~ 1.7米。墓壁平直规整，靠坑壁填土夯实，中间填土较疏松，在距墓底0.8米处发现椁板灰痕，椁长3.3、宽1.2、高0.8米，棺木朽痕未见（图版三六，2）。

墓道平面近长方形，长3.8、宽0.9 ~ 1米。底为斜坡式，自墓底起斜坡，坡度约15°。

随葬器物仅2件，分别为陶罐及小陶釜各1，其中陶罐置于墓室中部正中，小陶釜置于墓室前端略偏右（图七五；图版三六，1）。

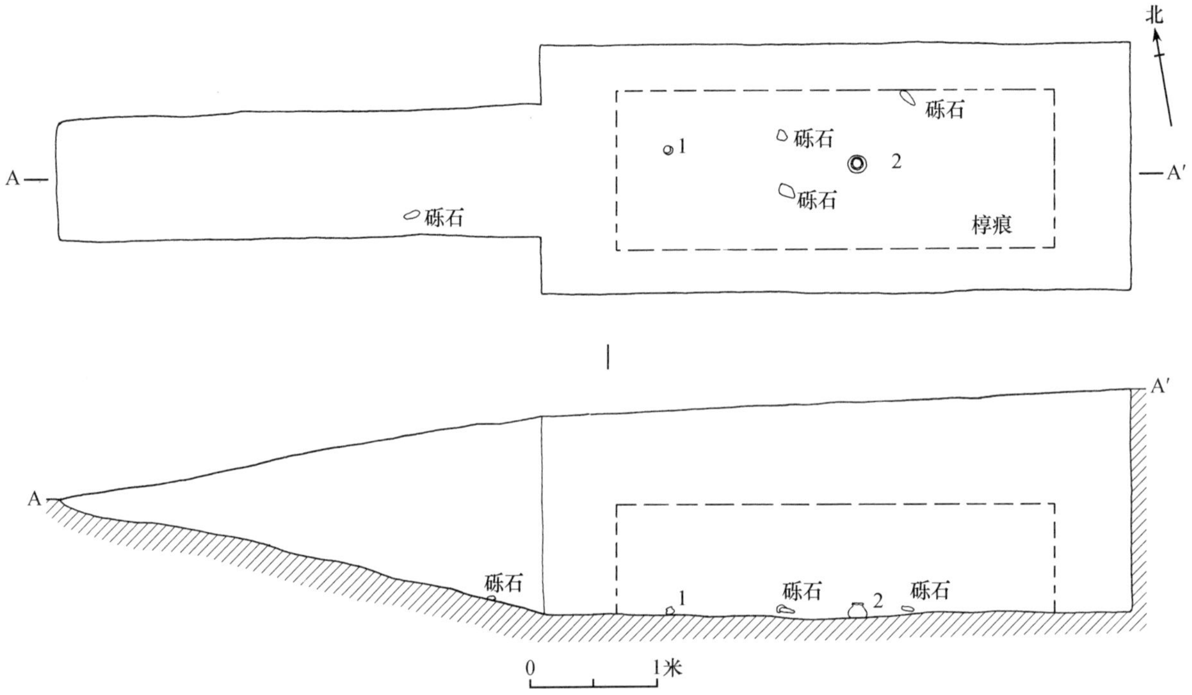

图七五　M34平、剖面图

1. 小陶釜　2. 陶罐

另外还发现小砾石4颗，其中1颗置于墓道底部，另3颗位于墓室中部。砾石体型相对较大，其中3件呈扁长形，1件近球形。长条形砾石长12 ~ 16、宽4 ~ 8厘米，重270 ~ 440克；近球形砾石宽约7.4厘米，重250克。

2. 出土器物

罐　1件，属A型Ⅱ式。M34：2，灰白胎较硬，胎体较厚，火候较高。口近直，宽沿略卷，短直颈旋刮规整，圆腹略鼓，下腹抹胎明显，底微内凹。体饰方格纹加圆形和菱形组合戳印，方格纹大而深，腹饰宽凹弦纹一道。口径11.2、腹径15.8、底径10.8、高12厘米，重1134克（图七六，1；图版三六，3）。

小陶釜　1件。折腹，小平底，属C型。M34：1，灰白胎较硬，器表有褐色陶衣，器身局部涂有朱砂。敞口，圆唇，溜肩，折腹，小底内凹，底面有偏心涡纹。口径6.1、腹径7.6、底径3、高4.8厘米，重107克（图七六，2；图版三六，4）。

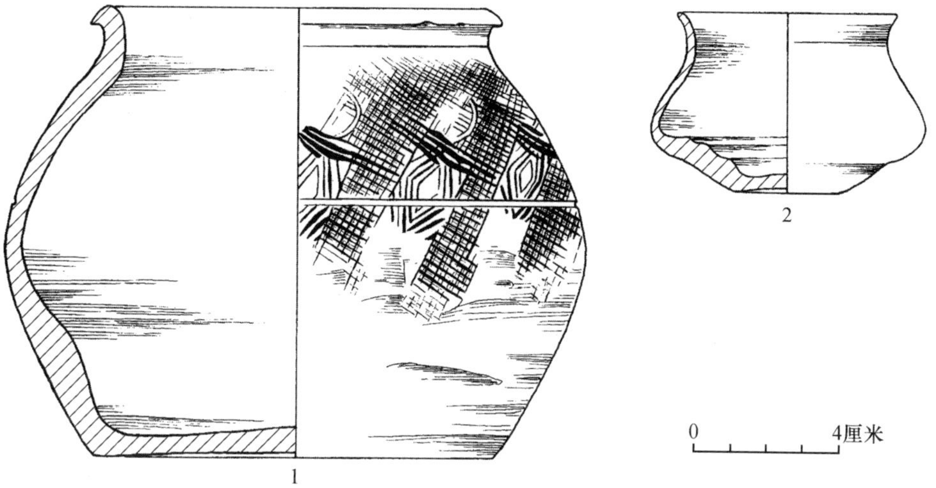

图七六　M34出土陶器

1. A型Ⅱ式罐（M34：2）　2. C型小陶釜（M34：1）

（八）M35

1. 墓葬概况

位于凉伞岭岭顶西南部缓坡上，海拔约264米。发掘前地表有直径12、高约0.8米的封土。封土采用堆筑的方式筑成，较疏松。墓葬朝向西面略偏北，方向285°。

墓室平面近梯形，上部崩塌严重，坑壁因崩塌而凹凸不平，下部相对规整，长4.1、宽2.2～2.4、深3米。填土为原坑土，靠坑壁填土略经夯打，中间部分较疏松，填土内出土铁锸残片1片。葬具已朽，朽痕不清。墓底前端有一条宽0.2、深0.1米的横向枕木沟，两端均抵墓壁，前端距墓道口约0.2米。

墓道长6.3、宽1.3米。底呈斜坡式，距墓底0.2米起斜坡，坡度约15°。

随葬器物9件（套），计有罐5、壶1、四耳罐1、五联罐1件，铜钱1串。除五联罐位于墓室中部偏左侧外，其余均位于墓室后部左侧，出土时形态均较完整（图七七；图版三七）。

另外在五联罐旁还发现小砾石3件，砾石均呈椭圆形，长4.8～7.7厘米，重98～180克。

2. 出土器物

罐　5件。除1件体型较大外，其余均较矮胖，大小相当。均为硬陶，火候较高，器表有褐色陶衣。体饰方格纹，部分有戳印，腹部多饰宽凹弦纹。颈部旋刮规整，下腹多抹胎，纹饰多抹净。分属A型Ⅱ式和E型Ⅰ式。

A型Ⅱ式　4件。宽沿，腹部圆或圆弧，重心居中。

M35：1，青灰胎较硬。体型矮胖，口近直，宽平沿略下斜，颈稍短，圆腹，外底边缘凸起一圈，底面近平。体饰方格纹，腹饰宽凹弦纹一道，腹部有一处单短线刻划纹。口沿有细碎缺口。口径12.3、腹径16.3、底径11.8、高11.2厘米，重1000克（图七八，1；图版三八，1）。

M35：2，灰白胎。体型宽矮，口微侈，宽沿略卷，短直颈稍高，圆腹，大底近平。体饰

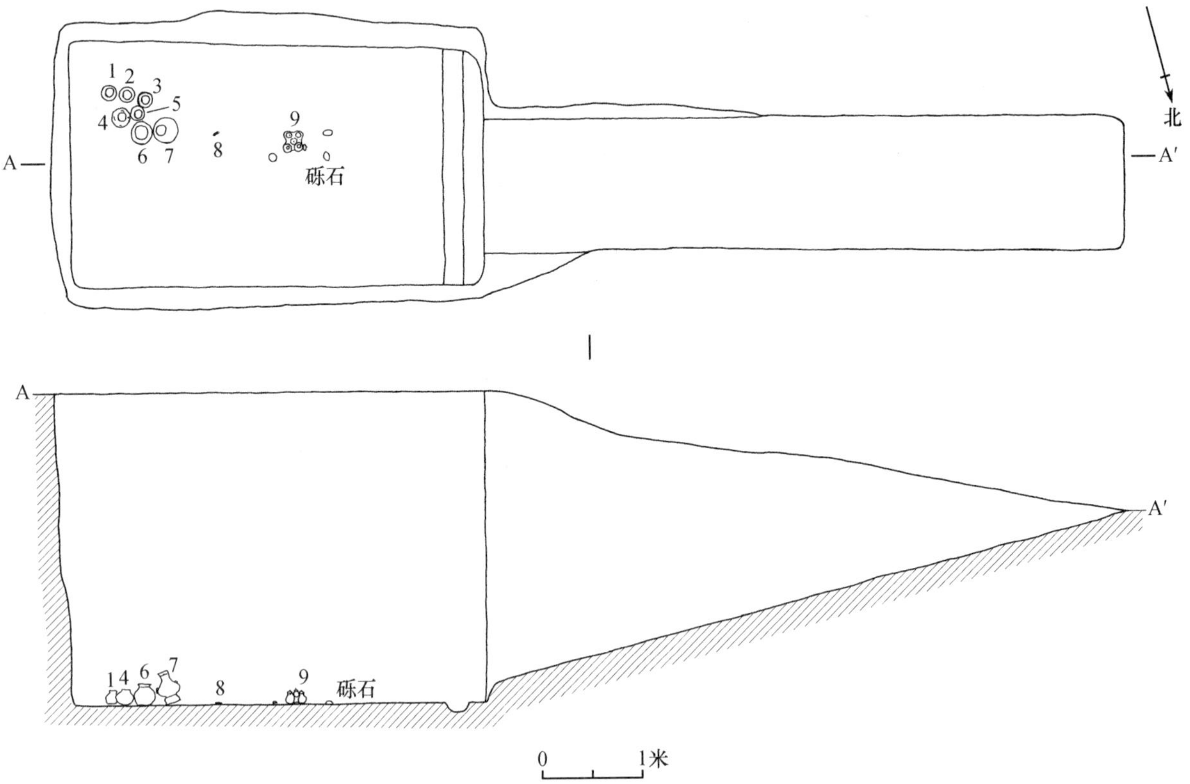

图七七　M35平、剖面图

1～3、5、6. 陶罐　4. 陶四耳罐　7. 陶壶　8. 铜钱　9. 陶五联罐

方格纹加一圈方几何形戳印，戳印相对模糊，肩部有单短直线刻划。口有支钉痕，沿有零星缺口。口径12.6、腹径16.7、底径13.1、高11.3厘米，重1060克（图七八，3；图版三八，2）。

M35：5，黄褐胎。体型略显修长，口微侈，宽沿近平，短直颈较明显，圆弧腹，平底。体饰方格纹加一圈单菱形戳印，方格纹及戳印均较模糊，腹饰宽凹弦纹一道。口沿有较多缺口。口径12.3、腹径15.6、底径11.3、高12.6厘米，重1120克（图七八，2；图版三八，3）。

M35：6，灰白胎。体型较大，侈口，宽平沿，短直颈略外张，大圆腹较丰满，底近平。器体拍印成组的方格纹加方形和三角形组合戳印，腹饰宽凹弦纹一道，纹饰均较模糊。口沿有多处缺口。口径15.6、腹径23、底径14.8、高18厘米，重2070克（图七八，4；图版三八，4）。

E型Ⅰ式　1件。圆垂腹，宽沿。M35：3，灰白胎较硬。口微侈，宽沿略卷，短颈不明显，大圆腹丰满下垂，外底边缘凸起一圈，底面不平。体饰方格纹，肩部饰宽凹弦纹一道。口有支钉痕，底部有叠烧痕迹。口径12.6、腹径17.6、底径12、高12厘米，重1110克（图七八，5；图版三八，5、6）。

壶　1件。杯形口，圆腹，圈足收束，属A型Ⅰ式。M35：7，灰白胎较硬，火候较高，器表有褐色陶衣。体型规整，杯形口稍浅，肩部附两对称耳与底部两对穿孔对应，圆腹，高筒状圈足略外张，圈足与壶底呈宽凹状收束。口外侧、颈、肩、腹各饰宽凹弦纹一道，圈足饰三道宽凹弦纹。口径12、腹径24、足径14.5、高33厘米（图七九，1；图版三九，1）。

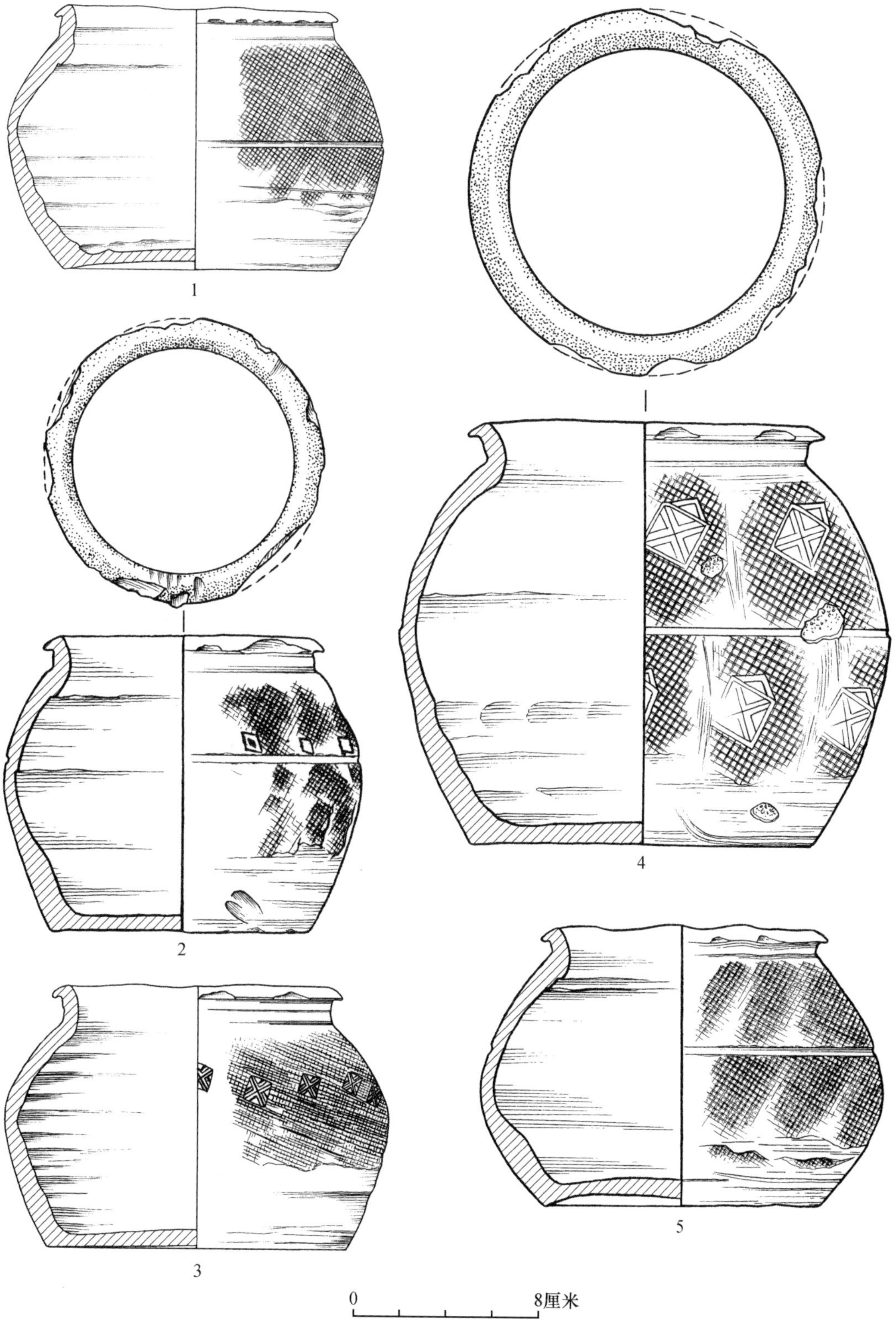

图七八　M35出土陶罐

1～4. A型Ⅱ式罐（M35：1、M35：5、M35：2、M35：6）　5. E型Ⅰ式罐（M35：3）

四耳罐　1件。体型宽矮，扁圆腹较为丰满圆润，重心居中，属B型Ⅰ式。M35：4，灰白胎较硬，火候较高，体施青黄釉，釉层较薄，施釉方式为合盖施釉，被盖遮挡部分露胎。小口微敛，方平唇，扁圆腹较圆润，肩部附四对称耳，底部中间凸起。体饰方格纹加方几何形戳印，肩、腹各饰宽凹弦纹一道，近底部纹饰刮净。口沿有细碎缺口，一耳已不存。口径8.8、腹径20.6、底径14.6、高14.6厘米，重1620克（图七九，20；图版三九，2）。

五联罐　1件。鸟形立纽，鼓垂腹，平底，属A型。M35：9，灰白胎较硬，火候较高，器表有褐色陶衣。器体系以四个大小形制相同的小罐以陶土黏结而成，中间嵌入一个体型稍小的罐，黏结部位捏制规整。小罐均带盖，盖为子口状，盖面略微弧隆，大小不一，中有水鸟形立纽；罐体为小直口，溜肩，垂腹。器体通长20、通宽22.3、通高9.6厘米（图七九，3；图版三九，3）。

铜钱　一套共8枚，均属Aa型，总编为一个号，即M35：8，保存基本完整，出土时粘连于一起。有的正面穿上有一道横杠，有的穿上横杠不明显。"五"字交笔均近直，但字体有大

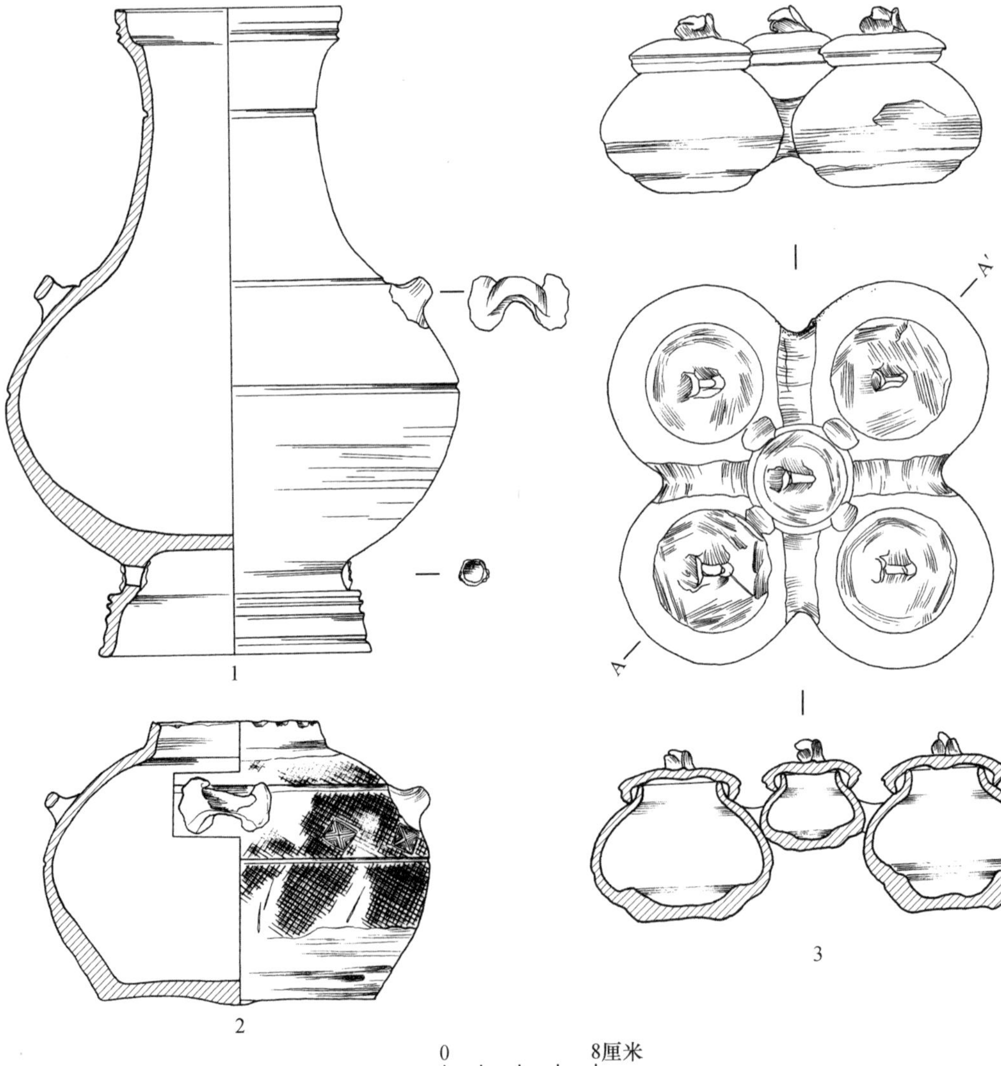

图七九　M35出土陶器

1. A型Ⅰ式壶（M35：7）　2. B型Ⅰ式四耳罐（M35：4）　3. A型五联罐（M35：9）

有小，“铢”字“金”字头呈双翼箭镞形，“朱”字头方折，“金”字和“朱”字等高。直径2.5～2.6厘米，厚均在0.2厘米左右（图八〇；图版三九，4）。

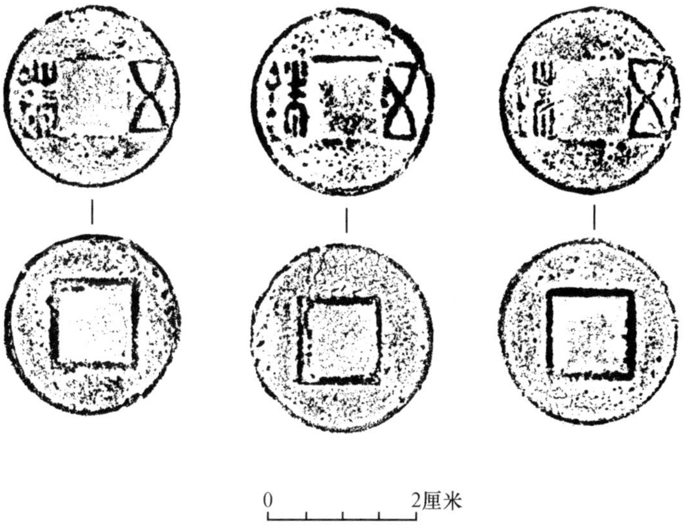

图八〇　M35出土Aa型五铢钱拓片（M35：8）

（九）M44

1. 墓葬概况

位于凉伞岭岭顶西南部缓坡上，海拔约266米。发掘前地表有直径约9、高约1.5米的圆形封土堆。墓葬朝向西面略偏北，方向285°。

墓室平面呈长方形，上部崩塌严重，坑壁不平直。墓室长5.1、宽2.5、深2.7～3米。填土为原坑土，靠近坑壁大部夯实，中间部分较疏松，棺椁葬具已朽，朽痕不清。墓底设两条纵向枕木沟，两端均直抵墓壁。

墓道长7.8、宽1.2～1.3米。底为斜坡式，距墓底0.2米起斜坡，坡度20°。

随葬品共11件，计有罐8、瓿1、小陶釜1、铁刀1件。除铁刀和小陶釜外，其余9件陶器均置于墓室中部靠右侧，沿枕木沟纵向排列，摆放较为整齐（图八一；图版四〇）。

另外墓底还发现长条形砾石2颗，砾石一大一小，均为石英砂岩，大者出于墓室前端中部偏右侧，长20、宽8、厚6厘米，重1600克；小者出于墓室后部右侧枕木沟内，长5.5、宽3.5、厚1厘米，重40克。

2. 出土器物

罐　8件。分属A型Ⅰ式、A型Ⅱ式和Ⅰ型。

A型Ⅰ式　1件。宽沿，圆腹，上腹丰满，重心偏上。M44：4，灰白胎较硬，火候较高，器身有褐色陶衣。敛口，宽平沿略下斜，束颈，上腹丰满，平底。体饰方格纹，方格纹局部较模糊，腹饰宽凹弦纹一道，肩部有一处类“非”形刻划符号，近底部抹胎，纹饰均抹净。口沿有小缺口。口径12.4、腹径16.6、底径12、高12厘米，重1220克（图八二，1；图版

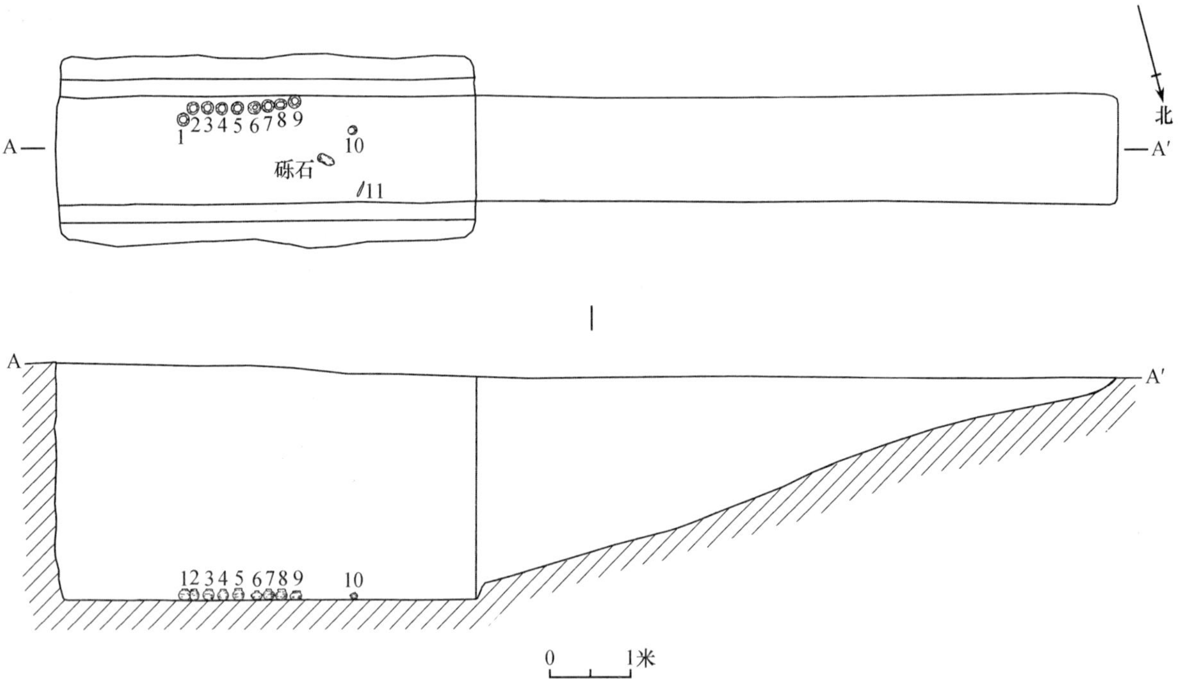

图八一　M44平、剖面图

1～5、7～9. 陶罐　6. 陶瓿　10. 小陶釜　11. 铁刀

四一，1）。

A型Ⅱ式　6件。均为宽沿，口微侈或近直，腹部圆或圆弧，颈部旋刮规整。胎质多较硬，火候一般较高，器表有褐色陶衣。体饰方格纹加戳印纹，腹中部均饰宽凹弦纹一道，近底部纹饰均有不同程度的涂抹。

M44：1，灰白胎较硬，火候较高，口部略有变形。侈口，宽沿近平，短颈略外张，颈部旋刮较规整，圆腹略鼓，底微内凹。体饰方格纹加两圈圆几何形戳印，腹饰宽凹弦纹一道，下腹纹饰涂抹，但未抹净。口沿边缘大多缺失。口径12、腹径15、底径10.8、高11.8厘米，重930克（图八二，4；图版四一，2）。

M44：2，黄褐夹细砂陶，火候略低。口近直，宽沿略卷，短直颈稍矮，腹部较圆，底近平。体饰方格纹加一圈圆几何形戳印，腹饰宽凹弦纹一道，下腹有三道短线刻划。口沿边缘大部缺失。口径13、腹径16.6、底径12、高13厘米，重1320克（图八二，2；图版四一，3）。

M44：3，灰白胎较硬，火候较高。敛口，宽卷沿，短颈内收，圆球形腹，外底边缘凸起一圈，底面近平。体饰方格纹加两圈圆几何形戳印，戳印较大，两圈戳印有叠压，腹饰宽凹弦纹一道。口沿有零星小缺口。口径11.6、腹径16.4、底径11.6、高13厘米，重1260克（图八二，3；图版四一，4）。

M44：5，灰白胎较硬，火候较高。口微侈，宽沿略卷，短颈稍矮，圆腹丰满，底不平。器体模印方格纹，肩部饰一圈三菱形戳印，腹饰宽凹弦纹一道。口沿有支钉痕迹。口径12.3、腹径16.6、底径11.2、高13厘米，重1120克（图八二，5；图版四一，5）。

M44：7，灰白胎较硬，器表局部施青黄釉。体型稍小，口微侈，宽平沿略下斜，颈较

图八二　M44出土陶罐

1. A型Ⅰ式（M44：4）　2～5. A型Ⅱ式（M44：2、M44：3、M44：1、M44：5）

短，腹部圆鼓，底稍小近平。体饰方格纹，腹饰宽凹弦纹一道。口沿边缘部分缺失。口径11.8、腹径14.8、底径10.2、高11.2厘米，重960克（图八三，2；图版四一，6）。

M44：9，青灰胎较硬，烧成温度较高，器体变形较严重。口近直，宽平沿略下斜，束颈，腹略圆鼓，底微内凹。体饰方格纹加一圈圆几何形戳印，腹饰宽凹弦纹一道。口沿有缺口。腹径14.1、底径10.3、高11厘米，重910克（图八三，1；图版四二，1、2）。

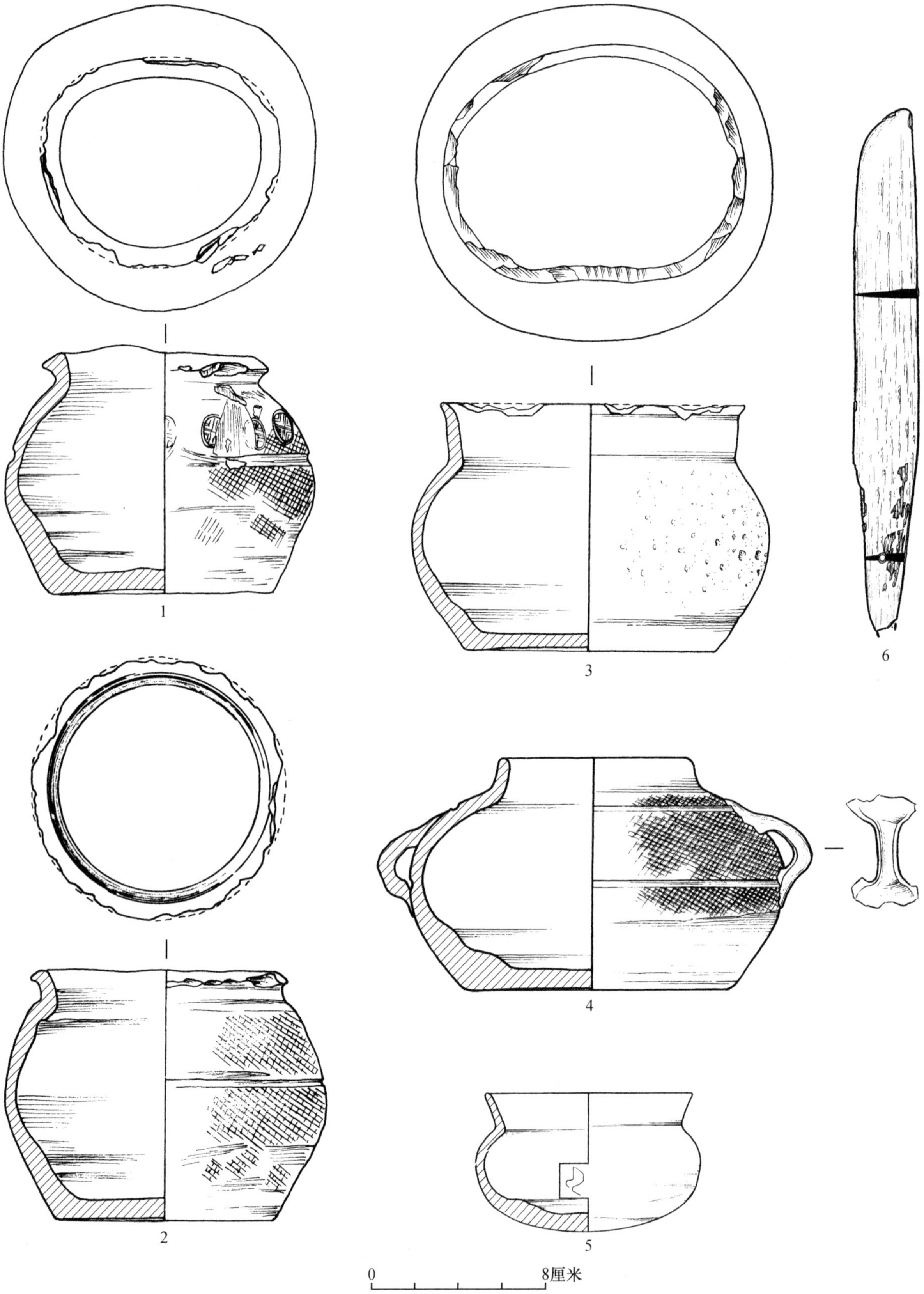

图八三　M44出土器物

1、2. A型Ⅱ式罐（M44：9、M44：7）　3. Ⅰ型罐（M44：8）　4. A型瓿（M44：6）　5. A型小陶釜（M44：10）　6. 铁刀（M44：11）

Ⅰ型　1件。高领。M44：8，灰白胎较硬，火候较高。器身变形严重，高直领，圆腹，腹最大径偏上，平底。素面无纹，口沿有较多细碎缺口。口径10.6～13.8、腹径15～16、底径11.3、高11厘米，重810克（图八三，3；图版四二，3、4）。

瓿　1件。扁圆腹，属A型。M44：6，黄色胎较硬，胎体厚重，火候较高，器表有褐色陶衣，从口部与器身颜色差异看，该器物应附有器盖，且为带盖合烧，颈部还残留有器体与盖合烧时粘连的痕迹。小直口，方唇，扁圆腹，腹两侧竖置两对称耳，平底。体饰方格纹，腹饰宽凹弦纹两道，近底部纹饰抹净。口径8.7、腹径16.8、底径12、高10.4厘米，重1130克（图八三，4；图版四二，5）。

小陶釜　1件。圆弧腹，圜底，属A型。M44：10，灰白胎较硬，火候较高，器表有褐色陶衣。敞口，高领，圆腹，近圜底。腹部有一处“Ω”形刻划符号。口径9.6、腹径10.2、底径5.2、高6.2厘米，重250克（图八三，5；图版四二，6）。

铁刀　1件。M44：11，锈蚀严重，但形态保持完整，短扁茎平面呈三角形，宽刀身，前端收刹，刀身横截面呈三角形，较锋利。通长23、宽2.9、刀背厚0.4厘米，重95克（图八三，6；图版四二，7）。

（十）M45

1. 墓葬概况

位于凉伞岭岭顶南部缓坡上，海拔266米。发掘前地表有直径10～12、高约1.5米的馒头状封土。墓葬朝向西面略偏北，方向292°。

墓室平面近梯形，上部崩塌严重，下部相对规整，长4.8、宽1.8～2.2、深2.1～2.6米。填土为原坑土，靠墓壁填土经夯打填实，中间部分较疏松。墓底相对规整，底部有两纵一横共三条枕木沟，沟宽0.2～0.3米，深均为0.1米。两纵向枕木沟后端均直抵后壁，前端与横向枕木沟相通。棺椁葬具已朽，朽痕不清。

墓道平面呈长方形，长5.2、宽1.2米。底为斜坡式，距墓底0.1米起斜坡，坡度20°。

随葬器物共10件。保存基本完好，计有罐8、壶1、五联罐1件。均位于墓室后部右侧枕木沟旁，沿枕木沟排列。从出土形态看，有2件陶罐为叠放，五联罐叠于1件陶罐之上，其余或平置或倒卧（图八四；图版四三）。

另外墓底还发现石块2件，均为体型较大的岩块，其形状均不甚规则，密度均较高，其中一件岩块与随葬器物一起放置于墓室后部，其表面有石皮，岩性不详，重2220克；另一件出土时放置于墓室前端正中，断裂面上布满金属颗粒，重1367克，可能为某种矿物。

2. 出土器物

罐　8件。大小不一，除1件沿稍窄外，其余均为宽沿。在这批陶罐中，仅2件体型稍大者制作相对规整，分属C型Ⅰ式和D型Ⅰ式。其余6件体型相对较小，均为灰白色硬陶，火候较

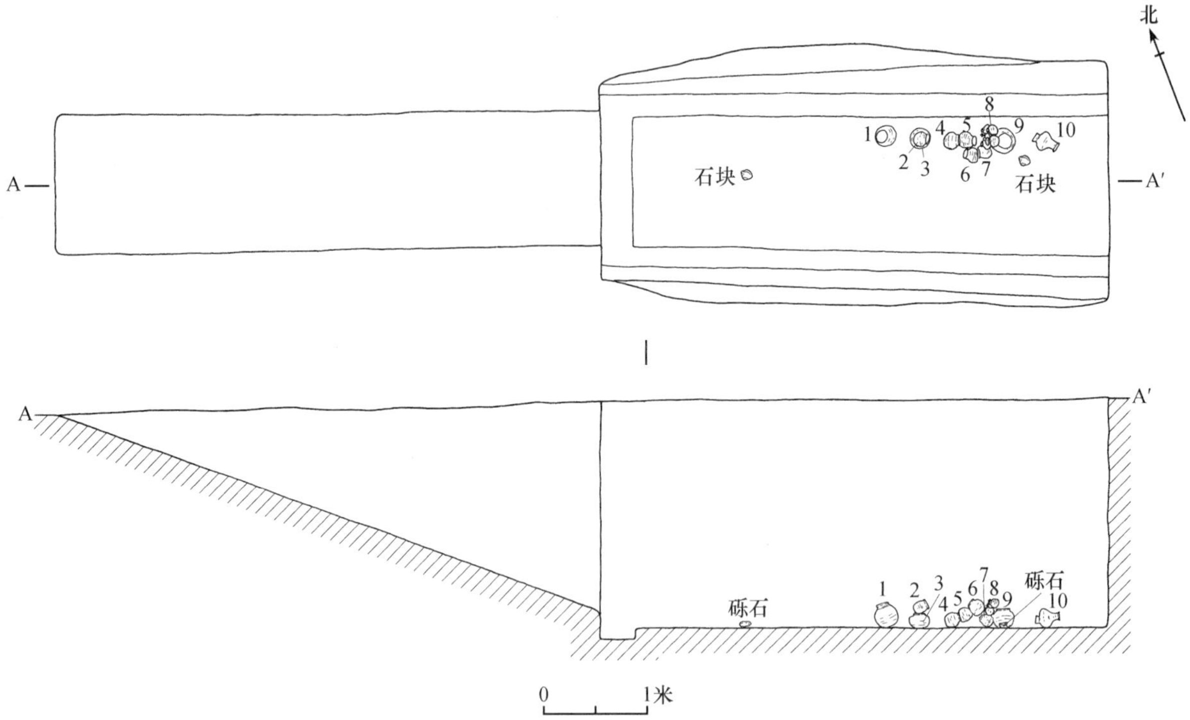

图八四　M45平、剖面图

1～7、9. 陶罐　8. 五联罐　10. 陶壶

高，器表有陶衣，制作均较随意，未进行修胎整形，器形不规整，除个别饰方格纹外，多素面无纹，鉴于其形态方面的随意性，因此未进行型式划分。类似陶罐在M16和M31中亦有个别发现，其风格特征极为相似。

M45：2，体型略瘦长，胎壁较厚，弧腹，内底与器身连接处有较多手捏痕迹，体不施纹。口径9.1、腹径10.8、底径9.2、高8.6厘米，重490克（图八五，5；图版四四，1）。

M45：3，体型宽矮，侈口，宽沿，短直颈旋刮规整，圆弧腹，大平底。体饰方格纹，纹饰较模糊，腹部饰宽凹弦纹一道。口沿有多处缺口。口径11.7、腹径14.3、底径11.5、高9.2厘米，重840克（图八五，3；图版四四，2）。

M45：4，器体宽矮，胎体较厚。腹略鼓，底近平。腹饰宽凹弦纹一道，内底有较多手指按捏痕迹。口径10.4、腹径12.6、底径10.3、高8.1厘米，重650克（图八五，7；图版四四，3）。

M45：5，体型略修长，素面无纹。口微侈，斜平唇，弧腹，平底，底部边缘有一自然孔洞。口径8.8、腹径11.2、底径8.6、高9.1厘米，重520克（图八五，6；图版四四，4）。

M45：6，体型略修长，胎壁稍薄。侈口，宽沿略卷斜，溜肩，上腹略鼓，下腹略直。体饰细方格纹，腹饰细凹弦纹一道。器体内壁有泥条盘筑痕迹，内底有明显手指按压痕迹。口径9、腹径11.4、底径9.6、高9.4厘米，重540克（图八五，4；图版四四，5）。

M45：7，胎体较厚。近直口，宽沿较厚，腹壁较直。腹饰宽凹弦纹一道。口径9.4、腹径12.2、底径10.2、高9.9厘米，重810克（图八五，8；图版四四，6）。

C型Ⅰ式　1件。宽沿，扁圆鼓腹。M45：9，灰白胎较硬，火候较高，器表有褐色陶衣。

体型较大，因烧制变形严重。小口微侈，宽卷沿，底近平。体饰方格纹加两圈方几何形戳印，腹饰宽凹弦纹四道，近底部抹胎，纹饰多抹净。口沿有较多缺口。口径12.8、腹径21.3、底径15.6、高18.4厘米，重2070克（图八五，1；图版四五，2）。

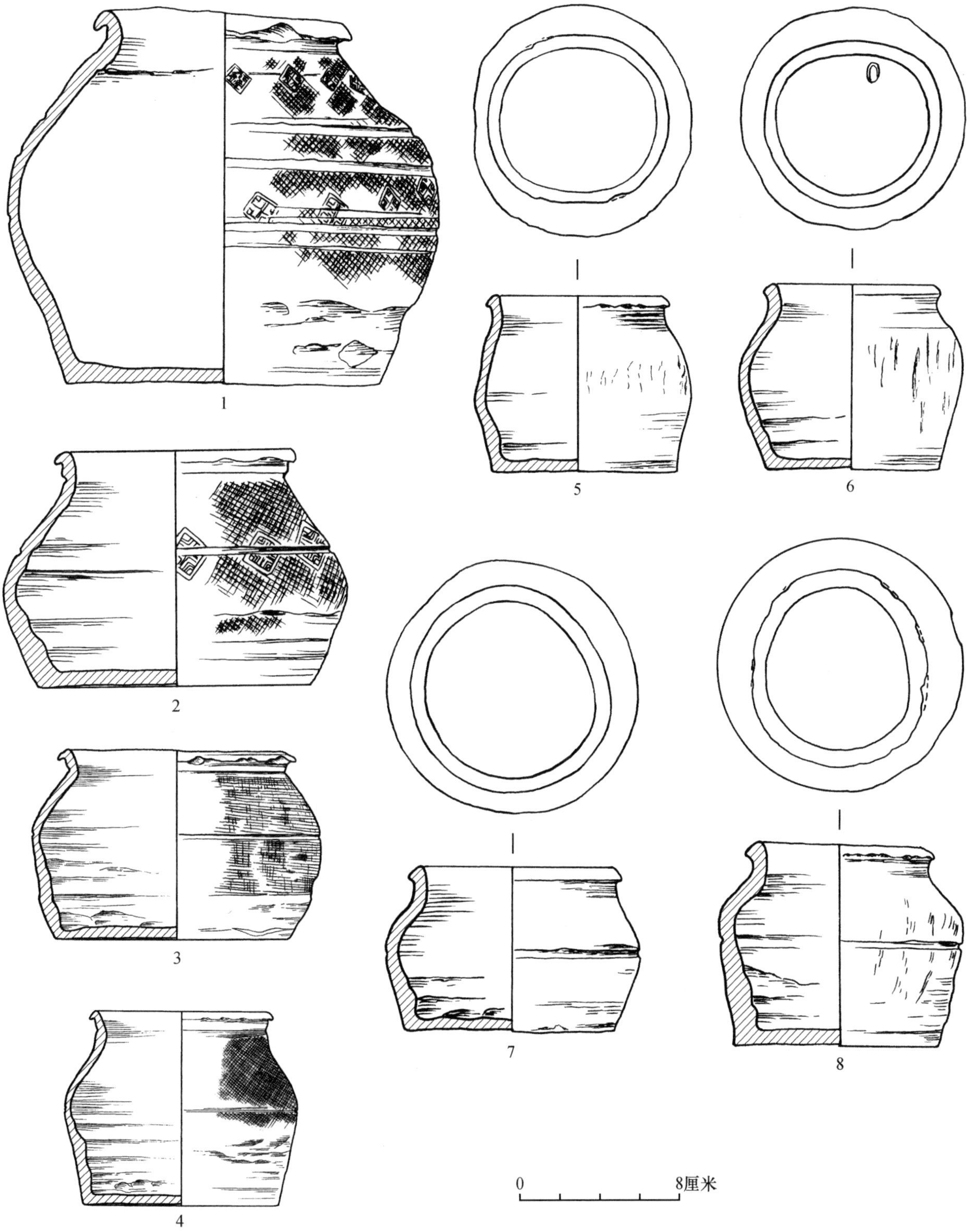

图八五　M45出土陶罐

1. C型Ⅰ式罐（M45：9）　2. D型Ⅰ式罐（M45：1）　3～8. 罐（M45：3、M45：6、M45：2、M45：5、M45：4、M45：7）

D型Ⅰ式　1件。宽沿，溜垂腹。M45：1，黄胎稍软，火候略低，器表有褐色陶衣。口近直，宽卷沿，短颈略外张，肩部斜溜，圆鼓腹下垂，大底近平。体饰方格纹加一圈方几何形戳印，腹饰宽凹弦纹一道，近底部纹饰涂抹，纹饰多抹净。口径11.7、腹径17、底径13.6、高11.6厘米，重1110克（图八五，2；图版四五，3）。

壶　1件。杯形口，扁圆腹，圈足收束，属A型Ⅱ式。M45：10，灰白胎较硬，火候较高，器表有铁褐色陶衣，上腹及内壁有青黄釉，下腹及圈足受火相对较弱，表明装烧时为塞入瓮一类的容器口内装烧，肩部见有一块窑顶滴落的黑色玻璃质窑汗。杯形口外敞，方唇，略微溜肩，肩部附两对称耳与底部两对穿孔对应。圆腹稍扁，筒状圈足较高，圈足略外张，底与圈足之间呈凹状收束。口下部外侧饰两道宽凹弦纹，颈、肩、腹各饰宽凹弦纹一道，圈足饰两道较为模糊的凹弦纹。口径11.8、腹径21.8、足径12.2、高31.4厘米，重2710克（图八六，1；图版四五，1）。

五联罐　1件。鸟形立纽，鼓垂腹，平底，属A型。M45：8，黄胎稍软，火候略低，器表有褐色陶衣，部分陶衣脱落；陶衣为制好器身后在器表刷泥水形成，器身刷痕明显。器体系以四个大小形制相同的小罐以陶土黏结而成，中间嵌入一个体型稍小的罐，黏结部位捏制规整。

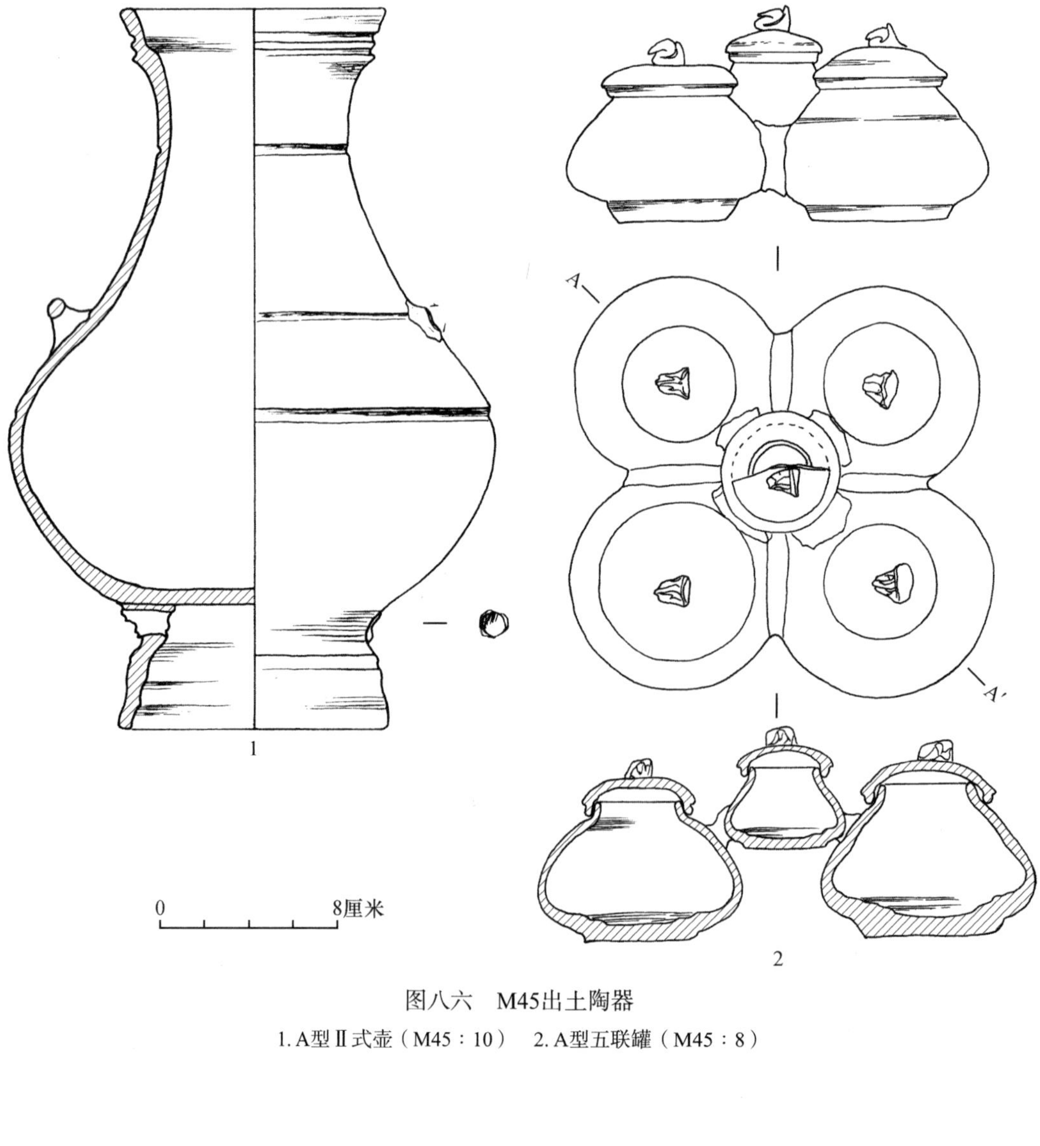

图八六　M45出土陶器

1. A型Ⅱ式壶（M45：10）　2. A型五联罐（M45：8）

小罐均带盖，盖为子口状，盖面略微扁平或弧隆，大小不一，中有水鸟形立纽；罐体为小直口，溜肩，垂腹，底部贴饼状圈足。通长19、宽18、通高9.2厘米，重1025克（图八六，2；图版四五，4）。

三、Da型墓

双墓道同穴合葬墓，墓道长短不一，高低不平。仅M53一座。

M53

1. 墓葬概况

位于凉伞岭岭顶西部一个小土包上，海拔约266米。发掘前地表有直径约10、高约1.5米的近椭圆形封土。封土由堆筑而成，局部被开垦荒地时破坏。墓室开在土坡顶部，墓道朝向土坡下部，落差较大，最大高差近3米。墓葬朝向西面略偏北，方向290°。

该墓为双并列墓道同穴合葬墓，墓葬规模宏大。

墓室平面呈正方形，长、宽均为5.9、深约5米。墓室上部因崩塌而不甚规整，下部坑壁相对平直。

底部两侧及后部均有高约1米的二层台，其中两侧二层台为生土，台宽0.8～0.9米，存在崩塌现象；后部二层台为熟土夯筑，两端嵌入两侧生土二层台内，台宽约0.7米。

墓底共设三纵一横共4条枕木沟，其中纵向枕木沟分别位于墓室两侧及中部，其后端均直抵后部熟土二层台，前端与横向枕木沟相通。横向枕木沟位于墓室与墓道结合处，其两端各有一个圆形对称柱洞。以中间枕木沟为界，墓室被分成左右两室，每室均有对应的墓道及随葬品，为区分方便，发掘时将左室编号为M53a，右室编号为M53b。

墓道为双墓道并列结构，两条墓道长短、坡度均存在较大差异，其上部连为一个整体，下部有生土隔墙。

其中M53a墓道较长且不平直，长12.3、宽1.3～2米，后部两侧各设有两个对称柱洞，柱洞间距约1.2米，高度均超过墓室二层台，底部低于墓道底部，柱洞内还发现有木柱朽痕。墓道坡度较缓，后部近平，中间部分略有坡度，尽头处坡度相对较陡，接近30°。

M53b墓道较短，平面近长方形，右侧壁上部崩塌较为严重。长约5.5、宽约1.9米。后部坡度较陡，自墓底0.2米左右起斜坡，坡度30°；前端近平，除右侧壁外，其余范围不清。

填土为原坑土，较疏松，在墓室前端正中距墓口深3.8米处发现陶罐1件，应为有意识放入，另在填土中发现石箭镞1枚，可能为扰入。葬具已朽，朽痕不清。从填土情况看，木椁应为一次性构筑而成，但墓道存在二次掘开的可能（图版四七，2）。

出土器物44件（套），除石箭镞可能为扰入外，其余均属随葬品性质。计有壶3、匏壶1、瓮1、罐21、鼎2、樽1、盆1、豆1、甗2、盂2、小陶釜1、纺轮1、灶1、铜镜1、铜盆1、铜环首刀1、铜圆柱形器1、铜钱3枚（图八七；图版四六；图版四七，1、3）。

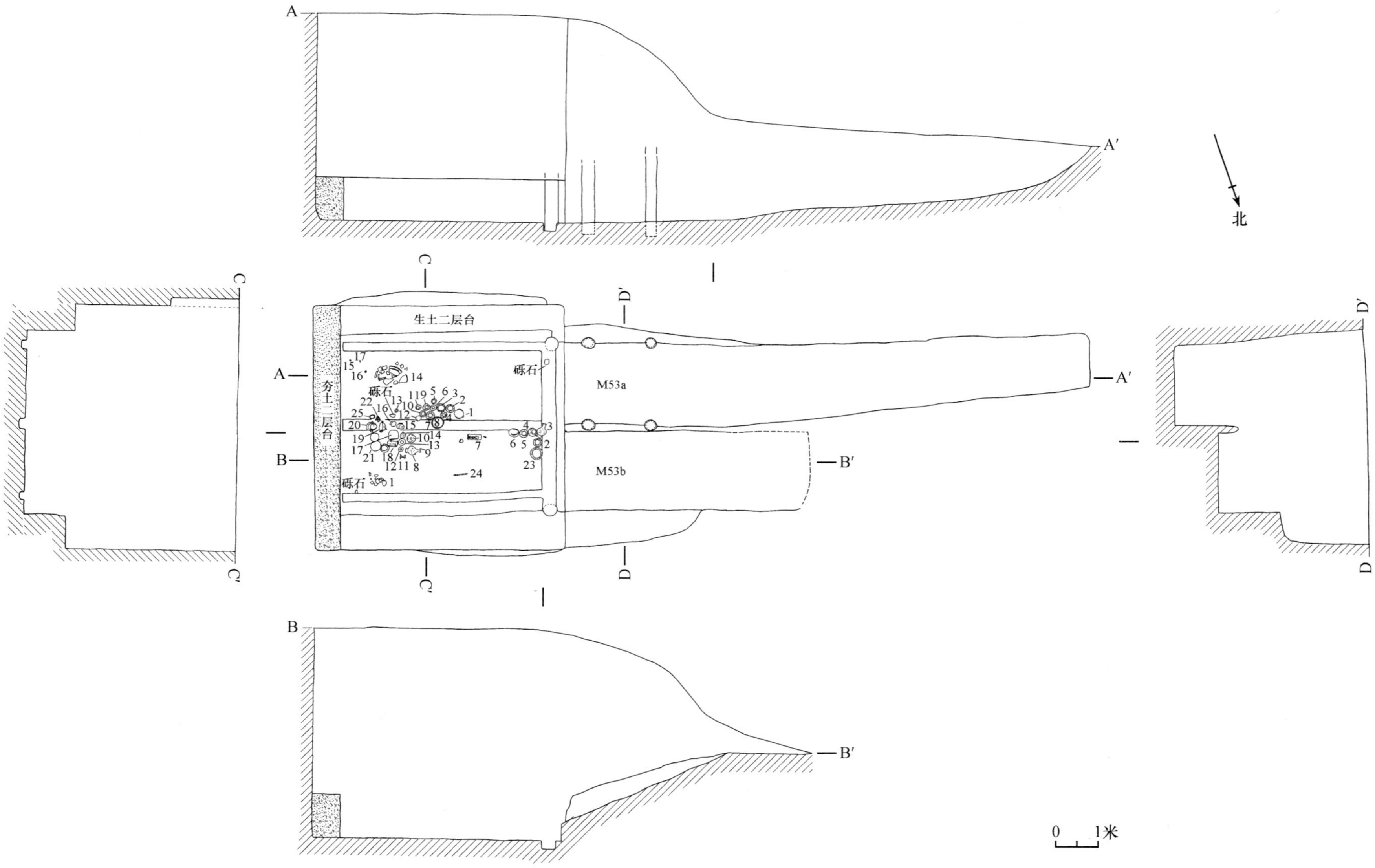

图八七　M53平、剖面图

M53a：1～4、6、7、9～12. 陶罐　5. 陶盂　7. 陶罐　8. 陶盆　13. 小陶釜　14. 陶壶　15. 陶纺轮　16. 铜钱　17. 铜饰件

M53b：1. 陶盂　2、4～6、12～17. 陶罐　7. 陶灶　3、8. 陶壶　9. 铜镜　10. 陶匏壶　11. 陶豆　18. 陶樽　19、20. 陶鼎　21. 铜盆　22、25. 陶甗　23. 陶瓮　24. 铜环首刀

另外在墓底还发现小砾石3件。随葬器物大部分保存完好。除1件罐出土于墓室填土外，其余均出于墓底，主要沿中间枕木沟摆放，其中有5件器物跌落于中间枕木沟内，在清理过程中依其位置及倒伏情况对其所属墓葬进行了区分。

M53a共随葬器物17件（套）。大致分三处摆放，以墓室中部靠中间枕木沟位置最为集中，该处共摆放器物12件，分别为罐10、盂及盆各1件，其大致成两列摆放，其中盆掉入枕木沟内，放入时可能存在叠放的情况。后部靠左侧枕木沟旁摆放器物4件套。分别为壶、铜钱、铜圆柱形器及纺轮，出土时壶碎裂。后部右侧仅放置小陶釜1件。除此之外，在墓底后部右侧和前端还各放置小砾石1件。

M53b共随葬器物件25件，共分四处摆放。其中前端放置器物6件，沿中间及前端枕木沟呈“L”形排列。计有壶1、瓮1、罐4件；中部靠前摆放器物2件，其中1件陶灶沿中间枕木沟摆放，另外1件环首铜刀位于墓室中间部位。后部靠中间枕木沟位置摆放器物最为集中，该处共放置器物16件。出土时摆放形态较为凌乱，多已倒伏，其中有4件器物跌落于中间枕木沟内，另有2件甗滚落于M53a内，从出土形态看，这部分器物下葬时可能盛放于木箱之内。计有壶1、匏樽1、豆1、鼎2、罐6、甗2、铜盆1、铜镜1；后部右侧枕木沟旁放置小陶釜1件，出土时已碎裂。另外在墓室后部右侧还发现1件小砾石，形态呈不规则形，重约180克。

2. 出土器物

壶　3件。均为灰白胎，胎较硬，火候较高，器表有褐色陶衣。器体内壁有较明显的泥条盘筑痕迹，圈足均为后加，为使其与器底黏结牢固，在黏结前多对器底进行刻划。依腹部的差异分属A型Ⅰ式和A型Ⅱ式。

A型Ⅰ式　1件。杯形口，圆腹，圈足收束。M53a：14，口近直，方唇，肩、腹分界明显，肩部附两对称耳与底部两对穿圆孔对应；圆腹，下腹弧收，高筒状圈足略外斜，底与圈足之间呈凹状收束。口外侧饰两道凹弦纹，颈、肩、腹及圈足各饰凹弦纹一道，弦纹均相对较深。口径12、腹径23.6、足径14、高31厘米，重3100克（图八八，1；图版四八，1）。

A型Ⅱ式　2件。杯形口，扁圆腹，圈足收束。

M53b：3，敞口，方唇，溜肩，肩部附两对称耳与底部两对穿圆孔对应，扁圆腹略下坠，高筒状圈足外斜，圈足与底之间呈凹带状收束，底部有一圈漩涡状刻划。口外侧及圈足各饰宽凹弦纹两道，颈、肩、腹各饰宽凹弦纹一道。腹部以上及口沿施青黄釉，下腹不施釉，腹下部残留一圈与其他器物粘连的痕迹，表明装烧时为放入瓮一类的容器口部装烧。口径12.4、腹径24.2、足径14.2、高32.4厘米，重3100克（图八八，2；图版四八，2）。

M53b：8，口较宽浅，肩部附两对称耳与底部两对穿圆孔对应，大腹扁圆，高筒状圈足略外斜，圈足与底之间呈凹状收束。口外侧、颈、肩、腹及圈足均饰凹弦纹，底部有一圈圈漩涡状刻划纹，但不甚明显。上腹及口内部施青黄釉，釉层厚薄不均，局部有青绿色玻璃质滴釉，下腹不施釉，且有装烧时与其他器物粘连的痕迹。口径12.4、腹径24.4、足径12.3、高32厘米，重3900克（图八八，3；图版四八，3）。

匏壶　1件。M53b：10，灰白色硬陶，胎较硬，火候较高，器表有铁褐色陶衣，局部施青黄釉，釉层较厚，有脱落现象。小口，溜肩，扁圆腹，筒状圈足，圈足与器底之间呈凹带状收束，肩附两对称耳与器底两对穿圆孔对应。腹及圈足各饰凹弦纹两道。口部局部残缺，为下葬之前形成。口径3.8、腹径20、足径12.4厘米，高25厘米，重2090克（图八八，4；图版四八，4）。

瓮　1件。圆腹，宽沿，属A型Ⅰ式。M53b：23，黄褐胎较硬，火候较高。体型矮胖，小口微侈，宽卷沿，短直颈稍矮，颈部旋刮规整，腹部较圆，平底。体饰方格纹加四圈圆几何形

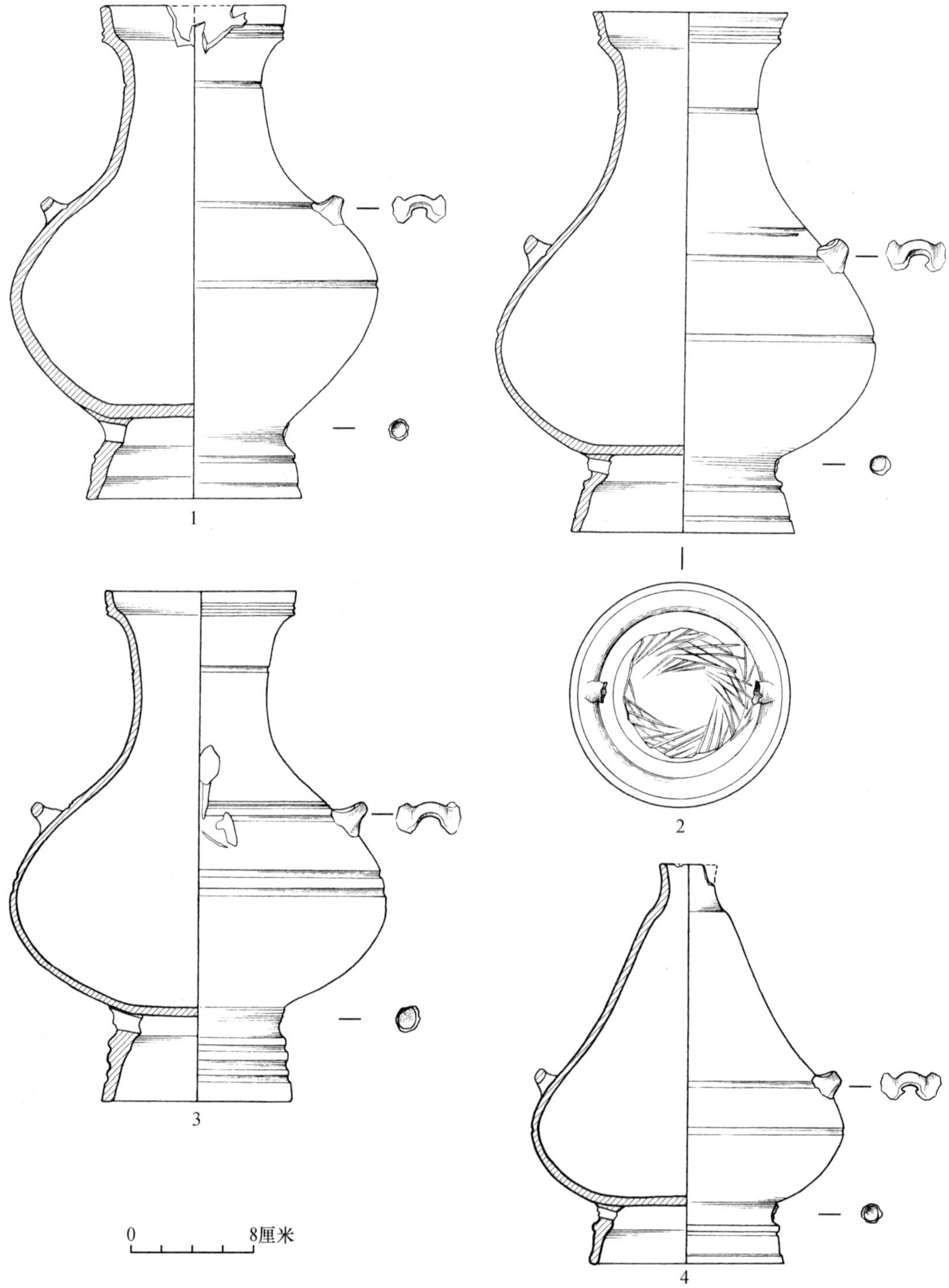

图八八　M53出土陶器

1. A型Ⅰ式壶（M53a：14）　2、3. A型Ⅱ式壶（M53b：3、M53b：8）　4. 匏壶（M53b：10）

戳印，肩、腹共饰四道宽凹弦纹，近底部抹胎，但未完全抹净。口径19.6、腹径30、底径20、高28厘米，重5500克（图八九，1；图版四九，1）。

罐　21件。多为硬陶，器表有褐色陶衣。体型大小不一，器形多较规整，均为宽沿，体多饰方格纹，个别不加戳印，腹多饰宽凹弦纹，颈部多旋刮规整，近底部多抹胎，纹饰多抹净。分属A型Ⅰ式、A型Ⅱ式、B型Ⅰ式、B型Ⅱ式和C型Ⅰ式。

A型Ⅰ式　4件。宽沿，圆腹，上腹丰满，器体重心略偏上。

M53a：4，灰白胎较硬，火候较高。大敞口，宽平沿，高短颈外张，圆腹，重心偏上，底微内凹。体饰方格纹加一圈方几何形戳印，方格纹及戳印均不清晰，腹饰宽凹弦纹一道。口沿有磕碰形成的缺口。口径13.8、腹径16.6、底径12.2、高13.2厘米，重1600克（图八九，4；图版四九，2）。

M53a：9，灰白胎。器体矮胖变形，直口，宽平沿，高短直颈旋刮规整，丰肩，圆腹略

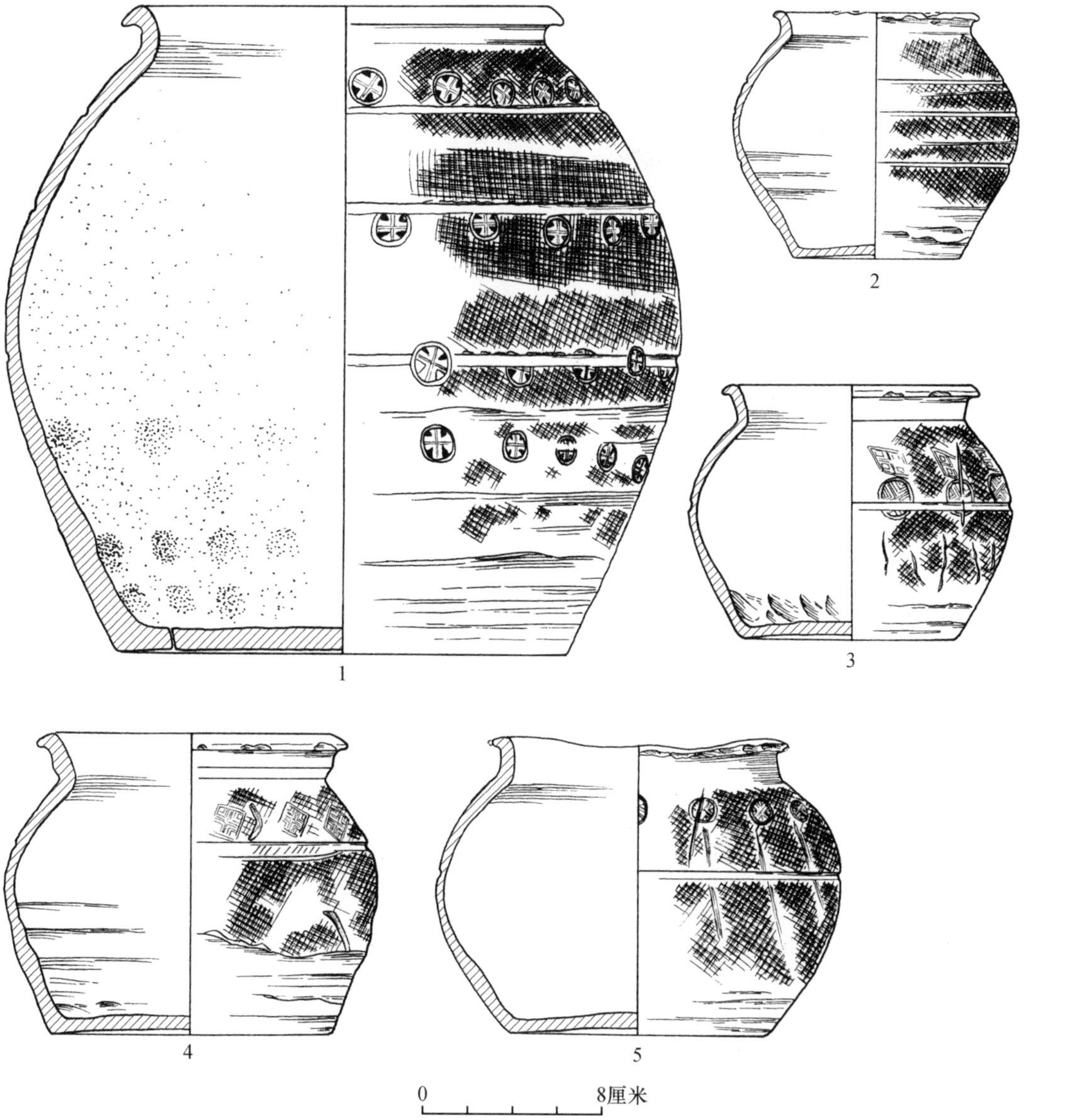

图八九　M53出土陶器

1. A型Ⅰ式瓮（M53b：23）　2～5. A型Ⅰ式罐（M53a：12、M53a：11、M53a：4、M53a：9）

扁，重心偏上，底内凹。体饰方格纹加一圈圆几何形戳印，方格纹及戳印均较规整清晰，肩部有多道短直线刻划，腹饰宽凹弦纹一道。口沿有支钉痕，沿有多处缺口。口径13.2、腹径18、底径11.6、高13厘米，重1240克（图八九，5；图版四九，3）。

M53a：11，黄色胎，火候略低。体形较为规整，敞口，宽沿略卷，高短颈略外张，圆腹略鼓，重心略偏上，底微内凹。体饰方格纹加一圈圆形和菱形组合戳印，腹饰宽凹弦纹一道。口沿有零星缺口。口径11.6、腹径14.4、底径9.6、高11厘米，重830克（图八九，3；图版四九，4）。

M53a：12，灰白胎较轻薄。体型较小，口微侈，平沿边缘大部残缺，短直颈不明显，腹略圆鼓，小底内凹。体饰方格纹，腹饰细凹弦纹三道。口沿磕碰磨损严重，外缘大部分不存。口径9.2、腹径12.8、底径7.6、高10.8厘米，重500克（图八九，2；图版四九，5）。

A型Ⅱ式　10件。宽沿，腹部圆或圆弧，腹最大径居中。体型大小不一，较大者与瓮较为接近。

M53a：2，灰白胎，器表有褐色陶衣，陶衣局部脱落。体型略大，显矮胖。侈口，宽卷沿，短直颈旋刮规整，肩微溜，腹较圆，大底内凹。体饰方格纹加一圈方几何形戳印，方格纹及戳印纹均大而深，腹饰宽凹弦纹一道。口沿有支钉痕。口径15.2、腹径20.8、底径15.6、高16.6厘米，重1780克（图九〇，1；图版五〇，1）。

M53a：3，灰白胎，局部施青黄釉。体型稍大，侈口，宽平沿略下斜，高短颈旋刮规整，圆腹，底略内凹。体施方格纹，无戳印，腹饰宽凹弦纹一道。口有支钉痕，沿有零星缺口。口径14.6、腹径19.4、底径13、高16厘米，重1750克（图九〇，2；图版五〇，2）。

M53a：6，青灰胎。体型稍小，口微侈，宽沿略下斜，高短颈，颈下部有一圈凹槽，圆腹略鼓，底微内凹。体饰方格纹，腹饰宽凹弦纹一道。口沿有零星缺口。口径11.8、腹径15、底径10.8、高11厘米，重1120克（图九〇，4；图版五〇，3）。

M53a：7，灰白胎。体型高大，侈口，宽卷沿，高短颈外张，颈部局部方格纹未抹净，肩部微溜，腹部圆弧，底近平。体施方格纹，腹部上下饰两圈圆几何形戳印，戳印排列相对随意，近肩部饰宽凹弦纹一道。口有支钉痕，沿有细小缺口。口径16、腹径22.8、底径16.4、高21厘米，重2480克（图九〇，3；图版五〇，4）。

M53b：2，灰白胎。体型高大，口近直，宽平沿略卷，短颈稍矮，腹部圆鼓，底微内凹。体饰方格纹加两周菱形戳印，腹饰宽凹弦纹一道。口有支钉痕，沿有零星缺口。口径14.8、腹径20.4、底径13.6、高17.6厘米，重2000克（图九一，1；图版五〇，5）。

M53b：6，灰白胎。体型高大，侈口，宽平沿下斜，短颈稍矮且外张，腹部微溜，腹部圆弧，底稍大，底面中心凸起。体饰方格纹，腹部上中下各饰一周方几何形戳印，近肩部饰一道宽凹弦纹。口径16.4、腹径23、底径17.2、高20.6厘米，重2620克（图九一，3；图版五〇，6）。

M53b：12，黄褐胎，胎壁较厚，火候稍低。体型较小，口近直，宽平沿，短直颈不旋刮，局部保留有方格纹，腹部圆鼓，底内凹，底面边缘凸起一圈。体饰方格纹，无戳印，短颈下部及肩、腹部各饰宽凹弦纹一道。器身有多道划痕，沿微残缺。口径10.1、腹径14.4、底径10.2、高11.4厘米，重1100克（图九一，4；图版五一，1）。

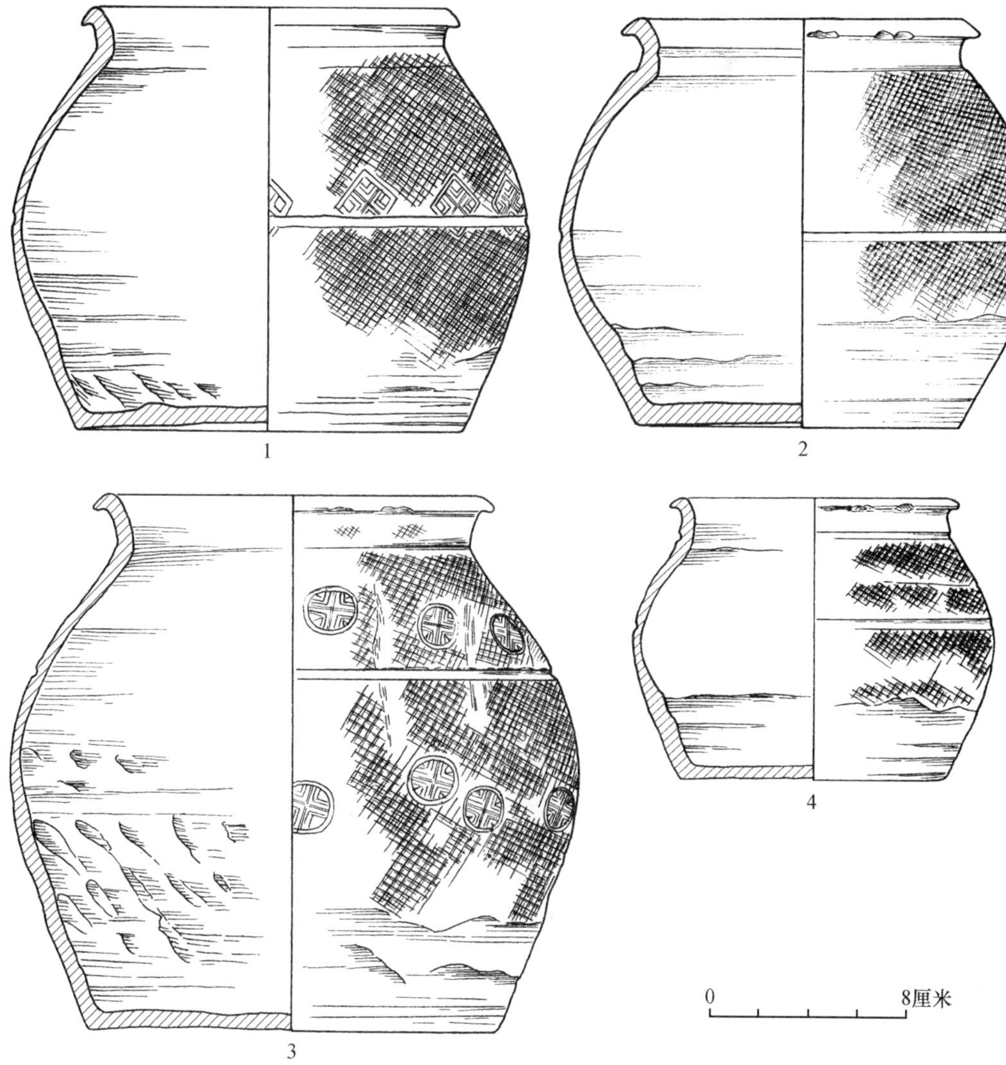

图九〇　M53出土A型Ⅱ式陶罐

1. M53a：2　2. M53a：3　3. M53a：7　4. M53a：6

M53b：13，灰白胎。体型矮胖，口近直，宽平沿微残，短直颈旋刮较规整，腹部较圆，底微内凹。体饰方格纹，无戳印，肩、腹各饰宽凹弦纹一道，腹部有两道刻划。口有支钉痕。口径12.4、腹径17.3、底径12.5、高13.4厘米，重1330克（图九一，2；图版五一，2）。

M53b：14，青灰胎，局部施青黄釉。体型矮小，口微侈，宽平沿，颈稍短，腹部较圆，底内凹，中心凸起，底面边缘凸起一圈。体饰方格纹加圆几何形戳印，腹饰宽凹弦纹一道，腹部有多道轻微划痕。口部有叠烧时留下的粘连痕迹。口径11.8、腹径15.4、底径11.4、高11厘米，重925克（图九一，5；图版五一，3）。

M53b：16，青灰胎。口微侈，宽平沿稍窄，短颈旋刮规整，圆腹，大平底。体饰方格纹加一圈方几何形戳印，腹上下各饰凹弦纹一道，腹部有较多修坯时的刮痕。口有支钉痕，沿有零星缺口。口径13.2、腹径18.4、底径14.1、高14.7厘米，重1550克（图九一，6；图版五一，4）。

图九一　M53出土A型Ⅱ式陶罐

1. M53b：2　2. M53b：13　3. M53b：6　4. M53b：12　5. M53b：14　6. M53b：16

B型Ⅰ式　3件。体型高大，宽沿，弧腹。均为灰白胎，胎较硬，火候较高，器表均有褐色陶衣。体均饰方格纹加方几何戳印，腹部均饰宽凹弦纹一道。短颈多旋抹规整，近底部抹胎，纹饰均抹净。

M53b：4，侈口，宽平沿，高短颈外张，长弧腹，最大径居中，底内凹，中心凸起。腹部上下各饰一周方几何形戳印，口沿有支钉痕。口径16.6、腹径21.2、底径15、高20.6厘米，重2480克（图九二，2；图版五一，5）。

M53b：5，口近直，宽平沿，短颈外张，长弧腹，最大径偏下，底微内凹。腹部上中下各饰一周方几何形戳印。口径15.6、腹径22、底径15.6、高21.6厘米，重2500克（图九二，1；图版五一，6）。

M53b：17，侈口，宽平沿下斜，短颈外张，长弧腹略鼓，器体重心偏下，底内凹。颈及腹部上下各饰一周方几何形戳印。口径15.8、腹径22、底径16、高20.8厘米，重2440克（图九二，3；图版五二，1）。

B型Ⅱ式　1件。M53a：1，灰白硬陶，火候略低，器表有褐色陶衣。敞口，唇沿尖斜，短直颈外张，弧腹略鼓，重心居中，大底微内凹。肩部饰宽凹弦纹一道，其余素面。口径16.2、腹径22.3、底径18、高21.4厘米（图九二，4；图版五二，2）。

C型Ⅰ式　共3件。宽沿，扁鼓腹，重心多居中。均为硬陶，大小不一，形态存在一定差异，腹部扁圆或圆鼓，底近平或内凹。体饰方格纹加戳印纹，近底部纹饰抹净。

图九二　M53出土陶罐

1～3. B型Ⅰ式（M53b：5、M53b：4、M53b：17）　4. B型Ⅱ式（M53a：1）

M53a：10，灰褐胎，器表有褐色陶衣。体型矮胖，略有变形，侈口，宽卷沿，近束颈，扁圆腹较鼓，最大径居中，底内凹。体饰方格纹加方几何形戳印，戳印较模糊，方格纹较清晰，肩饰宽凹弦纹一道。口有支钉痕，沿有零星缺口。下腹抹胎，纹饰均抹净。口径13、腹径17、底径11.2、高11.6厘米，重1210克（图九三，2；图版五二，3）。

M53b：15，灰白胎较硬，胎较厚，器身局部施青黄釉，外底亦施釉。器体略变形，口微侈，宽沿略卷，短直颈旋刮规整。腹部扁鼓，重心偏上，底近平。体饰方格纹加圆几何形戳印，戳印较模糊，腹饰宽凹弦纹一道。口沿有零星缺口。口径13.2、腹径18.6、底径12.8、高13厘米，重1380克（图九三，1；图版五二，4）。

M53：1，出于填土内。黄褐硬陶，火候稍低，器表有灰色陶衣。器体矮小，侈口，宽沿近平，束颈，鼓腹重心略偏下，外底边缘凸起一圈，底面不平。体饰方格纹，肩部饰方几何形加菱形组合戳印一圈，腹饰宽凹弦纹一道。沿部分残缺。口径11.7、腹径14.6、底径10.5、高9.4厘米，重750克（图九三，3；图版五二，5）。

鼎　2件。大小形制基本相同，均为灰白胎，胎较硬，火候较高，器身上部及器盖施青黄釉，胎釉黏结较差，多已脱落，下腹及足不施釉。子口合盖，盖面圆弧，顶部正中模印有凸起的四叶纹，四叶纹中心有凸起的圆形花蕊，外围饰凹弦纹两道，盖顶中部等距贴附三环状龙形立耳。器身为敛口，口外侧附两对称带方孔方形立耳，圆弧腹，平底，底附三蹄足。腹部饰宽

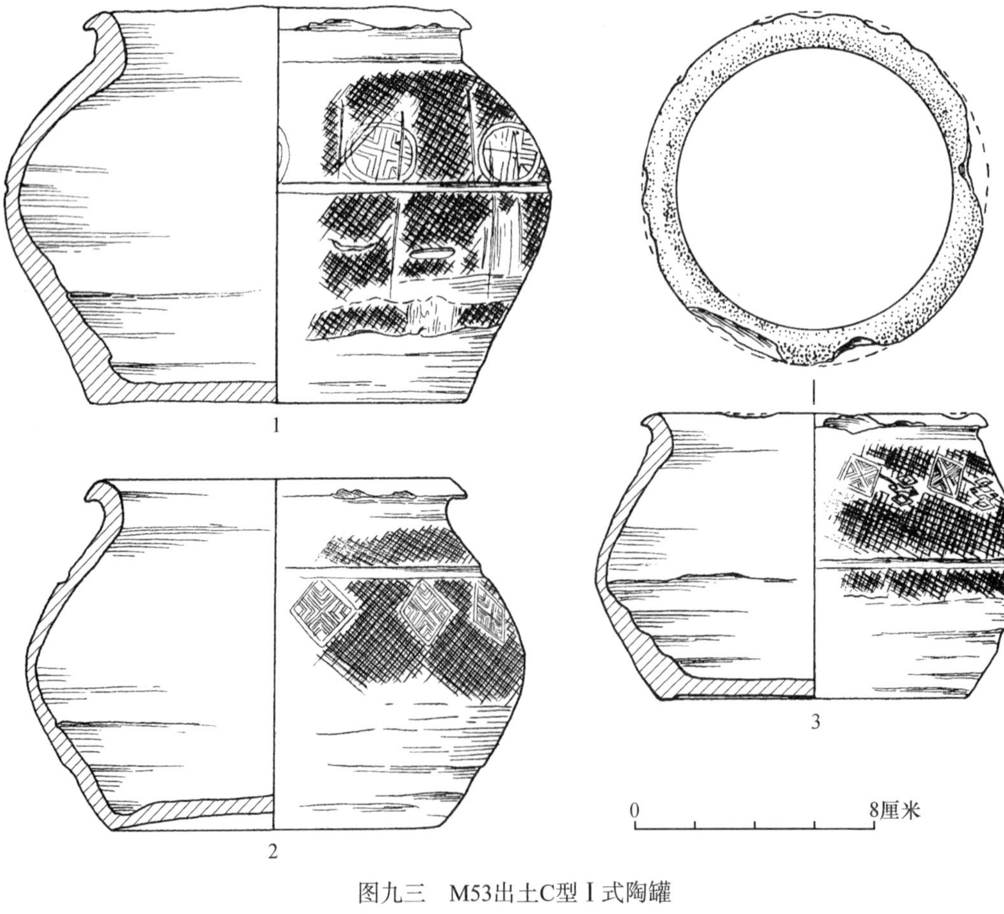

图九三　M53出土C型Ⅰ式陶罐

1. M53b：15　2. M53a：10　3. M53：1

凹弦纹一道，耳外部刻划叶脉纹。

M53b：19，下腹有较明显的修胎痕迹，两立耳均饰叶脉状刻划，但刻划略有差异，其中左侧两纵向叶脉纹上无横向刻划，右侧立耳上部有横置刻划。口径18.4、腹径22.2、底径13.4、通高22.5厘米，重2480克（图九四，1；图版五三，1）。

M53b：20，下腹修胎痕迹不明显，仅右侧立耳有叶脉状刻划，左侧立耳无刻划纹。口径17.4、腹径22.8、底径13.4、通高22.4厘米，重2580克（图九四，2；图版五三，2）。

樽　1件。M53b：18，灰白色硬陶，胎较硬，火候较高，器身有铁褐色陶衣，盖施青黄釉，器体不施釉。子口合盖，直腹，平底，底附三蹄足。盖面圆弧，子口内斜，盖面饰四道宽凹弦纹，顶部等距贴附三乳钉状立纽，每组凹弦纹之间戳刺蓖点纹，各组蓖点纹呈漩涡状交错，极富动感。腹饰宽凹弦纹两道，上部两侧贴附模印对称铺首纹。烧制时为带盖合烧，为防止盖与器身粘连，在口部垫有两处泥团分隔，同时为保证盖和器身配套，在口与盖之间骑缝刻划“×”号标记。口径21.2、底径21.2、通高23.6厘米，重2800克（图九五，1；图版五三，3）。

盆　1件。M53a：8，灰白色硬陶，胎较硬，火候较高。口微敞，宽平沿，深腹，上腹略鼓折，下腹斜收，底近平。腹饰宽凹弦纹一道，其余素面。口沿内侧及下腹均有一圈泥团状支钉痕，表明其入窑装烧时为叠烧，其中最上一件为口对口叠烧，下面为套烧。口径27.5、底径

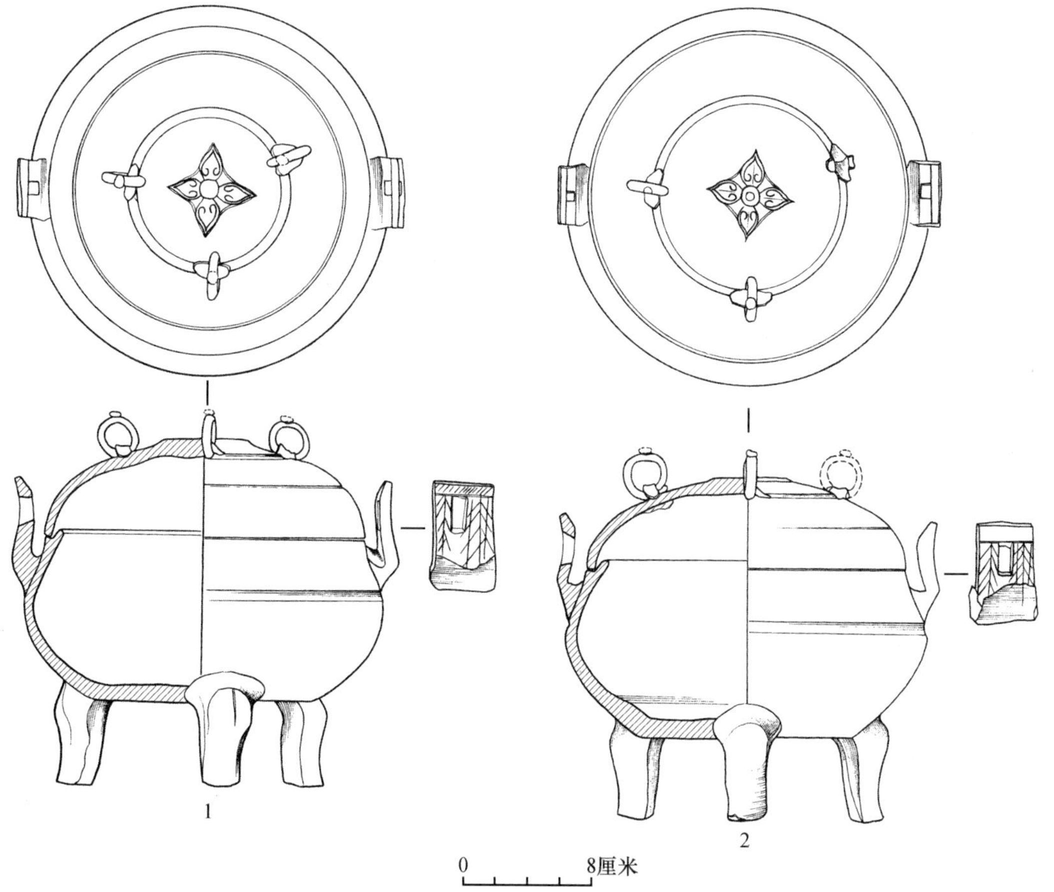

图九四　M53出土陶鼎

1. M53b：19　2. M53b：20

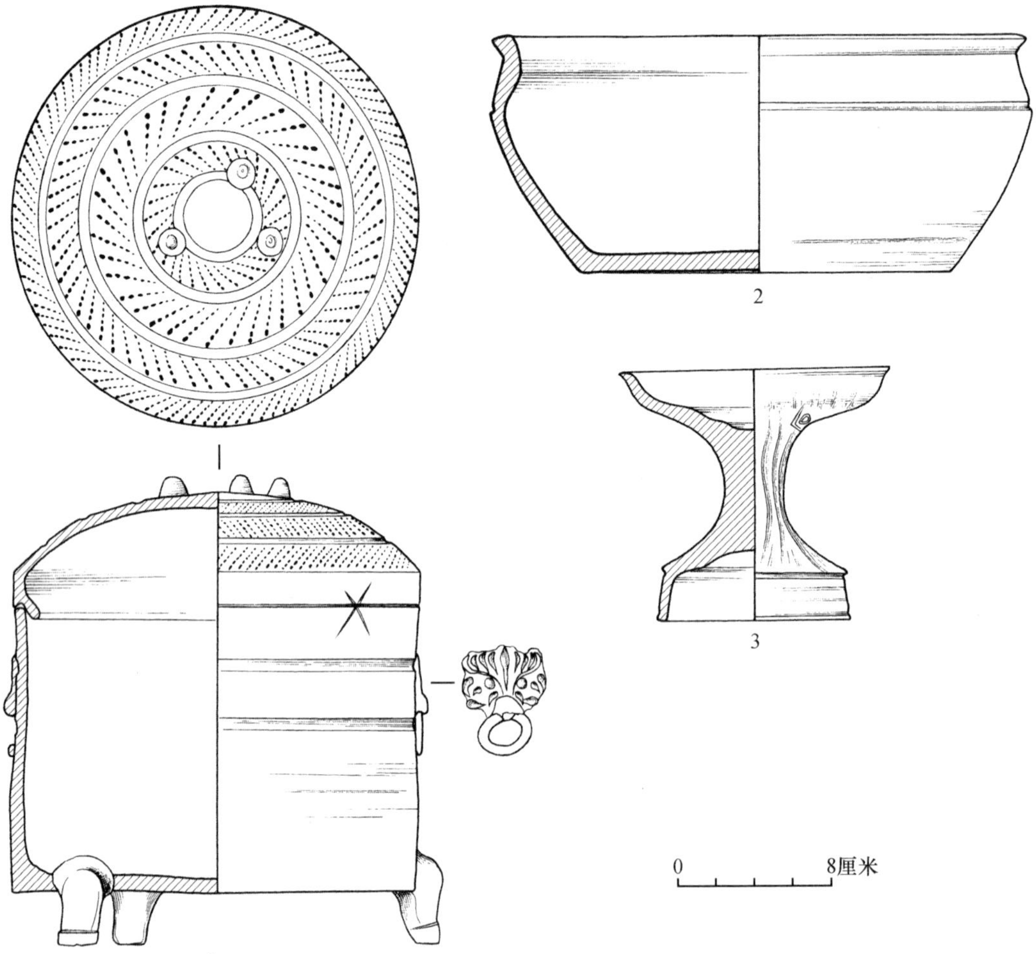

图九五　M53出土陶器

1. 樽（M53b：18）　2. 盆（M53a：8）　3. 豆（M53b：11）

19、高12厘米，重2530克（图九五，2；图版五三，4）。

豆　1件。M53b：11，黄色硬陶，胎质略软。豆盘为敞口，平沿，浅腹，内圜底，短棱柱状柄，横截面呈多边形，覆钵状圈足。圈足上部有凹弦纹一道，口下部外侧有一刻划符号。盘径14、足径9.9、高12.8厘米，重440克（图九五，3；图版五二，6）。

甗　2件。体型较小，夹砂黑褐陶，火候较低。由三足釜和甑组合而成，陶釜为盘口，直腹，三锥状足，体饰大方格纹，方格纹较模糊。出土时甑放置于三足釜内，甑胎壁较厚，底部有圆孔，大小与釜口刚好相当。

M53b：22，器体局部残损，杯状陶甑保存基本完好。釜口径13.8、釜高13.2、通高16.4厘米；甑口径7.4、底径5.2、壁厚0.8～1厘米（图九六，1；图版五四，1、2）。

M53b：25，器体残破严重，釜内陶甑无法复原。釜口径12.6、高11厘米（图九六，2）。

盂　2件。体型较小陶釜大，均为灰白色硬陶，胎较硬，火候较高，器表有褐色陶衣。分属Ba型及Ca型。

Ba型　1件。矮斜领，斜折腹下坠，腹稍浅。M53b：1，胎体相对轻薄。领稍矮，口微敞，束颈，溜肩，腹部垂折近底，底较厚，底面有偏心涡纹。出土时碎裂，但残片不全。口径9.8、腹径12.5、底径5.8、高7.9厘米，残重370克（图九六，4；图版五四，3）。

Ca型　1件。矮斜领，束颈，鼓腹下坠。M53a：5，胎体厚重。高领，敞口，束颈，圆鼓腹略下垂，大平底较厚，底面不平。口径10.2、腹径12.8、底径9、高7.9厘米，重570克（图九六，3；图版五四，4）。

小陶釜　1件。折腹，大平底，属D型。M53a：13，体型较小，灰白硬陶，器表有褐色陶衣。敞口，束颈，溜肩，折腹下坠，大底微内凹，底面有偏心涡纹。口径6.4、腹径8、底径5.4、高4.7厘米，重130克（图九六，6；图版五四，5）。

纺轮　1件。M53a：15，灰白胎较硬。体呈算珠形，直径3.1、通高2.4厘米，重20克（图九六，4；图版五四，6）。

灶　1件。M53b：7，灰白色硬陶，胎较硬，火候较高，器表局部有褐色陶衣。灶体平面呈梯形，前宽后窄，前端有近拱形火门，火门下有伸出的方形地台，灶面上有向前端斜伸的挡火板，尾端有斜伸的烟突，烟突横截面呈六边形，中有圆孔直通灶内。灶面开三圆形釜眼，上置3件小陶釜及1件陶甑，小陶釜大小形态不一，从前往后依次为敛口、盘口、侈口。其中前

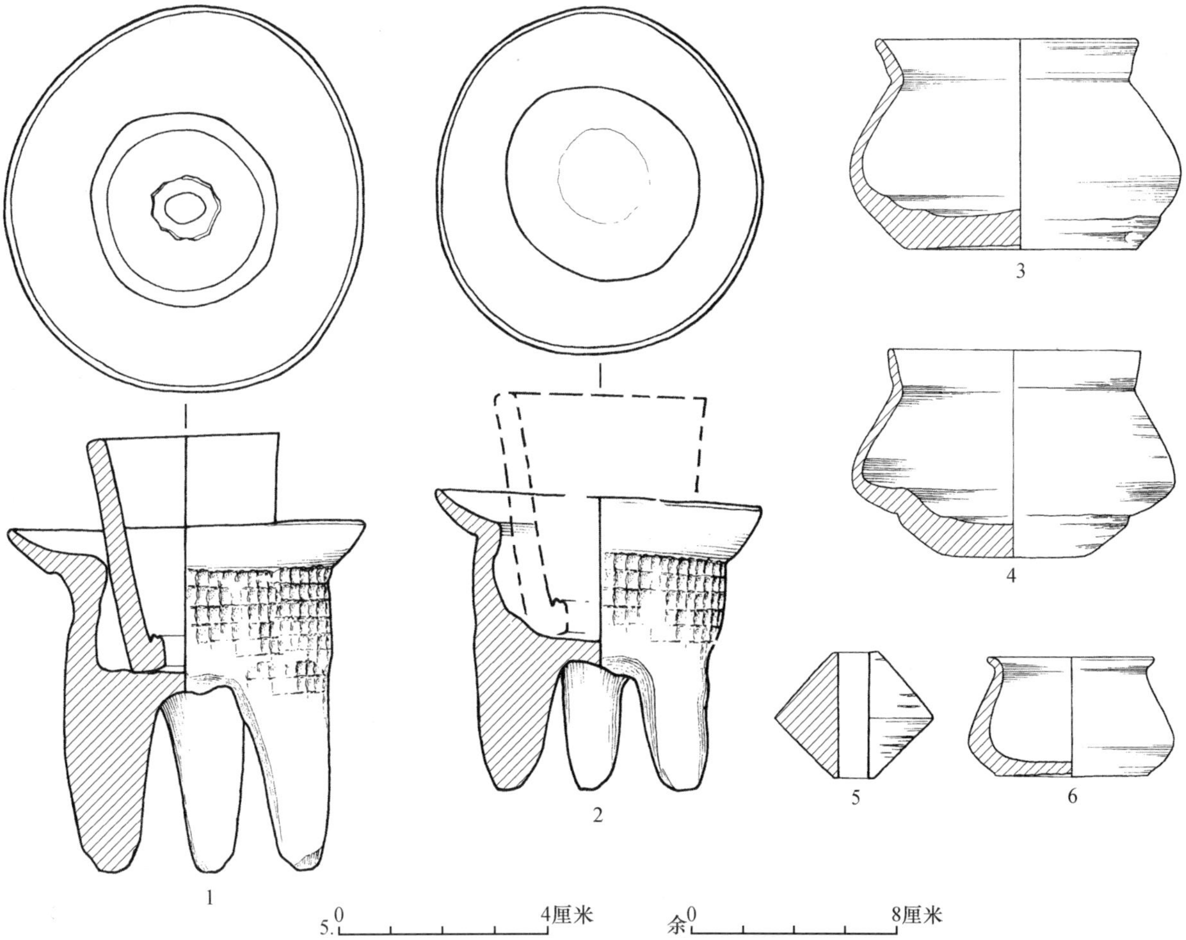

图九六　M53出土陶器

1、2. 甗（M53b：22、M53b：25）　3. Ca型盂（M53a：5）　4. Ba型盂（M53b：1）　5. 纺轮（M53a：15）　6. D型小陶釜（M53a：13）

端敛口小陶釜上放置陶甑一件。烧制时小陶釜均按其所处位置放置，其受火痕迹清晰。灶面及烟突均刻划有叶脉纹。灶体通长35.4、宽15～17、通高23.6厘米，重4800克（图九七；图版五三，5）。

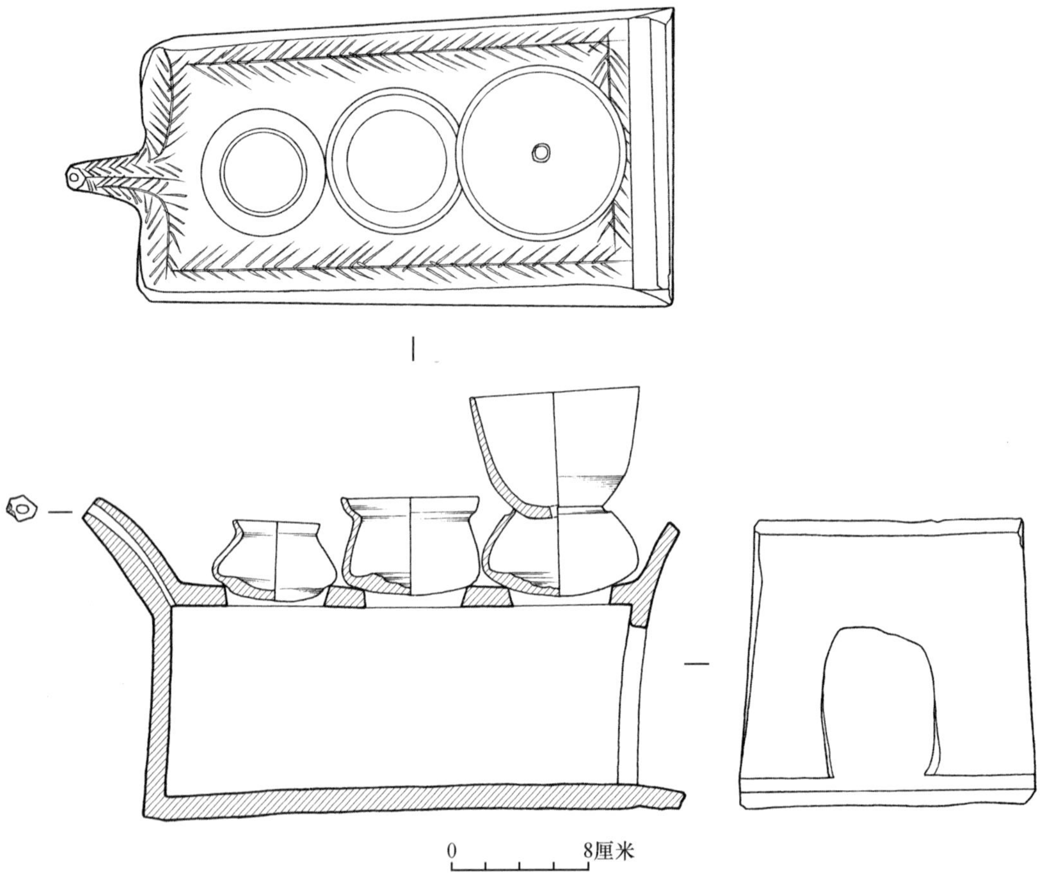

图九七　M53出土陶灶（M53b：7）

铜镜　1件。M53b：9，宽素缘，缘沿平直。圆纽，圆形纽座，纽座外为八内向连弧，连弧与纽座之间有四等分短直线及四弧线相连。外圈为两圈栉齿纹夹一圈铭文带，铭文字体介于篆隶之间。内容为“见日之光，天下大明”，两字之间分别以斜“田”字纹和“の”状纹间次相隔。直径7.7、缘厚0.2厘米，重50.5克（图九八，1；图版五五，5）。

铜盆　1件。M53b：21，锈蚀严重，胎较薄，仅余少许口沿残片。

铜环首刀　1件。M53b：24，器身形态基本完整，半环首，扁茎，刀身渐收。环首截面近圆形，刀身横截面近三角形。通长23.6、柄宽1.4、刀背厚0.4厘米，重58克（图九八，4；图版五五，1）。

铜饰件　1件。M53a：17，一端已残，体呈分节圆柱状。最大径1.7、残长3.8厘米，重36克（图九八，2；图版五五，2）。

铜钱　3枚。M53a：16，均锈蚀严重，仅残存“五”字。“五”字交笔有直有曲，分别属于A型和B型（图九八，5、6；图版五五，3）。

石箭镞　1枚。M53：2，出土于墓葬填土，石材呈青灰色，较坚硬。箭镞中起脊，截面

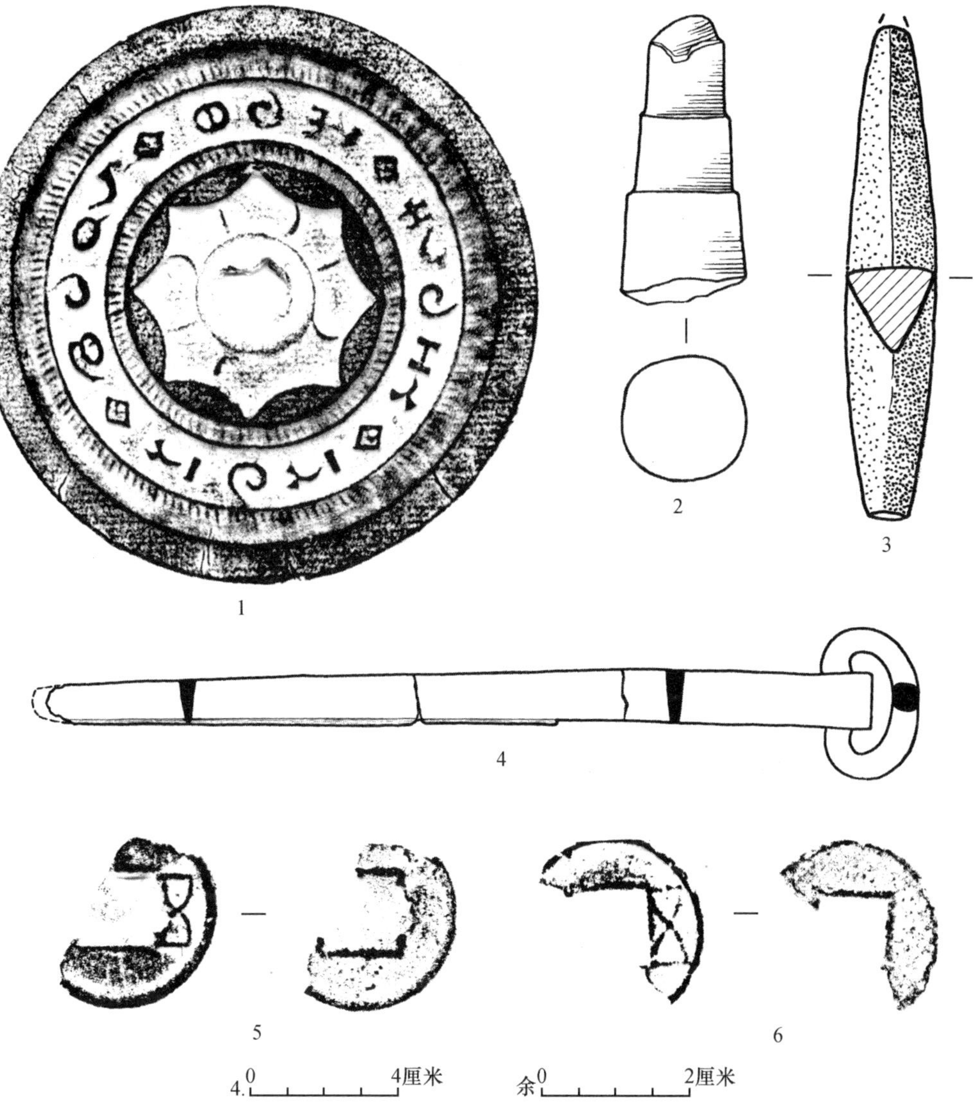

图九八　M53出土器物及拓片

1. 铜镜（M53b：9）　2. 铜饰件（M53a：17）　3. 石箭镞（M53：2）　4. 铜环首刀（M53b：24）　5. B型五铢钱拓片（M53a：16）　6. A型五铢钱拓片（M53a：16）

呈等腰三角形，前端收刹成锋，梃部截面近椭圆形。残长6.6、宽1.2厘米（图九八，3；图版五五，4）。

第三节　小　　结

岭南地区西汉中期墓发表资料相对较少，主要以《广州汉墓》[①]64座西汉中期墓和最近刚

① 广州市文物管理委员会、广州市博物馆：《广州汉墓》，文物出版社，1981年。本节中提到此书者出处均与此处相同。

出版的《广西合浦文昌塔汉墓》[①]36座西汉中期墓为主。概因西汉中晚期持续时间较短，遗物较难区分，故一般将汉武帝平南越后至东汉建立这一段时间统称为西汉后期所致。

但西汉中期恰恰处于南越文化向汉文化过渡的重要阶段，作为一个承上启下的时期，其对研究岭南地区汉越文化的进一步融合及汉武帝平定南越后对岭南地区的进一步开发具有重要的参考，因此还是有必要尽可能将其单独划出。

关于岭南地区西汉中期墓的划分，现实的困难在于一方面整个西汉中晚期持续时间相对较短，且期间未发生较为重大的社会变革，因此在墓葬形制和器物形态演变方面亦相对平缓，很难从其间某个节点加以断开；另一方面由于南越对岭南地区的开发程度存在较大的地区性差异，因此不同地域原有文化基础差异也较大。一般而言，在南越开发较为成熟的区域，原有文化基础相对较好，在墓葬及器物演变方面往往能够体现出较为明显的传承关系，区分起来也相对容易一些。而在诸如钟山铜盆等南越欠开发区域，因其原有文化基础较差，过渡融合的特征往往不明显，分期反而不易。因此在对西汉中晚期墓葬进行分期时，若无大量演变系列完整的墓葬及随葬器物作为对比参照，确实不易把握。本次发掘的47座汉墓不仅保存均较为完整，延续时间较长，且分布范围集中，对汉墓的分期演变提供了一次难得的机遇。但由于墓地所处区域西汉前期文化基础较为薄弱，因此前期和中期之间还是存在一定的割裂，特别是在随葬器物的延续性方面表现相对较差。

本报告关于西汉中期墓的划分，在参照《广州汉墓》分期标准基础之上，主要依据各期墓葬形制和随葬品的演进得出。

首先，在墓葬形制方面，本期长方形竖穴土坑墓已完全消失，取而代之的是带墓道土坑木椁墓，此类墓葬虽然在整体墓葬形制方面与西汉前期和西汉晚期同类墓葬差异并不明显，但在一些细部结构上仍然保留西汉前期的一些文化因素，比如墓道两侧设置柱洞，个别墓葬设置有生土二层台等现象，而这些文化因素在铜盆西汉中期以后的墓葬均未发现。

其次，就随葬器物时代特征而言，本期无论陶瓮还是陶罐口沿均较宽，短直颈多较高，腹部多较圆润，器体线条一般较流畅，最大径多偏上或居中，近底部多抹胎；戳印纹种类较为丰富，以圆几何形和方几何形戳印为主，且二者占比大致相当，腹部饰凹弦纹较为普遍，且弦纹多较宽浅。这些特征与中期以后口沿多较窄，腹部线条僵硬，最大径多偏下，下腹多刮胎，戳印类型减少，方几何形戳印成为戳印主流及腹部弦纹多较细窄等特征构成明显区别，也是构成本期独立分期的主要依据。

最后，虽然本期随葬器物和西汉前期联系较为松散，但本期随葬器物在《广州汉墓》西汉中期墓中均能找到相同或相似的器形，这为本期墓葬的确定提供了可供对比的资料。如本期发现的A型陶瓿和《广州汉墓》西汉中期的Ⅲ型瓿一致、匏壶和《广州汉墓》西汉中期的Ⅱ型匏壶一致、陶鼎和《广州汉墓》西汉中期Ⅴ型鼎一致、陶井和《广州汉墓》西汉中期Ⅲ型井一致、陶壶与西汉中期的Ⅵ型二式壶一致、陶樽与《广州汉墓》西汉中期Ⅱ型一式樽一致。除此之外，铜盆发现的日光镜与《洛阳烧沟汉墓》[②]西汉中晚期常见的Ⅳ型一式镜相同，另外，本

① 广西文物保护与考古研究所：《广西合浦文昌塔汉墓》，文物出版社，2017年。

② 中国科学院考古研究所：《洛阳烧沟汉墓》，科学出版社，1959年。

期墓葬发现的B型直腹三足釜也具有早期陶釜的特征，其在形制上和平乐银山岭战国墓[①]发现的Ⅰ、Ⅱ式鼎也较为相似。

从以上分析可以看出，本期墓葬在墓葬形制及器物特征方面与其他各期均存在明显差异，具备独立分期的条件，且在时代特征上与两广其他地区西汉中期墓特征相似，因此将其定为西汉中期是合适的。参照《广州汉墓》的分期标准，本期墓葬的年代范围大致为上起汉武帝平南越，下限大致在元帝和成帝之交，前后约80年。

当然作为一个整体，本期14座墓葬之间不可避免地会存在一定的早晚差异。综合墓葬形制及随葬器物特征推测，在本期墓葬中，M14、M15、M18、M28、M29、M35、M44、M53时代相对稍早，M23、M20次之，M16、M31、M34、M45则可能相对晚一些。其中M14、M15随葬品特征较为一致，其随葬陶器来自同一窑场的可能性较大，而M16、M31、M45随葬的部分陶罐制作较为随意粗糙，其中个别器物风格特征完全相同，极有可能为同批次产品。

整体而言，本期墓葬无论数量、规模还是随葬品种类均较前期大幅增加，反映出汉武帝平定南越后这一地区经济快速发展的实况。从史料记载看，汉武帝平定南越后于苍梧郡下设置十县，其中富川（今钟山县思勤江流域）、冯乘（今富川县）、临贺（今贺州贺街镇）、封阳（今贺州铺门）、谢沐（今湖南江永县）五县均位于铜盆所处的潇贺古道沿线，如此高密度的县治设置在岭南地区实属罕见，这从侧面反映出汉王朝对这一地区的开发重视程度，铜盆西汉中期墓正是这一史实的真实写照。

① 广西壮族自治区文物工作队：《平乐银山岭战国墓》，《考古学报》1978年第2期。

第六章　西汉晚期墓

第一节　墓葬概况

一、墓葬分布及形制特征

本期墓葬共8座，分别为M6、M11、M12、M13、M17、M32、M33、M43。

墓葬主要分布于凉伞岭西面和南面缓坡，所处位置整体相对西汉前期和中期墓略低，海拔大多在260米左右。除三座双墓道同穴合葬墓朝向东面略偏南外，其余均朝向西面略偏北。

形制有凸字形带斜坡墓道和双墓道同穴合葬两种。与西汉中期相比，墓葬形制更趋一致，墓葬中设置柱洞的做法已完全消失，生土二层台亦不见，墓底设置枕木沟的做法则更为普遍，且枕木沟以纵向为主，采用单纯横向枕木沟者较为罕见。

本期双墓道同穴合葬墓数量有所增加，值得注意的是，此类墓葬均处于凉伞岭岭顶西南部的缓坡下部，沿同一坡面分布，且其所处位置基本位于同一高程线上。更为特别的是，与其他墓葬主要朝向山坡前方开阔的思勤江河谷不同，此类墓葬均较为一致的朝向山后近在咫尺的高大东岭山脉，其在朝向上不仅与其他墓葬相反，且异于常理。

相较中期而言，本期墓葬无论是墓葬规模还是随葬品数量方面表现均更为均衡。在本期墓葬中，除双墓道同穴合葬墓墓室较为宽大外，其余大小相差无几，而在随葬品方面，无论是单室墓还是同穴合葬墓，随葬品大多在10～20件，单座墓葬随葬品稀少或无随葬器物的现象已经消失。

在随葬品摆放方面，本期墓葬依旧延续中期沿纵向枕木沟摆放随葬品的方式，且以沿左侧枕木沟纵向排列最为常见。

二、出土器物

共105件（套），有陶、铜、铁、石等类别。主要以陶器为主，其余类别仅有个别发现。

其中陶器共100件，占本期器物总数的95.2%，器类有瓮、罐、壶、四耳罐、五联罐、瓿、豆、小陶釜、陶盂、纺轮几种。除一座墓随葬铜钱外，其余墓葬均未见铜器随葬。铁器仅见于3座墓葬，分别为铁削刀和铁锸。石器仅石斧1件。其中铁锸和石斧均出土于墓葬填土，并不具备随葬品性质。

与中期相比，本期陶器种类有所减少，不见鼎、樽、匏壶、盆、熏炉、三足釜、井、灶等器类。在其他器类方面，本期铜、铁一类的金属器更为减少，除个别墓葬随葬铁刀及铜钱外，几乎无其他金属器随葬。

三、陶器质地

本期除1件夹砂硬陶外，其余均为泥质陶。其中泥质硬陶占本期陶器总数的85%，软陶占5%，稍软者占9%。整体上看，本期夹砂陶和泥质硬陶占比较中期略有下降，软陶和胎稍软者占比略有上升，但变化幅度均较小。在施釉方面，本期共有24件陶器施青黄釉，占陶器总数的24%，与中期的17.7%相比略有增加。

四、陶器纹饰

本期陶器纹饰有方格纹、戳印纹、凹弦纹及刻划四种，不见中期的四叶纹、铺首纹、大方格纹、叶脉纹、戳刺纹等纹饰。纹饰种类整体上较中期大幅减少，且在刻划中也仅见“Q”形及“兀”字形刻划，不见短直线及箭头形刻划。

（一）方格纹

共50件，占陶器总数的50%，较中期的64.6%有所减少。其仅见于瓮、罐、四耳罐三类器物。

（二）戳印纹

共42件，均与方格纹组合出现，约占方格纹陶器总数的84%，其占比较中期的69.5%有所增加。类型有方几何形、圆几何形、五铢钱形、菱形、三角形、蛇纹几种。以方几何戳印最为常见，其次为圆几何戳印及菱形戳印，其他戳印仅有零星发现，与中期相比少了四叶形、云纹及组合戳印几种。

1. 圆几何戳印

6件，占本期戳印纹总数的14.3%，较中期的36.4%大幅减少。与中期一样，型式依然以Ea型为主，Eb型仅个别出现，但中期出现的A、B、C、D四型圆几何戳印均已消失（图九九，1～3）。

2. 方几何戳印

共27件，占本期戳印总数的64.3%，较中期的36.4%大幅增加。型式有Aa型、Ab型、Ba型

Ⅰ式、Ba型Ⅱ式、Ba型Ⅲ式、Bb型Ⅰ式、Bb型Ⅱ式及Bc型。其中Ab型、Ba型Ⅲ式、Bb型Ⅱ式及Bc型为本期新出现的类型。与中期以Aa型为主不同，本期主要以Bb型Ⅰ式为主，其次为Bb型Ⅱ式，其余型式只有零星发现（图九九，4～13）。

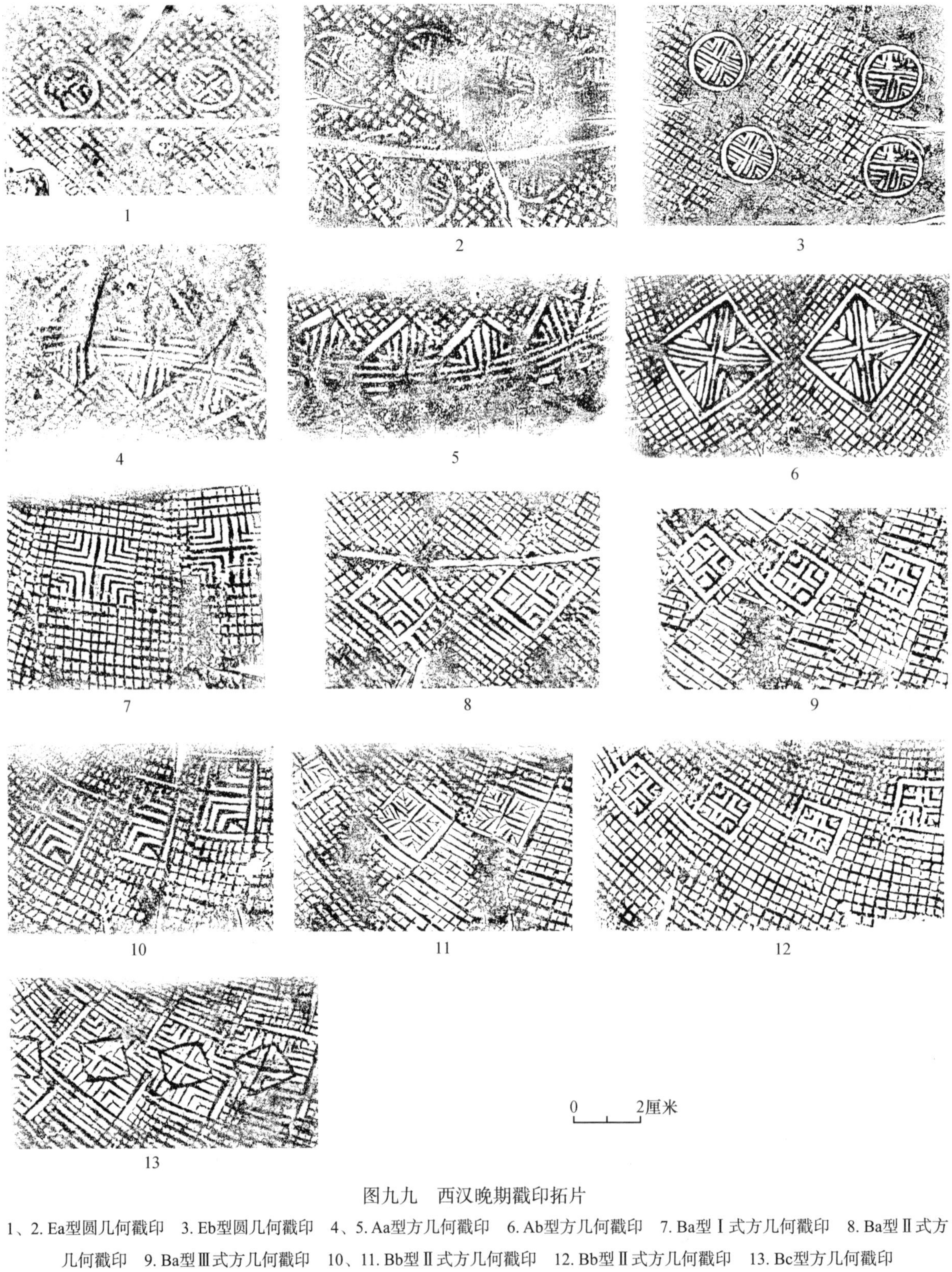

图九九　西汉晚期戳印拓片

1、2. Ea型圆几何戳印　3. Eb型圆几何戳印　4、5. Aa型方几何戳印　6. Ab型方几何戳印　7. Ba型Ⅰ式方几何戳印　8. Ba型Ⅱ式方几何戳印　9. Ba型Ⅲ式方几何戳印　10、11. Bb型Ⅰ式方几何戳印　12. Bb型Ⅱ式方几何戳印　13. Bc型方几何戳印

3. 其他戳印

共9件，分别有三角形、菱形、蛇纹、五铢钱纹几种（图一〇〇，1～3、5、6）。

（三）刻划

仅2件，均为符号类刻划，分别为“Q”形和“兀”字形两种（图一〇〇，4、7）。

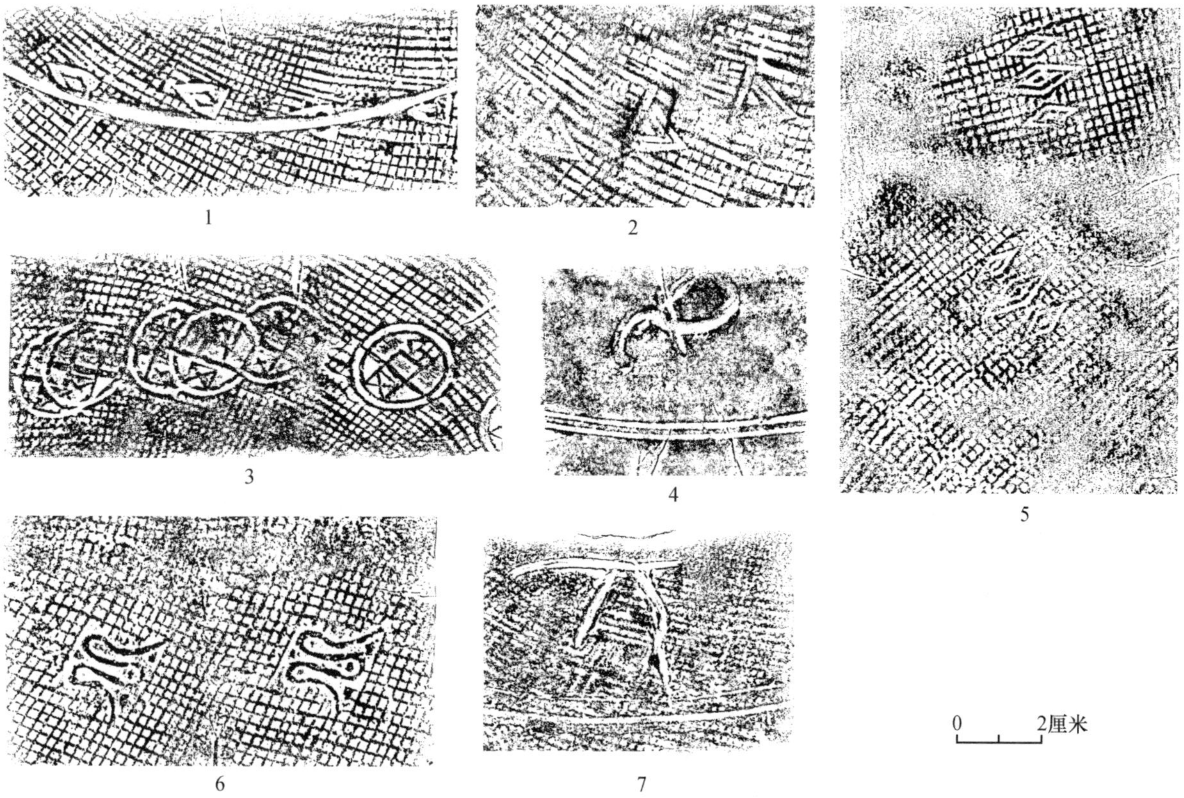

图一〇〇　西汉晚期陶器纹饰拓片

1、2. 三角形戳印　3. B型五铢钱戳印　4. “Q”形刻划　5. 菱形戳印　6. 蛇形戳印　7. “兀”字形戳印

（四）凹弦纹

共62件。仅见于瓮、罐、壶、四耳罐、盂五类器物。与西汉中期弦纹多较宽浅不同，本期细弦纹大幅增加，由中期的3.6%大幅提高到50%。

五、主要器物组合及特征

本期器物组合依然以瓮、罐、壶为主，其中瓮、罐、壶组合齐全者4座，占本期墓葬总数的44%；瓮、罐组合者2座，占本期墓葬总数的22%；壶、罐组合者1座，占本期墓葬总数的11%。与中期相比，无论是瓮、罐、壶组合还是瓮、罐组合，抑或是瓮、罐组合，其占比均有所提高。

（一）瓮

共8件，分出于6座墓，占墓葬总数的66.7%，较中期的28.6%有大幅提高。在陶质方面，虽然仍以硬陶为主，但开始出现个别软陶。

纹饰仍以方格纹加戳印纹为主，但出现了素面瓮。腹部均饰凹弦纹，与西汉中期饰多道宽凹弦纹不同，本期单件陶瓮所饰弦纹数量有所减少，均仅饰1～2道，且与中期均为宽凹弦纹不同，本期宽、细弦纹占比相当。

型式有A型Ⅱ式、B型Ⅰ式、B型Ⅱ式、C型Ⅱ式及E型，除B型Ⅰ式外，其余均为本期新出现的类型。与中期陶瓮沿均较宽平或宽卷不同，本期陶瓮除B型Ⅰ式为宽沿外，其余沿均为窄沿，口更加外敞、短颈多外张，C型瓮腹部进一步向长弧腹演变，器体重心多居中。

（二）罐

共69件，每座墓均有发现，占本期陶器总数的69%。均为泥质陶，其中硬陶占85.6%，胎稍软者约占10.1%，软陶占4.3%。与中期相比，本期无论是罐在陶器中的占比还是软陶在陶罐中的占比均略有上升，但硬陶的占比却有所下降，施釉者亦由中期的11.6%上升至21.7%。

纹饰以方格纹加戳印为主，其中饰方格纹者共43件，占比由中期的89.5%大幅下降至62.3%，但戳印纹在方格纹陶罐中的占比却较中期大幅增加。在本期43件方格纹陶罐中，有35件有戳印，其占比由中期的68.2%增加至81.4%。

在凹弦纹方面，本期陶罐中饰凹弦纹的比例较中期大幅下降，在本期69件陶罐中，仅42件腹部饰有凹弦纹，其占比由中期的89.5%大幅下降至60.9%。同时宽、细弦纹的比例也发生了较明显的变化，在本期弦纹陶罐中，宽弦纹由中期占陶罐弦纹总数的96.5%下降至宽、细弦纹数量相当。

在型式方面，本期陶罐较中期更加复杂多样。在本期69件陶罐中，除1件因口部缺失未进行型式划分外，其余68件均进行统一型式划分。型式有A型Ⅰ～Ⅳ式、B型Ⅱ式、C型Ⅱ式、D型Ⅰ～Ⅲ式、E型Ⅰ～Ⅱ式、F型Ⅰ～Ⅱ式、Ga型及Ha型几种，以A型Ⅳ式、A型Ⅲ式、A型Ⅱ式及F型Ⅱ式最为常见。除A型Ⅰ～Ⅱ式、B型Ⅰ～Ⅱ式、C型Ⅰ式、D型Ⅰ式及E型Ⅰ式外，其余均为本期新出现的型式。

与西汉中期相比，本期陶罐除中期所见型式依然保持宽沿形态外，其余均为窄沿，腹部亦不如中期圆润，下腹由中期的轻微抹胎到普遍刮胎，造型趋于生硬，棱角更趋分明，腹部多鼓、折、垂等形态，重心多偏下。

（三）壶

共7件，分出于5座墓，占本期墓葬总数的55.6%，与中期的57.1%大致相当。胎质均较硬，其中4件局部施青黄釉，其占比与中期亦大致相当。腹部均饰凹弦纹，与中期均为宽凹弦纹不同，本期细弦纹数量大幅增加至 42.9%。

型式有A型Ⅱ式、B型Ⅰ式和C型三种，与中期相比，本期除继续延续A型杯形口陶壶外，新出现了盘口的B型和子口的C型壶，且这两型陶壶腹部均向扁圆发展，尤以B型壶时代特征最为明显，其腹部弦纹一改以往宽弦纹的形态，全部演变为细弦纹，同时圈足上的弦纹也已基本消失。

第二节 个墓介绍

一、Cd型墓

凸字形，有斜坡墓道，无柱洞及生土二层台。共5座，分别为M6、M11、M12、M17、M43。

（一）M6

1. 墓葬概况

位于凉伞岭西部坡脚，海拔约256米。发掘前地表有略微凸起的馒头状封土，直径6、高0.7米，方向318°。

墓室平面近梯形，长5、宽1.6～1.9、深2.7米。坑壁上部存在不同程度的崩塌，下部相对规整。填土为原坑土，较疏松。墓底前端和中部各有一条宽约0.3、深约0.1米的横向枕木沟，枕木沟均未抵两侧壁。

墓道近梯形，前宽后窄，前端被断坎破坏。残长2.4、宽1.4、后宽1.1米。底部坡度较缓，距墓底0.3米起坡，坡度约为15°。

随葬器物10件，计有瓮1、罐4、盂4、纺轮1件。除纺轮出土于墓室后部外，其余器物主要放置于墓室前端靠右侧位置，摆放较为集中（图一〇一；图版五六）。

2. 出土器物

瓮 1件。窄沿，圆腹，重心居中，属A型Ⅱ式。M6：1，灰白胎较硬，火候较高，内壁有明显的泥条盘筑痕迹。体型矮胖，敞口，窄沿斜折，短颈略外张，颈部旋刮规整，圆腹，重心居中，底微内凹。肩、腹各饰细凹弦纹一道，其余素面。口径19.4、腹径31.2、底径21.6、高

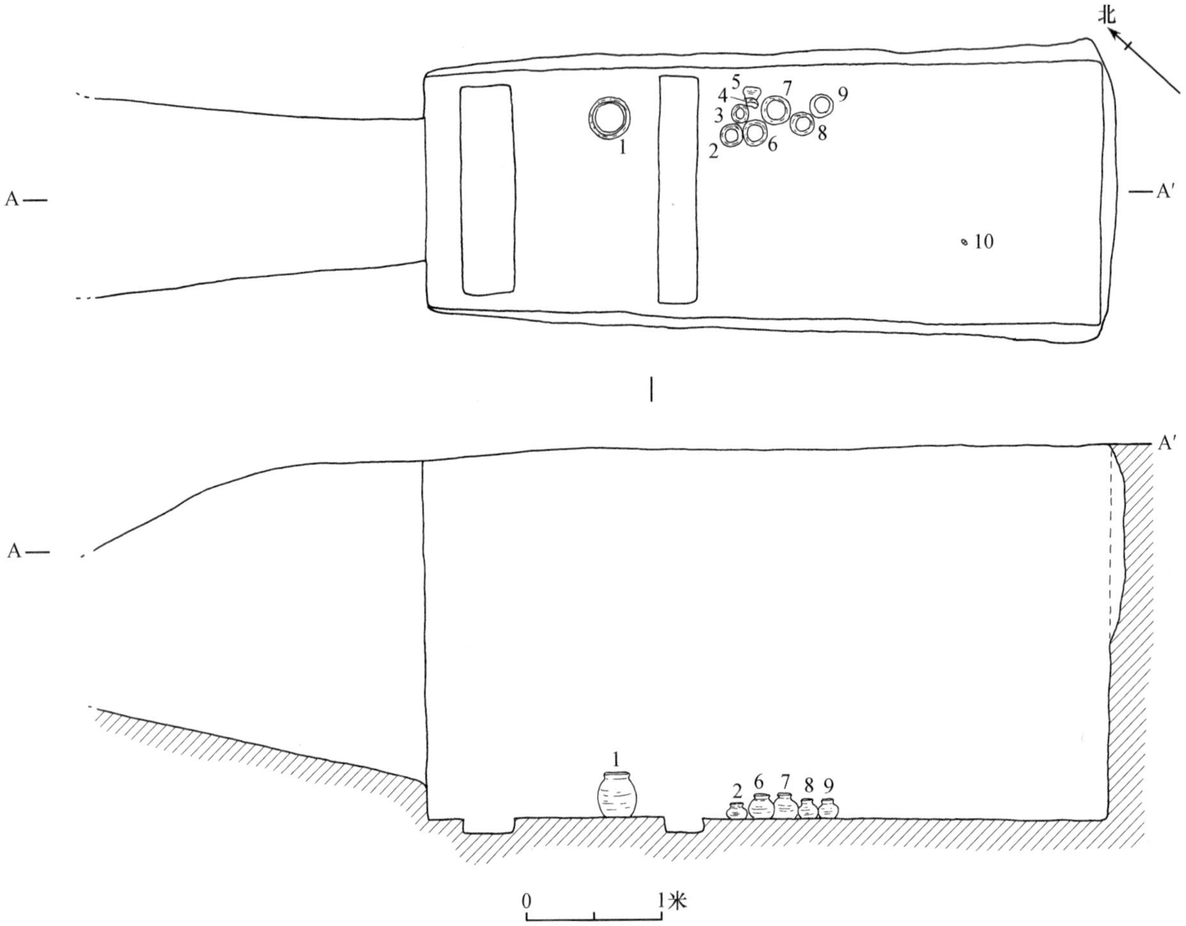

图一〇一　M6平、剖面图

1. 陶瓮　2～5. 陶盂　6～9. 陶罐　10. 陶纺轮

28.2厘米，重5240克（图一〇二，1；图版五七，1）。

罐　4件。属A型Ⅳ式。均为硬陶，器表有褐色陶衣。体型宽矮，唇沿较窄，广口大底，颈较短或束颈，腹部圆弧或圆鼓，重心偏下，下腹刮胎明显。体多饰方格纹，个别有戳印，腹部基本不饰凹弦纹。

M6：6，灰白胎，局部施青黄釉，流釉现象严重。体型宽矮，大侈口，尖唇，束颈，颈部旋刮规整；圆弧腹下垂，大底内凹。体饰方格纹加一圈方几何形戳印，下腹刮胎，纹饰均刮净。口径13.2、腹径19.2、底径15.6、高12.4厘米，重1370克（图一〇二，4；图版五七，2）。

M6：7，灰白胎，火候稍低。体型宽矮，大口近直，圆唇，口因变形略呈椭圆形，短直颈较矮，颈部旋刮规整，溜肩，圆鼓腹重心偏下，大底内凹。肩、腹各饰细凹弦纹两道，其余素面。底部有叠烧痕迹，口沿有多处缺口。口径12～13.2、腹径19.1、底径14～14.6、高12厘米，重1240克（图一〇二，5；图版五七，3）。

M6：8，红褐胎。口近直，唇沿斜平，短直颈较矮，颈部旋刮规整，圆腹重心偏下，大底微内凹。体饰方格纹，近底部纹饰刮净。口径10.4、腹径16.2、底径12.6、高11.2厘米，重930克（图一〇二，2；图版五七，4）。

M6：9，红褐胎。近直口，窄沿斜平，短直颈稍高，颈部旋刮规整，圆腹，大平底，重心

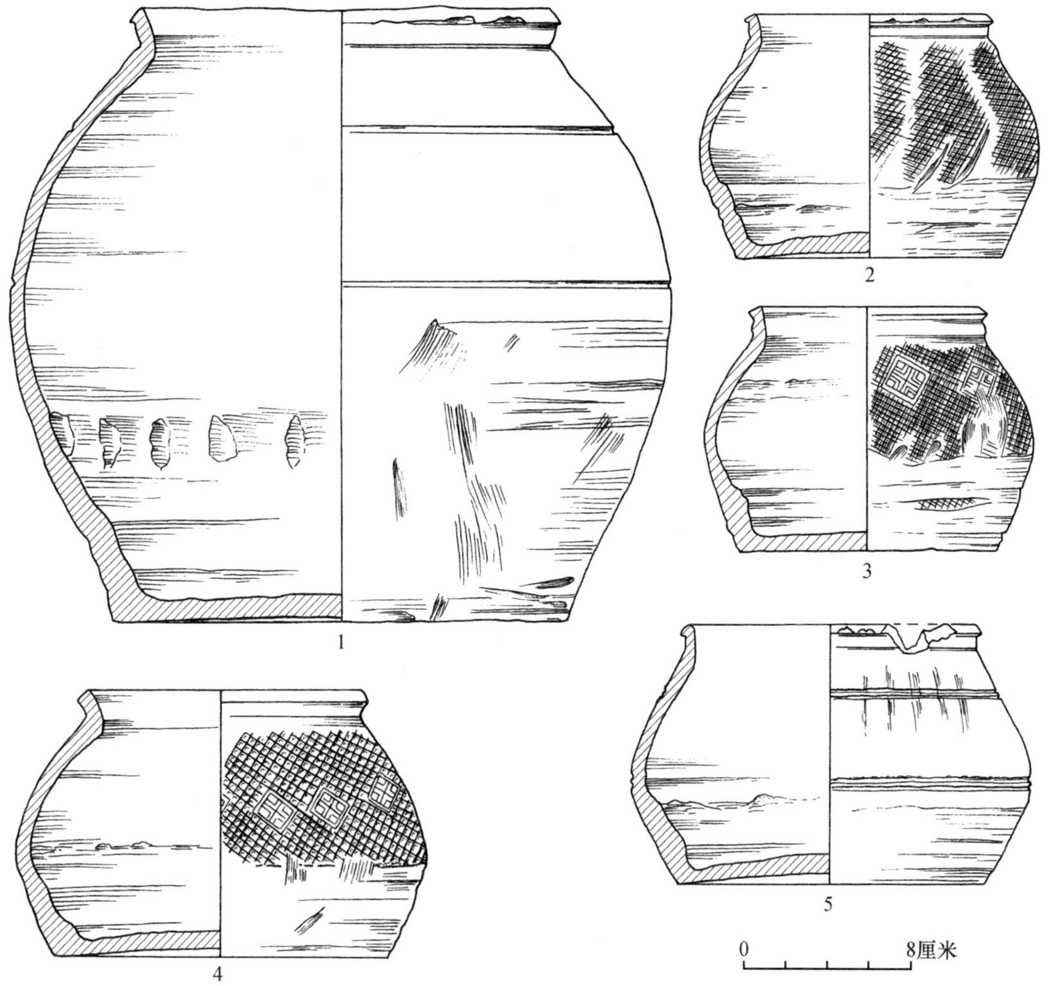

图一〇二　M6出土陶器

1. A型Ⅱ式瓮（M6：1）　2～5. A型Ⅳ式罐（M6：8、M6：9、M6：6、M6：7）

略偏下。体饰方格纹加一圈方几何形戳印，近底部纹饰刮净。口径10、腹径15.8、底径12.3、高11.2厘米，重790克（图一〇二，3；图版五七，5）。

盂　4件。大小形制差异较大，分属Cb型、D型及F型。

Cb型　1件。矮斜领，短直颈，鼓腹下坠。M6：2，灰白胎较硬，胎体轻薄规整，器表有褐色陶衣。大敞口外撇，短直颈旋刮规整，圆鼓腹略下垂，底微内凹，底面有偏心窝纹。口径10.8、腹径13.1、底径8.2、高7.6厘米，重374克（图一〇三，4；图版五八，1）。

D型　2件。领外有凸棱，腹较扁。

M6：3，灰白胎较硬，体施青黄釉，釉层厚薄不均。高斜领，束颈，腹略扁，重心稍偏下，小平底，底面有偏心涡纹。肩、腹各饰细凹弦纹两道。口径8.8、腹径12.2、底径6.6、高8厘米，重377克（图一〇三，1；图版五八，2、3）。

M6：5，灰白胎较硬，胎体较厚，器表有褐色陶衣。高斜领，束颈，扁腹鼓折，重心偏下，底微内凹，底面有偏心涡纹。口径8.3、腹径11.4、底径7、高7厘米，重400克（图一〇三，2；图版五八，4）。

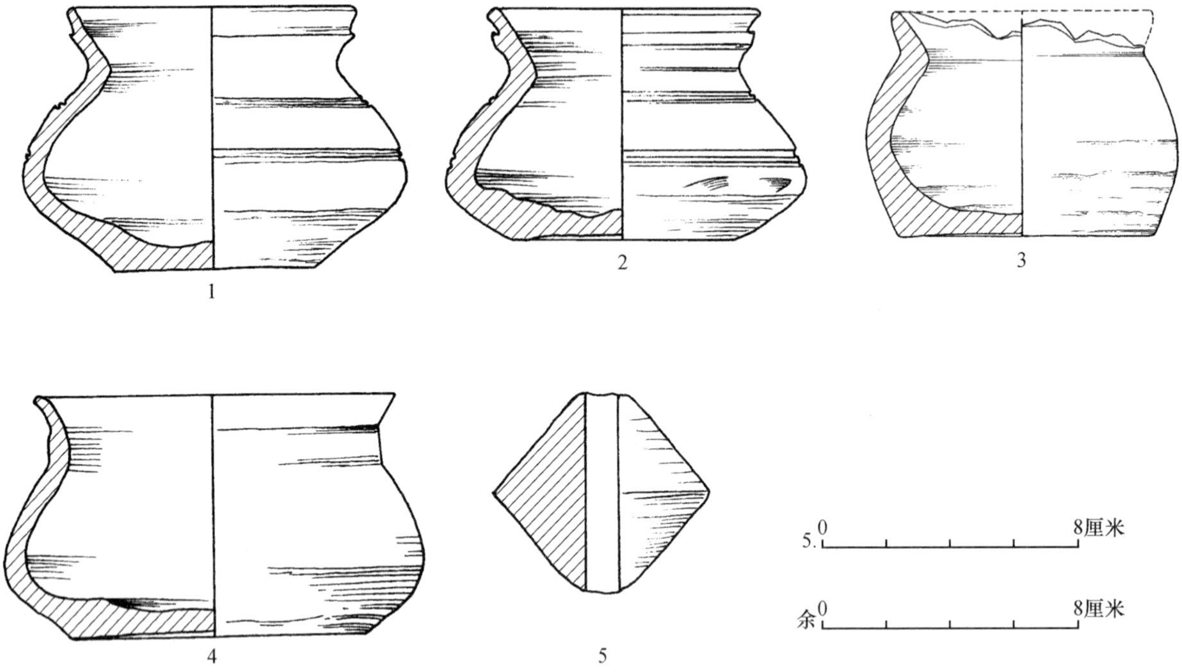

图一〇三　M6出土陶器

1、2. D型盂（M6：3、M6：5）　3. F型盂（M6：4）　4. Cb型盂（M6：2）　5. 纺轮（M6：10）

F型　1件。矮斜领，束颈，弧腹。M6：4，黄色软陶，胎体较厚，火候较低。敞口，尖唇，束颈，圆弧腹，重心偏下。口径8.2、腹径9.8、底径8.1、高6.9厘米（图一〇三，3；图版五八，5）。

纺轮　1件。M6：10，灰白胎较硬，体呈算珠形。直径3.3、高3厘米，重26克（图一〇三，5；图版五八，6）。

（二）M11

1. 墓葬概况

位于凉伞岭西南部缓坡上，海拔约261米。发掘前地表无封土，墓口距地表0.3～0.4米，方向285°。

墓室平面呈长方形，上部崩塌严重，底部基本平直，长4.5、宽2.1米，墓室依坡度深1.5～1.8米。填土为原坑土，较疏松，棺椁葬具已朽，朽痕不清。墓底设两纵一横共三条枕木沟，其中纵向枕木沟长4.3、宽约0.2、深0.1米，前端与横向枕木沟相通。

墓道位于缓坡下部，平面呈长方形，上部崩塌亦较严重。长3.5、宽1.3 米。底呈斜坡式，距墓底0.15米起斜坡，坡度较缓，仅约5°。

随葬器物12件，计有罐8、四耳罐1、小陶釜1、纺轮1、铁环首刀1件。除小陶釜及铁环首刀外，其余器物均沿左侧枕木沟纵向排列（图一〇四；图版五九）。

另外在墓底后部还发现砾石1件，砾石为灰白色石英砂岩，平面呈椭圆形，长17.5、宽

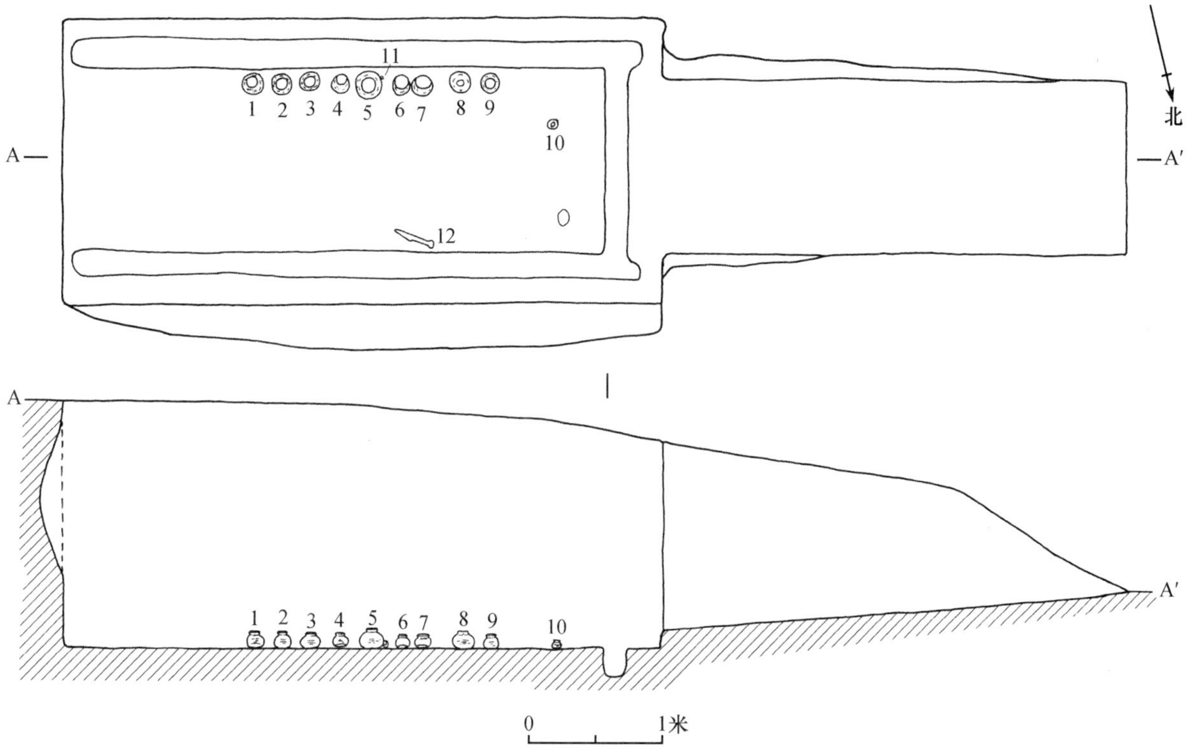

图一〇四　M11平、剖面图

1～7、9. 陶罐　8. 陶四耳罐　10. 小陶釜　11. 陶纺轮　12. 铁环首刀

14、厚6厘米，重2340克。

2. 出土器物

罐　8件。均为硬陶，火候较高，器表有褐色陶衣。分属A型Ⅲ式、C型Ⅱ式、E型Ⅰ式和F型Ⅰ式。

A型Ⅲ式　4件。窄沿，大圆腹略鼓，重心稍偏下，下腹刮胎，纹饰均刮净。

M11：2，灰白胎。侈口，窄沿略卷，短直颈稍高，略外张，颈部旋刮规整，大圆腹，底近平。体饰方格纹加一圈方几何形戳印。口径10.2、腹径16.2、底径11.2、高13厘米，重1120克（图一〇五，2；图版六〇，1）。

M11：3，黄褐胎。侈口，窄沿近无，短直颈略高，颈部旋刮规整，大圆腹，底近平。体饰方格纹加一圈方几何形戳印。口有支钉痕。口径11.6、腹径16.7、底径12、高12.6厘米，重1180克（图一〇五，3；图版六〇，2）。

M11：5，灰白胎，器表有较多气泡，局部施青黄釉，釉层较薄。体型较大，口近直，窄沿近无，短直颈稍矮，颈部旋刮规整。大圆腹略鼓，底内凹。腹饰宽凹弦纹一道，其余素面。口有支钉痕，底有叠烧痕迹。口径12、腹径22.1、底径15、高16.7厘米，重1950克（图一〇五，1；图版六〇，3）。

M11：9，灰白胎，器体大部施青黄釉，釉层多较厚。侈口，窄沿近无，短直颈略外张，颈部旋刮规整；大圆腹，底内凹。体饰方格纹加一圈蛇形戳印，腹饰宽凹弦纹一道，弦纹不平

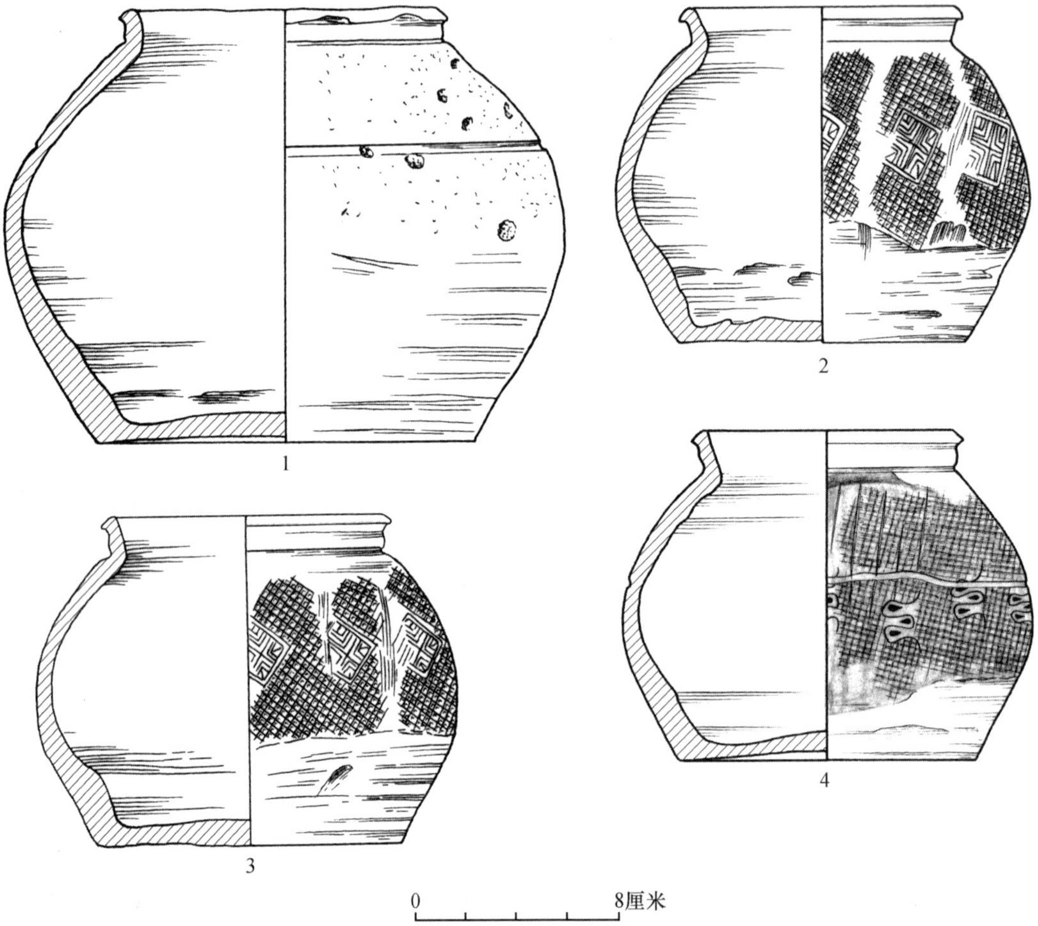

图一〇五　M11出土A型Ⅲ式罐

1. M11 : 5　2. M11 : 2　3. M11 : 3　4. M11 : 9

直。口径9.6、腹径16、底径11.6、高12.6厘米，重1000克（图一〇五，4；图版六〇，4）。

C型Ⅱ式　1件。尖唇，扁鼓腹。M11∶6，灰白胎。敞口，尖唇，短颈略外张，颈部旋削规整。腹部扁鼓，平底较粗糙。腹饰宽凹弦纹一道。口径11.7、腹径16.3、底径10.6、高11厘米，重880克（图一〇六，4；图版六〇，5）。

E型Ⅰ式　2件。宽沿，圆垂腹，大底。

M11∶1，灰白胎。大侈口，宽卷沿，短直颈较高，颈部旋刮规整，圆腹，大底不平，重心平稳。体饰方格纹加一圈三角形戳印，肩部饰细凹弦纹一道，近底部刮胎，纹饰均刮净。口沿有较多缺口。口径11、腹径15.7、底径13、高11.2厘米，重910克（图一〇六，3；图版六〇，6）。

M11∶7，灰白胎。小直口，宽平沿，短直颈内收，颈部旋刮规整，圆腹较丰满，大底内凹，重心较平稳。体饰方格纹加一圈圆几何形戳印，肩部饰宽凹弦纹一道。口沿有大而密集的缺口。口径10.2、腹径15.4、底径12.4、高10.6厘米，重790克（图一〇六，1；图版六一，1）。

F型Ⅰ式　1件。体型显瘦长，窄沿，鼓腹。M11∶4，灰白胎。侈口，窄沿斜折，弧腹略鼓，底微内凹。腹饰细弦纹一道，其余素面。口径10.4、腹径14、底径10.4、高11.4厘米，重900克（图一〇六，5；图版六一，2）。

四耳罐　1件。平唇，丰肩，圆腹，器体重心偏上，属A型Ⅰ式。M11：8，灰白胎较硬，火候较高，器表有褐色陶衣，器身粘有较多玻璃质窑渣及滴釉，口部与器身受火差异较明显，当为带盖合烧，盖已不存。小敛口，方平唇，肩部附四对称耳，四耳均已缺失。体饰方格纹加圆几何形戳印，近底部纹饰抹净，肩、腹各饰宽凹弦纹一道。口径8.3、腹径19.9、底径14、高14.4厘米，重1610克（图一〇六，2；图版六一，3）。

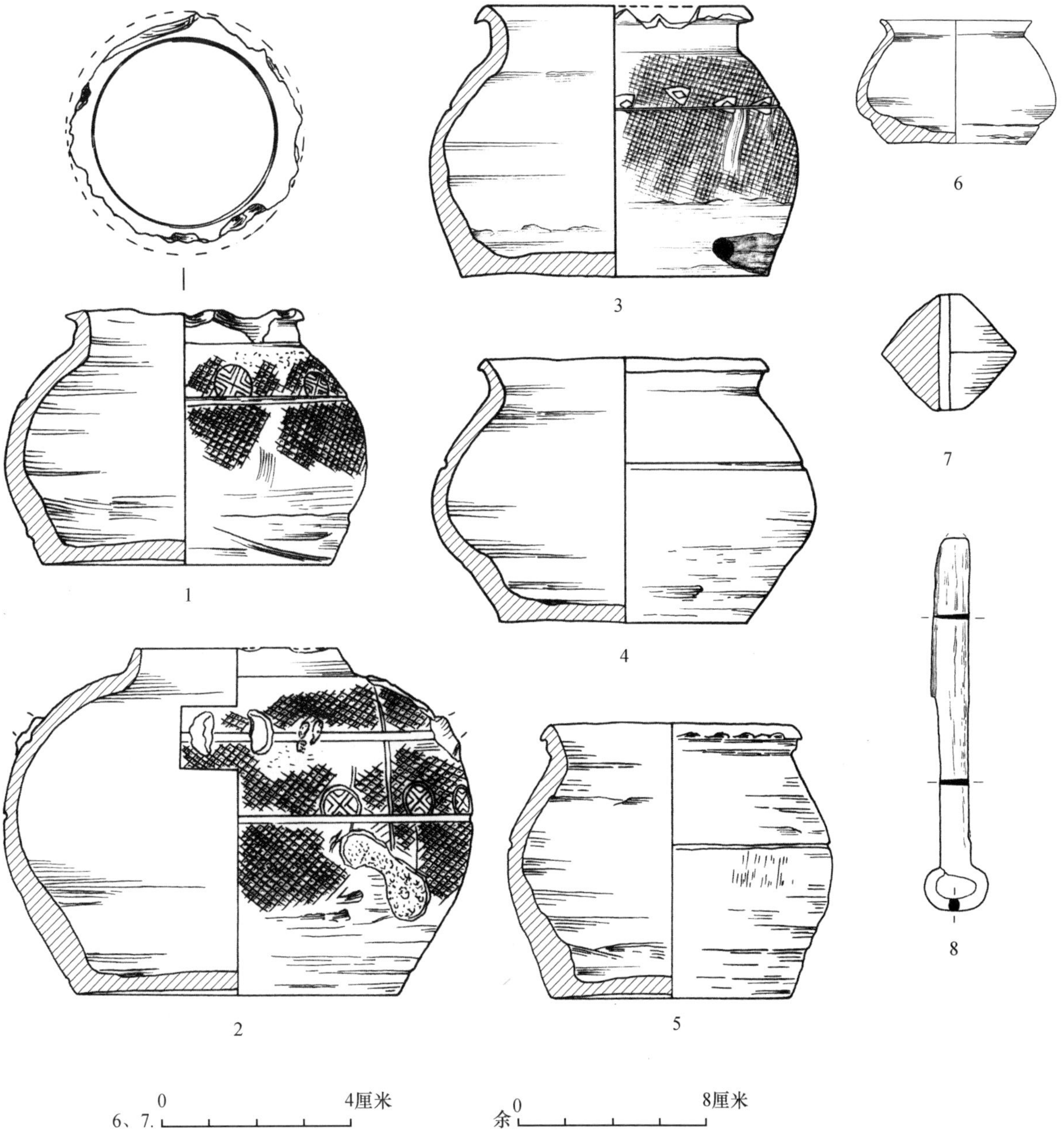

图一〇六　M11出土器物

1、3. E型Ⅰ式罐（M11：7、M11：1）　2. A型Ⅰ式四耳罐（M11：8）　4. C型Ⅱ式罐（M11：6）　5. F型Ⅰ式罐（M11：4）　6. D型小陶釜（M11：10）　7. 纺轮（M11：11）　8. 铁环首刀（M11：12）

小陶釜　1件。折腹，大平底，属D型。M11：10，灰白胎较硬，胎体较薄，火候较高，器表有褐色陶衣，敞口，束颈，溜肩，垂折腹，底面有偏心涡纹。口径6.4、腹径8.6、足径6、高5.1厘米，重145克（图一〇六，6；图版六一，4）。

纺轮　1件。M11：11，灰白色硬陶，器体呈算珠形。最大径2.9、高2.4厘米，重17克（图一〇六，7；图版六一，5）。

铁环首刀　1件。M11：12，椭圆形环首，长柄，刀身较短，端部残缺。环首截面呈圆形，柄横截面呈长方形，刃部横截面呈三角形。残长12.2、宽1.6、厚0.3厘米，重25克（图一〇六，8；图版六一，6）。

（三）M12

1. 墓葬概况

位于凉伞岭西南部缓坡上，海拔约259米。发掘前地表无封土，墓口距地表约0.2米。墓葬朝向西面略偏北，方向295°。

墓室平面近长方形，长5、宽约2、深1.5～1.6米。坑壁相对规整，填土为原坑土，无夯打，较疏松。棺椁葬具已朽，朽痕不清。墓底有两纵一横共三条枕木沟，其中两侧纵向枕木沟长约4.5、宽约0.2米；横向枕木沟位于墓室前部，宽约0.26米。

墓道平面近梯形，前窄后宽，长3、宽1～1.3米。底为斜坡式，距墓底0.3米起斜坡，坡度10°（图一〇七；图版六二）。

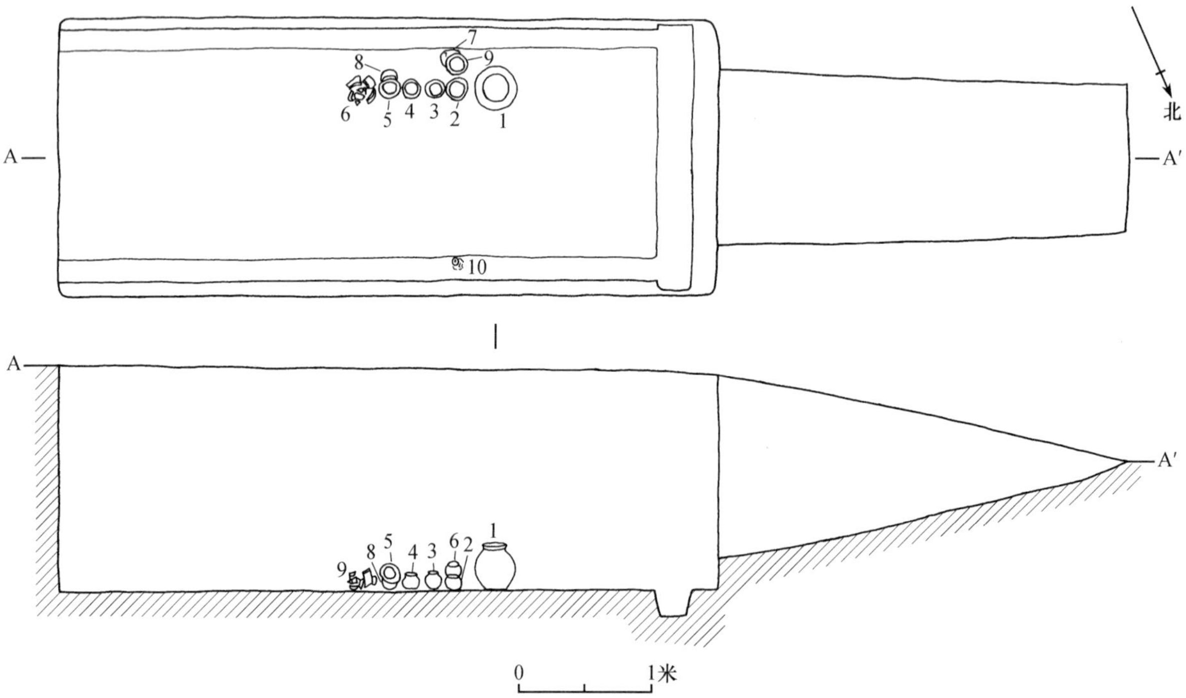

图一〇七　M12平、剖面图

1、9. 陶瓮　2～8. 陶罐　10. 铜钱

随葬品共10件（套），计有瓮2、罐7、铜钱1套。除铜钱位于墓室前端右侧枕木沟内之外，其余器物均集中摆放于墓室前端左侧，其中有4件陶罐为口底对叠放置。出土时除1件陶瓮散裂外，其余器物形态基本保持完整，其中陶罐口沿大部略有残损，当为下葬之前形成。

2. 出土器物

瓮　2件。体型瘦长，窄沿，长弧腹，重心居中，均属C型Ⅱ式。

M12：1，黄胎稍软，火候略低。体型较大，大侈口，窄沿斜折，短颈外张，颈部旋刮规整，长弧腹，大平底，重心居中。器体拍印方格纹，自上而下饰六圈菱形戳印，菱形为三个一组，肩、腹各饰细凹弦纹一道。出土时口沿有零星缺口。口径23.2、腹径33.6、底径24.8、高36.4厘米，重6340克（图一〇八，1；图版六三，1）。

M12：9，灰白胎较硬，火候较高，器表有褐色陶衣，局部施青黄釉，脱落严重。体型略小，侈口，窄沿斜折，短颈略外张，颈部旋刮规整，大底近平，重心居中。器体拍印方格纹，腹上下饰三圈蛇形戳印，腹部饰宽凹弦纹一道，近底部纹饰抹净。口径18.4、腹径27.3、底径19、高27.7厘米，重5200克（图一〇八，2；图版六三，2）。

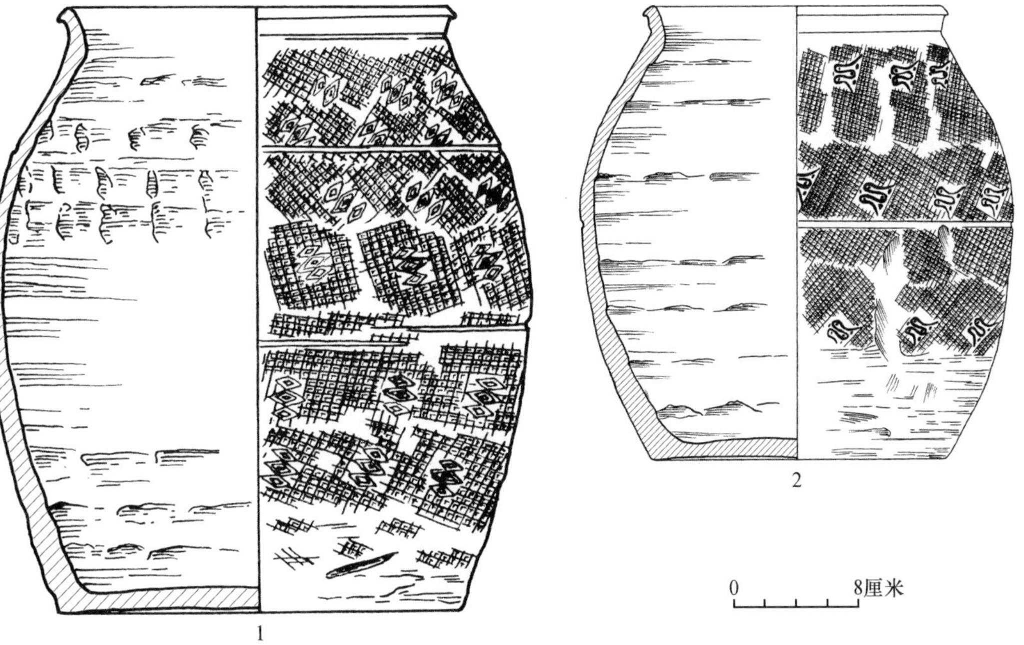

图一〇八　M12出土C型Ⅱ式瓮
1. M12：1　2. M12：9

罐　7件。均为硬陶，器表有陶衣。分属A型Ⅲ式、A型Ⅳ式、C型Ⅱ式和F型Ⅱ式。

A型Ⅲ式　1件。窄沿，圆腹重心偏下。M12：7，青灰胎。口微侈，窄沿近平，短直颈略外张，颈部旋刮规整，大圆腹较丰满，重心偏下，底微内凹。口部有叠烧粘连痕迹，沿有多处缺口。口径9.6、腹径16、底径11.2、高11.6厘米，重920克（图一〇九，1；图版六三，3）。

A型Ⅳ式　4件。体型宽矮，唇沿较窄，圆腹，重心偏下。

M12：2，黄褐胎。侈口，沿不明显，尖唇，近束颈，圆鼓腹重心偏下，下腹刮胎严重，底微内凹。体饰方格纹加一圈大方形戳印，下腹纹饰均刮净。口径10.6、腹径16.4、底径12、高11.2厘米，重1070克（图一〇九，3；图版六三，4）。

M12：4，青灰胎，器体略有变形。直口，方唇，短直颈，颈部旋刮规整，大圆鼓腹重心略偏下，底近平。体饰方格纹，方格纹多较模糊，腹饰细凹弦纹一道，弦纹边缘不平滑。口径9.4、腹径15、底径10.6、高10.5厘米，重820克（图一〇九，2；图版六四，1）。

M12：6，灰白胎，胎较薄。尖唇，近束颈，圆腹，重心略偏下，大平底。体饰方格纹加一圈菱形戳印，腹饰宽凹弦纹一道，下腹刮胎，纹饰均抹净。口沿有零星缺口。口径10.6、腹径14.6、底径11.8、高10.2厘米，重790克（图一〇九，4；图版六四，2）。

M12：8，灰白胎，器身局部施釉，大部脱落。体型较小，口微侈，尖唇，颈较短，颈部旋刮规整，圆腹，底内凹。腹饰细凹弦纹，颈下有一处“Q”形刻划符号。口径10、腹径13.6、底径10.6、高10.2厘米，重660克（图一〇九，5；图版六四，3）。

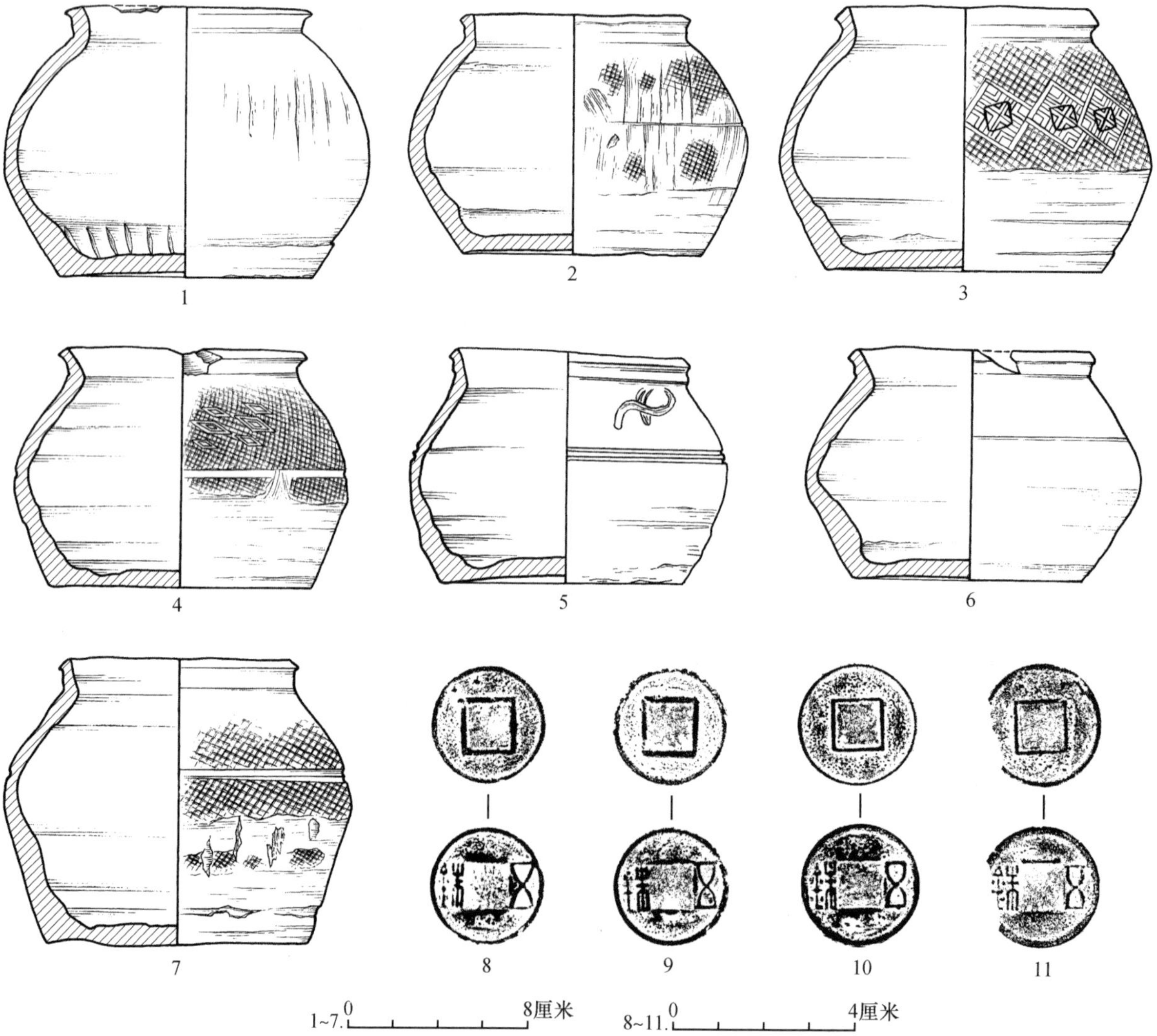

图一〇九　M12出土器物

1. A型Ⅲ式罐（M12：7）　2～5. A型Ⅳ式罐（M12：4、M12：2、M12：6、M12：8）　6. C型Ⅱ式罐（M12：3）　7. F型Ⅱ式罐（M12：5）　8. Aa型五铢钱（M12：10）　9、10. Ba型五铢钱（M12：10）　11. Bb型五铢钱（M12：10）

C型Ⅱ式　1件。尖唇，扁鼓腹。M12：3，青灰胎较硬，火候较高。侈口，颈较短矮，腹部扁鼓，底近平。腹部刻划细凹弦纹一道。口径9.8、腹径14.6、底径10、高9.8厘米，重700克（图一〇九，6；图版六四，4）。

F型Ⅱ式　1件。体型略显瘦长，尖唇，鼓腹。M12：5，青灰胎较硬，火候较高，器身因烧制略有变形。口微敞，尖唇，短颈稍长，腹略鼓折，重心略居中，下腹刮胎，底不平。体饰方格纹，腹饰细凹弦纹一道，下腹纹饰刮净。口径9.6、腹径15.2、底径11.6、高12.3厘米，重990克（图一〇九，7；图版六四，5）。

铜钱　共8枚。M12：10，出土时均串于一起，部分字迹较模糊，直径2.5～2.6厘米。“五”字交笔有直有曲，“铢”字“金”字头有带翼箭镞形和三角形，“朱”字头多方折，“金”字与“朱”字等高。分属Aa型、Ba型、Bb型，因部分字迹不清，每种型式数量不明（图版六四，6）。

Aa型　“五”字上口较敞，交笔近直，“铢”字“金”字头呈双翼箭镞形。直径2.5、穿宽1厘米（图一〇九，8）。

Ba型　“五”字略显瘦长，交笔弯曲，“铢”字“金”字头呈双翼箭镞形。直径2.5～2.6、穿宽1厘米（图一〇九，9、10）。

Bb型　“五”字交笔弯曲，“铢”字“金”字头呈小三角形。直径2.6、穿宽1厘米（图一〇九，11）。

（四）M17

1. 墓葬概况

位于凉伞岭西部缓坡上，海拔约262米。封土已不存，墓口距地表约0.3米。墓葬朝向西面偏北，方向299°。

墓室平面呈长方形，上部崩塌严重，下部相对规整，长4.3、宽1.8、深2.6～2.8米。填土为原坑土，靠坑壁局部有夯打，填土内发现小石斧1件，应为扰入。棺椁葬具已朽，朽痕不清，墓底设两纵一横共三条枕木沟，两纵向枕木沟后端均直抵后壁，前端和横向枕木沟相通。

墓道平面近梯形，前宽后窄，口大底小。前端被断坎破坏，残长5.4、口宽1.5～1.6、底宽0.9～1.1米。底为斜坡式，自墓底起斜坡，坡度19°。

随葬器物11件，计有罐8、盂1、壶1、铁刀1件，另外在填土内发现1件石凿。随葬器物保存多较完好，除陶盂及铁刀位于墓室前端中部外，其余均位于墓室前端，沿左侧枕木沟排列（图一一〇；图版六五）。

2. 出土器物

罐　8件。均为硬陶，器表有褐色陶衣。分属A型Ⅱ式、A型Ⅲ式、A型Ⅳ式、D型Ⅱ式。

A型Ⅱ式　2件。宽沿，圆腹重心居中。

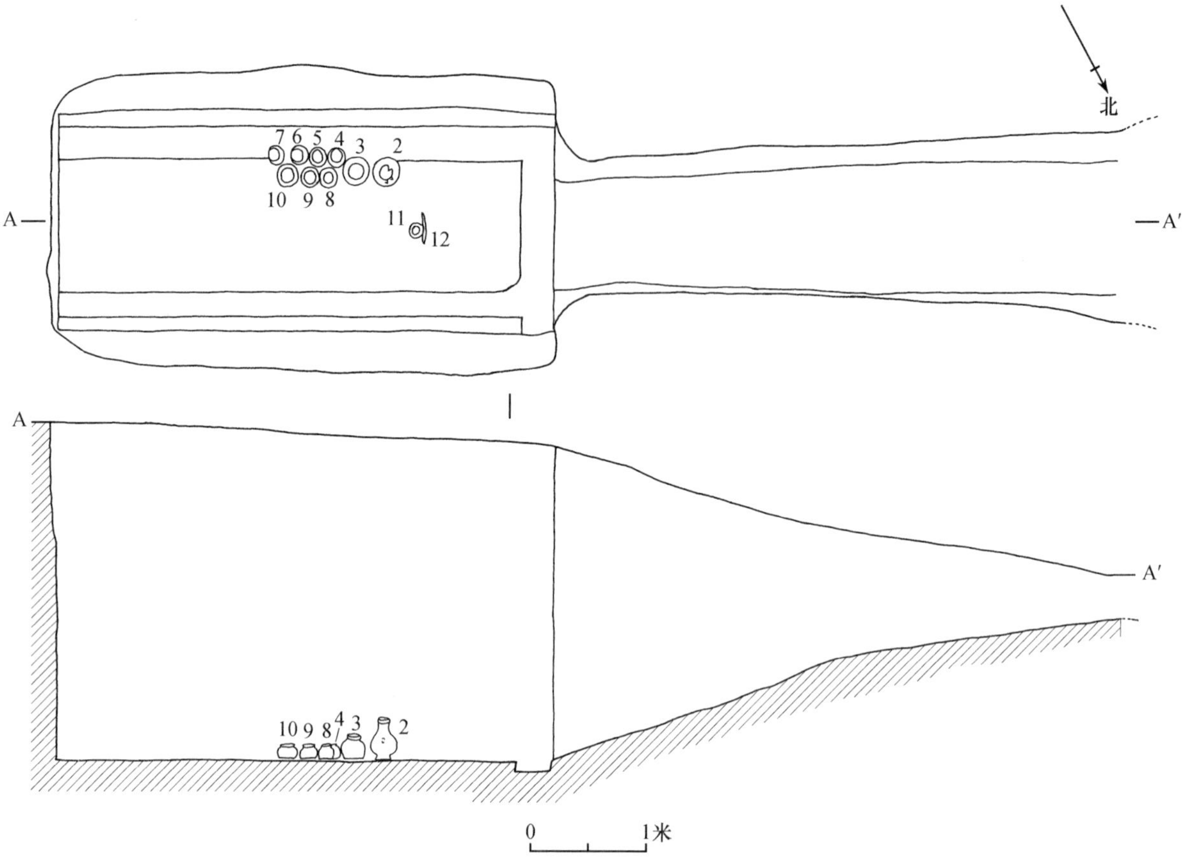

图一一〇　M17平、剖面图

2. 陶壶　3～10. 陶罐　11. 陶盂　12. 铁刀

M17∶3，灰白胎。体型较大，口近直，宽沿近平，颈较高，颈部旋抹规整，腹部较圆，平底。体饰方格纹加三周圆几何形戳印，方格纹及戳印均较清晰，腹部饰宽凹弦纹一道，近底部纹饰抹净。口沿有多处小缺口。口径15、腹径21.8、底径15、高19.2厘米，重2460克（图一一一，1；图版六六，1）。

M17∶8，黄胎稍软，火候稍低。体型矮胖，口微侈，宽卷沿，颈较短，腹较圆，底近平。体饰方格纹，方格纹较模糊，腹饰宽凹弦纹一道，近底部纹饰抹净。口有支钉痕，沿有多处缺口。口径11.2、腹径15.8、底径11.6、高11.6厘米，重940克（图一一一，2；图版六六，2）。

A型Ⅲ式　3件。窄沿，圆腹，重心偏下。

M17∶5，青灰胎，局部施青黄釉。器体略有变形，侈口，窄沿较卷，短直颈不明显，肩部微溜，圆腹略鼓，重心略偏下，底面不平。体饰方格纹加一圈方几何形戳印，方格纹零散细碎，戳印大而深。口径11.8、腹径16.3、底径11.6、高12.6厘米，重1020克（图一一一，3；图版六六，3）。

M17∶7，灰白胎，器表有褐色陶衣，局部施青黄釉。侈口，窄沿斜折，短颈外张，近束颈，圆腹略鼓，重心偏下，大底微内凹，底面边缘凸起一圈。体饰方格纹加方几何形戳印，下腹刮胎，纹饰均刮净。口有支钉痕，外底有叠烧痕迹。口径11.4、腹径16.9、底径13、高11.8厘米，重1310克（图一一一，4；图版六六，4、5）。

M17：9，灰白胎。侈口，窄沿略斜，短颈外张，鼓腹。腹饰细凹弦纹一道。口沿有多处缺口。口径11、腹径16.1、底径12、高12.2厘米，重1050克（图一一一，5；图版六六，6）。

A型Ⅳ式　1件。尖唇，圆腹，重心偏下。M17：10，灰白胎，体施青黄釉，釉层相对均匀。沿不明显，唇沿尖斜，溜肩，圆腹下坠，大底，底面边缘凸起一圈。体施方格纹加大方形戳印，下腹纹饰均抹净。口径11、腹径15.3、底径11.6、高11.2厘米，重1090克（图一一一，6；图版六七，1）。

图一一一　M17出土陶罐

1、2. A型Ⅱ式罐（M17：3、M17：8）　3～5. A型Ⅲ式罐（M17：5、M17：7、M17：9）　6. A型Ⅳ式罐（M17：10）

D型Ⅱ式　2件。体型宽矮，窄沿，溜肩，圆鼓腹下坠。

M17：4，灰白胎，器身局部施青黄釉，多已脱落，外底亦施釉。侈口，窄沿斜折，短颈略外张，颈部旋刮规整。肩部微溜，鼓腹略下坠，底面边缘凸起。通体素面。口有支钉痕。口径11.8、腹径16.8、底径11.6、高11.8厘米，重1120克（图一一二，2；图版六七，2）。

M17：6，灰白胎。口近直，窄沿略斜，短直颈略高，颈部旋刮规整，溜肩，鼓腹下坠，下腹刮胎明显。体饰大方格纹加一圈方几何形戳印，下腹纹饰均刮净。口沿有零星缺口。口径11.6、腹径16.2、底径11.2、高12.4厘米，重1080克（图一一二，3；图版六七，3）。

盂　1件。矮斜领，束颈，鼓腹下坠，属Ca型。M17：11，体型稍大，灰白胎较硬，胎体轻薄，器表有陶衣。敞口，大鼓腹下垂，小底微内凹，底面有偏心涡纹。口径8、腹径12、底径6.4、高7.6厘米，重290克（图一一二，4；图版六七，4）。

壶　1件。杯形口，扁圆腹，圈足收束，属A型Ⅱ式。M17：2，灰白胎较硬。口微敞，方唇，溜肩，肩部附两对称耳与底部两对穿圆孔对应，圆腹，下腹弧收。筒状圈足外张，底与圈足之间凹状收束。口外侧、颈、肩、腹及圈足各饰宽凹弦纹一道。圈足沿部有细碎缺口。口径11.8、腹径24.4、足径16.2、高33.8厘米（图一一二，1；图版六七，5）。

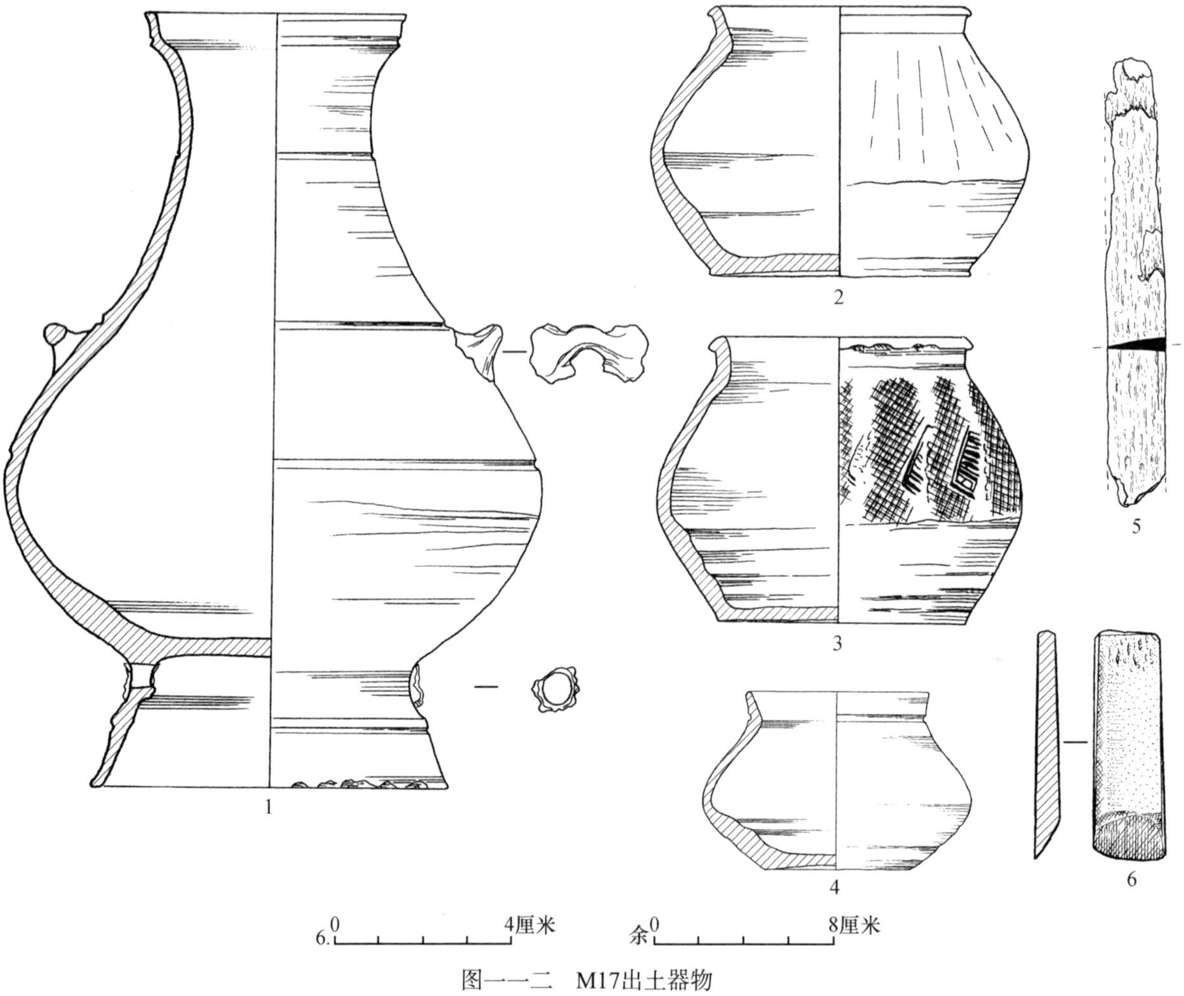

图一一二　M17出土器物

1. A型Ⅱ式壶（M17：2）　2、3. D型Ⅱ式罐（M17：4、M17：6）　4. Ca型盂（M17：11）　5. 铁刀（M17：12）　6. 石凿（M17：1）

铁刀　1件。M17：12，锈蚀残缺严重，截面呈三角形。残长19.8、宽2.7、厚0.5厘米（图一一二，5；图版六七，7）。

石凿　1件。出土于墓室填土。M17：1，白色硅质沿，器体平面呈长方形，通体精磨，单面磨刃，刃面较平，刃缘略斜。长5、宽1.6，厚0.5厘米，重9克（图一一二，7；图版六七，6）。

（五）M43

1. 墓葬概况

位于凉伞岭岭顶南部略偏西，海拔约264米。发掘前地表无封土，墓口距地表0.2～0.7米，墓葬朝向西面略偏北，方向294°。

墓室平面呈梯形，上部崩塌严重，下部稍微平直，底部长4.6、宽1.9～2.4、深2.1～2.2米。填土为原坑土，中间填土疏松，靠近墓壁部分经夯实，棺椁葬具已朽，朽痕不清。墓底有两纵一横共三条枕木沟，枕木沟均不平直。

墓道平面呈梯形，长4.8、宽0.9～1.2米，底为斜坡式，距墓底0.1米起斜坡，坡度20°。

随葬器物共10件，均为陶器。计有壶1、瓮1、罐7、纺轮1件。出土时保存基本完好，主要位于墓室后部左侧枕木沟旁（图一一三；图版六八）。

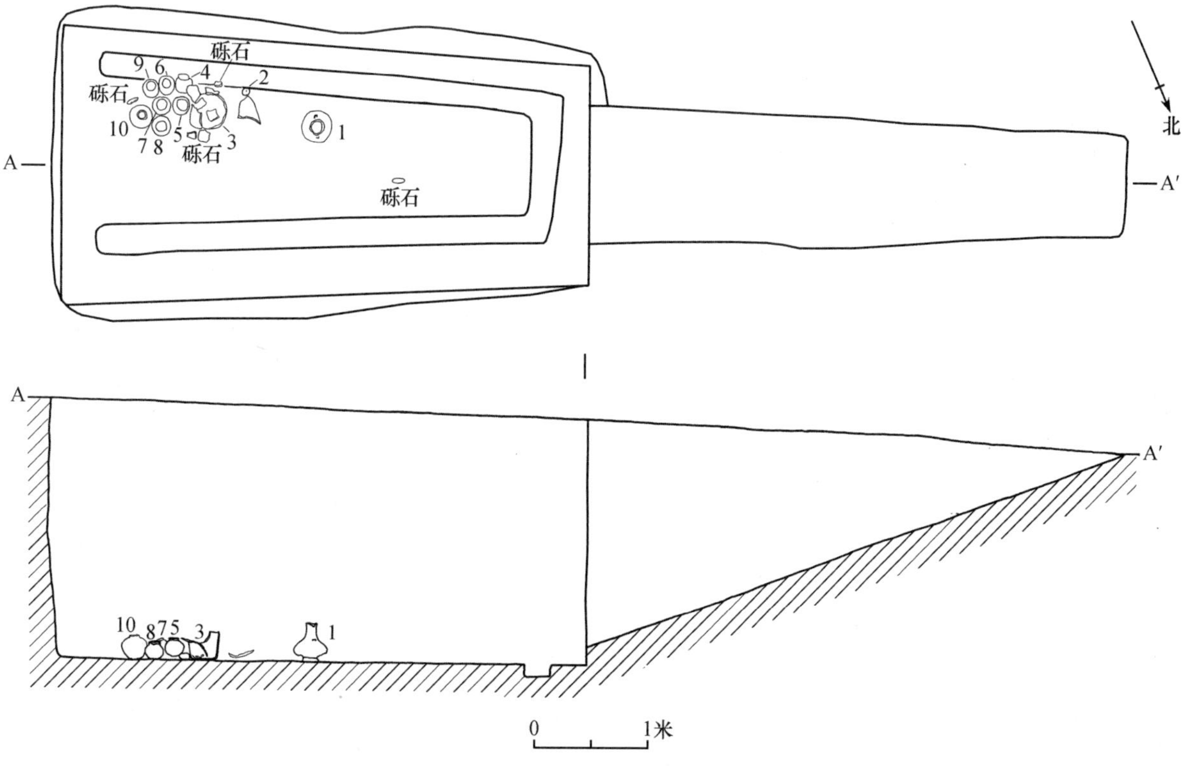

图一一三　M43平、剖面图

1. 陶壶　2. 纺轮　3. 陶瓮　4～10. 陶罐

另外在墓底还发现小砾石4件，其中3件位于墓室后部与随葬器物置于一起，另1件位于墓室靠前部位，形状均为长条形，长10～15厘米，重100～250克。

2. 出土器物

壶　1件。盘口，扁鼓腹，覆钵形圈足略高，属B型Ⅰ式。M43：1，灰白胎较硬。大盘口，肩部贴附两对称耳与底部两对称圆孔对应，圆腹略扁，高圈足略外张，圈足与壶底之间呈凹状收束。盘口下部及颈部各饰一道细凹弦纹，肩及腹部饰细凹弦纹两道，弦纹均细而深，圈足不饰弦纹。出土时盘口沿部已不存，断裂面连续而细碎，圈足边缘亦存在较多细碎的缺口，显然为下葬之前形成。口残径13.2、腹径25、足径14、残高32.7厘米，重3520克（图一一四，1；图版六九，1）。

瓮　1件。体型瘦高，窄沿，长弧腹，属C型Ⅱ式。M43：3，黄色软陶，火候较低。器体修长，口沿变形严重，侈口，窄沿斜折，口、沿之间夹角较尖锐，短颈不明显，颈部旋刮规

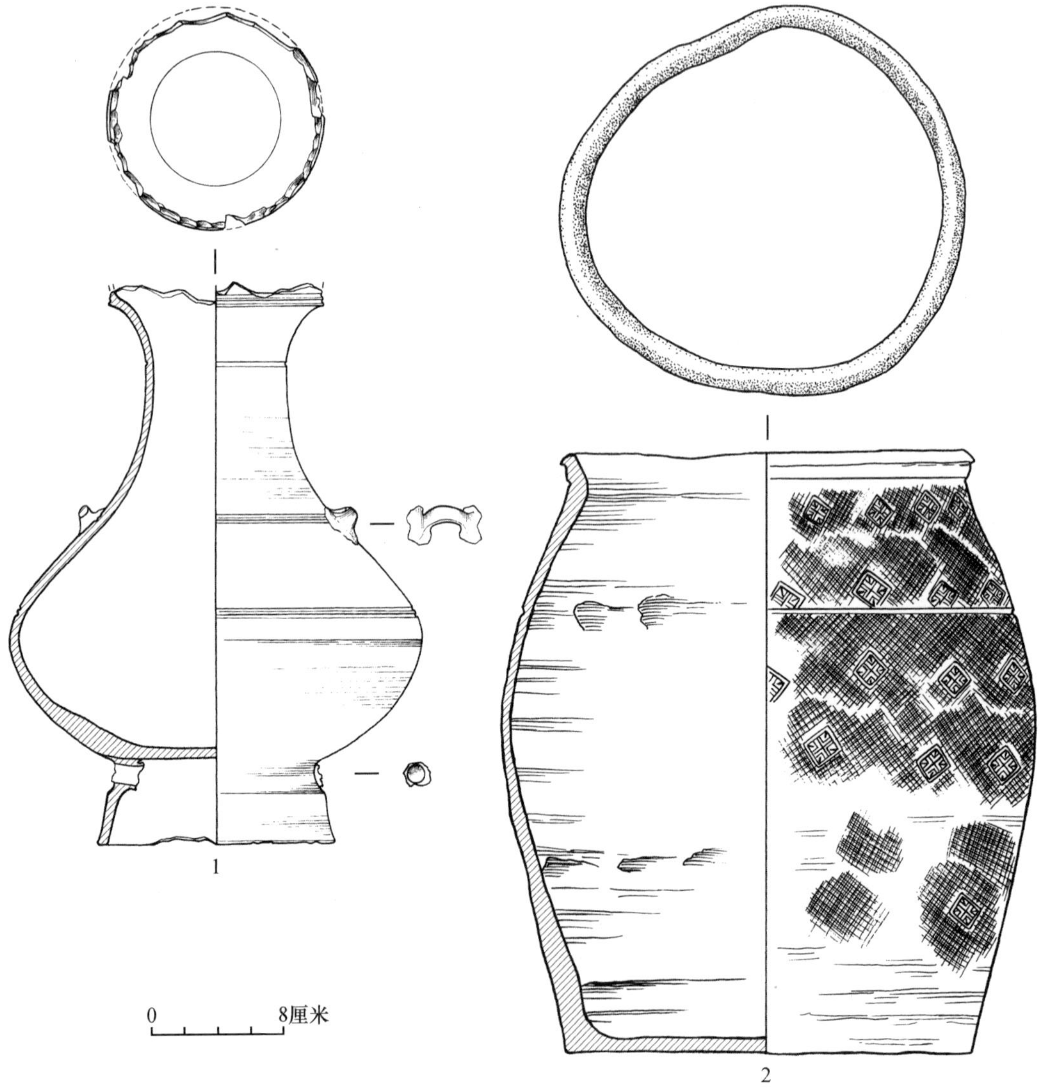

图一一四　M43出土陶器

1. B型Ⅰ式壶（M43：1）　2. C型Ⅱ式瓮（M43：3）

整，长弧腹，大平底，重心居中。体饰方格纹加三圈方几何形戳印，方格纹及戳印纹均大而深，肩饰细凹弦纹一道，弦纹较深，边缘较陡直锐利。口径24.4、腹径31.9、底径24、高34.6厘米，重5460克（图一一四，2；图版六九，2）。

罐　7件。均为硬陶，器表有褐色陶衣。除1件口沿不存未进行型式划分外，其余分属A型Ⅲ式、A型Ⅳ式及F型Ⅱ式。

M43：10，灰白胎较硬，局部施青黄釉，釉层较薄，外底亦施釉。口已不存，口部断裂面较密集，应为多次碰撞形成，大圆腹重心略偏下，平底。肩、腹共饰细凹弦纹三道，其余素面。腹径19.8、底径13.2、残高15.6厘米，残重1480克（图一一五，1；图版六九，3）。

A型Ⅲ式　1件。窄沿，圆腹，重心偏下。M43：7，黄褐胎，胎壁较厚。侈口，窄沿斜平，短直颈稍矮，颈部旋刮规整，圆腹，大平底，器体重心偏下。体饰方格纹加一圈方几何形戳印，方格纹及戳印纹均较清晰，近底部刮胎，纹饰均刮净。口沿边缘部分残缺。口径11.8、腹径15.6、底径11.7、高12厘米，重1300克（图一一五，2；图版六九，4）。

A型Ⅳ式　3件。沿较窄，尖唇或方平唇，圆腹重心略偏下。

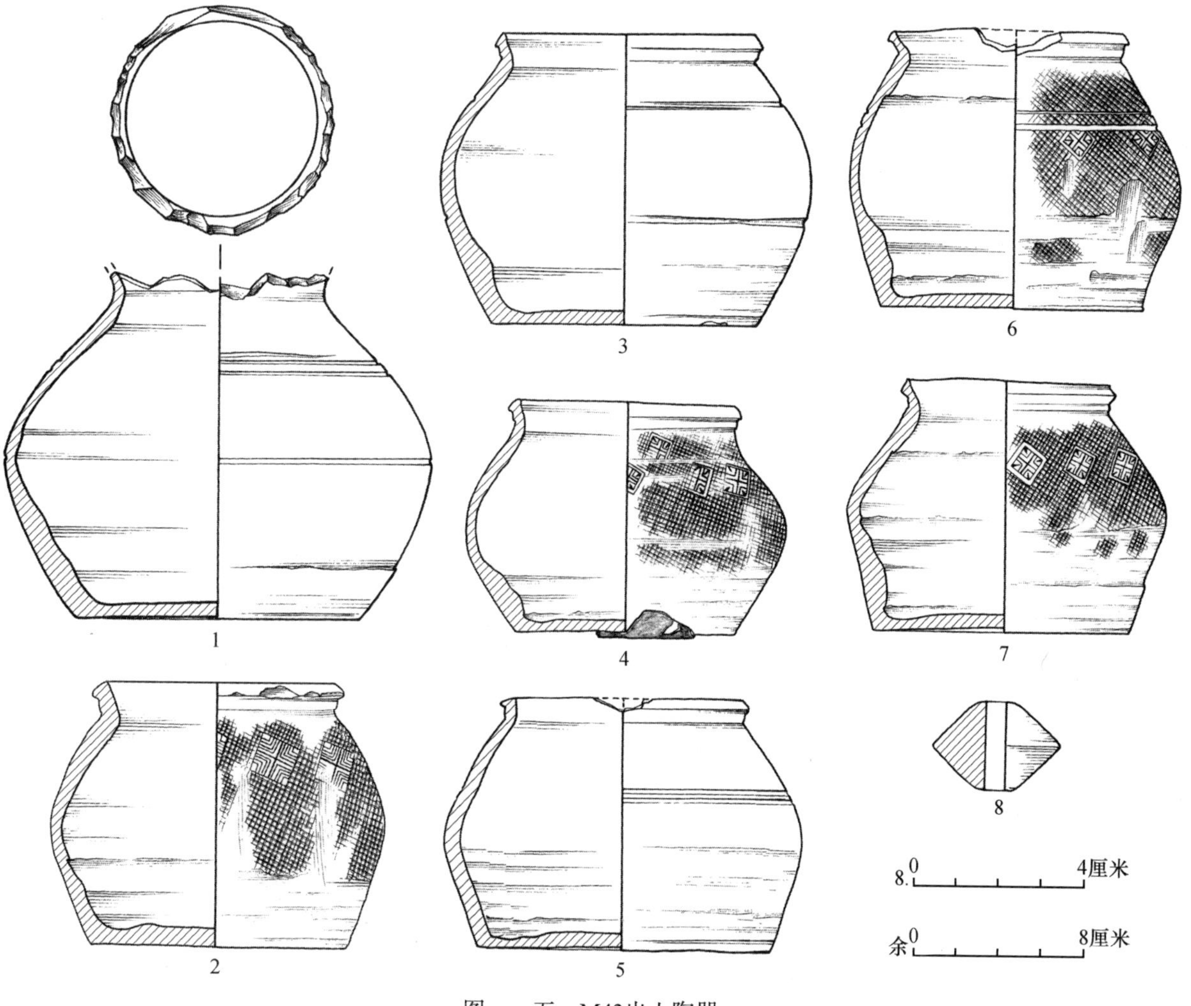

图一一五　M43出土陶器

1. 罐（M43：10）　2. A型Ⅲ式罐（M43：7）　3～5. A型Ⅳ式罐（M43：5、M43：9、M43：8）　6、7. F型Ⅱ式罐（M43：4、M43：6）　8. 纺轮（M43：2）

M43：5，灰白胎较硬。口微侈，唇沿尖斜，短颈不明显，圆腹较丰满，平底，腹最大净略微偏下。腹部上下各饰细凹弦纹一道，弦纹边缘不抹平。底部有叠烧痕迹。口径12.4、腹径17.4、底径12.2、高13.2厘米，重1180克（图一一五，3；图版七〇，1）。

M43：8，黄褐胎。体型稍小，器身略微变形。口近直，唇沿近平，短颈稍矮颈部旋刮规整，圆腹，大底微内凹，重心偏下。腹饰细凹弦纹两道，弦纹细而深，边缘不抹平，较锐利，下腹刮胎。口沿有一处缺口。口径11.8、腹径16.8、底径13.5、高11.4厘米，重780克（图一一五，5；图版七〇，2）。

M43：9，灰白胎，火候较高，外底施釉。体型略小，器身变形严重。口近直，尖唇，短颈较矮，圆腹略鼓，最大径略偏下，小平底，底部有大块玻璃质青黄釉。体饰方格纹加一圈方几何形戳印。口径10.8、腹径14.8、底径10、高10.6厘米，重740克（图一一五，4；图版七〇，3）。

F型Ⅱ式　2件。胎均较硬，火候均较高，器身因烧制略有变形。体型略显瘦长，尖唇，弧腹略鼓。

M43：4，灰白胎稍薄。侈口，尖唇，近束颈，颈部旋刮，弧腹略鼓，重心偏下，大平底。体饰方格纹，肩部饰细凹弦纹两道，弦纹细而深，线条不平滑，棱角未抹平。口沿有两处磕碰形成的缺口。口径11.2、腹径15.5、底径12.4、高12.8厘米，重960克（图一一五，6；图版七〇，4）。

M43：6，灰白胎稍薄。侈口，尖唇，近束颈，斜肩，腹部鼓折，下腹斜直，刮胎明显，大平底，重心偏下。体饰方格纹加一圈方几何形戳印，方格纹及戳印均较清晰。口径10、腹径15、底径12、高11.4厘米，重880克（图一一五，7；图版七〇，5）。

纺轮　1件。M43：2，灰白色硬陶。体型扁矮，呈算珠形。直径3.1、高2厘米，重17克（图一一五，8；图版七〇，6）。

二、Db型墓

双墓道同穴合葬，墓道平行并列。共3座，分别为M13、M32、M33。

（一）M13

1. 墓葬概况

位于凉伞岭西南缓坡下部，海拔约260米。发掘前封土大多被开荒破坏，地表仅略微凸起，墓口距地表0.5～0.7米。墓葬横向垂直缓坡，与其他墓葬大多朝向西面开阔的河谷相反，该墓朝向凉伞岭背后高耸的东岭山脉，方向110°。

墓葬为双墓道同穴合葬墓，结构较为特殊，其上部填土连为一体，看不出分室和分墓道的迹象，但底部分室和分墓道的现象较为清晰。

整个墓室平面呈长方形，长4.7、宽4、依坡势深1.8～2米。墓室左侧有高1.34、宽0.3米的生土台，台面不甚规整，存在崩塌现象，右侧无土台与之对应。墓底两侧及中间共设有三道纵向枕木沟，以中间枕木沟为界，墓室被分为两个部分，每部分均有独立墓道及随葬品。为方便区分，将左右两室分别编号为M13a和M13b。

墓道位于墓室前端，为双墓道并列结构。墓道上部填土连为一体，下部靠墓室一端中间保留有最厚达0.2、最高达0.5米的生土隔墙，生土隔墙与中间枕木沟对齐。两条墓道长度略有差异，前端均略呈弧形，底部平齐，均为斜坡式，自墓底直接起斜坡，坡度均为15°左右。其中M13a长6.5、宽约1米；M13b长6.26、宽约1米，左侧靠墓室一端有一段长约3.8、宽约0.3米的生土台，生土台与墓室左侧生土台等高。

填土为原坑土，相对疏松，未见二次掘开和扰乱迹象。棺椁葬具已朽，朽痕不清，从发掘情况判断，该墓应为一次性构筑而成，且同时葬入。

随葬器物共20件，均为陶器，计有壶2、瓮2、罐14、豆1、纺轮1件。均按墓室沿中间枕木沟两侧呈直线排列，部分残碎者跌入枕木沟内。其中M13a随葬器物10件，计有壶1、瓮2、罐7件，另在墓室后部发现小砾石1件，小砾石呈长条形，长12、宽6厘米，重160克。M13b随葬器物亦为10件，出土时整体形态基本保持完整，除1件陶豆置于墓室前端外，其余均集中放置于墓室左侧。计有壶1、罐7、纺轮1件（图一一六；图版七一）。

2. 出土器物

壶　2件。分属A型Ⅱ式和B型Ⅰ式。

A型Ⅱ式　1件。杯形口，扁圆腹，圈足收束。M13a：1，青灰胎较厚，火候较高，器表粗糙，有褐色陶衣，体施青黄釉，多已脱离，颈内壁泥条盘筑痕迹较明显，器体略有变形。口微敞，方唇，肩部附两对称耳与底部两对穿圆孔对应，圆腹略扁，下腹弧收，高筒状圈足略外张，底与圈足之间呈凹状收束。口外侧及肩部各饰宽凹弦纹两道，颈、腹及圈足各饰宽凹弦纹一道。口沿部分缺失，残断处应为多次磕碰形成。口径11、腹径23.4、足径12.8、高33.4厘米，重3500克（图一一七，3；图版七二，1）。

B型Ⅰ式　1件。盘口，扁鼓腹，覆钵形圈足略高。M13b：9，灰白胎，体施青黄釉，釉层较厚，脱落严重，局部保留有较厚的青绿色玻璃质釉。体型较小，为小盘口，细颈，肩腹分界明显，肩部附两对称耳与底部两对穿圆孔对应，扁圆腹，下腹略斜收，高筒状圈足外张，圈足与底结合处呈凹状收束。口外侧、肩、腹及圈足各饰细凹弦纹两道，颈部饰细凹弦纹一道，弦纹均较窄。出土时一耳缺失。口径10.4、腹径21、足径10、高28厘米，重2140克（图一一七，4；图版七二，2）。

瓮　2件。体型差异较大，均为硬陶，器表有褐色陶衣，分属B型Ⅰ式和E型。

B型Ⅰ式　1件。宽沿，圆弧腹，重心偏上。M13a：10，青灰胎。侈口，宽沿斜平，短颈略外张，颈部旋刮规整，体型瘦长，圆弧腹，小平底，器体重心略偏上。体饰方格纹加四圈圆几何形戳印纹，方格纹大而深，近底部纹饰多抹净，肩、腹各饰宽凹弦纹一道。口径19.2、腹径30.1、底径18.6、高32.3厘米，重5880克（图一一七，2；图版七二，3）。

E型　1件。盘口，圆腹。M13a：5，黄褐胎，器表刷有一层褐色陶衣，近盘口，口外

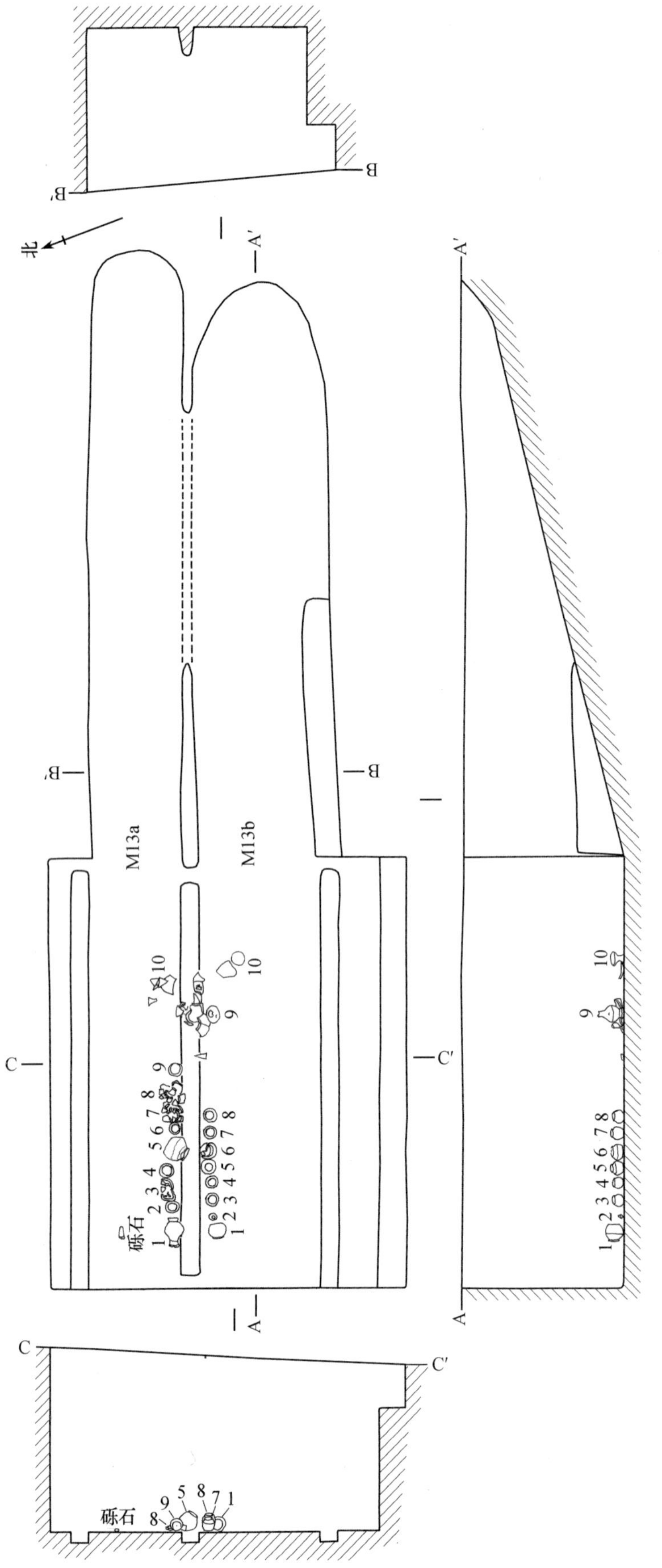

图一一六　M13平、剖面图

M13a：1. 陶壶　2～4、6～9. 陶罐　5、10. 陶瓮

M13b：1、3～8. 陶罐　2. 陶纺轮　9. 陶壶　10. 陶豆

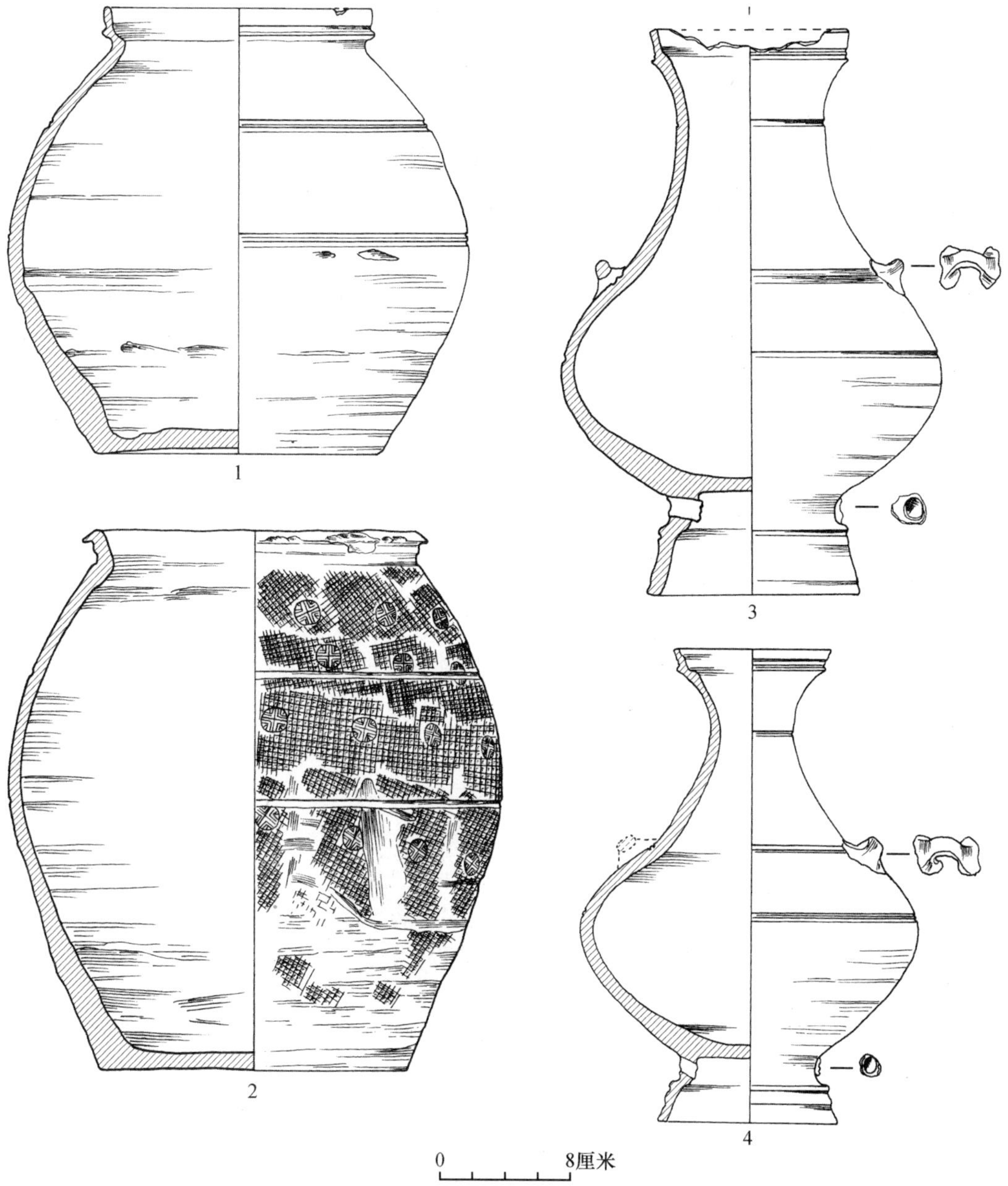

图一一七　M13出土陶器

1. E型瓮（M13a：5）　2. B型Ⅰ式瓮（M13a：10）　3. A型Ⅱ式壶（M13a：1）　4. B型Ⅰ式壶（M13b：9）

侧有凸棱一道，束颈，圆腹，小底微内凹。肩、腹各饰细凹弦纹两道，其余素面。口部有支钉叠烧痕迹。口径16、腹径28.2、底径17.2、高26.4厘米，重5620克（图一一七，1；图版七二，4）。

罐　14件。有硬陶和软陶两种，硬陶均有褐色陶衣，软陶无陶衣。型式较为丰富，分属A型Ⅰ式、A型Ⅱ式、A型Ⅲ式、A型Ⅳ式、B型Ⅱ式、D型Ⅰ式、D型Ⅱ式、Ga型、Ha型几种。

A型Ⅰ式　1件。宽沿，圆腹，上腹丰满，重心偏上。M13b：1，灰白胎较硬，器身局部施青黄釉。体型稍大，口近直，宽沿近平，短直颈稍矮，颈部旋刮规整，肩部较丰满，器体重心略偏上，大底近平。体施方格纹加两圈菱形戳印，腹饰宽凹弦纹一道，近底部纹饰抹净。口有叠烧痕，沿有多处缺口。口径14.6、腹径21、底径15.6、高16.4厘米，重2330克（图一一八，1；图版七三，1）。

A型Ⅱ式　4件。宽沿，圆腹或圆弧腹，重心居中。

M13a：7，黄色胎稍软，胎体较厚。侈口，宽卷沿，近束颈，颈部旋刮规整，腹部圆弧，大平底。体饰方格纹加一圈方几何形戳印，肩部饰宽凹弦纹一道，弦纹较模糊，颈下有点状戳刺。口径12.4、腹径17.6、底径14.2、高13.6厘米，重1200克（图一一八，3；图版七三，2）。

M13a：9，灰白胎较硬，器身局部施青黄釉，流釉严重，底面亦施釉。口微侈，宽沿微卷，短直颈略高，颈部旋刮规整。体饰方格纹加一圈菱形戳印，菱形为三个一组，较模糊，腹饰宽凹弦纹一道。口、底均有叠烧痕迹，沿有多处细碎缺口。口径11.6、腹径16、底径12.4、

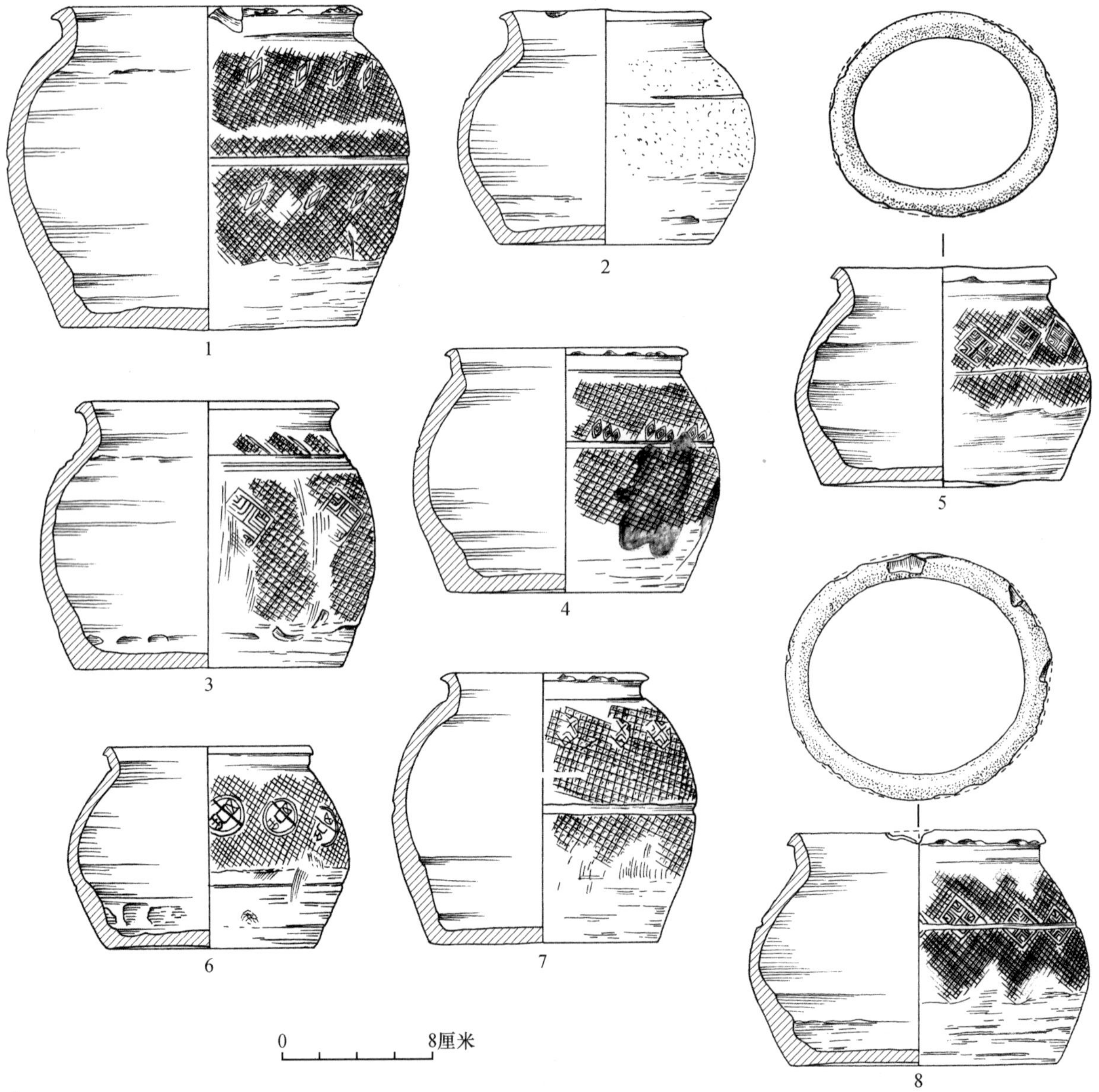

图一一八　M13出土陶罐

1. A型Ⅰ式罐（M13b：1）　2、7. A型Ⅱ式罐（M13b：5、M13b：7）　3、4. A型Ⅱ式罐（M13a：7、M13a：9）　5、8. A型Ⅲ式罐（M13a：2、M13b：6）　6. A型Ⅳ式罐（M13b：4）

高12.4厘米，重1180克（图一一八，4；图版七三，3、4）。

M13b：5，黄色胎较软，火候较低。口微侈，宽沿近平，短直颈旋刮规整，圆腹丰满，底略小。肩部饰细弦纹一道，其余素面。口径10、腹径15.6、底径10.8、高11.8厘米。残重680克（图一一八，2；图版七三，5）。

M13b：7，体型略小，灰白胎较硬。小口微侈，宽沿近平，短直颈稍矮，颈部旋刮规整。圆肩丰满，腹部圆弧，平底。体饰方格纹加一圈方几何形戳印，戳印纹较模糊，腹饰宽凹弦纹一道。口沿有零星磕碰缺口。口径9.5、腹径15.8、底径12、高13.8厘米，重1190克（图一一八，7；图版七三，6）。

A型Ⅲ式　2件。体型宽矮，窄沿，圆腹，重心偏下。

M13a：2，灰白胎较硬，火候较高。器体变形严重，侈口，窄沿斜折，口与沿之间夹角较尖锐，短直颈旋刮规整，圆腹，最大径偏下，大平底。体饰方格纹加方几何形戳印，腹饰细凹弦纹一道。口径10.4～11.6、腹径15.4、底径12.5、高11.2厘米，重820克（图一一八，5；图版七四，1、2）。

M13b：6，灰白胎较硬，器体因烧制略有变形。侈口，窄沿斜折，短直颈旋刮规整，肩微溜，圆腹大底，重心略偏下。体饰方格纹加一圈方几何形戳印，腹饰宽凹弦纹一道，下腹刮胎，纹饰刮净。口沿有多处缺口。口径12.6～14、腹径17.6、底径13.8、高11.9厘米，重1050克（图一一八，8；图版七四，3）。

A型Ⅳ式　1件。唇沿较窄，圆腹。M13b：4，黄褐胎，胎体轻薄。侈口，尖唇，颈较短，略外张，颈部旋刮规整，圆腹，重心略偏下，下腹刮胎明显，底微内凹，底面边缘凸起一圈。体饰方格纹加五铢钱戳印，“五”字交笔较直，“铢”字用“金”字旁代替，下腹饰细凹弦纹一道。沿微残。口径10.6、腹径14.7、底径11.2、高10.2厘米，重580克（图一一八，6；图版七四，4）。

B型Ⅱ式　1件。窄沿，弧腹。M13a：8，黄色软陶，火候较底。体型显瘦长，器体略有变形，侈口，窄沿斜折，短直颈较高，颈部旋刮规整，弧腹，底近平。体饰大方格纹加大方形戳印，腹饰宽凹弦纹一道，近底部纹饰抹净。口径12、腹径16.1、底径12.8、高14.4厘米，重1000克（图一一九，1；图版七四，5）。

D型Ⅰ式　1件。宽沿，圆腹溜垂。M13a：3，灰白胎，局部施青黄釉，釉多已脱落。口近直，宽平沿，短直颈稍高，颈部旋刮规整，溜肩，圆腹下垂，底微内凹。体饰方格纹加一圈方形戳印，近底部纹饰抹净。口沿有多处缺口。口径10.8、腹径16.7、底径11.8、高12.8厘米，重1140克（图一一九，2；图版七四，6）。

D型Ⅱ式　2件。窄沿，溜垂腹。

M13b：3，灰白胎。口微侈，窄沿尖斜，口与沿之间夹角较尖锐，短直颈较矮，颈部旋刮规整，圆腹下坠，底近平，重心偏下。外底面有釉，且有叠烧痕。口径11.2、腹径15.4、底径11.6、高10.8厘米，残重820克（图一一九，5；图版七五，1）。

M13a：4，灰白胎。口微侈，窄沿斜折，短直颈稍高，颈部旋刮规整，溜肩，大圆腹下垂，大底近平。体饰方格纹加一圈方几何形戳印，戳印较大，下腹纹饰抹净。口沿有锯齿状小缺口。口径11.2、腹径16.2、底径13、高11.5厘米，重1100克（图一一九，3；图版七五，2）。

Ga型　1件。侈口，大圆腹下垂。M13a：6，灰白胎，器体变形严重。大底近平，最大径偏下。肩、腹各细饰凹弦纹一道，其余素面。口沿有多处缺口。口径10.2、腹径17.2、底径12.5、高11.6厘米，重1190克（图一一九，4；图版七五，3）。

Ha型　1件。小盘口，口外有凸棱。M13b：8，夹砂黄褐胎稍软，火候略低，器表有褐色陶衣。盘口不明显，溜肩，鼓腹下垂，底近平。肩饰细凹弦纹两道，腹饰细凹弦纹一道，弦纹均较窄，边缘不涂抹，较锐利。口有支钉痕。口径10.2、腹径16、底径12.2、高12.2厘米，重980克（图一一九，6；图版七五，4）。

豆　1件。M13b：10，黄褐胎较硬，火候略高。器身因烧制略有变形。浅盘，实心柱状柄，覆钵形圈足大部残失。盘径12～12.7、足径9.8、高10.6厘米，重390克（图一一九，7；图版七五，5）。

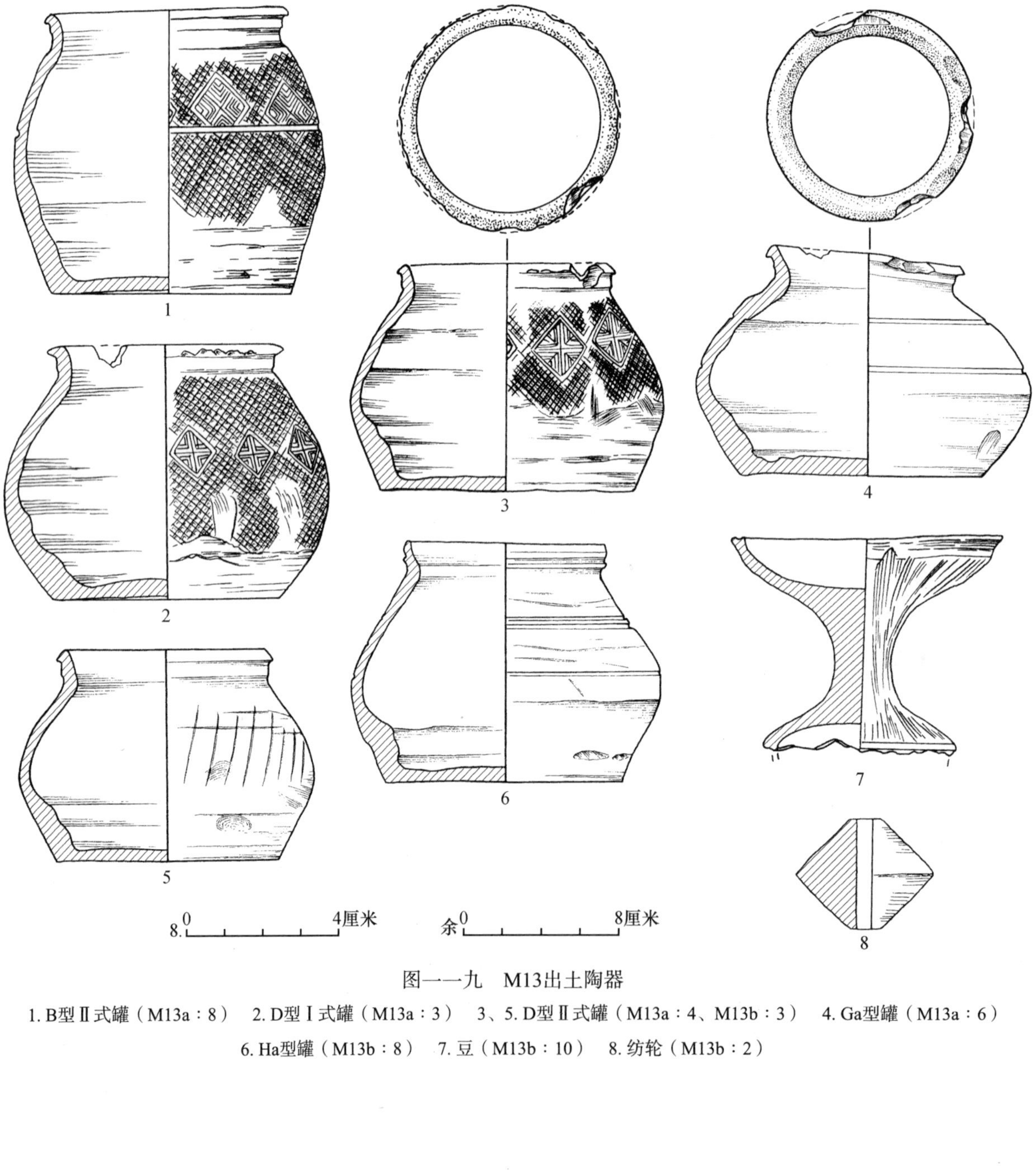

图一一九　M13出土陶器

1. B型Ⅱ式罐（M13a：8）　2. D型Ⅰ式罐（M13a：3）　3、5. D型Ⅱ式罐（M13a：4、M13b：3）　4. Ga型罐（M13a：6）　6. Ha型罐（M13b：8）　7. 豆（M13b：10）　8. 纺轮（M13b：2）

纺轮　1件。M13b：2，青灰色硬陶，火候较高，体施青黄釉。体呈算珠形，两端均较小，中间棱角较锐。最大径3.6、孔径0.4、高2.9厘米，重27克（图一一九，8；图版七五，6）。

（二）M32

1. 墓葬概况

位于凉伞岭岭顶南部缓坡上，海拔约260米。发掘前地表有直径约10、高约1.5米的封土堆。封土采用堆筑方式筑成，土质较疏松。墓葬横向垂直于缓坡，与其他大部分墓葬朝向西面开阔的思勤江河谷不同，该墓朝向山后高耸陡直的东岭山脉，方向130°。

该墓为双墓道同穴合葬墓。墓室平面呈长方形，长4.16、宽3.26米，依坡势左右两侧深2～2.3米。墓底两侧及前端各有一条枕木沟，其中两侧枕木沟宽度均为0.2、深0.08米，后端直抵墓壁，前端与一条宽0.4、深0.1米的横向枕木沟相通。墓室中间有三个等距纵向排列的柱洞，将墓室分隔成左右两个部分。两部分各自设置墓道及摆放随葬品，为记录方便，将左侧部分编号为M32a，右侧编号为M32b。

墓道整体平面近梯形，为双墓道并列结构，两侧壁不甚规整。总长7.2、前端宽1.6、后端宽2.4米。墓道上部连为一体，下部中间尚保留一条生土隔墙，生土隔墙与墓室中部纵列柱洞对齐，将墓道一分为二，生土隔墙前端保留较差，大部仅略微凸起，后端保存较多，最高处达1米。两条墓道前端均不甚规整，底部深度一致，均自墓底起斜坡，坡度相同，均为10°左右。

墓葬采用原坑土回填，墓壁两侧填土有夯打现象，夯打程度不一，当为夯填椁室与墓坑之间的空隙所致，在填土内发现铁锸1件，可能为筑墓时遗弃。值得注意的是，在发掘过程中虽经屡次辨识，但从填土颜色还是无法分辨出墓室的分室及分墓道情况，推测墓葬应为一次性构筑而成。虽然发掘时未见棺椁葬具痕迹，但从种种迹象判断，该墓显然是有棺椁的，墓室中部的三个纵列柱洞应当用于分隔椁室之用。

随葬器物共13件，计有壶2、瓮1、罐8、瓿1、纺轮1件。其中M32a随葬器物4件，均摆放于墓室前端，除陶纺轮落入柱洞内外，其余3件均较集中，分别为陶壶、陶罐、陶瓿；M32b共随葬器物9件，分两列摆放于墓室后部左侧，摆放相对整齐，计有罐7、瓮1、壶1件（图一二〇；图版七六）。

另外在墓室后部左右两室还各发现砾石1件，体型均较小，略呈椭圆形，长12～15厘米，重270～300克。

2. 出土器物

壶　2件。其中1件口及圈足均残缺，形制不明，另1件属C型。

M32b：5，灰白胎较硬，器表有褐色陶衣，局部施青黄釉，釉层基本脱落。体型较大，口部和圈足出土时已完全残缺，从残断面看，似为多次敲击形成。器身形态为大扁圆腹，肩腹过

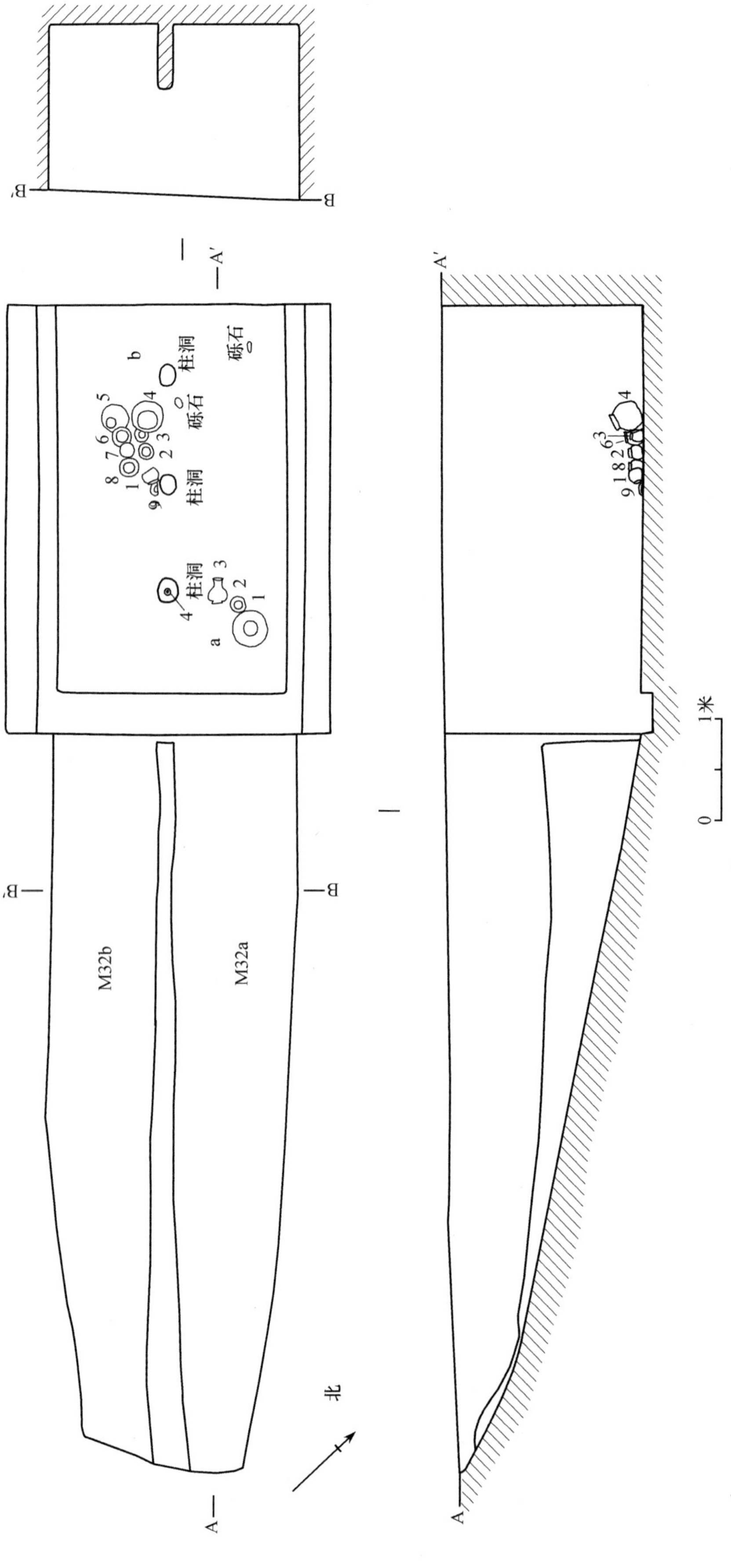

图一二〇　M32平、剖面图

M32a：1. 陶瓿　2. 陶罐　3. 陶壶　4. 陶纺轮

M32b：1～3、6～9. 陶罐　4. 陶瓮　5. 陶壶

渡明显，肩部横置两对称耳与底部两对穿圆孔对应。颈部饰凹弦纹一道，肩及腹部上下各饰宽凹弦纹两道。腹径26.6、残高27.6厘米，残重3560克（图一二一，2；图版七七，1～3）。

C型　1件。体型较小，子口，扁圆腹。M32a：3，灰白胎较硬，器表有褐色陶衣，局部施青黄釉，釉层较薄，多已脱落。口沿及圈足局部残缺，缺口较细碎，应为多次磕碰形成。器身形态为子口，粗颈，肩部横置两对称耳与底部两对穿圆孔对应；扁圆腹，筒状圈足近直，圈足与底之间呈凹状收束。颈部饰宽凹弦纹一道，肩、腹上下及圈足各饰宽凹弦纹两道。口径10.4、腹径22、足径13、残高26.4厘米，残重2130克（图一二一，1；图版七七，4）。

瓮　1件。窄沿，圆弧腹，重心略偏上，属B型Ⅱ式。M32b：4，灰白胎较硬，器表有褐色陶衣，局部施青黄釉。窄沿斜折，口沿略变形，呈波浪状起伏，短颈外张，圆弧腹，底稍小。体饰方格纹加三圈方几何形戳印，腹饰宽凹弦纹一道。口沿有多处磕碰形成的缺口。口径20、

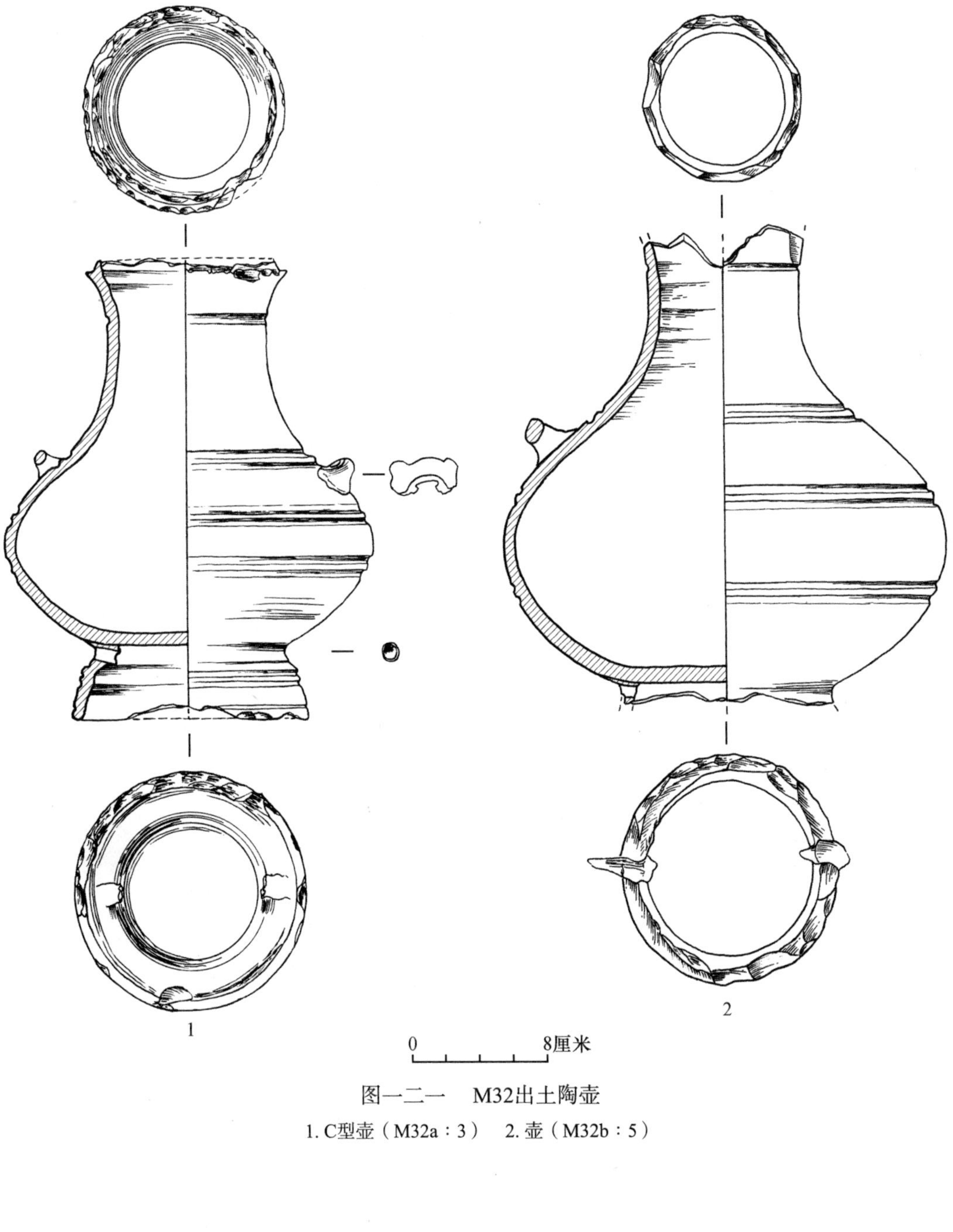

图一二一　M32出土陶壶

1. C型壶（M32a：3）　2. 壶（M32b：5）

腹径31.6、底径22.4、高30厘米，重5440克（图一二二，1；图版七七，5）。

罐　8件。有硬陶和软陶两种，硬陶器表均有陶衣，软陶无陶衣。型式较为丰富，分属A型Ⅱ式、A型Ⅲ式、D型Ⅱ式、D型Ⅲ式、E型Ⅰ式和F型Ⅰ式。

A型Ⅱ式　2件。宽沿，圆腹，重心居中。

M32a：2，灰白胎较硬。体型略显瘦长，口近直，宽沿近平，短直颈旋刮规整，圆弧腹，底微内凹。体饰方格纹加一圈圆几何形戳印，方格纹较细碎零星，腹饰宽凹弦纹一道，下腹纹

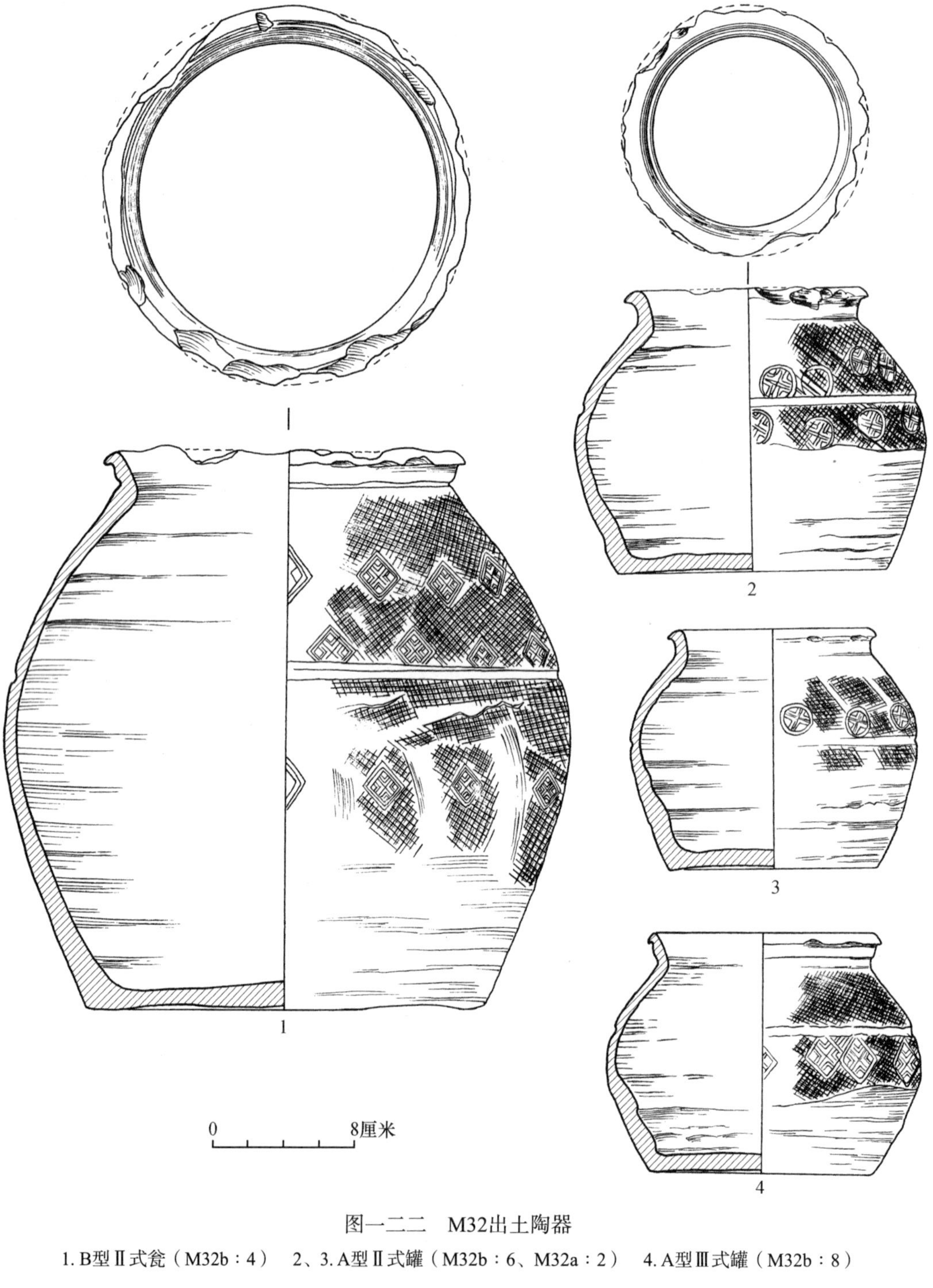

图一二二　M32出土陶器

1. B型Ⅱ式瓮（M32b：4）　2、3. A型Ⅱ式罐（M32b：6、M32a：2）　4. A型Ⅲ式罐（M32b：8）

饰抹净。口沿有零星缺口。口径11.4、腹径15.8、底径11.6、高13厘米，重1100克（图一二二，3；图版七八，1）。

M32b：6，红色胎稍硬。体型稍大，口微侈，宽沿近平，颈稍短，颈部旋刮规整，腹较圆，底稍大，底面微内凹。体饰方格纹加两圈圆几何形戳印，腹饰宽凹弦纹一道，下腹刮胎，纹饰刮净。口沿有多处缺口。口径13.3、腹径19.3、底径15、高15.4厘米，重1670克（图一二二，2；图版七八，2）。

A型Ⅲ式　1件。窄沿，圆腹居中。M32b：8，灰白胎较硬。侈口，窄沿稍卷，短颈略外张，颈部旋削规整，圆腹略鼓，平底。体饰方格纹加一圈方几何形戳印，腹饰凹弦纹一道，弦纹稍宽，边缘未抹平，较锐利，下腹刮胎，纹饰刮净。口沿有支钉痕。口径13、腹径17.4、底径12.4、高13厘米，重1020克（图一二二，4；图版七八，3）。

D型Ⅱ式　1件。窄沿，肩微溜，大腹略下垂。M32b：3，青灰胎较硬。侈口，窄沿斜折，短直颈略外张，颈部旋刮规整，溜肩，大腹重心偏下，下腹刮胎严重，大底微内凹。体饰方格纹加一圈方几何形戳印，下腹纹饰刮净。口沿有零星磕碰形成的缺口。口径11.4、腹径16.6、底径12.2、高11.4厘米，重910克（图一二三，1；图版七八，4）。

D型Ⅲ式　2件。唇沿较窄，溜肩，腹部下垂严重。

M32b：7，黄色软陶，火候较低。侈口，尖唇，短颈略外张，颈部旋刮规整，溜肩，大腹下坠，大底内凹。体饰方格纹，方格纹较模糊。口径11、腹径16、底径12.2、高12.4厘米，重890克（图一二三，2；图版七八，5）。

M32b：9，灰白胎较厚，火候较高。口微敞，圆唇，短颈略高，颈部旋刮规整，溜肩，腹下坠，下腹刮胎，平底。体饰方格纹加一圈方形戳印，近底部纹饰刮净。口径9.8、腹径13、底径9、高10.6厘米，重1030克（图一二三，3；图版七八，6）。

E型Ⅰ式　1件。宽沿，圆腹丰满下坠。M32b：1，灰白胎较硬。直口，宽沿近平，短直颈略高，颈部旋刮规整，大圆腹较饱满，腹略下垂，底面边缘凸起一圈。肩饰宽凹弦纹一道。口沿有零星缺口。口径11.4、腹径17.7、底径12.3、高13厘米，重1240克（图一二三，5；图版七九，1、2）。

F型Ⅰ式　1件。体型略显瘦长，窄沿，鼓腹，重心居中。M32b：2，灰白胎较硬。侈口，窄沿略斜，短颈稍高，颈部旋刮规整，鼓腹，重心居中，底近平。腹饰宽凹弦纹一道，其余素面。口沿有零星缺口。口径10.8、腹径15.3、底径10.4、高12.2厘米，重1040克（图一二三，4；图版七九，3）。

瓿　1件。圆腹，属B型。M32a：1，黄褐胎稍软，火候略低。体型较大，直口，方唇，肩部微溜，大圆腹略下坠，最大径偏下，大平底，上腹纵置两对称宽带状耳。肩、腹各饰两道宽凹弦纹。口径14.3、腹径34.2、底径21.8、高26厘米，重5650克（图一二四，1；图版七九，4）。

纺轮　1件。M32a：4，灰褐胎较硬。体型较大，呈算珠形，两端较平，中间凸起较锐。直径4、高3.2厘米，重38克（图一二四，2；图版七九，5）。

铁锸　1件。M32：1，出土于墓室填土内。锈蚀严重，体呈凹字形，方銎，截面呈三角形，圆弧刃较锋利。宽10.6、高8厘米，重100克（图一二四，3；图版七九，6）。

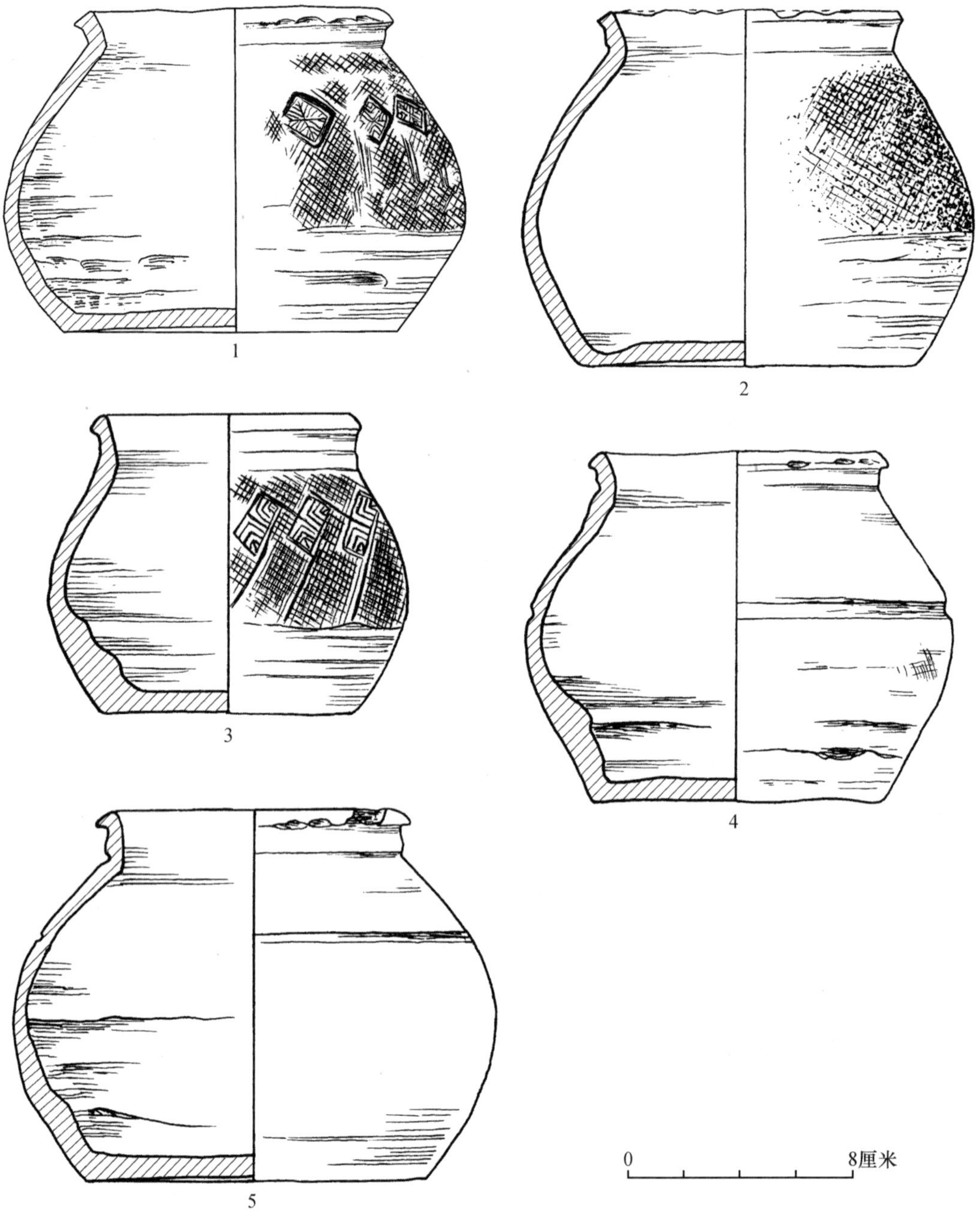

图一二三　M32出土陶罐

1. D型Ⅱ式罐（M32b：3）　2、3. D型Ⅲ式罐（M32b：7、M32b：9）　4. F型Ⅰ式罐（M32b：2）　5. E型Ⅰ式罐（M32b：1）

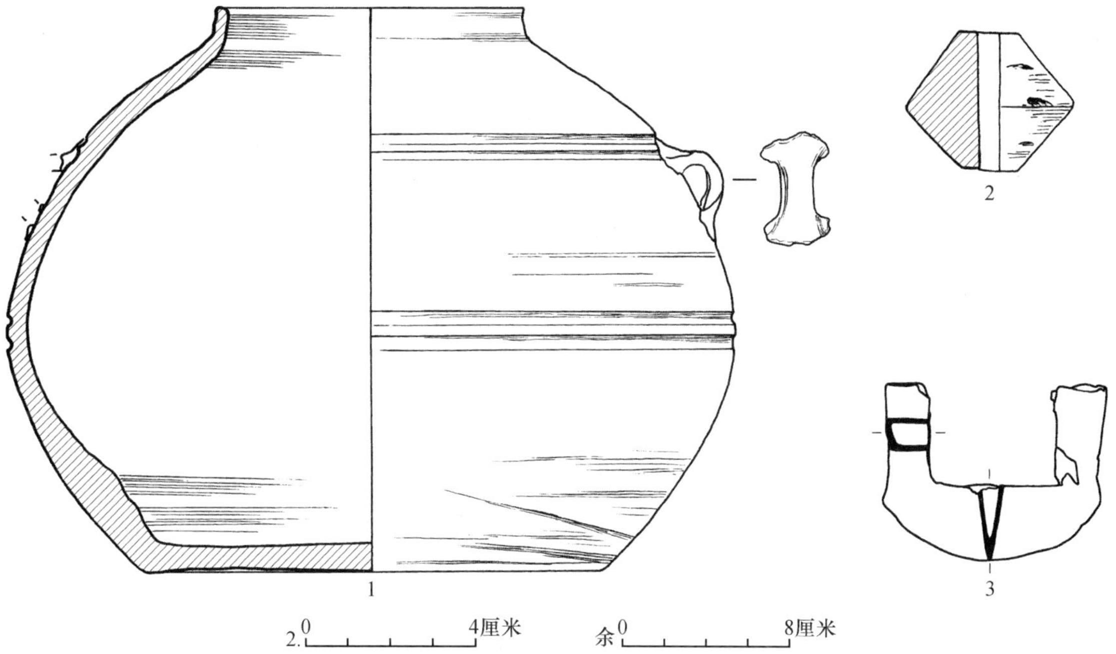

图一二四　M32出土器物

1. B型瓿（M32a：1）　2. 纺轮（M32a：4）　3. 铁锸（M32：1）

（三）M33

1. 墓葬概况

位于凉伞岭岭顶南面缓坡上，海拔约260米。发掘前地表有馒头状封土，封土长11、宽6、高1米。采用堆筑方式筑成，偶有炭粒出现，较疏松。墓葬横向垂直于缓坡，与其他墓葬大多朝向西面开阔的思勤江河谷不同，该墓朝向山后高耸的东岭山脉，方向122°。

该墓为双并列墓道同穴合葬墓，墓室平面呈长方形，长4.6、宽3.2、深2.4米。墓底两侧及中间共设有三道纵向枕木沟，其后部均直抵后壁，前端与横向枕木沟相通。以中间枕木沟为界，墓室等分为左右两部分，两部分各自设置墓道及放置随葬品，其中左侧编号为M33a、右侧编号为M33b。

墓道平面呈长方形，为双墓道并列结构。总长7、宽2.6米。墓道上部连为一体，下部靠近墓室部位残留有厚约0.15、最高达0.86米的生土隔墙。生土隔墙与墓室中间枕木沟对齐。两条墓道底部平齐，均为斜坡式，自墓底起斜坡，坡度为25°。

墓葬采用原坑土回填，靠近墓壁填土稍经夯打，当为填实木椁与墓坑之间的缝隙所致。发掘时从填土土质土色无法区分出墓葬的分室及分墓道情况，因此推测墓葬应为一次性构筑而成。

随葬器物共17件，计有瓮1、罐13、壶1、五联罐1、纺轮1件。器物均分室摆放，其中M33a随葬器物6件，计有瓮1、罐4、五联罐1件，器物均沿中间枕木沟纵向排列，除陶瓮外，大部分器物跌落于中间枕木沟内，出土时多已碎裂。M33b随葬器物11件，除1件陶罐位于墓室前端正中外，其余均摆放于墓室后部右侧枕木沟旁。出土时形态保存基本完整，计有罐9、壶1、纺轮1件，另有瓮底残片1件（图一二五；图版八〇）。

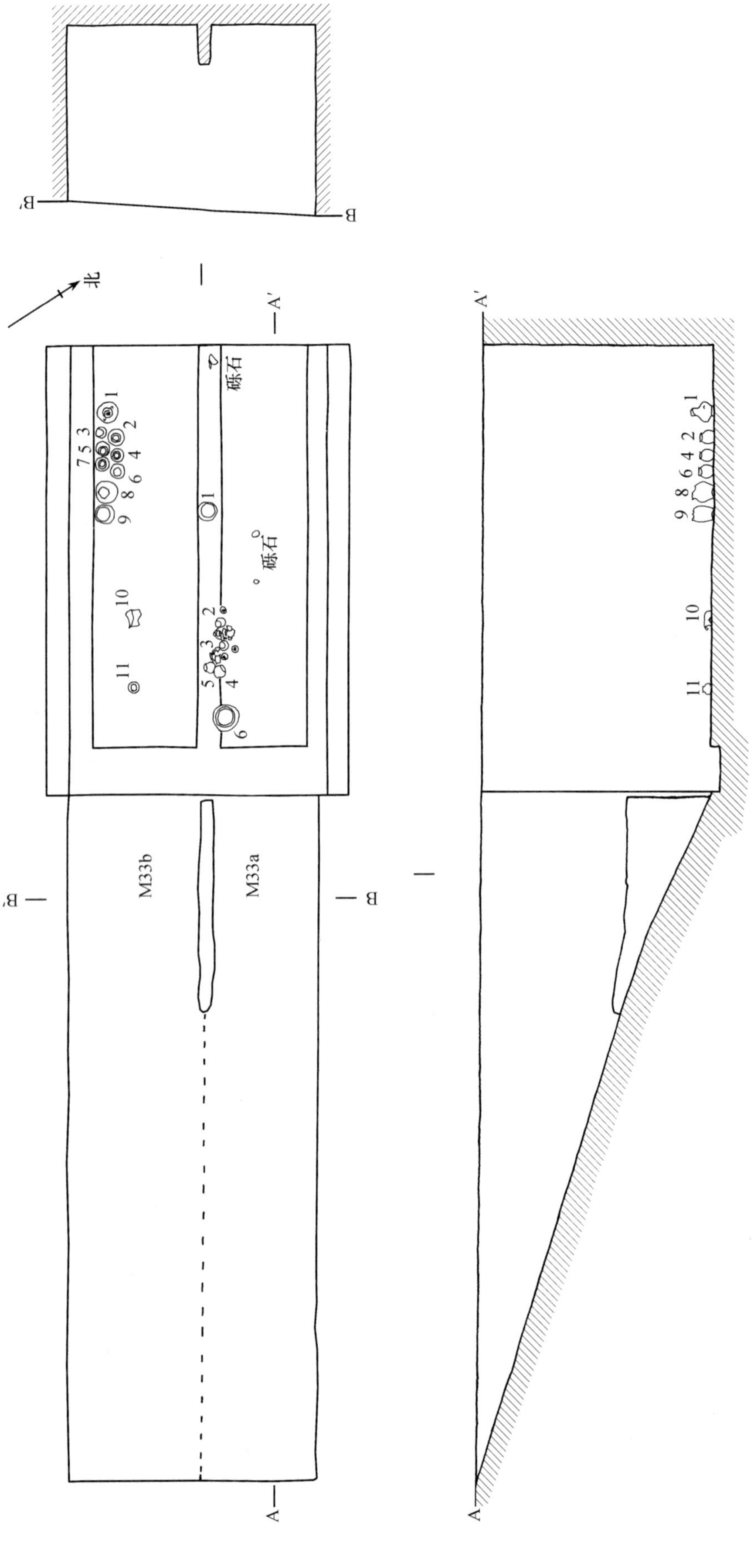

图一二五　M33平、剖面图

M33a：1、3～5. 陶罐　2. 陶五联罐　6. 陶瓮

M33b：1. 陶壶　2～9、11. 陶罐　10. 陶纺轮

另外在墓底还发现小砾石4件，其中2件位于M33a中部，另2件位于中间枕木沟后部。体形均较小，形态不规则，大小不一，最大者长15、宽8厘米，重400克；最小者长10、宽6厘米，重280克。

2. 出土器物

瓮　1件。窄沿，圆弧腹，属B型Ⅱ式。M33a：6，灰白胎较硬，火候较高。侈口，窄沿略卷，短颈不旋刮，颈部保留有方格纹，长弧腹，重心居中，底稍小，底面略内凹。体饰方格纹加六圈方几何形戳印，方格纹及戳印均大而深，近底部纹饰抹净，腹上下共饰宽凹弦纹两道。底部有支钉痕。口径18.7、腹径31、底径20.7、高30.2厘米，重5110克（图一二六，1；图版八一，1）。

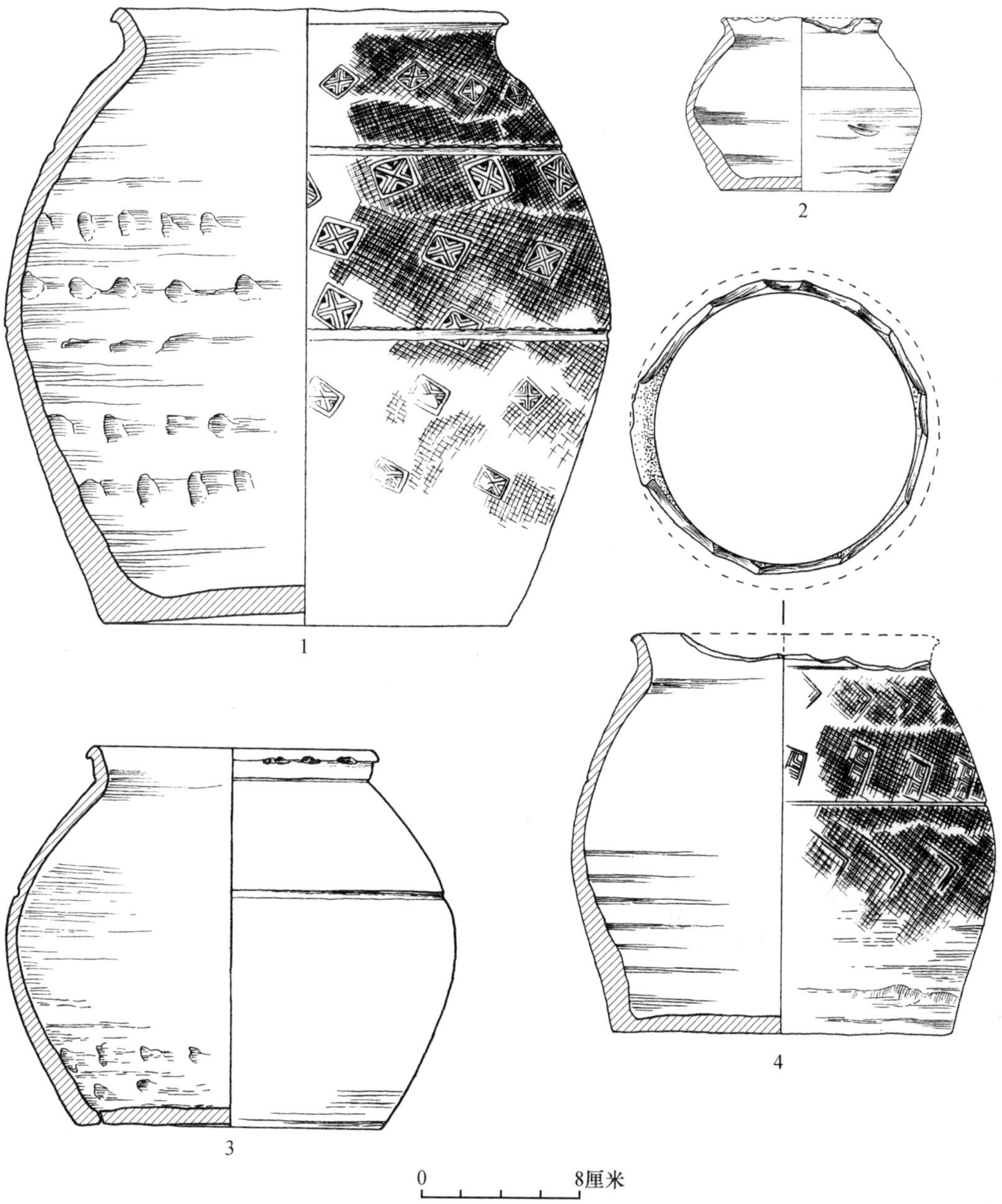

图一二六　M33出土陶器

1. B型Ⅱ式瓮（M33a：6）　2. A型Ⅳ式罐（M33b：11）　3. A型Ⅲ式罐（M33a：1）　4. B型Ⅱ式罐（M33b：9）

罐　13件。胎有稍软和较硬两种，器表多有褐色陶衣。型式较为丰富，分属A型Ⅲ式、A型Ⅳ式、B型Ⅱ式、D型Ⅲ式、E型Ⅰ式、E型Ⅱ式、F型Ⅱ式、Hb型几种。

A型Ⅲ式　1件。窄沿，圆腹。M33a：1，黄色胎稍软，器表有褐色陶衣。体型较大，侈口，窄沿略卷，短直颈稍高，大圆腹较丰满，最大径居中。腹饰宽凹弦纹一道，其余素面。口径14.8、腹径22.8、底径15.6、高18.8厘米，重1820克（图一二六，3；图版八一，2）。

A型Ⅳ式　1件。沿不明显，圆腹。M33b：11，黄色胎稍软，火候较低，器表无陶衣。侈口，近圆唇，束颈，颈部旋刮规整，圆腹略鼓，重心略偏下，底微内凹。腹饰细凹弦纹一道。沿大部缺失。口径8.3、腹径12、底径8.8、高8.7厘米，残重450克（图一二六，2；图版八一，3）。

B型Ⅱ式　1件。窄沿，弧腹。M33b：9，黄色胎稍软，火候略低，器身局部有黑色烟管。体型较大，口微侈，近圆唇，弧腹，重心偏下，大平底。体饰方格纹加三圈方几何形戳印，戳印大多仅压印一角，腹饰细凹弦纹一道，弦纹浅而模糊，近底部纹饰刮净。口沿绝大部分缺失，残缺处有烟管。口径15.8、腹径21.7、底径17.6、高19.8厘米，残重2100克（图一二六，4；图版八一，4）。

D型Ⅲ式　2件。窄沿近无，溜肩，腹部下垂严重。

M33a：5，黄色胎稍软，胎体轻薄，火候略低，器表有灰白色陶衣。体型较小，口近直，窄沿近无，短直颈旋刮规整，溜肩，鼓腹下坠，底微内凹。通体素面。口沿有零星小缺口。口径8.8、腹径14.2、底径9.2、高10.7厘米，重710克（图一二七，3；图版八一，5）。

M33b：4，灰白胎较硬，火候较高，器表有褐色陶衣。侈口，尖唇，束颈，溜肩，鼓腹下坠，下腹刮胎严重，大底内凹。体饰方格纹，下腹纹饰刮净。口沿有零星小缺口。口径9.3、腹径14.7、底径11、高10.7厘米，重740克（图一二七，4；图版八一，6）。

E型Ⅰ式　1件。宽沿，圆腹下垂。M33b：6，灰白胎较硬，火候较高，器表有褐色陶衣。口近直，宽沿近平，沿大部缺失，短颈旋刮规整，圆腹丰满下垂，大底微内凹。体饰方格纹，腹饰宽凹弦纹一道，下腹纹饰抹净。口径11、腹径16.5、底径13.2、高10.6厘米，重800克（图一二七，1；图版八二，1）。

E型Ⅱ式　1件。窄沿，圆腹下垂。M33b：2，灰白胎较硬，火候较高，器表有褐色陶衣。口微侈，窄沿斜折，短直颈略高，颈部旋刮规整。圆腹丰满下坠，大底微内凹。腹饰细凹弦纹一道，其余素面。口沿有零星小缺口。口径9.6、腹径15.7、底径11.6、高11.3厘米，重900克（图一二七，2；图版八二，2）。

F型Ⅱ式　5件。体型略显瘦长，沿近无，近尖唇或圆唇，长鼓腹，重心偏下。

M33a：3，体型较小，黄褐胎稍软，火候略低，器表有褐色陶衣。近直口，沿近无，略下卷，短直颈旋刮规整，鼓腹，小平底，重心略偏下。通体素面。口径10.2、腹径14、底径10.2、高12厘米，重790克（图一二八，3；图版八二，3）。

M33a：4，体型较小，黄褐胎较硬，器表有褐色陶衣。口微侈，尖唇，短颈略外张，弧腹略鼓，大平底，重心偏下。通体素面。口径9.6、腹径14.2、底径11.7、高11.7厘米，重860克（图一二八，4；图版八二，4）。

M33b：3，体型较小，灰白胎较硬，器表有褐色陶衣。侈口，尖唇，短颈外张，颈部旋

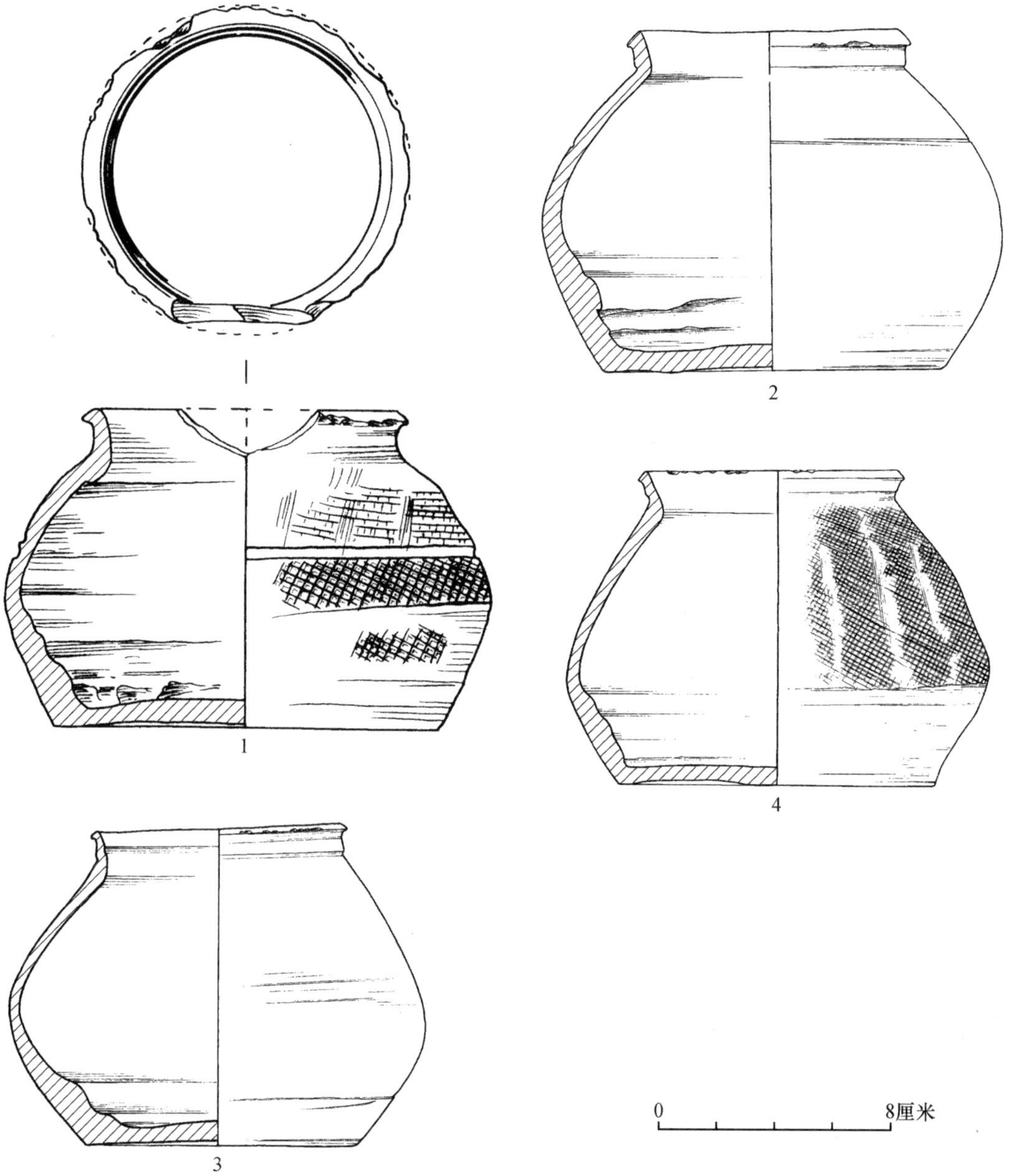

图一二七　M33出土陶罐

1. E型Ⅰ式罐（M33b：6）　2. E型Ⅱ式罐（M33b：2）　3、4. D型Ⅲ式罐（M33a：5、M33b：4）

刮规整，圆弧腹，腹最大径偏下，外底边缘凸起一圈，底面不平。通体素面。口径8.6、腹径11.3、底径8.2、高8.8厘米，重440克（图一二八，5；图版八二，5）。

M33b：5，青灰胎较硬，火候较高，器表有褐色陶衣。器体不甚规整，侈口，尖唇，短直颈旋刮规整，鼓腹，重心偏下，下腹刮胎严重，底近平。体饰方格纹加一圈三角形戳印，腹饰细凹弦纹一道，下腹刮胎严重，纹饰刮净。口径10.3、腹径14.8、底径11.7、高11.6厘米，重820克（图一二八，2；图版八二，6）。

M33b：7，灰白胎较硬，胎体较薄，火候较高，器表有褐色陶衣，局部施青黄釉，釉面多已脱落。侈口，尖唇，短颈略外张，颈部旋刮规整，鼓腹，重心偏下，下腹因刮胎严重而略折。体饰方格纹加一圈方几何形戳印，腹饰细凹弦纹一道，肩部有一处“兀”字形刻划符号，下腹纹饰刮净。口径11.1、腹径14.6、底径11.4、高10.7厘米，重830克（图一二八，6；图版八三，1）。

Hb型　1件。大盘口，口外有凸棱。M33b：8，灰白胎较硬，器表有褐色陶衣，腹部粘连有几块较大的玻璃质窑渣。口部变形严重，大盘口呈花口状，口沿外有凸棱一道，溜肩，大鼓垂腹，底微内凹。肩、腹各饰细凹弦纹一道，其余素面。盘口大部缺失，残缺部位有烟筲，当为下葬前形成。口径14、腹径22.2、底径13.9、高17.8厘米，残重1870克（图一二八，1；图版

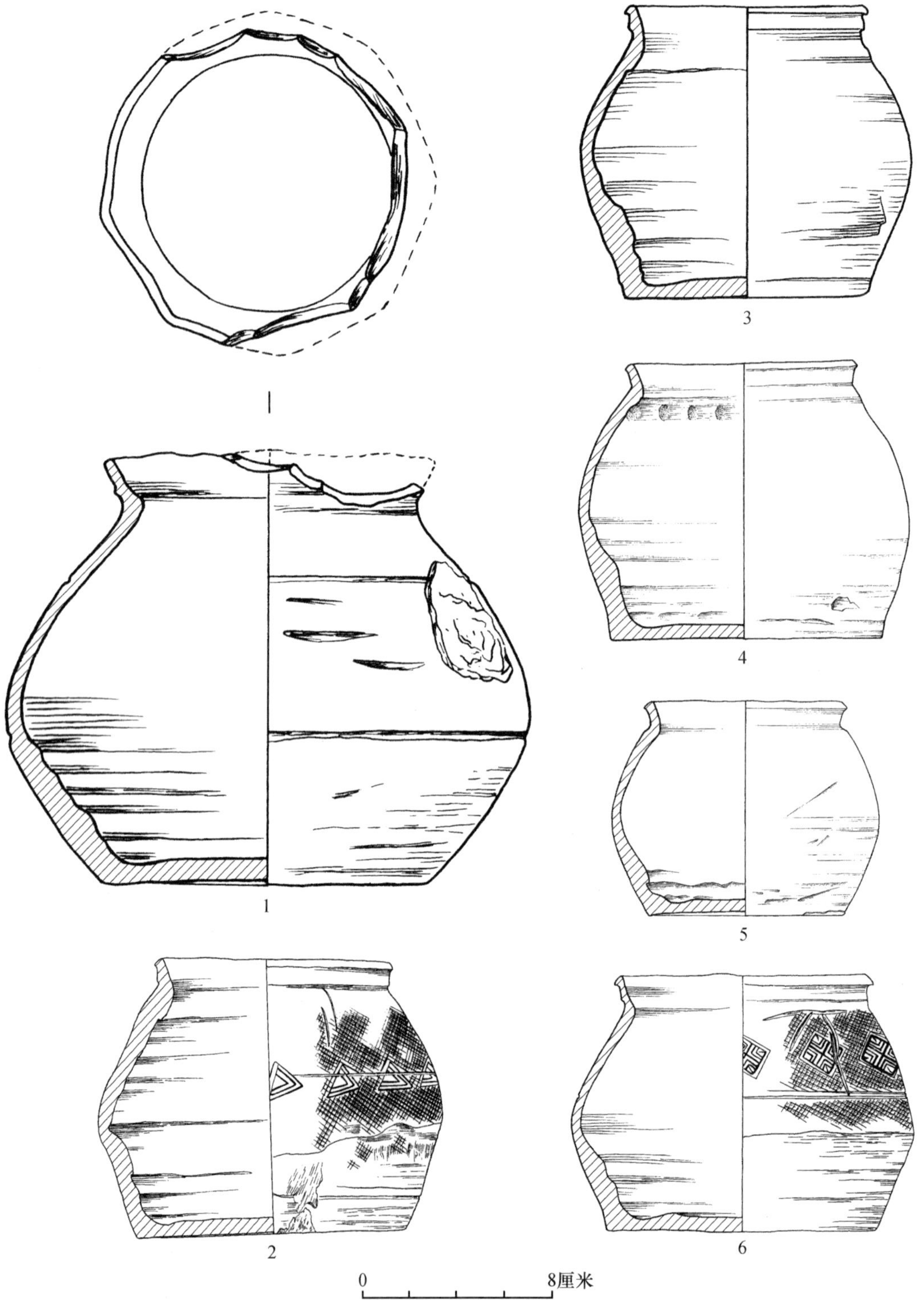

图一二八　M33出土陶罐

1. Hb型罐（M33b：8）　2～6. F型Ⅱ式罐（M33b：5、M33a：3、M33a：4、M33b：3、M33b：7）

八三，2）。

壶 1件。盘口，扁鼓腹，覆钵形圈足略高，属B型Ⅰ式。M33b：1，灰白胎较硬，火候较高，器表局部有褐色陶衣。小盘口，细颈，肩腹分界明显，肩部附两对称耳与底部两个小对穿圆孔对应，圆腹较扁，高筒状圈足略外张，圈足与底结合处呈凹状收束。口外侧及肩部各饰细凹弦纹两道，颈、腹各饰细凹弦纹一道，圈足不饰弦纹。口沿有细小缺口。口径10.2、腹径19.2、足径10.2、高24厘米，重1790千克（图一二九，1；图版八三，3）。

五联罐 1件。鸟形立纽，鼓垂腹，平底，属A型。M33a：2，黄色胎稍软，火候略低，器表有褐色陶衣，部分陶衣脱落。器体系以四个大小形制相同的小罐以陶土黏结而成，中间嵌入一个体型稍小的罐，黏结部位捏制规整。小罐均带盖，盖为子口，盖面弧隆，大小不一，顶部正中有鸟形立纽；罐体为敛口，方唇，溜肩，垂腹，平底。通长20、通宽20、通高10.4厘米（图一二九，3；图版八三，5）。

纺轮 1件。M33b：10，青灰胎较硬，火候较高，体呈算珠形。直径3.4、高2.8厘米，重22克（图一二九，2；图版八三，4）。

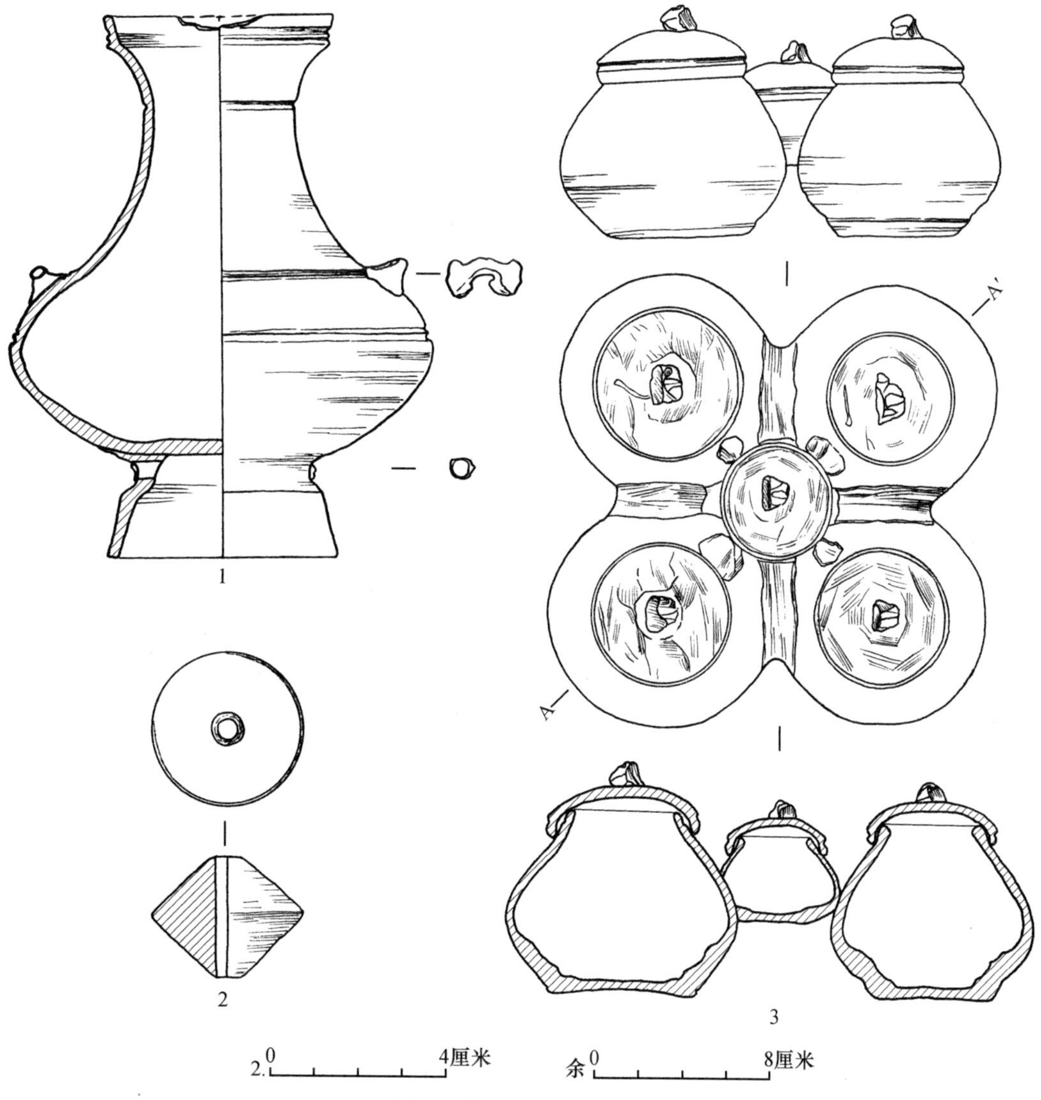

图一二九 M33出土器物

1. B型Ⅰ式壶（M33b：1） 2. 纺轮（M33b：10） 3. A型五联罐（M33a：2）

第三节　小　　结

本期墓葬由西汉中期发展演变而来，中期墓葬一旦确定，则晚期墓葬的推定也就相对容易了。

关于本期墓葬的特征在本章第一节中已经做了大量介绍，在此再稍作归纳。

整体而言，本期墓葬类型较中期已大为减少，墓葬规模和随葬品数量表现也更加均衡。随葬器物种类较中期亦有大幅减少，但瓮、罐、壶组合较中期有所强化。陶器胎质整体变化不大，但纹饰种类较中期大幅减少，方格纹和凹弦纹亦不如中期普遍，戳印纹在方格纹陶器中的比例虽有所增加，但戳印种类却远不如中期丰富，且主要戳印类型由中期的圆几何形和方几何形大致相当发展到以方几何形戳印占绝对主流；弦纹亦由中期的宽弦纹占绝对多数到宽、窄数量相当。在器形特征方面，本期瓮、罐类陶器由中期的宽沿形态演变为窄沿为主，陶瓮腹部由圆向长弧演变，陶罐腹部由圆润为主到以棱角分明的鼓、折、垂等形态居多，重心由偏上或居中为主到普遍偏下、由轻微抹胎到普遍刮胎。陶壶中开始出现盘口的形态，且腹部由圆腹到以扁圆为主，圈足弦纹装饰大部消失。

从以上归纳可以看出，本期墓葬不仅与西汉中期墓存在较为明确的发展演变关系，而且在时代特征方面与两广西汉晚期墓亦较为一致。鉴于广西西汉晚期墓葬发表资料较多，在此不再进行一一对比，下面就本期墓葬的相对早晚关系略作介绍。

在本期墓葬中，M11、M13、M17、M32随葬陶罐均有个别宽沿的形态，且在其他器物如瓮、壶等方面亦存在一些中期特征，因此其时代相对早一些。而M12、M6随葬的陶罐均为窄沿，其时代应相对略晚；M33素面陶罐增多且在整体特征上表现得更晚一些；M43的陶瓮与M12随葬陶瓮应存在一定的演变关系，其时代可能更晚，甚至不排除进入东汉的可能。

值得注意的是，相对于西汉中期而言，本期墓葬陶器种类及铜、铁器随葬的现象均大幅减少，铜钱随葬现象亦较为罕见，中期墓葬中出现的鼎、樽、熏炉、井、灶等器类均不见于本期，而岭南地区西汉晚期较为常见的仓、屋等模型明器及盒、提桶等器类亦不见，这不仅与两广地区西汉晚期的繁荣形成一定的反差，甚至与铜盆西汉中期墓相比也似乎是走向衰落的，但仔细分析也并非尽然。

首先从器物种类看，西汉中期墓中所见的鼎、樽、熏炉、井、灶等器类多来自于个别大型墓葬，并不具备太大的代表性，事实上就铜盆中、晚期大部分墓葬而言，其在随葬品类型方面并不存在太大的区别。

其次从随葬品数量看，在中期墓葬中，除M53随葬器物较多之外，其余大部分墓葬随葬器物也多在9～14件，有2座墓甚至仅随葬2件器物；而在西汉晚期墓中，除3座双墓道同穴合葬墓随葬器物略多外，其余墓葬随葬品数量也大致相当。因此就随葬品数量而言，铜盆西汉晚期不但不比中期少，反而在整体上较中期更加均衡，这从侧面也反映出西汉晚期铜盆地区社会财富的普遍增加，是铜盆地区西汉晚期社会经济持续发展的表现。

第七章　东汉前期墓

第一节　墓 葬 概 况

一、墓葬分布及形制特征

本期墓葬共4座，分别为M10、M49、M54、M60。分布范围相对分散，主要位于凉伞岭西麓，海拔普遍较西汉晚期低而较东汉后期高。除M60略朝西南、M49朝向东南外，其余均朝向西北。

本期墓葬形制较西汉晚期略有增加，有Ad型长方形竖穴墓、Cd型凸字形墓、Db型双墓道同穴合葬墓及Ea型凸字形带器物坑墓四种。其中Ad型长方形竖穴墓及双墓道同穴合葬墓继续延续西汉时期的风格，在整体形制上区分不大。但相较西汉墓而言，本期墓葬出现了一些新的变化，这些变化构成铜盆本期墓葬与西汉墓之间在形制及其他细部特征上的明显区分，具体体现在以下几个方面。

首先，本期墓葬开始出现前端设置器物坑的做法，这是本期墓葬区别于西汉墓最为明显的标志之一。

其次，本期墓葬墓底设枕木沟的做法基本消失，且墓底新出现铺零星木炭及零星青膏泥的现象，这是本期墓葬与以往各期墓葬之间又一明显的区别。

第三，与以往各期墓葬相比，本期墓葬墓道普遍较狭窄，且多不居中。

二、出 土 器 物

共46件，有陶器和铜器两种。其中陶器共42件，器形有瓮、罐、壶、纺轮、四耳罐、五联罐、小陶壶、灯几种，以瓮、罐、壶及纺轮为主，其余仅个别发现。铜器仅4件，有碗、卮几种，与西汉墓出土铜器相比，本期出土铜器胎壁的厚度大大增加。

三、陶 器 质 地

陶器均为泥质陶，其中硬陶共27件，约占本期陶器总数的64.3%；胎稍软者5件，占陶器总数的11.9%；软陶共10件，占本期陶器总数的23.8%。与西汉晚期相比，本期硬陶占比较西汉晚期的85.9%有了大幅下降，而软陶则由西汉晚期的5%大幅上升至23.8%。

本期陶器施釉现象更趋减少，仅有6件陶器施釉，其占比较西汉晚期的24%下降至14.3%。

四、陶器纹饰

本期陶器纹饰有方格纹、戳印纹及凹弦纹三种，纹饰种类与西汉晚期大致相当，但类型有别。

（一）方格纹

共24件，占本期陶器总数的57.1%，较西汉晚期的50%略有上升。方格纹多较规整，以模印为主。

（二）戳印纹

共21件，占本期方格纹陶器总数的87.5%，与西汉晚期的84%相比变化不大。类型仅有方几何型、菱形和组合戳印三种，圆形戳印已彻底消失。

1. 方几何形

共18件，占本期戳印总数的85.7%，其占比较西汉晚期的64.3%进一步提升。型式仅见Ba型Ⅱ式、Ba型Ⅲ式及C、D型四种，以Ba型Ⅱ式为主，其次为Ba型Ⅲ式，C、D型均只发现1件。与西汉晚期相比，本期方几何戳印占比虽有提升，但类型却大幅减少，西汉晚期主要流行的带对角线的Bb型戳印已完全消失（图一三〇，1～4）。

2. 菱形

共2件，仅占本期戳印总数的9.5%，均为三个一组（图一三〇，6、7）。

3. 组合戳印

仅1件，为方几何形和菱形组合（图一三〇，5）。

（三）凹弦纹

共13件，占陶器总数的30.6%，与西汉晚期的62%相比大幅下降，且均为细凹弦纹。

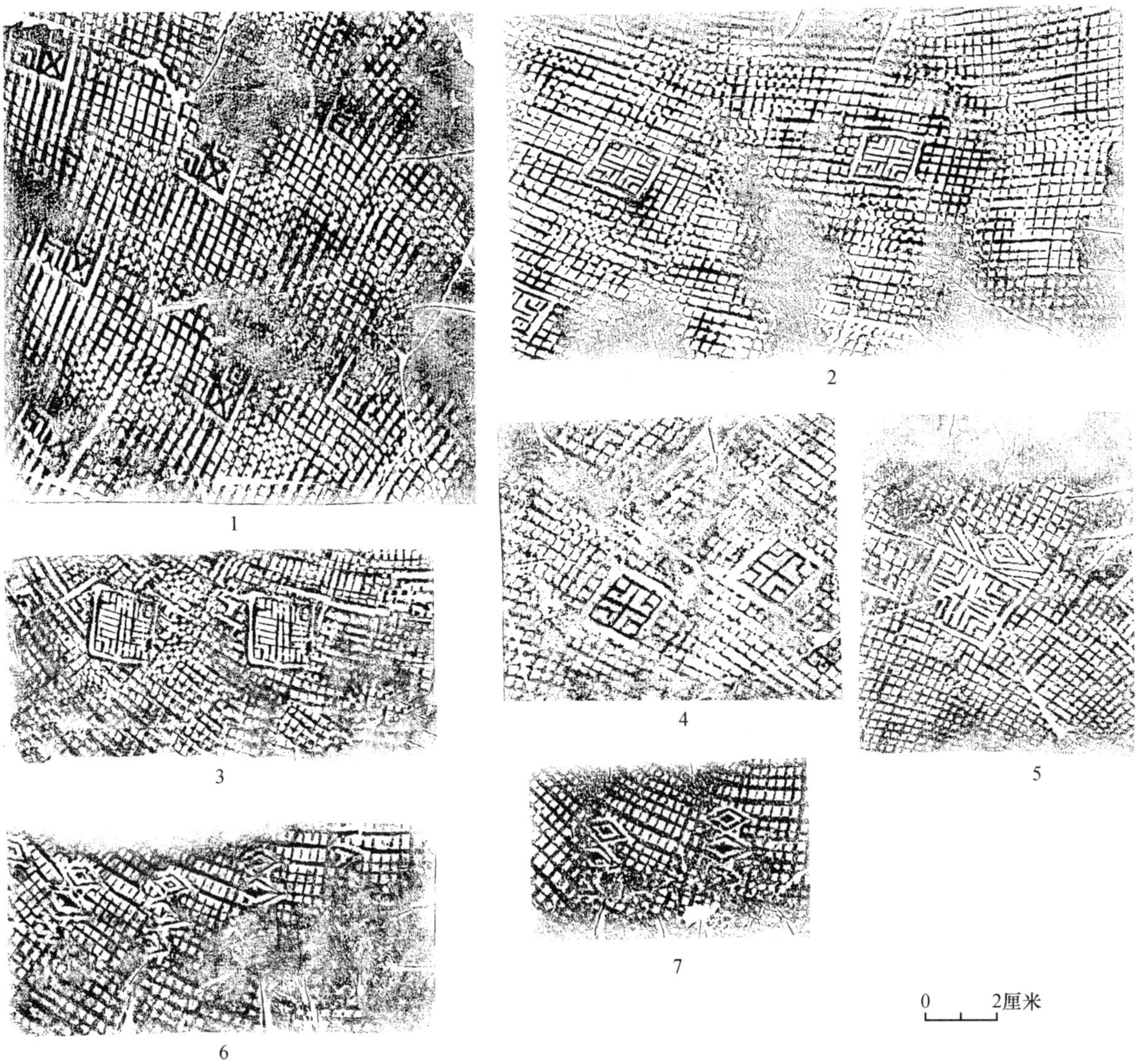

图一三〇　东汉前期戳印纹拓片

1. D型方几何形　2. Ba型Ⅱ式方几何形　3. C型方几何形　4. Ba型Ⅲ式方几何形　5. 方形和菱形组合　6、7. 菱形

五、主要器物组合及特征

本期墓葬瓮、罐、壶组合更加齐全，在本期4座墓葬中，除1座为瓮、壶组合外，其余墓葬均有完整的瓮、罐、壶组合。D型瓮的出现是本期墓葬区别于以往各期的重要标志。

（一）瓮

共12件，占本期陶器总数的28.6%，且每座墓都有出土，最少者随葬1件，其余均为3～4件。胎质仍以硬陶为主，但软陶由西汉晚期的仅个别出现大幅增加至33.3%。

在型式方面，除1件长弧腹的C型Ⅱ式瓮外，其余均为新出现的广口大底侈口尖唇的D型瓮，尤以侈口、腹部重心居中的D型Ⅰ式瓮为主，重心偏上的D型Ⅱ式瓮仅个别发现；纹饰较为单一，均为方格纹加方形戳印。纹饰主要集中在上腹，下腹纹饰多抹净，腹部饰凹弦纹的情况已基本消失。

（二）罐

共16件，占本期陶器总数的38.1%，较西汉晚期的69%大幅下降。胎质以硬陶为主，占陶罐总数的62.5%，其占比较西汉晚期的85%更进一步下降；软陶占比却较西汉晚期的4.3%大幅增加到31.2%。施釉者由西汉晚期的21.7%下降至12.5%。

纹饰方面，方格纹依然是主流，在本期16件陶罐中，共有12件饰有方格纹，占陶罐总数的75%，较西汉晚期的62.3%有所增加；在方格纹陶罐中，有9件有戳印，其在方格纹陶罐中的占比由西汉晚期的81.4%下降至75%。弦纹的变化亦较明显，本期16件陶罐中，仅有4件腹部饰有凹弦纹，其占比由西汉晚期的60.9%下降至25%，且宽凹弦纹已完全消失。

型式有A型Ⅳ式、D型Ⅲ式、E型Ⅱ式、F型Ⅱ式、G型，以A型Ⅳ式为主。整体上以沿不明显的尖唇为主，腹部多鼓、垂、折等形态，重心多偏下，下腹刮胎较明显。

（三）壶

共5件，占本期陶器总数的11.9%，每座墓都有出土。除2件胎稍软外，其余均为硬陶。其中施釉者仅2件，占比较西汉晚期有所下降。

本期陶壶磕碰残损情况更加普遍， 在本期5件陶壶中，除2件保存稍微完整外，其余口、足多不存。完整者均为盘口的B型Ⅱ式，其腹部均较扁，矮圈足较敞，腹部凹弦纹均较细。

第二节　个墓介绍

一、Ad型墓

长方形竖穴墓，无柱洞、无二层台及腰坑。仅M10一座。

M10

1. 墓葬概况

位于凉伞岭西部缓坡上，海拔约260米。发掘前地表无封土，墓口距地表约0.3米。墓葬顺坡势走向，朝向西面略偏北，方向280°。

该墓是一座长方形异穴合葬墓，两墓室平行并列，间距约1米。为记录方便，将左侧墓葬编号为M10a，右侧墓葬编号为M10b（图一三一；图版八四，1）。

M10a平面近梯形，长4、宽1.2～1.5、依坡势深1～1.2米。墓壁较直，采用原坑土回填，上部夯打结实，下部较疏松。墓底有较为清晰的棺木朽痕，从朽痕判断，棺长约2.3、宽约0.6米。棺底铺有零星木炭，棺前端有少量青膏泥（图版八四，2）。

随葬器物2件，均置于墓室前端右侧。有陶壶及陶瓮各1件，陶壶出土时口、圈足下部及耳均已不存。

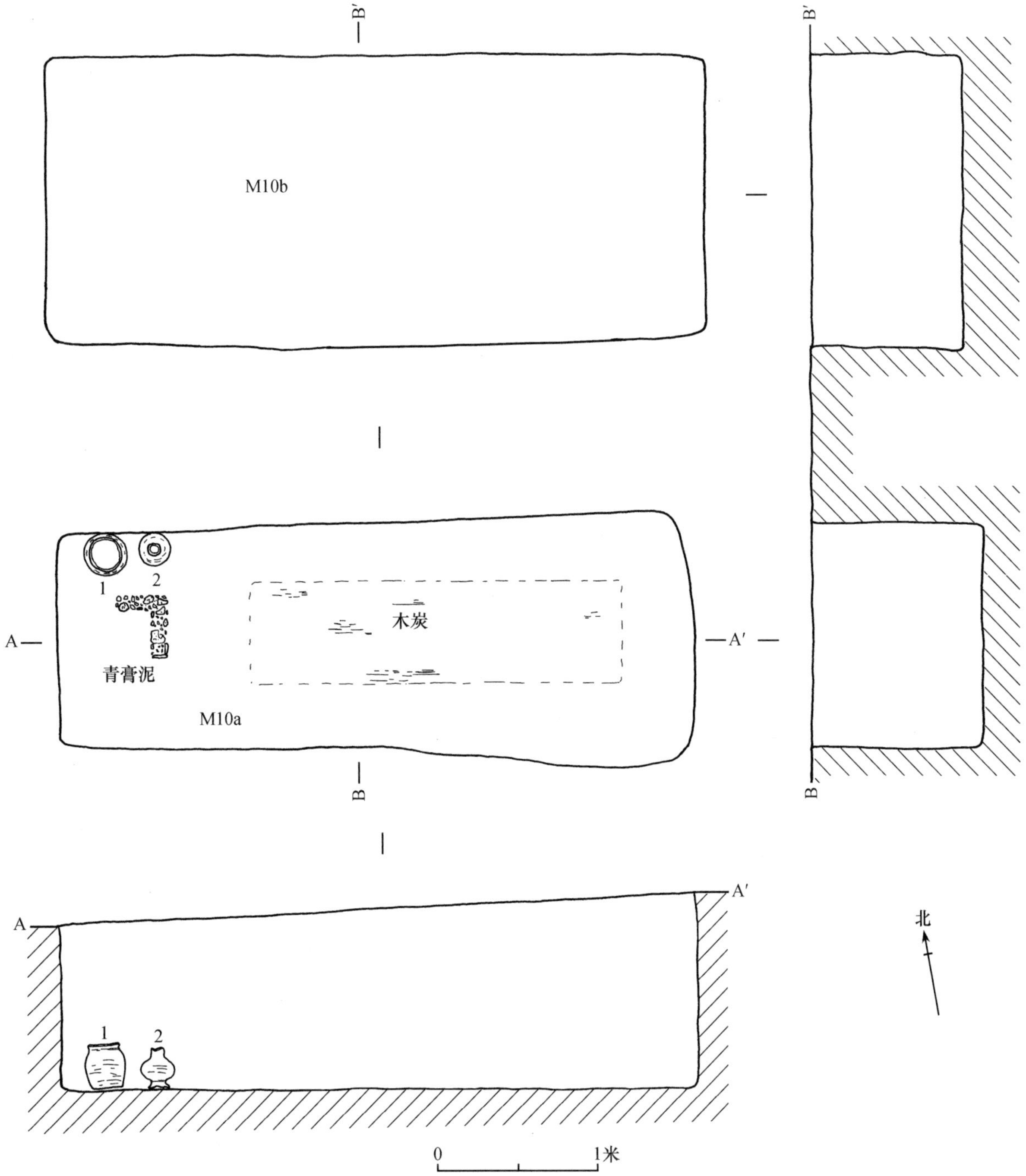

图一三一　M10平、剖面图

1. 陶瓮　2. 陶壶

M10b平面呈长方形，长4.1、宽1.76、依坡势深0.8～1.2米。填土为原坑土，沿两侧壁及后壁各有一道宽0.2～0.3米的夯土带，推测墓室内应构筑有木椁，夯打部分即为坑壁与椁室之间的空隙。葬具及人骨均腐朽不存，朽痕不清，未见任何随葬品。

2. 出土器物

壶　1件。颈部以上及圈足大部不存，故未作型式划分。M10a：2，灰白胎较硬，体施青黄釉，釉层较厚，局部有脱落，下腹不施釉，且有与其他器物粘连的痕迹，表明烧制时曾套叠于其他容器口内装烧。口及耳均已不存，圈足下部亦已残缺，残缺部位有修整和使用磨损痕迹，表明其残缺后曾继续使用。器身形态为溜肩，肩部附两对称耳，与器底对穿圆孔对应，圆腹略扁，圈足与器底之间呈凹状收束。颈部饰一道凹弦纹，肩、腹各饰细凹弦纹两道，弦纹均较窄深，边缘陡直锐利。腹径20.4、残高21.4厘米，残重1980克（图一三二，2；图版八五，1、2）。

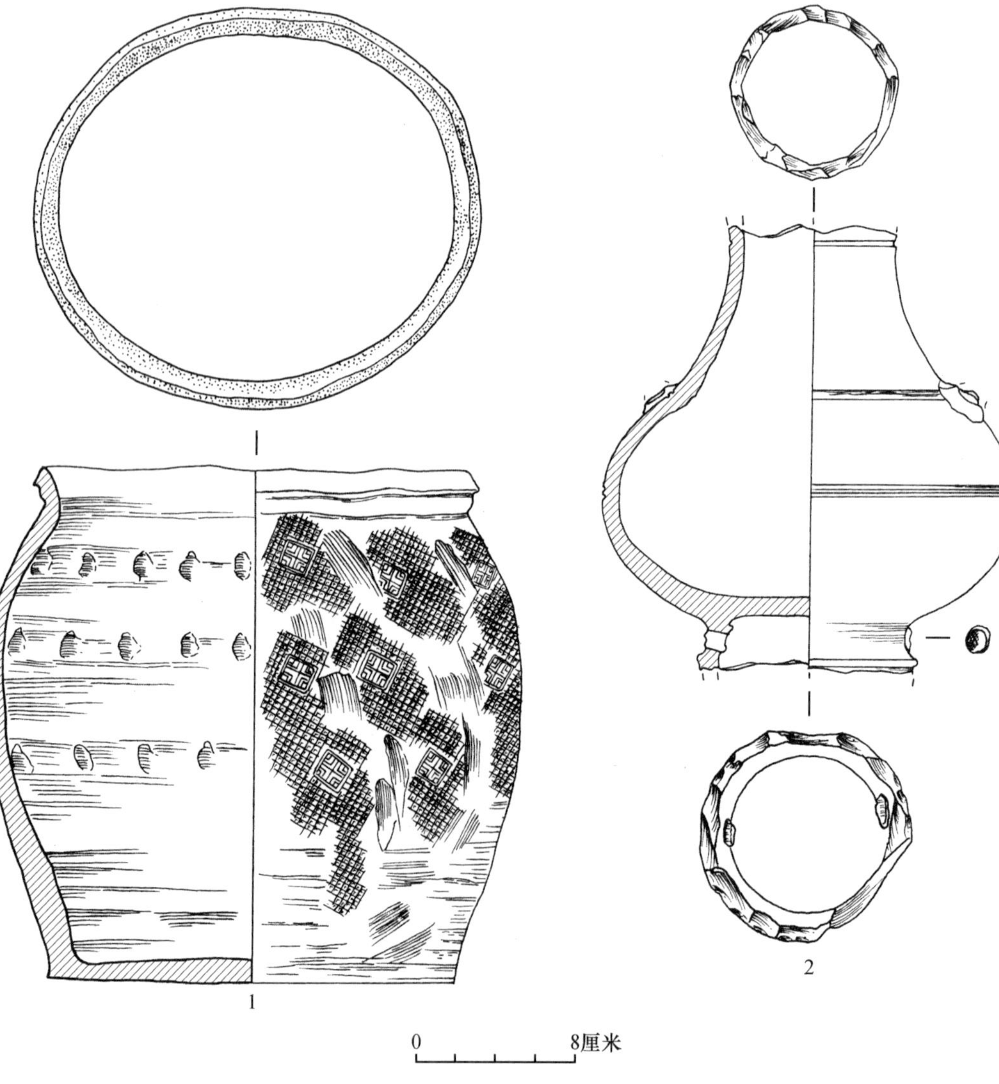

图一三二　M10出土陶器

1. D型Ⅱ式瓮（M10a：1）　2. 壶（M10a：2）

瓮　1件。广口，大底，侈口，尖唇，弧腹近桶状，重心偏上，属D型Ⅱ式。M10a：1，灰白胎较硬，胎体厚重，火候较高，器身因烧制变形严重。体型宽矮，短颈不明显，圆弧腹，大平底，口有支钉痕，底有叠烧痕迹。体饰大方格纹加一圈方几何形戳印，方格纹及戳印均较清晰，上腹纹饰局部有涂抹，近底部纹饰多抹净。口径18.5～20.6、腹径25～26.6、底径20.6～21.8、高25厘米，重4020克（图一三二，1；图版八五，3、4）。

二、Db型墓

同穴合葬，双墓道平行并列，仅M49一座。

M49

1. 墓葬概况

位于凉伞岭岭顶南部一处相对平缓的坡地上，海拔约262米。发掘前封土已被开荒破坏，墓口距地表深约0.3米。墓葬朝向西面略偏北，方向115°。

该墓为双并列墓道同穴合葬墓，墓室平面近梯形，长5.2～5.5、宽3.7～3.8、深2.7～2.9米。墓壁相对平直，底部两侧各有一条纵向枕木沟，其均与前后横向枕木沟相通。墓底中部偏左侧有一排共3个纵列柱洞将墓室分为左右两部分，每部分均有独立的墓道及随葬品。为便于区分，将左侧部分编号为M49a，右侧部分编号为M49b。两部分宽度不同，其中M49a略窄，M49b稍宽。

墓道位于墓室前端中部偏左，且整体走向略偏向左侧，为双并列墓道结构。墓道上部连为一体，整体长5、宽约2.4米，下部有最高达1米左右的生土墙将墓道一分为二，两条墓道底部平齐，坡度相同，均距墓底0.2米起斜坡，坡度约25°。

墓葬采用原坑土回填，填土均未经夯打，较疏松。在清理墓口时，从填土无法区分出墓葬分室和分墓道的迹象，表明该墓为一次性修筑而成。虽然葬具已朽无存，朽痕亦不清楚。但显然该墓曾构筑有木椁，至于木椁内左右两部分之间是否用椁板隔开，从发掘迹象亦无从推断。

随葬器物12件。计有瓮4、罐4、壶1、五联罐1、纺轮1、铜碗1件。出土时保存状况较差，多已碎裂。器物均分室摆放，其中M49b共随葬器物3件，分别为瓮2、铜碗1件，其中陶瓮均放置于墓室前端右侧枕木沟旁，铜碗则放置于墓室近中部略偏右。M49a共随葬器物9件，均沿纵列柱洞摆放，部分陷入柱洞之内，从出土时倒伏的位置及形态判断，其应属于M49a。计有瓮2、罐4、壶1、五联罐1、纺轮1件（图一三三；图版八六）。

2. 出土器物

瓮　4件。胎质多稍软，体型均较宽大，重心较平稳，分属C型Ⅱ式和D型Ⅰ式。

C型Ⅱ式　1件。体型瘦长，侈口，尖唇，长弧腹。M49a：8，红褐胎稍软，胎体轻薄，

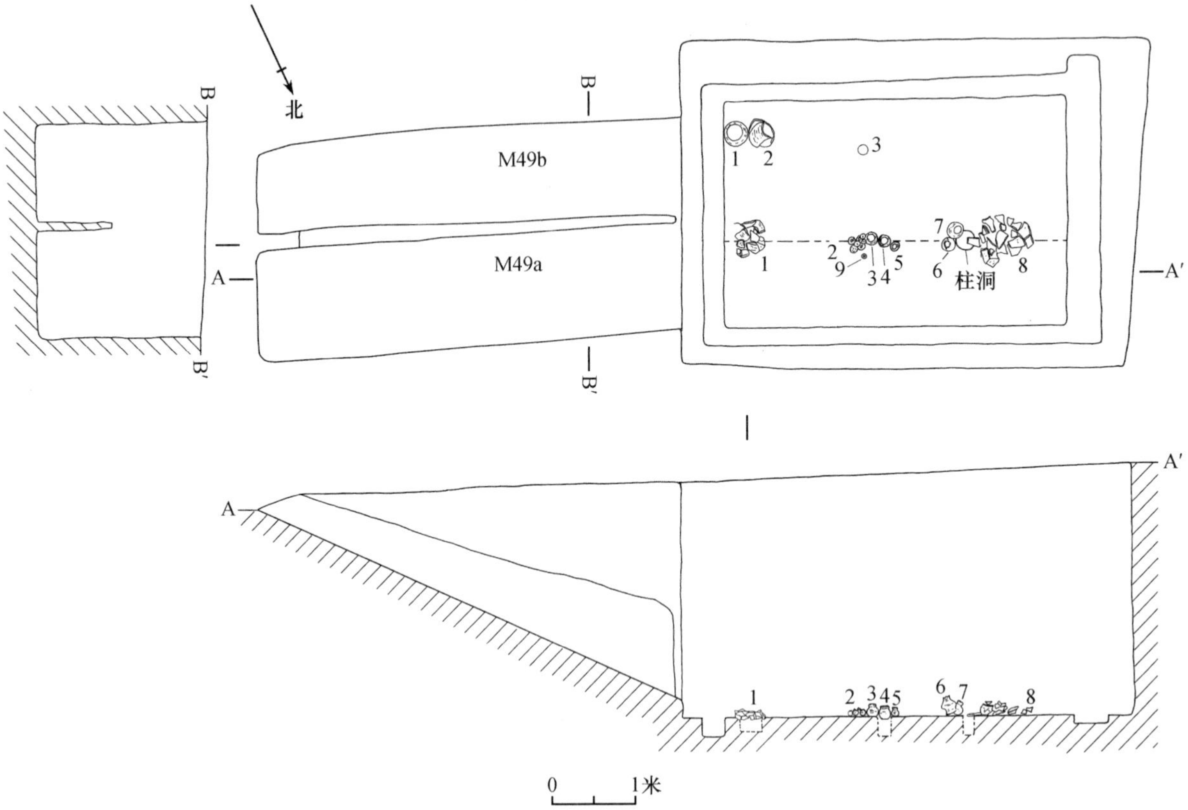

图一三三　M49平、剖面图

M49a：1、3～5、7、8. 陶罐　2. 陶五联罐　6. 陶壶　9. 陶纺轮

M49b：1、2. 陶瓮　3. 铜碗

火候略低，器表有褐色陶衣。大侈口，窄沿较斜折，近尖唇；短颈外张，近束颈状，颈部旋刮规整，长弧腹，大底近平，重心居中。体饰方格纹加两圈方几何形戳印，方格纹大而深，较清晰，近底部纹饰多有涂抹，但未抹净；腹饰细凹弦纹一道。口径23、腹径30、底径23.2、高30.6厘米，重4500克（图一三四，1；图版八七，1）。

D型Ⅰ式　3件。体型宽矮，侈口，广口大底，弧腹近桶状，重心居中。

M49a：1，黄褐胎较硬，火候较高，器表有灰色陶衣。大侈口，唇沿卷折，短颈微外张，弧腹，大底微内凹。体饰方格纹加两圈方几何形戳印，方格纹及戳印均大而深，腹部有多道划痕，近底部纹饰抹净。口径21.2、腹径28、底径22.8、高24.8，重3300克（图一三四，2；图版八七，2）。

M49b：1，黄色胎稍软，火候略低。大口微侈，唇沿略卷，直颈较短，颈部旋刮规整，弧腹近桶状，大底内凹。体饰大方格纹加三圈方几何形戳印，方格纹及戳印均大而深，纹饰较为清晰，近底部抹胎，纹饰多抹净。口径23.2、腹径29.6、底径24.4、高26.8厘米，重4400克（图一三四，4；图版八七，3）。

M49b：2，黄色软陶，火候较低。大口微侈，唇沿斜折，直颈较短，颈部旋刮规整，弧腹近桶状，大底内凹。体饰方格纹加两圈方几何形戳印，纹饰均较清晰，器身局部有划痕，近底部纹饰抹净。口径22、腹径28、底径23.6、高24.8厘米，重4500克（图一三四，3；图版八七，4）。

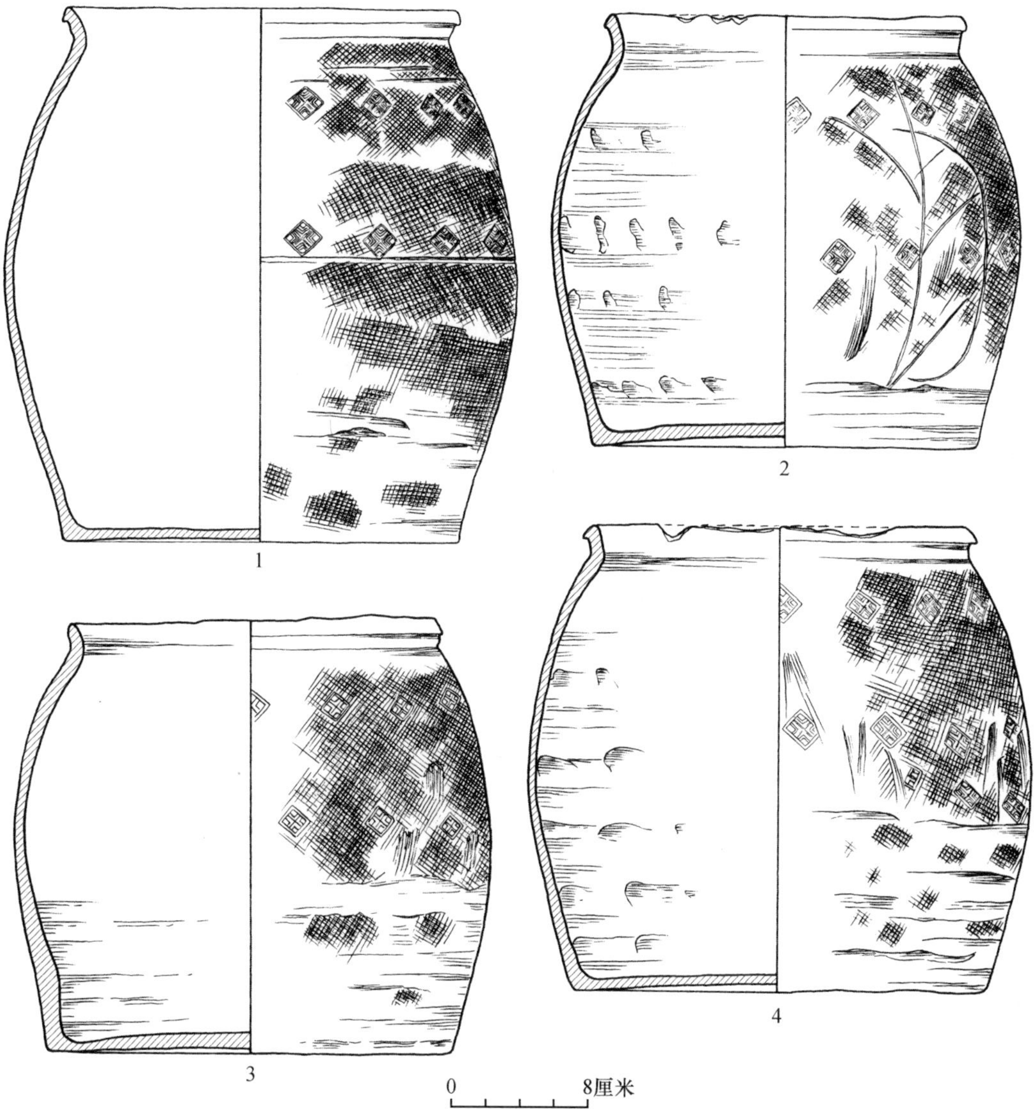

图一三四　M49出土陶瓮

1. C型Ⅱ式瓮（M49a：8）　2～4. D型Ⅰ式瓮（M49a：1、M49b：2、M49b：1）

罐　4件。除1件软陶口部残缺，型式不明外，其余分属A型Ⅳ式和Ga型。

M49a：3，黄色软陶，火候较低，口沿已不存，型式不明。腹部圆垂，底内凹。体饰方格纹，下腹纹饰刮净。腹径15.4、底径11、残高9.8厘米（图一三五，4；图版八七，5）。

A型Ⅳ式　2件。沿较窄，圆腹，腹最大径略偏下。

M49a：4，黄色软陶，火候较低。口微侈，尖唇，短直颈旋刮规整，圆腹略鼓，下腹刮胎，大平底。体饰大方格纹加一圈方几何形戳印，方格纹大而深，戳印纹仅压印半边。口径12、腹径16、底径11.8、高10.6厘米，重770克（图一三五，2；图版八七，6）。

M49a：5，红褐胎较硬，火候较高。侈口，尖唇，颈较短，颈部旋刮规整，圆腹略鼓，下腹刮胎严重。体饰大方格纹加一圈方几何形戳印，近底部纹饰刮净。口径11.3、腹径14.4、底径11.4、高9.6厘米，重730克（图一三五，1；图版八八，1）。

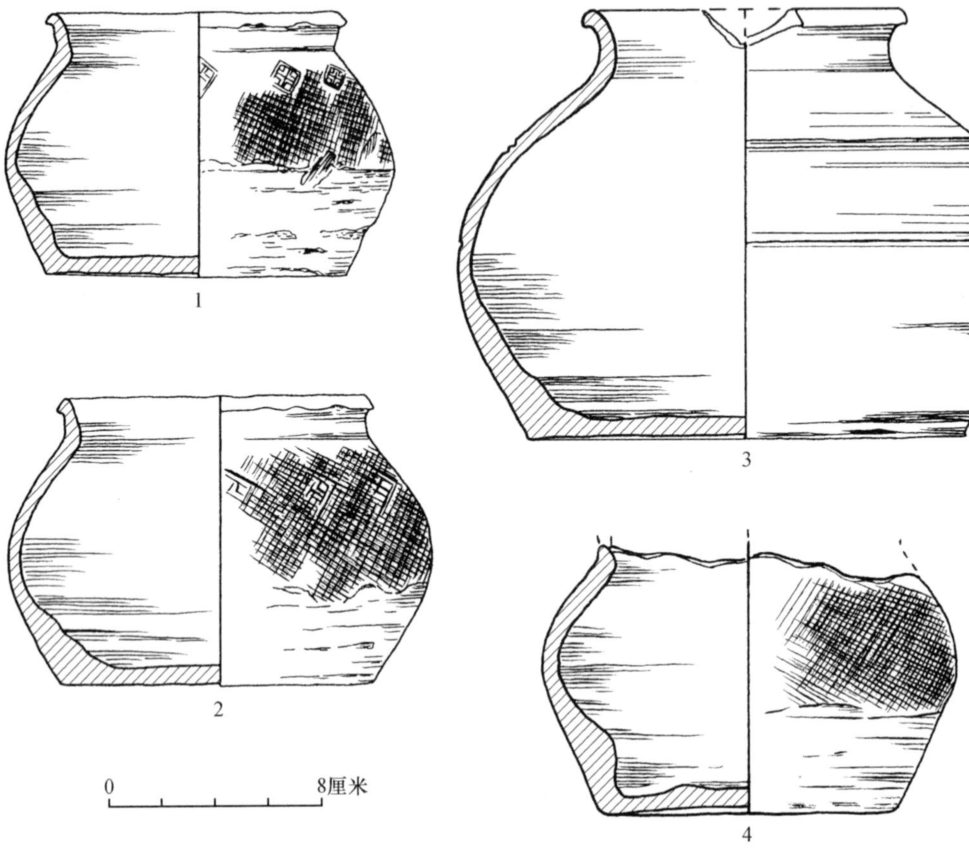

图一三五　M49出土陶罐

1、2. A型Ⅳ式罐（M49a：5、M49a：4）　3. Ga型罐（M49a：7）　4. 罐（M49a：3）

Ga型　1件。侈口，大圆腹下垂。M49a：7，灰白胎较硬，器表有褐色陶衣。侈口，圆唇，长颈，重心偏下，大底微内凹。肩、腹各饰细凹弦纹两道，器身有较多细旋纹。口沿有两处缺口。口径12、腹径21.4、底径16.2、高15.6厘米，重2000克（图一三五，3；图版八八，2）。

壶　1件。盘口，扁鼓腹，喇叭状圈足稍矮，属B型Ⅱ式。M49a：6，黄色胎稍软，火候略低。大盘口，口外有凸棱一道，颈稍粗，肩、腹过渡不甚明显，肩部附两对称耳与底部两对穿圆孔对应，扁圆腹鼓尖，最大径居中，喇叭状圈足略外撇，圈足与底之间呈凹状收束。口外侧饰一道细凹弦纹，肩及腹部各饰细凹弦纹两道，圈足不饰弦纹。口径13、腹径18.8、足径12.6、高24厘米，重1780克（图一三六，1；图版八八，3）。

五联罐　1件。覆斗形立纽，扁鼓腹，圜底，属B型。M49a：2，灰白色硬陶，火候略低。系以四个大小形制相同的小罐以陶土黏结而成，中间嵌入一个体型稍小的罐。小罐腹部较扁，均带盖，盖面弧隆，中间有覆斗形立纽。通长19.4、通宽18、通高8.8厘米，重1090克（图一三六，4；图版八八，4）。

纺轮　1件。M49a：9，灰白硬陶。体呈算珠形，中有圆孔。直径3.4、高3厘米，重30克（图一三六，2；图版八八，5）。

铜碗　1件。M49b：3，胎体较厚。敞口，深弧腹，底内凹呈卧足状。腹饰细弦纹多道。口径10.3、底径6.6、胎厚0.25、高3.7厘米，残重175克（图一三六，3；图版八八，6）。

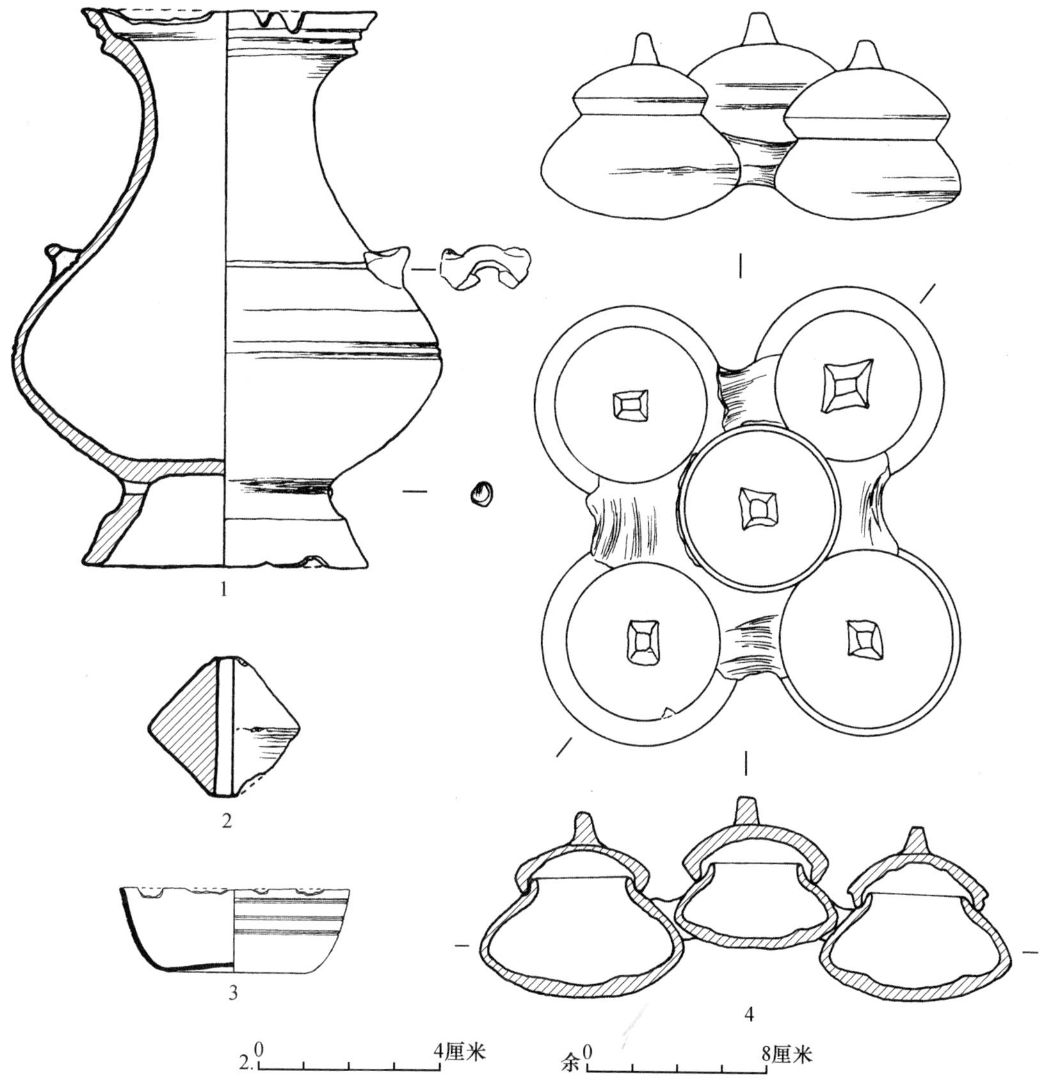

图一三六　M49出土器物

1. B型Ⅱ式壶（M49a：6）　2. 纺轮（M49a：9）　3. 铜碗（M49b：3）　4. B型五联罐（M49a：2）

三、Cd型墓

凸字形，有斜坡墓道，仅M60一座。

M60

1. 墓葬概况

位于凉伞岭岭顶西北面缓坡上，海拔约256米。发掘前地表有长约8、宽约4、高0.4～1.1米的封土堆。墓葬横向垂直于缓坡，朝向西面略微偏南，方向268°。

墓室平面呈长方形，长5.1、宽2.4、依坡势深1.4～1.7米。墓坑相对平直规整，填土为原坑土，较疏松。葬具已朽，朽痕不清。墓底后部右侧铺有木炭，前端有零星青膏泥。木炭范围长约1.7、宽约0.6米，可能为棺的位置。

墓道较窄，其位于墓室前端偏右，与墓室转角较大。平面呈长方形，前端被断坎破坏，残长约1.2、宽约1.1米。底为斜坡式，自墓底起斜坡，坡度约25°。

随葬器物9件，计有壶1、罐1、瓮4、纺轮2、铜碗1件。除铜碗及陶罐位于墓室中部偏右外，其余均沿墓室右侧纵向排列。在随葬器物中，陶壶口、底及陶罐口部出土时全部或部分缺失，当为下葬之前形成（图一三七；图版八九）。

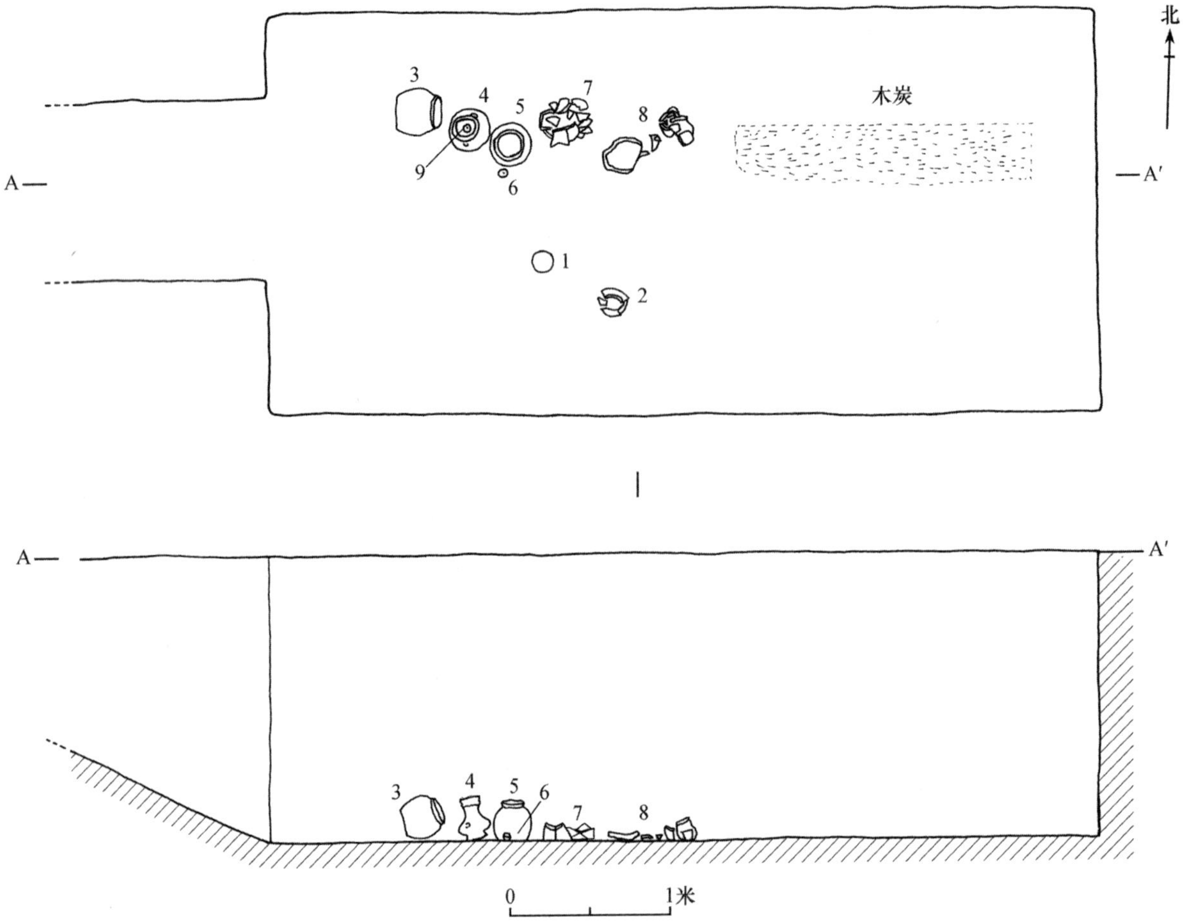

图一三七　M60平、剖面图

1. 铜碗　2. 陶罐　3、5、7、8. 陶瓮　4. 陶壶　6、9. 陶纺轮

2. 出土器物

壶　1件。盘形口，扁鼓腹，喇叭状圈足稍矮，属B型Ⅱ式。M60：4，灰白胎较硬，火候较高，器身局部施青黄釉，施釉部位主要集中于盘口内外、上腹及圈足底部，下腹不施釉。从下腹较为明显的受火差异看，其在装烧时应为架入瓮一类大型器物口部装烧。盘口上有六个支钉痕迹，从痕迹判断，支钉应为泥团状，表明该器物为带盖叠烧。器体形态为大盘口，粗短颈，肩部附两对称耳与底部两对穿孔对应，扁圆腹较鼓尖，喇叭形圈足宽矮外张，圈足与器底

之间有凹状收束。盘口外侧、肩及腹部各饰细凹弦纹两道，颈和圈足各饰细凹弦纹一道。出土时口部分残缺，圈足残缺近半，显然为下葬之前形成。口径14、腹径20.4、足径13.4、高23.4厘米，残重2670克（图一三八，1；图版九〇，1）。

瓮　4件。器形基本相同。体型宽矮，均为广口大底，弧腹近桶状。分属D型Ⅰ式和D型Ⅱ式。

D型Ⅰ式　3件。其中1件软陶因较残碎而无法修复。均为大侈口，器体重心偏下。

M60：3，灰褐胎较硬，火候较高，器表有褐色陶衣。侈口，尖唇，短直颈，弧腹，大底

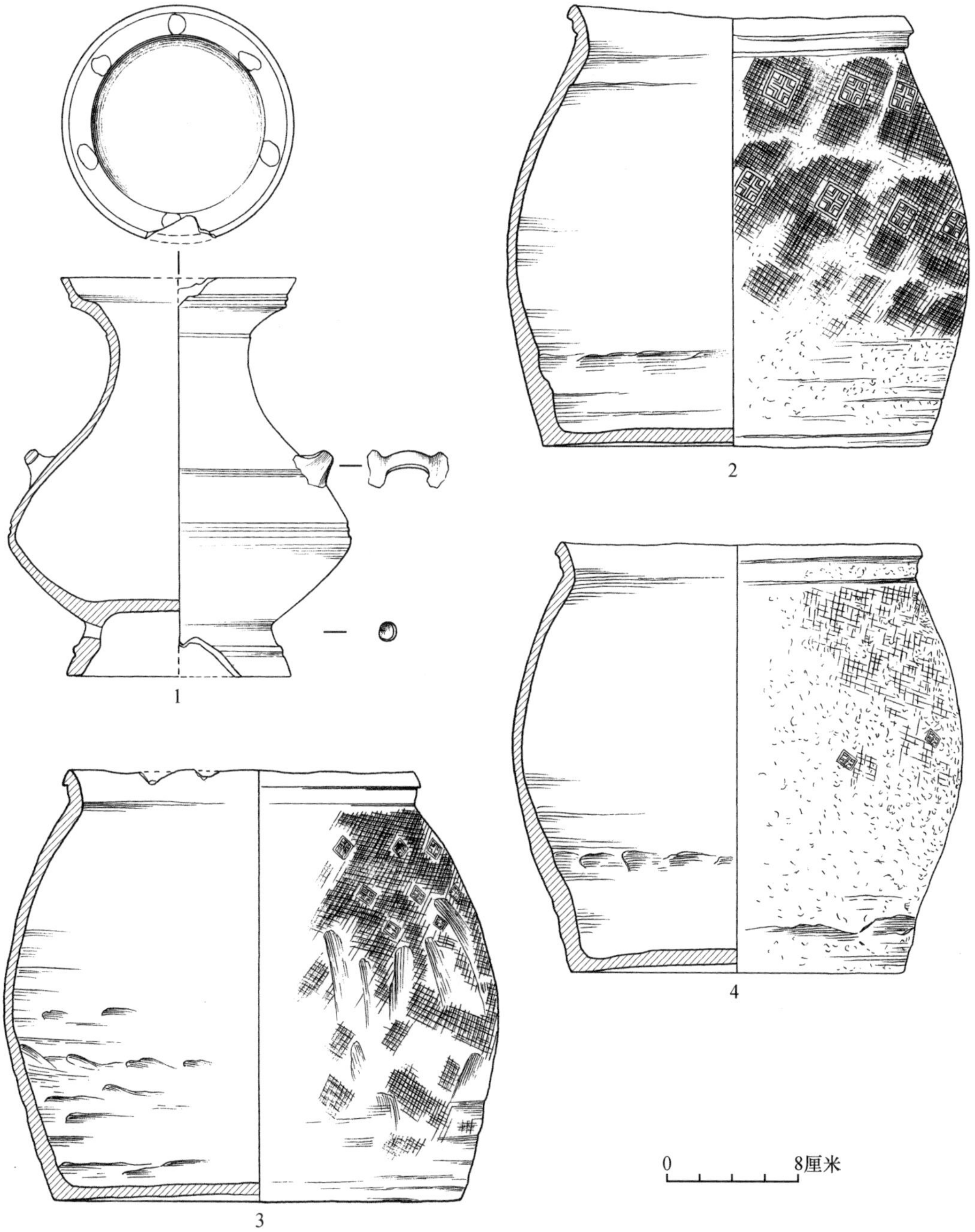

图一三八　M60出土陶器

1. B型Ⅱ式壶（M60：4）　2、3. D型Ⅰ式瓮（M60：7、M60：3）　4. D型Ⅱ式瓮（M60：5）

内凹。体饰方格纹加三圈方几何形戳印，方格纹大而深，纹饰较为清晰，腹部纹饰有零星涂抹，近底部纹饰大多抹净，口部有支钉痕迹。口径20.6、腹径29.4、底径24、高25.2厘米，重4520克（图一三八，3；图版九〇，2）。

M60：7，黄色软陶，火候较低。器身略有变形，侈口，尖唇，短直颈，弧腹，重心偏下，大底微内凹。体饰方格纹加两周方几何形戳印，近底部纹饰抹净。口径20、腹径28、底径23.2、高25.8厘米（图一三八，2；图版九〇，3）。

D型Ⅱ式　1件。大侈口，弧腹，器体重心略偏上。M60：5，黄色软陶，火候较低。侈口，尖唇，短直颈，弧腹略鼓，下腹内收，底稍小，器体重心偏上。体饰方格纹加方几何形戳印纹，纹饰均较模糊不清。口径21.4、腹径27、底径20.2、高25厘米，残重3300克（图一三八，4；图版九〇，4）。

罐　1件。出土时口部已不存，未进行型式划分。M60：2，灰白色硬陶。口部残缺部位有一圈切割痕，切痕不深，但较为规整，可能为残器修整再利用。体型宽矮，鼓腹，大平底。体饰方格纹加一圈方几何形和菱形组合戳印，纹饰均较清晰，下腹纹饰均抹净。口残径11.6、腹径19、底径13.4、残高13.4厘米，残重1220克（图一三九，1；图版九一，1）。

纺轮　2件。大小相若，均为灰白色硬陶，体呈算珠形（图版九一，2）。

M60：6，直径3.1、高2.6厘米，重18克（图一三九，2）。

M60：9，器表有黑褐色陶衣。直径3.2、高2.8厘米，重17克（图一三九，3）。

铜碗　1件。M60：1，胎较厚，锈蚀严重。敞口，深腹，内、外底均近平，近底部有一处用铜液修补痕迹。口径14.2、底径7.8、胎厚0.1、高6.2厘米，重250克（图一三九，4；图版九一，3、4）。

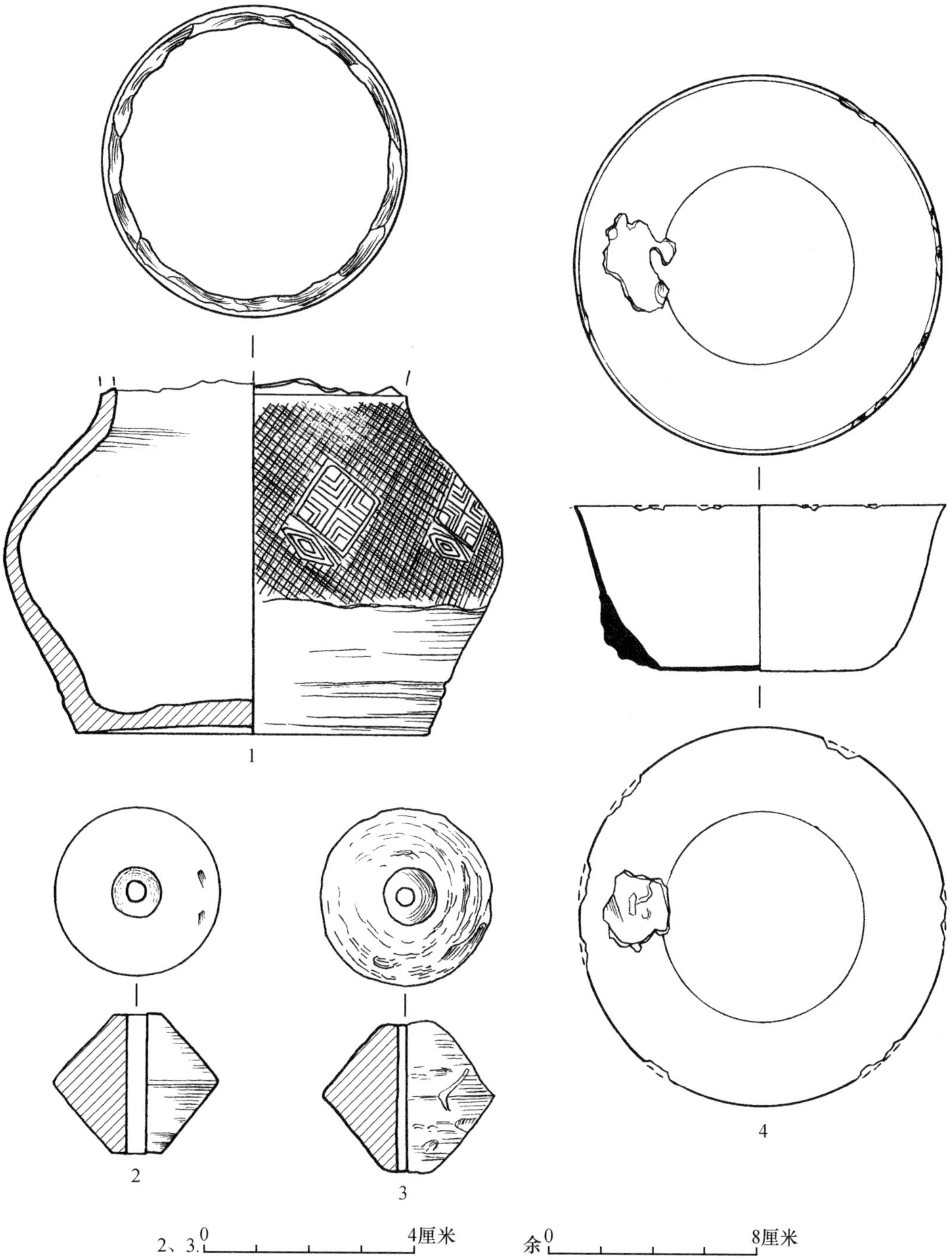

图一三九　M60出土器物
1. 罐（M60：2）　2、3. 纺轮（M60：6、M60：9）　4. 铜碗（M60：1）

四、Ea型墓

凸字形带器物坑墓，器物坑后部有土台，仅M54一座。

M54

1. 墓葬概况

位于凉伞岭岭顶西北缓坡下部，海拔约258米。发掘前地表无封土，墓口距地表约0.4米。墓葬朝向西面略偏北，方向280°。

墓室平面略呈梯形，长5.8、宽3.1～3.2、深2.4～2.7米。墓边平直，墓壁规整。填土为原坑土，靠坑壁填土经夯打填实，中间部分较疏松。夯打部分距墓底高约1.4、宽约0.3米，应为木椁与墓壁之间的间隙。葬具已朽无存，朽痕不清，但从靠坑壁填土夯打情况看，该墓应构筑有木椁。

墓底前端距墓道口0.18米处设置有长方形器物坑。器物坑纵长1.6、横宽2.3、深0.22米，两侧均未抵墓室侧壁。坑内后部设置有纵长0.66米的土台，土台比墓室略低，比器物坑底部高出0.14米，可能为祭台性质。

墓道较窄，平面略呈梯形，其位于墓室前端中部偏右，前端被一断坎打破。残长3.2、宽0.9～1.02米。底为斜坡式，距墓底0.14米处起斜坡，坡度约14°。

随葬器物共23件，计有壶2、小陶壶1、瓮3、罐11、四耳罐2、灯1、纺轮1、铜卮1、铜盘1件。除陶灯放置于土台上之外，其余器物均位于墓室前端左右两侧（图一四〇；图版九二）。

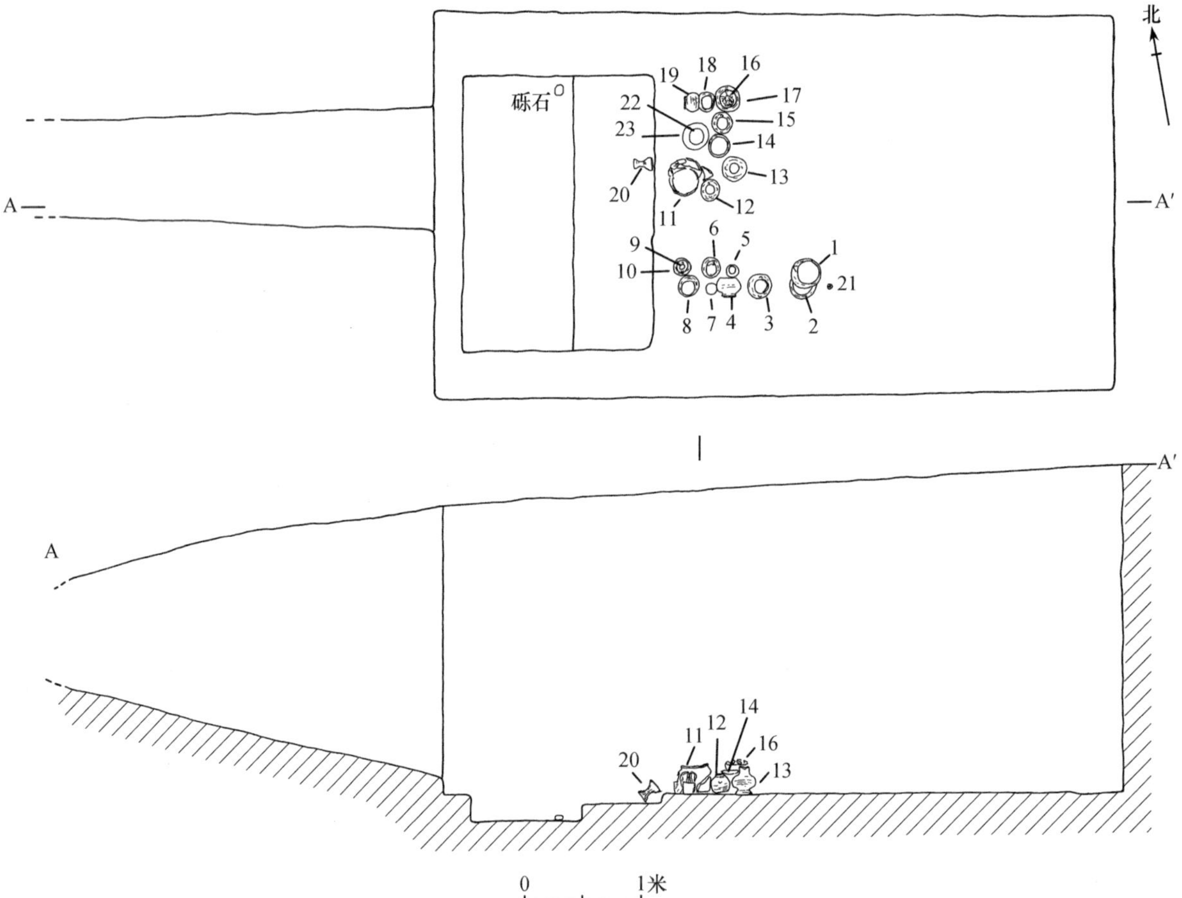

图一四〇　M54平、剖面图

1、2、11. 陶瓮　3、13. 陶壶　4～8、10、14、16～19. 陶罐　9. 小陶壶　12、15. 陶四耳罐　20. 陶灯　21. 陶纺轮　22. 陶卮　23. 铜盆

其中前端左侧摆放器物11件。呈纵向排列，计有壶1、小陶壶1、瓮2、罐6、纺轮1件。出土时保存均较完好，部分器物套叠，推测先可能盛放于木箱之内（图版九三）。

前端右侧亦放置器物11件。为横向排列，计有壶1、瓮1、罐5、四耳罐2、铜盘1、铜卮1件，部分器物互相套叠。仅从出土器物摆放位置及随葬品组合看，该墓存在同穴合葬的可能。但由于葬具腐朽，棺痕不清，是否如此，无从判断。

除随葬器物之外，在器物坑内右侧还发现小砾石1颗，砾石呈椭圆形，重300克。

2. 出土器物

壶　2件。口部已不存，故未做型式划分。残断部位局部均用利刃削平，表明其残破后仍继续使用。

M54：3，黄色胎稍软，火候较低。口部完全缺失，断面磨平，圆鼓腹，下腹斜弧收，大喇叭形圈足外撇严重，圈足与底之间呈凹状收束。肩部贴附两对称耳与底部两对穿圆孔对应，圆孔较小，边缘未修整，相对较为随意。颈及圈足各饰细凹弦纹一道，肩部饰两道细凹弦纹，腹中部有一圈修胎时留下的刮削痕迹。残口径8.2、腹径20.8、足径14.6、残高28.8厘米，残重2570克（图一四一，1；图版九四，1、2）。

M54：13，灰白胎较硬，火候略高。颈部以上及圈足均已不存，颈部残断部位面用利刃切削平整，圈足断口经修平，从磨损痕迹看，该器物残断后曾继续使用。器物形态为扁圆腹，肩及腹中部各饰细凹弦纹一道。底部与圈足结合处有手捏接痕，显示圈足和器身为分段合成。腹径21、残高16.8厘米，残重1960克（图一四一，2；图版九四，3～5）。

小陶壶　1件。M54：9，灰白胎较硬，器表有褐色陶衣，局部施青黄釉。直口，方唇，短颈，扁圆腹略鼓，直筒形矮圈足，腹部附两对称耳与底部两对穿圆孔对应。口部微残。口径6.5、腹径10.6、底径6.4、高7.8厘米（图一四一，4；图版九四，6）。

瓮　3件。均属D型Ⅰ式。体型宽矮，侈口，广口大底，弧腹近桶状，重心平稳。均为硬陶，器表有褐色陶衣，器身压印方格纹加方几何形戳印，纹饰多较清晰，近底部纹饰多抹净。

M54：1，灰褐胎较硬。侈口，唇沿斜折，近圆唇，短直颈稍高，弧腹略鼓，下腹斜直，大底近平。体饰方格纹加两圈方几何形戳印。口径21.4、腹径28、底径21.6、高24.4厘米，重4100克（图一四一，3；图版九五，1）。

M54：2，黄褐胎较硬。侈口，尖唇，短直颈，弧腹略鼓，大底近平，重心居中。体饰方格纹加三圈方几何形戳印。口径20.4、腹径29.2、底径23.6、高26.2厘米，重4400克（图一四二，2；图版九五，2）。

M54：11，灰褐胎较硬。体型略显修长，侈口，唇沿略卷，近圆唇，短直颈，弧腹较鼓，下腹斜直，大底内凹。体饰方格纹加两圈方几何形戳印，方格纹大而深，戳印不甚明显，下腹纹饰基本抹净。口径21.4、腹径28.8、底径22.4、高25.6厘米，重4020克（图一四二，1；图版九五，3）。

罐　11件。其中1件（M54：16）黄色软陶因残碎无法复原，其余10件分属A型Ⅳ式、D型Ⅲ式、E型Ⅱ式、F型Ⅱ式、Gb型、Gc型。

A型Ⅳ式　3件。唇沿较窄，近束颈，圆腹重心略偏下。

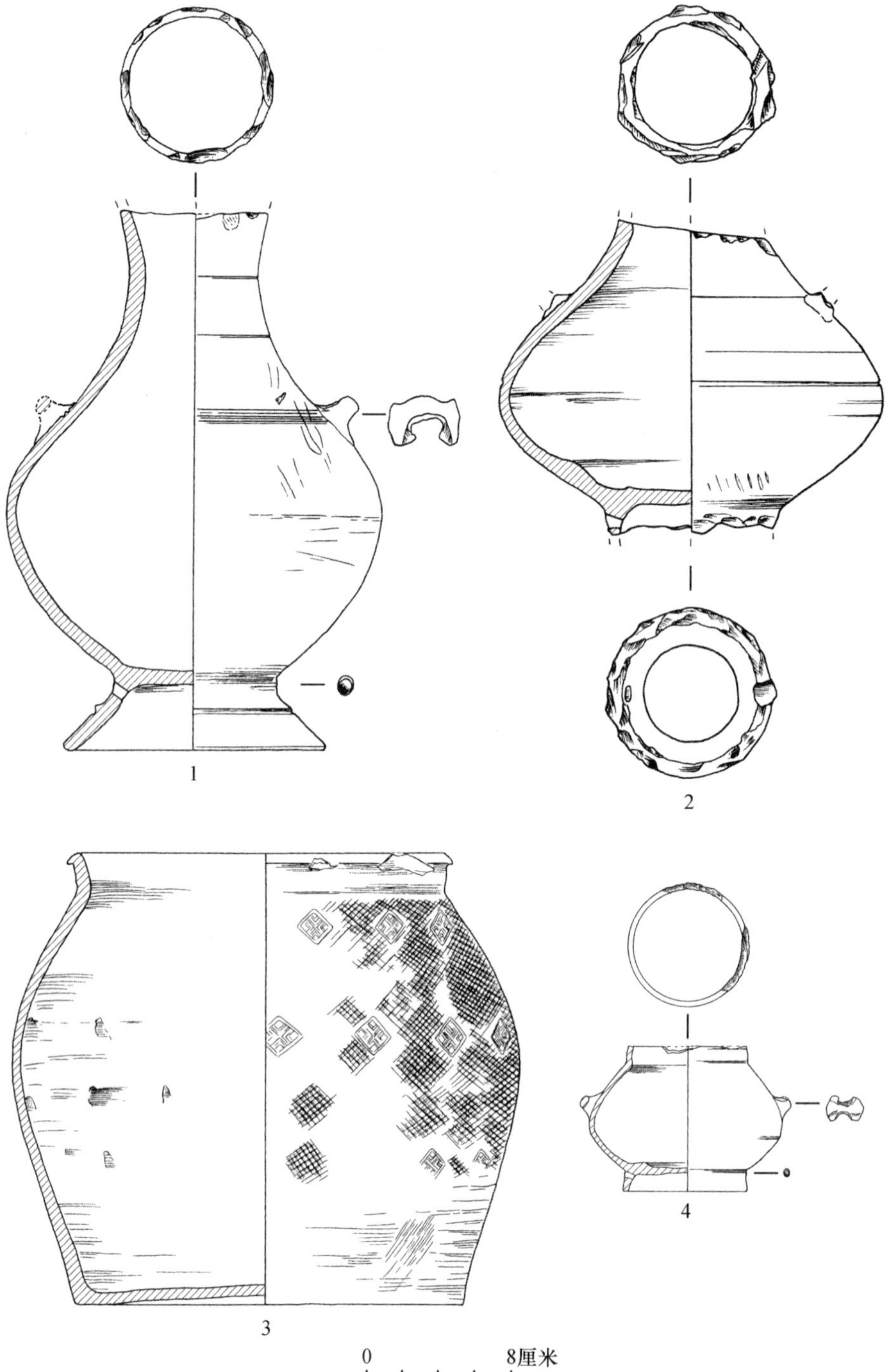

图一四一　M54出土陶器

1、2. 壶（M54：3、M54：13）　3. D型Ⅰ式瓮（M54：1）　4. 小陶壶（M54：9）

M54：5，灰白胎较硬，器表有褐色陶衣。侈口，尖唇，束颈，肩部略圆，腹部稍显丰满，大底略内凹。体饰方格纹加一圈菱形戳印，菱形为三个一组，近底部纹饰抹净。口径10.6、腹径14.6、底径12、高10.2厘米，重730克（图一四二，4；图版九五，4）。

M54：10，黄褐胎较硬，器表有褐色陶衣。侈口，尖唇，束颈，圆腹重心略偏下，大底微内凹。体饰方格纹加一圈菱形戳印，菱形为三个一组，近底部纹饰抹净。口径10、腹径14.4、

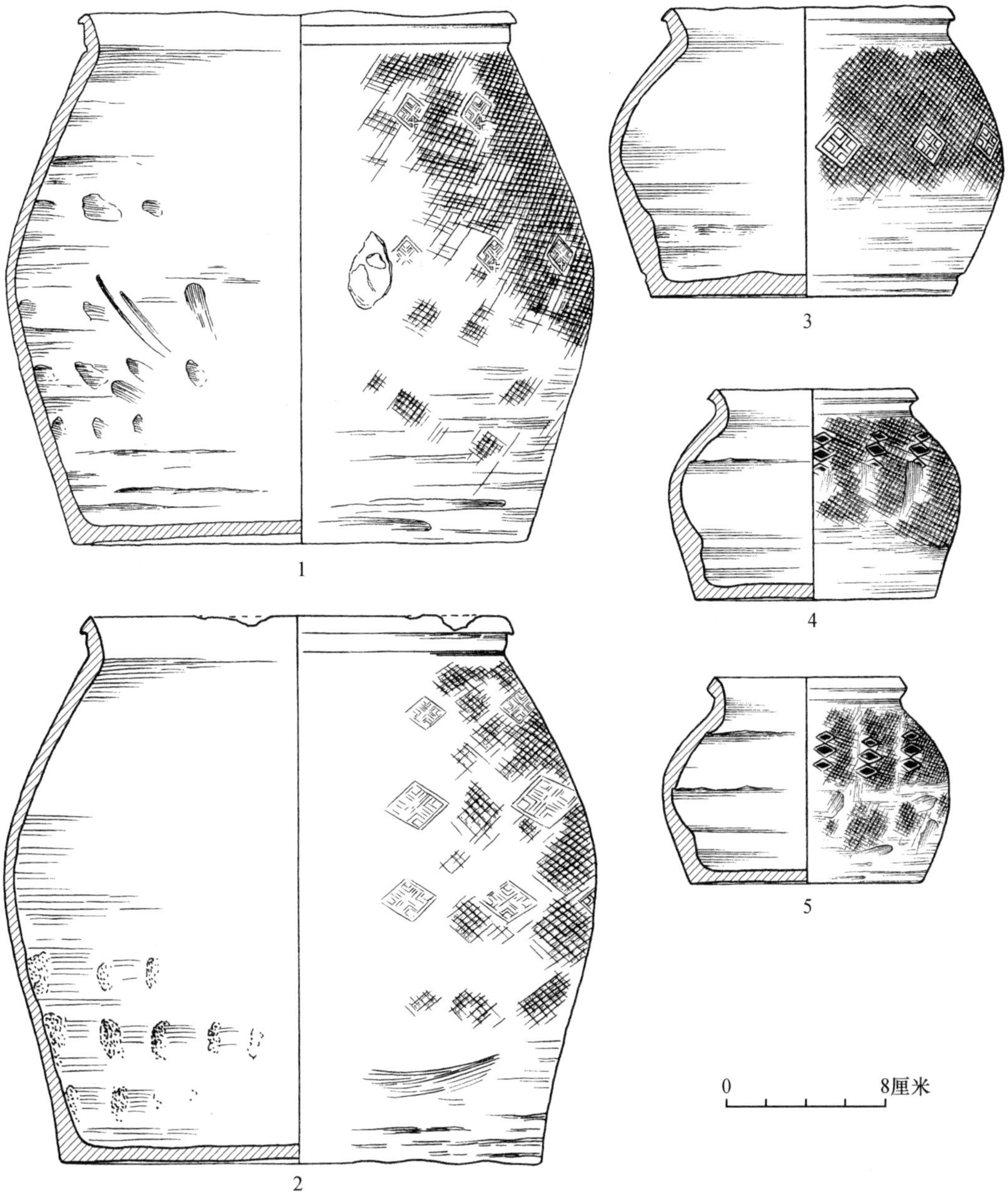

图一四二　M54出土陶器

1、2. D型Ⅰ式瓮（M54：11、M54：2）　3～5. A型Ⅳ式罐（M54：17、M54：5、M54：10）

底径11.7、高10厘米，重720克（图一四二，5；图版九五，5）。

M54：17，体型较大，黄色软陶。大侈口，尖唇，短颈略外张，颈部旋刮规整，近束颈，圆腹略下垂，大底近平。体饰方格纹加一圈方几何形戳印，近底部纹饰刮净。口径14.6、腹径19.6、底径15、高14厘米，重1230克（图一四二，3；图版九五，6）。

D型Ⅲ式　1件。尖唇，溜肩，圆腹下坠。M54：14，体型稍大，灰白胎较硬，器表有褐色陶衣，内外底及器身大部施青黄釉，流釉现象严重。大侈口，尖唇，短直颈外张，颈部旋刮规整，溜肩，圆腹下坠，大底近平，外底边缘凸起一圈。体饰方格纹加一圈方几何形戳印，腹饰细凹弦纹一道，近底部纹饰刮净。有叠烧痕，沿有细碎缺口。口径13.6、腹径17.4、底径13.8、高12.2厘米，重1390克（图一四三，1；图版九六，1）。

E型Ⅱ式　2件。尖唇，圆垂腹，大底。

M54：18，黄褐色硬陶，器表有褐色陶衣。口微侈，窄沿近无，口唇较尖，短颈旋刮规整，大圆腹下垂，大底近平。素面无纹。口径9.8、腹径15.6、底径12.6、高9.8厘米，重730克（图一四三，3；图版九六，2）。

M54：19，黄色胎稍软，火候略低。体型较矮小，口微侈，窄沿近无，口唇较尖，短直颈旋刮规整，圆腹重心略偏下，底微内凹。体饰方格纹，腹部有多道刮痕，下腹纹饰刮净。口径10.9、腹径14.8、底径10.4、高9厘米，重640克（图一四三，5；图版九六，3）。

F型Ⅱ式　2件。体型略瘦长，沿近无，方唇近平，腹部鼓折。

M54：6，黄胎稍软，火候略低，器体略有变形。侈口，沿近无，方唇近平，短直颈旋刮规整，腹略鼓折，下腹斜直，底微内凹。体饰方格纹加零星方形戳印，下腹抹胎，纹饰多抹净。口径11、腹径16.6、底径13.4、高12.8厘米，重1000克（图一四三，4；图版九六，4）。

M54：7，红褐色硬陶，火候较高，器表有褐色陶衣，器身略有变形。口微侈，窄沿近无，方唇近平，短直颈旋刮规整，腹部鼓折，下腹斜直，底微内凹。体饰方格纹加一圈方几何

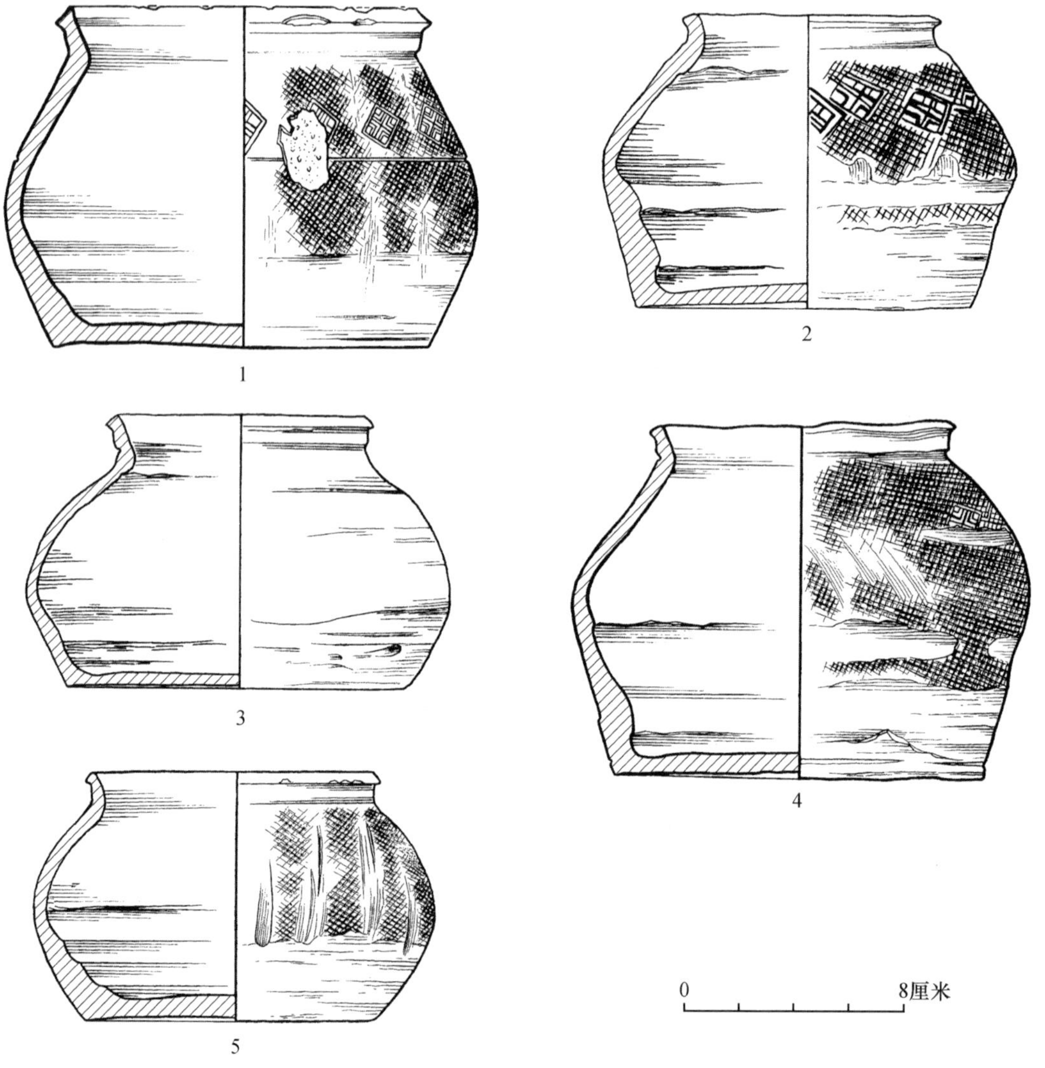

图一四三　M54出土陶罐

1. D型Ⅲ式罐（M54：14）　2、4. F型Ⅱ式罐（M54：7、M54：6）　3、5. E型Ⅱ式罐（M54：18、M54：19）

形戳印，下腹纹饰抹净。口径9.6、腹径15、底径12.2、高10.5厘米，重770克（图一四三，2；图版九六，5）。

Gb型　1件。侈口，尖唇，腹较扁圆。M54：8，灰白胎较硬，火候较高，体施青黄釉，釉层较厚，胎釉黏结较好，外底亦施釉。口微侈，窄沿，口唇较尖，颈略长，大扁圆腹，底内凹。肩、腹各饰细凹弦纹一道。口有支钉痕。口径11、腹径17.6、底径11.8、高10.6厘米，重930克（图一四四，2；图版九六，6）。

Gc型　1件。盘口，大扁腹鼓折。M54：4，灰白色硬陶，器表有褐色陶衣。肩、腹各饰细线纹一道。口径11.6、腹径19.3、底径13.6、高12.2厘米，重1330克（图一四四，1；图版九七，1）。

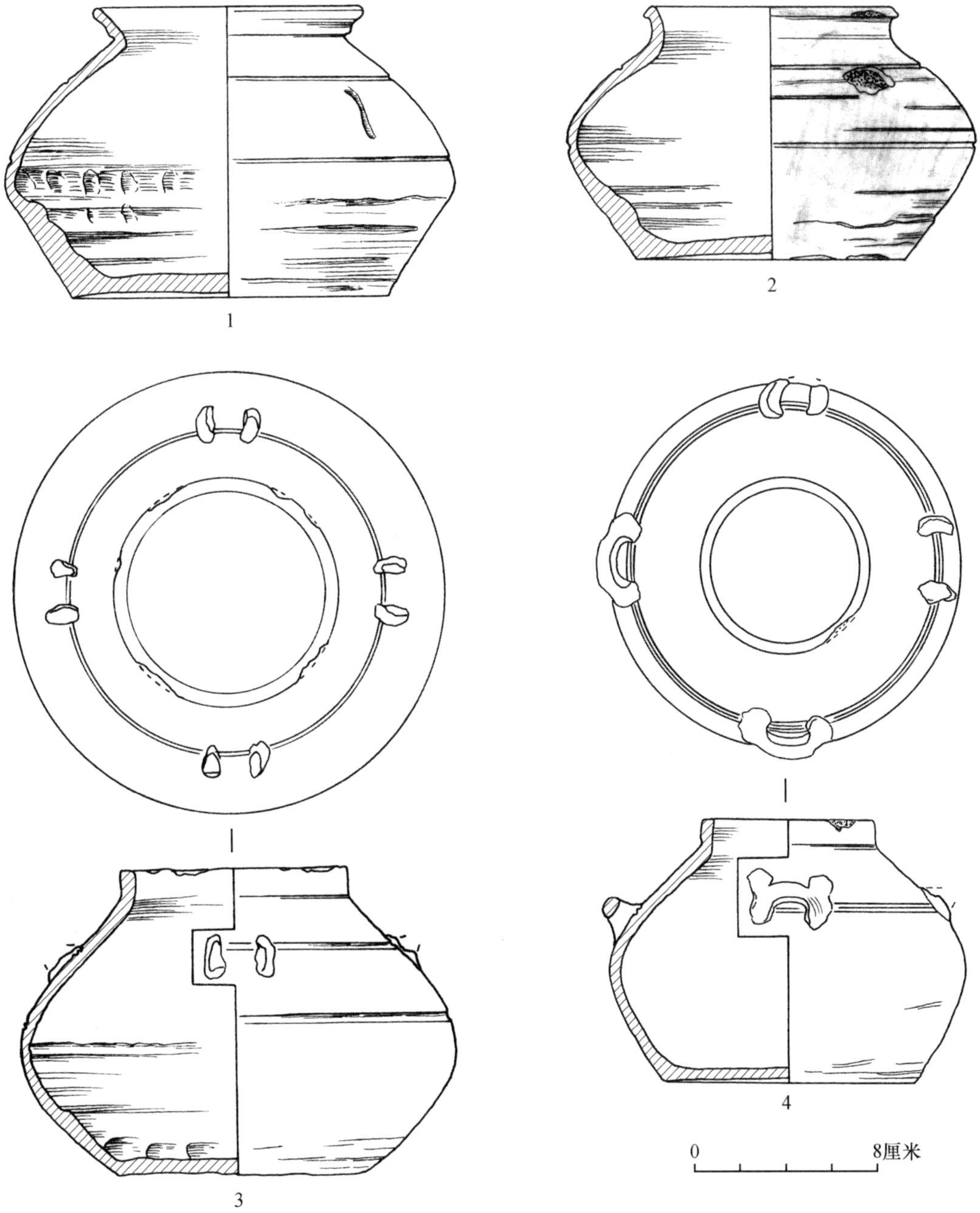

图一四四　M54出土陶器

1. Gc型罐（M54：4）　2. Gb型罐（M54：8）　3、4. B型Ⅱ式四耳罐（M54：15、M54：12）

四耳罐　2件。大小不一，形制基本相同，均为扁鼓腹，重心略偏下，属B型Ⅱ式。

M54：12，黄褐胎稍软，火候略低，器表有褐色陶衣。口微敛，唇沿较平，溜肩，肩附四对称耳，腹部较鼓，重心略偏下，底近平。肩饰细凹弦纹两道。出土时两耳缺失，口部略有残缺。口径7.4、腹径15.4、底径11、高11厘米，重920克（图一四四，4；图版九七，2）。

M54：15，黄褐胎较硬，火候较高，器表有褐色陶衣，上腹施青黄釉，口及下腹不施釉，从口部露胎情况看，该器物应与盖一起合烧，但盖已缺失。直口，平唇，溜肩，扁鼓腹下坠。肩部附四对称耳，耳均已缺失，口部有较多细碎缺口，应为下葬之前所致。肩、腹各饰细凹弦纹一道。口径9.6、腹径18.6、底径10.4、高12.8厘米，重1270克（图一四四，3；图版九七，3）。

灯　1件。M54：20，黑褐色软陶，火候较低，器表开裂剥落较为严重。碗状灯盘，实心圆柱状柄，喇叭形圈足。口径10、足径9.4、高14厘米，重510克（图一四五，4；图版九七，4）。

纺轮　1件。M54：21，灰白胎较硬，器表有褐色陶衣，体呈算珠形。高2.85、直径3.4厘米（图一四五，3）。

铜卮　1件。M54：22，胎体略厚，敞口，深腹，薄饼状底微内凹，颈部附宽半环形耳。口沿下部饰一道凸弦纹，腹部饰宽带凸弦纹一道。口径13、足径7、胎厚1.5、残高7.6厘米，重210克（图一四五，1；图版九七，5）。

铜盘　1件。M54：23，胎略厚，敞口，宽沿斜折，深弧腹，内底中部下压，使之外凸呈薄饼状圈足。口径21.8、足径7.5、高6.8厘米，重270克（图一四五，2；图版九七，6）。

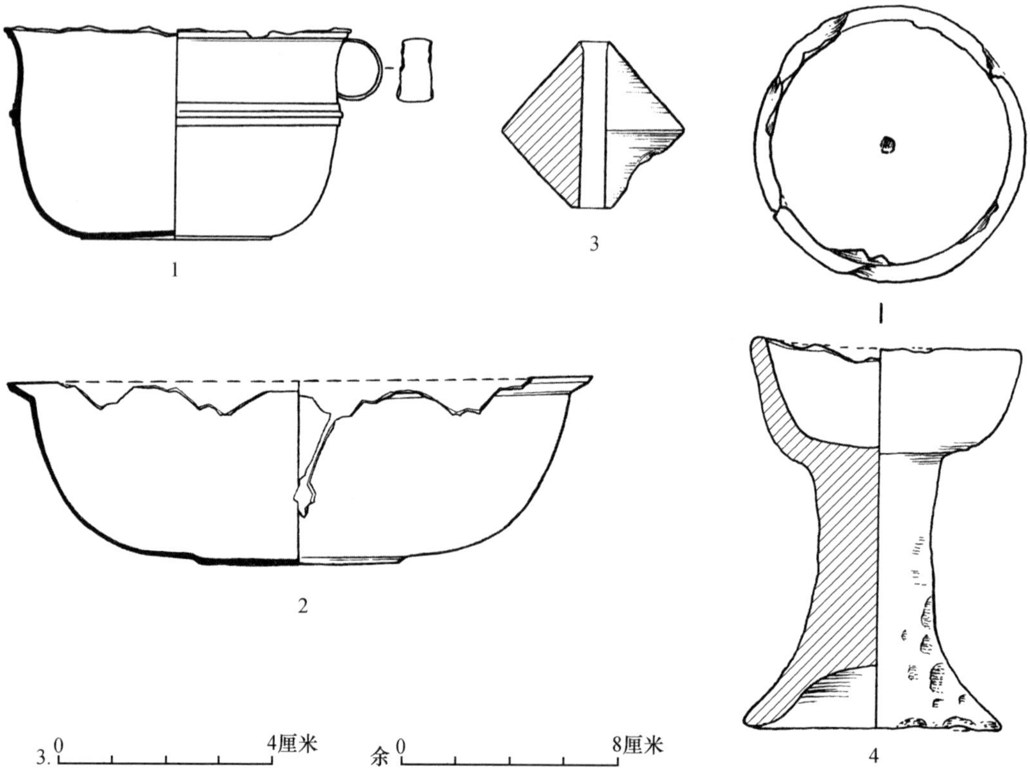

图一四五　M54出土器物

1. 铜卮（M54：22）　2. 铜盆（M54：23）　3. 陶纺轮（M54：21）　4. 陶灯（M54：20）

第三节　小　　结

本期墓葬在形制和随葬器物方面均出现了较为明显的变化。

首先，在墓葬形制方面，本期墓葬墓道普遍收窄，且多不居中，墓底设枕木沟的方式普遍消失，且墓底开始出现铺设零星木炭的现象。墓室前端设置器物坑的做法为本期始见，且一直延续至东汉后期，此类型的墓葬与《广州汉墓》[①]中的Ⅲ型5式墓相同，在《广州汉墓》中亦始见于东汉前期，是东汉木椁墓和西汉木椁之间一处较为明显的区分。

其次，在随葬器物方面，本期随葬陶器中软陶比例较西汉晚期有所增加，方格纹在陶器中的比重明显下降，但戳印纹在方格纹陶器中的比例却有所上升。戳印以不带对角线的Ba型Ⅱ式方几何戳印为主，圆几何形戳印已完全消失，其他戳印亦大幅减少，仅见个别菱形和组合戳印。弦纹数量亦大幅减少，且均为细凹弦纹。

在随葬器物种类方面，本期随葬陶器在整体上依然延续西汉晚期的常见类型，但新出现了短颈圈足的小陶壶。从以往发现情况看，这种小陶壶在两广地区始见于西汉晚期，东汉前器仍有少量发现，东汉后期完全消失。

在随葬器物组合方面，本期瓮、罐、壶组合在墓葬中的出现频率较西汉晚期进一步提高，且瓮、罐等器物均出现了明显的变化。就具体情况来说，本期陶罐总体上依然延续西汉晚期的风格，但在数量上开始明显减少，同时软陶数量开始增多，陶罐腹部装饰弦纹的现象大幅减少；陶瓮的数量明显增多，且均为新出现的广口大底的D型瓮。此类瓮在大部分发掘报告中均将其称作陶罐，但从其形态大小考察，将其定为瓮似乎更为合适，而且此类陶瓮与西汉时期诸陶瓮具有明显的取代关系，二者多不共出。D型瓮的出现是铜盆西汉墓和东汉墓之间又一个较为明显的区分。

除陶器外，本期随葬铜器的现象较西汉墓葬亦发生较为明显的变化。整体上看，铜盆汉墓随葬铜器的现象均不普遍，但相对而言，本期随葬铜器的现象较此前各器均有所提升，且在胎质方面也表现出较为明显的差异。铜盆西汉墓随葬的铜器胎体均较薄，而本期发现的铜器胎壁均较厚。事实上，铜盆汉墓铜器胎质由薄到厚的这种变化与两广地区已发掘的其他汉墓也是相一致的，这种区别构成铜盆西汉墓和东汉墓之间的又一区别。

本期墓葬整体处于东汉前期，年代范围大致在东汉建武初年至建初前后。当然每座墓葬之间不可避免地会存在一定的早晚差异。整体来看，M49为双墓道同穴合葬墓，墓底依然延续西汉时期同类墓葬中普遍设置枕木沟的方式，且在随葬器物中依然延续西汉晚期就已存在的五联罐、C型Ⅱ式瓮及A型Ⅵ式罐等器物，因此其时代相对略早。M54随葬器物较为丰富，其随葬的陶罐与西汉晚期风格相近，D型Ⅰ式瓮与其他墓葬亦存在一定的差异，其时代可能较其他墓葬略早而较M49略晚。M10和M60虽然墓葬形制差异较大，但随葬陶瓮基本相同，两墓时代可能大致相当。

---

① 广州市文物管理委员会、广州市博物馆：《广州汉墓》，文物出版社，1981年。本节中提到此书者出处均与此处相同。

第八章　东汉后期墓

第一节　墓葬概况

一、墓葬分布及形制特征

本期墓葬共5座，分别为M1、M2、M3、M4、M7。墓葬相对分散，均位于整个墓群的最低处，海拔一般在248～256米。墓向不一，有西北向和西南向两种，其中向西北者2座，方向均为295°，向西南者3座，方向230°～265°。

在形制方面，本期墓葬普遍设置有器物坑，相对东汉前期而言，器物坑的结构有所演进，具体表现在以下几个方面：

首先，在前期带器物坑的墓葬中，器物坑两侧均不抵墓室两侧壁，其与墓壁之间存在一定的间隙，而本期器物坑两端均抵墓壁，且与墓室等宽。

其次，前期器物坑后部设有土台，但本期除一座设置有土台外，其余均不设。

第三，在随葬器物摆放方面，前期随葬器物多置于墓室内，而本期器物大多放置于器物坑内。

除此之外，本期墓底铺少量木炭的现象更为普遍，且普遍发现有铁钉。

二、出土器物

本期出土器物95件，有陶、铜、铁、琉璃几种类别。

其中陶器共87件，占本期出土器物的91.6%。器形有瓮、罐、壶、双耳罐、四耳罐、直身罐、四耳瓮、圈足碗、盂、盒、圜底釜、三足釜、纺轮、帷帐座几种，以瓮、罐、壶、双耳罐最为常见，其余大多仅个别发现。其中双耳罐、四耳瓮、直身罐、圈足碗均为本期新出现的器形。

铜器仅铜碗1件；铁器有铁锸、铁环首刀及铁钉三种，其中铁钉为本期始见。琉璃器仅见耳珰1件。

三、陶器质地

陶器有泥质陶和夹砂陶两种，其中泥质陶共83件，占陶器总数的95.4%，夹砂陶仅见于圜底釜、三足釜和帷帐座。泥质陶中硬陶共67件，占陶器总数的77%，软陶共9件，占陶器总数的10.3%，胎稍软者仅7件，占陶器总数的8%。与东汉前期相比，硬陶占比有所回升，软陶和胎稍软者占比均有所下降。

施釉陶器的增多是本期陶器的一个显著特征，本期共有38件陶器施釉，占本期陶器总数的43.7%，占墓地全部95件施釉陶器总数的39.6%。

四、陶器纹饰

本期陶器以素面为主，纹饰较为稀少，仅见绳纹、大方格纹、方格纹、戳印纹和凹弦纹几种。以方格纹最为常见，绳纹和大方格纹均较为罕见，且绳纹仅见于个别夹砂圜底釜、大方格纹仅见于夹砂三足釜。

（一）方格纹

共28件，占本期陶器总数的32.1%，其占比较东汉前期的57.1%大幅下降。主要见于瓮、罐、双耳罐、四耳瓮几类器物。与此前各期相比，本期除陶瓮所饰方格纹相对清晰集中外，其余器类所饰方格纹多较零星模糊（图一四六，1、4、6）。

（二）戳印纹

共8件，占本期方格纹陶器总数的28.6%，其占比较东汉晚期的87.5%亦大幅下降，且纹饰类别及施纹对象均较单一。本期戳印纹仅见于陶瓮一种器物，且戳印类型均为线条简洁的Ba型Ⅲ式方几何戳印（图一四六，3、5、7）。

（三）凹弦纹

共56件，其占本期陶器的比例较东汉前期的31%大幅提高至64.4%，与东汉前期均为细弦纹不同，本期又出现4件宽凹弦纹，但细弦纹依然占弦纹总数的92.9%。

五、主要器物组合及特征

除瓮、罐、壶组合之外，本期器物组合中新增加了双耳罐，在全部5座墓葬中，除1座仅见瓮、罐组合外，其余墓葬瓮、罐、壶及双耳罐的组合均较齐全。

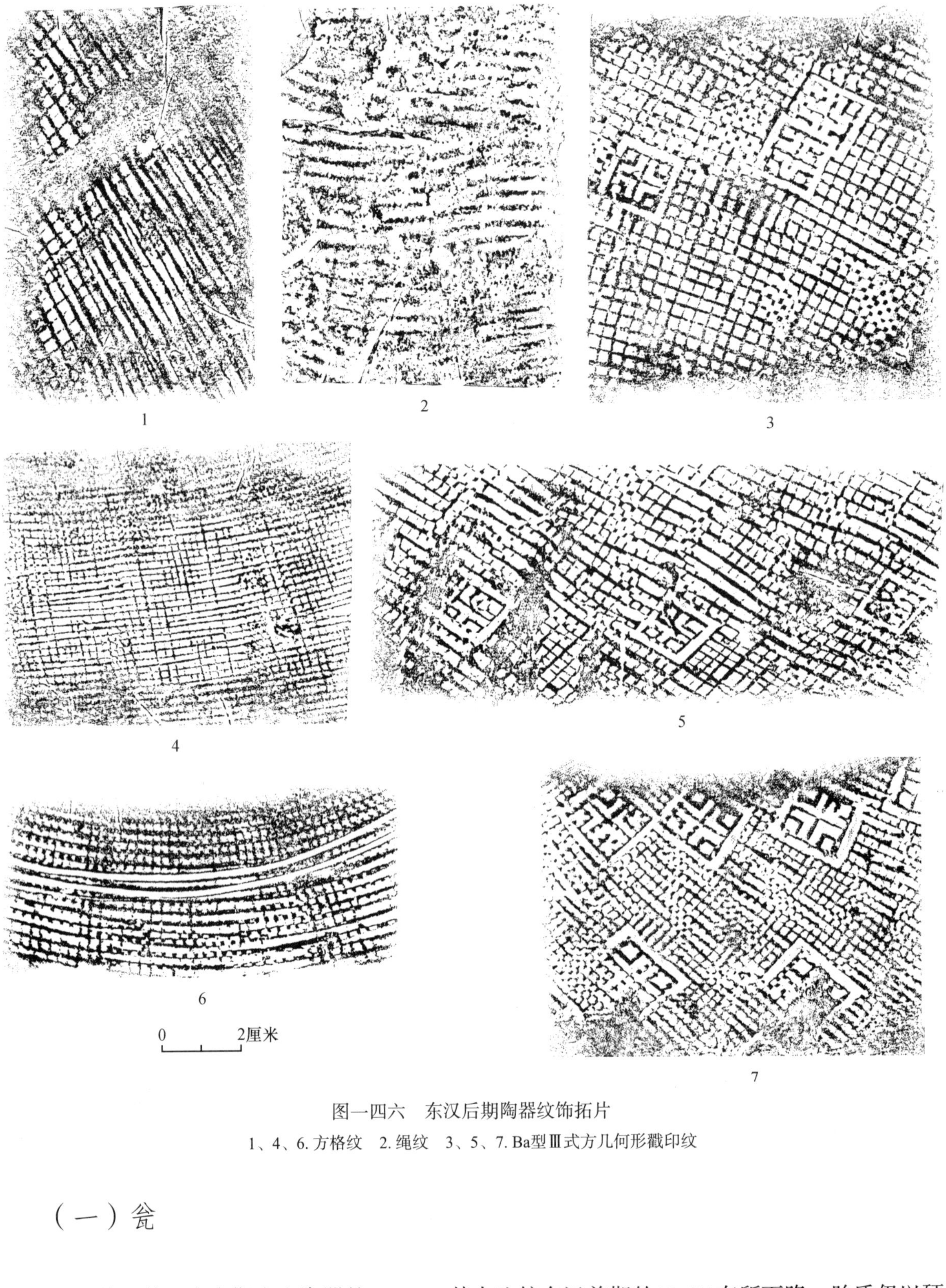

图一四六　东汉后期陶器纹饰拓片

1、4、6. 方格纹　2. 绳纹　3、5、7. Ba型Ⅲ式方几何形戳印纹

（一）瓮

瓮　共16件，占本期出土陶器的18.4%，其占比较东汉前期的28.6%有所下降。胎质仍以硬陶为主，占本期陶瓮总数的75%；软陶仅4件，占陶瓮总数的25%。器形均为D型Ⅲ式瓮，与东汉前期相比，其体型变小，口部多微敛或近直，器体重心多偏上。方格纹一般集中在肩部，腹

部与东汉前期一样基本不饰凹弦纹，饰戳印者和不饰戳印者大致相当，且戳印类型均为方几何形戳印。

（二）罐

共31件，占本期陶器总数的35.6%，其占比与东汉前期的38.1%大致相当。胎质以硬陶为主，其中硬陶21件，占陶罐总数的67.7%；软陶6件，占陶罐总数的19.4%，另有4件胎稍软，占陶罐总数的12.9%。

纹饰方面，本期陶罐中仅6件饰方格纹，其占本期陶罐的比例由东汉前期的75%大幅下降至19.4%，且均无戳印。在凹弦纹方面，本期共有22件陶罐饰凹弦纹，其占本期陶罐的比例由东汉前期的25%大幅增加至71%，且在弦纹中又出现少量宽凹弦纹装饰。在施釉方面，本期陶罐中共有10件施釉，占陶罐总数的32.1%，其占比较东汉前期有所增加。

在器形方面，本期陶罐与前面几期差异较大，除少量A型、G型、J型、L型罐外，主要以颈部稍长的K型罐为主，其中K型和L型均为本期新出现的器形，特别是K型罐的出现，是本期区别于其他各期又一较为明显的标志。

（三）壶

共4件，均为硬陶。本期陶壶胎多较厚，造型僵硬呆板，出现了腹部折棱的形态，同时圈足增高，圈足和壶底结合处凹状收束消失，腹部弦纹均为细凹弦纹。

（四）双耳罐

共18件，占本期陶器总数的20.7%，分出于3座墓，最少者1件，最多者10件。除个别胎稍软外，其余均为硬陶。纹饰以素面为主，少数有零星细方格纹。施釉现象较为普遍，共有14件施青黄釉，占双耳罐总数的77.8%。

器形较为多样，演变特征不明显，整体形态与K型罐较为类似。双耳罐的出现是铜盆本期汉墓区别于其他各期又一典型特征。

第二节　个墓介绍

一、Cd型墓

凸字形，有斜坡墓道墓，仅M4一座。

M4

1. 墓葬概况

位于凉伞岭西北面缓坡坡脚，海拔约256米。发掘前地表未见封土，墓口距地表深0.2米。墓葬走势与缓坡垂直，方向255°。

墓室平面呈长方形，长3.9、宽1.5、深0.9米；墓坑相对平直，坑壁规整，局部有坍塌。填土为原坑土，较疏松。墓底后部右侧有棺木朽痕，从朽痕看，棺长约2.2、宽约0.5米。棺的位置部垫有一层较薄的木炭，两端均有青膏泥，根据位置推测，青膏泥可能是用于密封木棺之用。

墓道呈长方形，长2.3、宽约1米；后端与墓室底部平齐，距墓底0.2米起斜坡，坡度13°。

随葬器物7件，计有瓮、罐、双耳罐、壶、纺轮及铁环首刀各1件。随葬器物呈直线排列于墓室前端左侧，出土时除1件陶罐保持完整外，其余均已碎裂。其中陶壶出土时口、底大部不存，应为下葬之前所致（图一四七；图版九八）。

2. 出土器物

瓮　2件。属D型Ⅲ式。口近直或微敛，广口大底，近桶状腹，重心偏上。

M4：2，灰褐胎较硬，火候较高，器体因烧制略有变形。口微敛，尖圆唇，短直颈微内收，颈部旋刮规整，桶状腹略鼓，大底内凹，重心稍偏上。体饰方格纹加两圈方几何形戳印，方格纹及戳印纹均大而深，下腹纹饰均抹净。口、底均有叠烧时形成的粘连痕迹。口径19、腹径26.8、底径21、高24厘米，重4040克（图一四八，3；图版九九，1）。

M4：6，黄色软陶，火候较低。口近直，尖圆唇，短直颈旋刮规整，弧腹近桶状，大平底。体饰方格纹，纹饰较模糊，下腹纹饰抹净。口径16、腹径22、底径18、高21.6厘米，重2240克（图一四八，1；图版九九，2）。

罐　1件。长颈，鼓腹，重心偏上，属Kb型Ⅰ式。M4：1，黄褐胎稍硬，火候略高，器表有褐色陶衣。直口，圆唇，长颈，鼓腹，底微内凹。肩部饰细凹弦纹两道，弦纹细而深，边缘较锐，其余素面。口径12.8、腹径19.4、底径13.4、高16.2厘米，重1660克（图一四八，4；图版九九，3）。

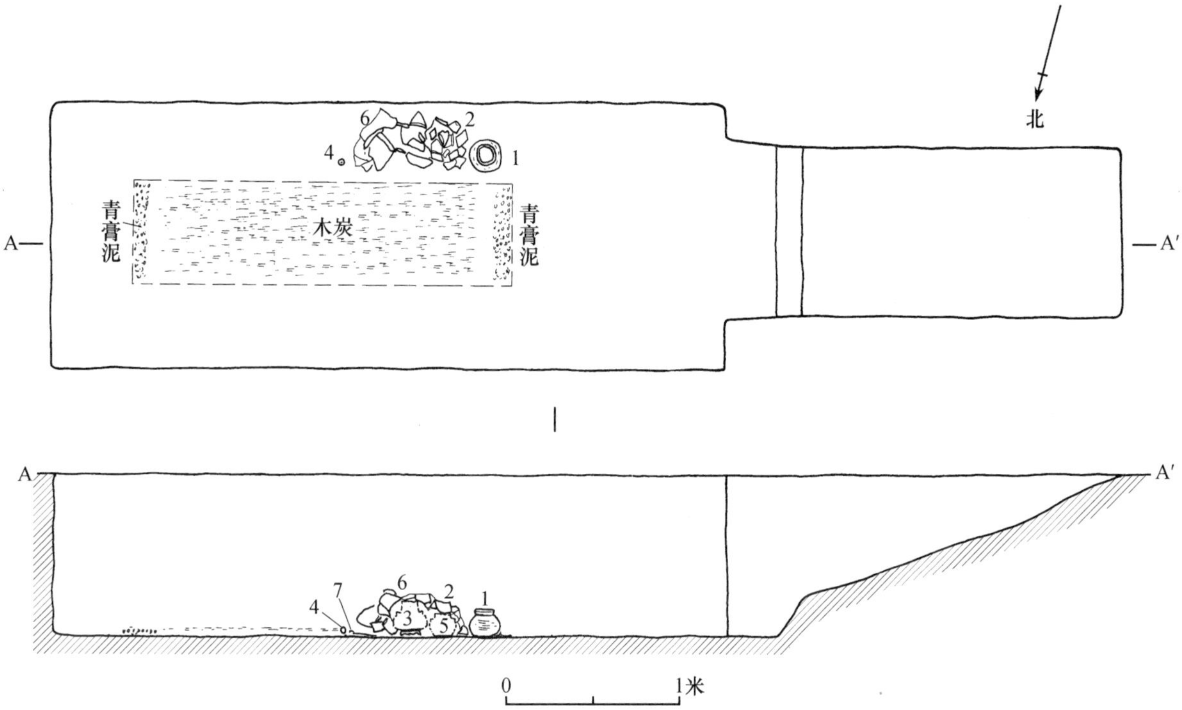

图一四七　M4平、剖面图

1. 陶罐　2、6. 陶瓮　3. 陶壶　4. 陶纺轮　5. 陶双耳罐　7. 铁环首刀

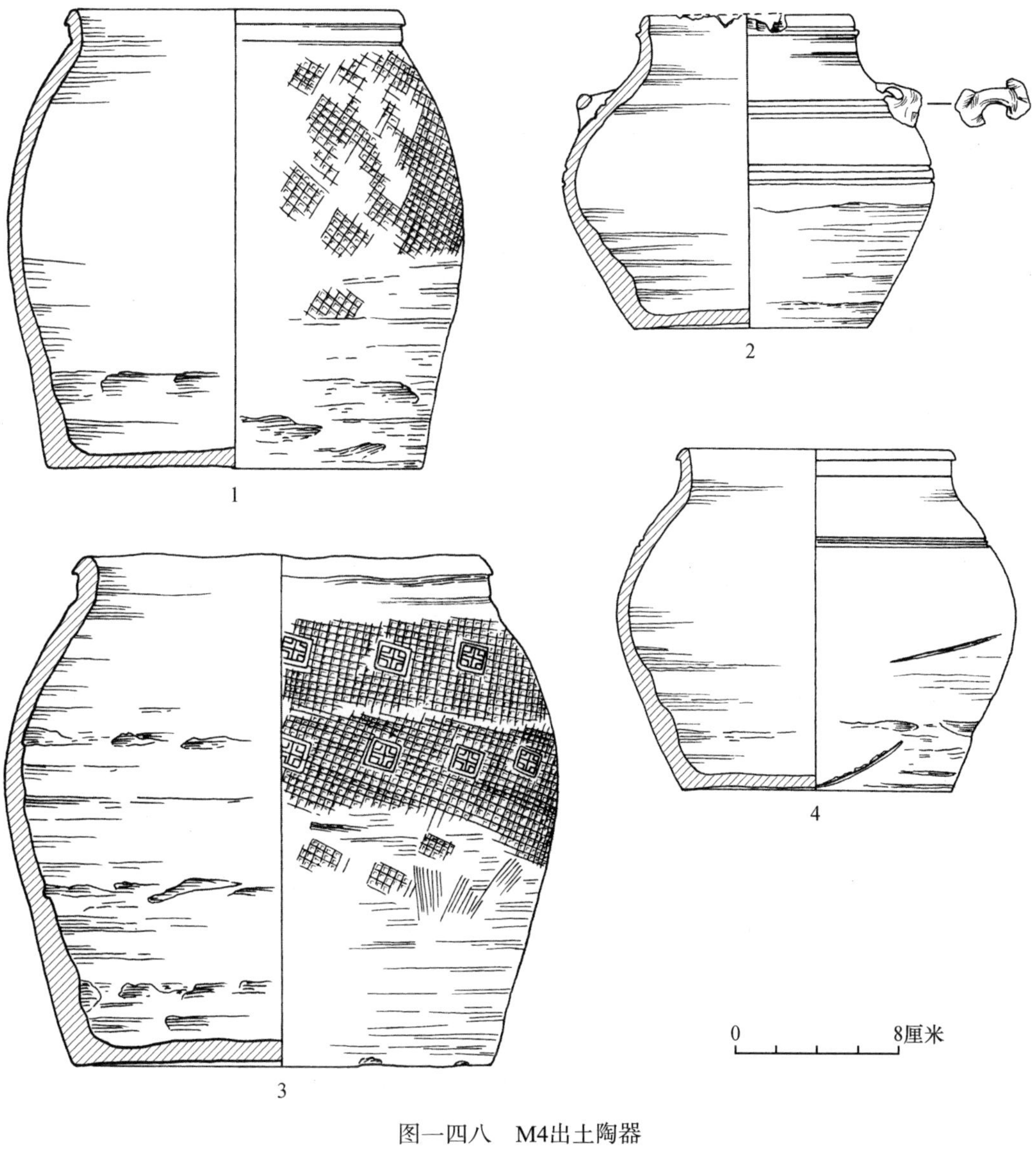

图一四八　M4出土陶器

1、3. D型Ⅲ式瓮（M4：6、M4：2）　2. C型双耳罐（M4：5）　4. Kb型Ⅰ式罐（M4：1）

双耳罐　1件。体形宽矮，长颈，圆鼓腹，属C型。M4：5，灰白色胎较硬，火候较高，器表有褐色陶衣。直口，圆唇，唇下有一圈凸起呈子口状，长颈，肩微溜，肩部贴附两对称耳，腹部圆鼓，下腹刮胎明显，底面边缘凸起。肩、腹各饰细凹弦纹两道，弦纹深而规整。底部有叠烧痕，口沿有多处缺口，为下葬之前所致。口径10、腹径18、底径11.4、高14.8厘米，重1470克（图一四八，2；图版九九，4、5）。

壶　1件。因口部不存而未作型式划分。M4：3，青灰胎较硬，火候较高，体施青黄釉，釉层均匀，下腹及圈足不施釉。肩、腹方折，棱角分明，下腹弧收，器底与圈足之间有凹状收束。自肩至腹依次共有四道连续的宽带纹，每组凹带纹之间各饰两条细弦纹。出土时颈部以上及圈足下部均已不存，残断处经修整，有使用磨损痕迹，表明该器物在残损后仍继续使用。腹径18.8、残高18厘米，残重1700克（一四九，1；图版一〇〇，1、2）。

纺轮　1件。M4：4，灰白胎较硬。体呈算珠形，上部有细弦纹一道。直径4、高3厘米，重35克（图一四九，2；图版一〇〇，3）。

铁环首刀　1件。M4：7，锈蚀严重，器身残缺不全。环首大部残缺，截面近椭圆形，短柄，截面近长方形，刀身宽扁，为单面刃，截面呈三角形。残长17.2、刀身宽约2.4厘米，残重53克（图一四九，3；图版一〇〇，4）。

二、Ea型墓

凸字形带器物坑墓，器物坑后部有土台。仅M3一座。

M3

1. 墓葬概况

位于凉伞岭西北面坡脚，海拔约254米。发掘前地表有馒头状封土，封土直径约12、残高约1米，采用堆筑方式筑成（图版一〇二，1）。

墓室平面呈长方形，长5.4、宽2.5、深2.6米，方向265°。坑壁平直，采用原坑土回填，填土较疏松。底部有棺木朽痕，从朽痕看，棺长约2.2、宽约0.8米。棺痕旁发现铁钉，与朽痕分布范围大致相当。棺痕前端发现少许青膏泥，从位置推测可能是用于密封木棺的。

墓室前端有一方形器物坑，其两端均抵墓室两侧壁，前端与墓道相距约0.2米。器物坑长、宽均为2.5、深0.4米，坑内前后均设有阶梯状土台。其中后部土台高0.2、纵宽1米，随葬器物主要放置于土台之上，可能为祭台性质；前端土台高0.2、宽0.4米；墓道较为狭长，其位于墓室前端偏右，且向右斜。平面近梯形，长4.3、前宽0.1、后宽1.1米；底为斜坡式，自墓底起斜坡，坡度约30°。

随葬器物共25件（套），计有瓮3、壶1、罐15、双耳罐1、四耳罐1、圈足碗1、陶帷帐座1、铜碗1及铁钉10枚。除铁钉出于墓室后部外，其余器物均出于墓室前端器物坑内，主要集中

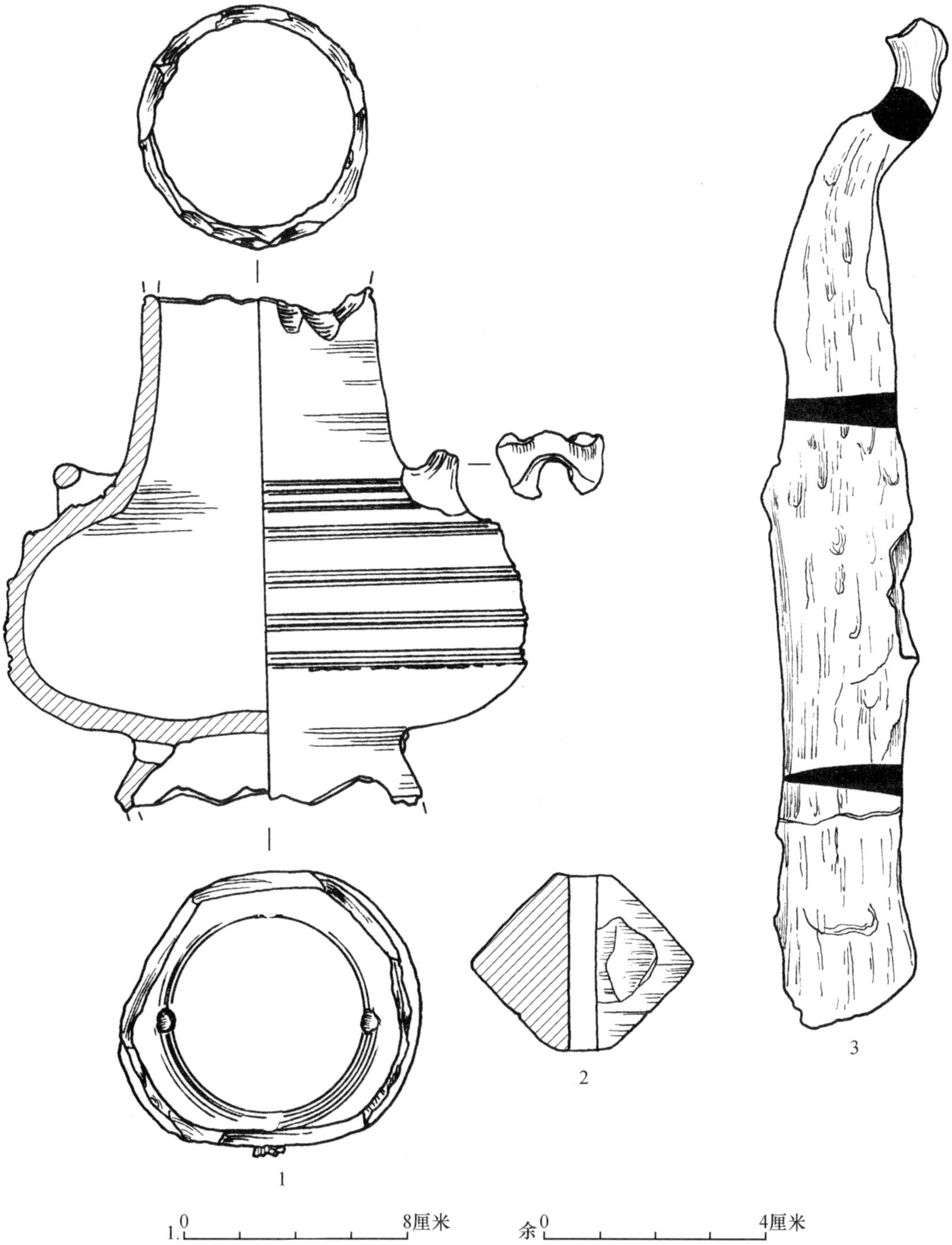

图一四九　M4出土器物
1. 壶（M4：3）　2. 纺轮（M4：4）　3. 铁环首刀（M4：7）

摆放于土台上，部分器物互相套叠。从摆放形态看，其原先可能放置于木箱内，部分器物因木箱朽烂而掉入器物坑底部（图一五〇；图版一〇一；图版一〇二，2）。

另外，在器物坑内发现小砾石8颗，其中有3件呈圆球形，其余均不规则，有4件有自然穿孔，当为有意挑选。重15～310克（图版一〇三，1）。

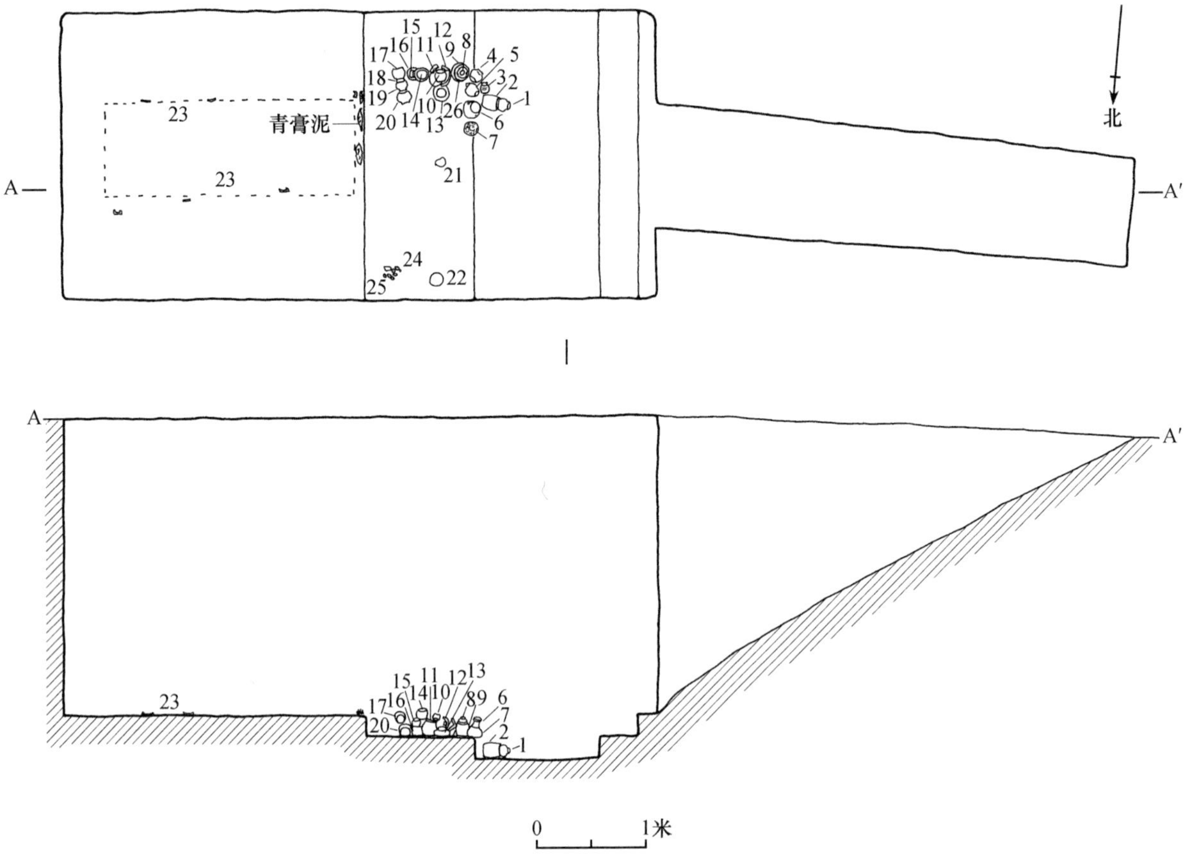

图一五〇　M3平、剖面图

1、3、4、10～20. 陶罐　2、7、9. 陶瓮　5、24. 陶四耳罐　6. 陶壶　8. 双耳罐　21. 陶盒　22. 铜碗　23. 铁钉　25. 陶帷帐座

2. 出土器物

瓮　3件。属D型Ⅲ式，除其中1件软陶因残碎无法复原外，其余均为敛口或直口，腹壁弧直近桶状。

M3：2，黄褐胎较硬，器表有褐色陶衣。敛口微变形，尖圆唇，短直颈微内斜，颈部旋刮规整，桶状腹肩部稍显丰满，下腹斜直，重心略偏上，底内凹。上腹饰方格纹，下腹纹饰抹净。底有叠烧痕。口径16、腹径23、底径17.7、高20.8厘米，重2860克（图一五一，1；图版一〇三，2）。

M3：9，黄褐胎较硬，器表有褐色陶衣。直口，尖圆唇，短直颈旋刮规整，弧腹近桶状，近底部略外撇，重心平稳，底内凹。体饰方格纹加一圈大方形戳印，下腹纹饰抹净。口径16.7、腹径21.7、底径18.2、高19.8厘米，重2800克（图一五一，2；图版一〇三，3）。

壶　1件。盘口，圆腹下坠，属B型Ⅲ式。M3：6，黄褐胎较硬，胎较厚，器表有褐色陶衣，底部露黄色陶胎，显示该器物入窑烧制时可能叠于瓮、罐一类的容器口内装烧。小盘口外敞，宽平唇，粗短颈，溜肩，圆腹，最大径偏下，圈足已不存，肩部有两对称耳与底部两对穿圆孔对应。盘口外侧饰细线纹一道，颈部饰一道深凹弦纹，肩部上下及腹部各饰两道细凹弦纹。圈足残缺部位经有意修平，可以平稳放置。口径12.6、腹径18.8、残高22.4，残重1990克

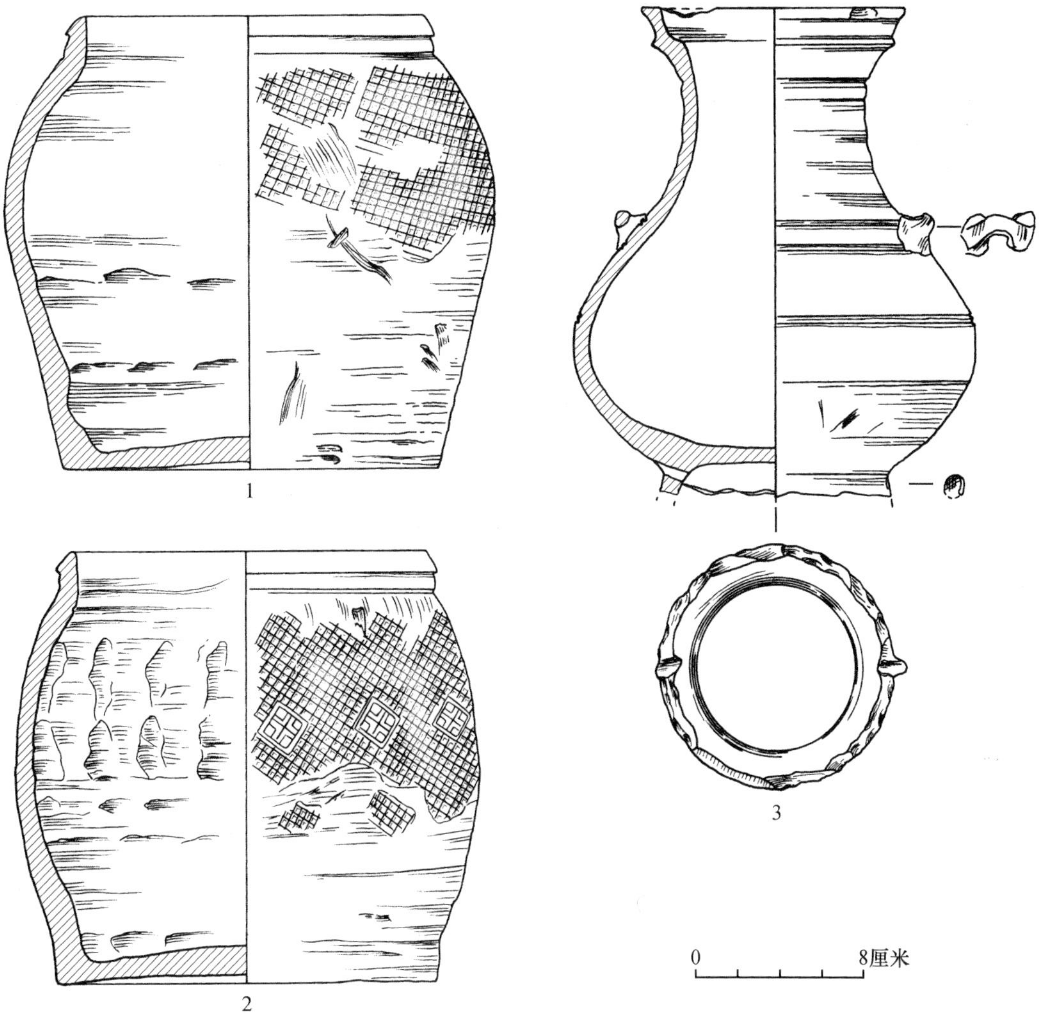

图一五一　M3出土陶器

1、2. D型Ⅲ式瓮（M3：2、M3：9）　3. B型Ⅲ式壶（M3：6）

（图一五一，3；图版一〇三，4、5）。

罐　15件。除其中1件软陶因口部无法复原未进行型式划分，其余14件分属Gd型、J型、Kb型Ⅰ式、Kb型Ⅱ式、Kc型Ⅰ式、Kc型Ⅱ式、Kd型Ⅰ式、Ke型及L型。

M3：14，黄色软陶，火候较低，口部因残碎无法复原。大圆鼓腹，底内凹，素面无纹。腹径16.6、底径12.2、残高11.3厘米（图一五二，2；图版一〇四，1）。

Gd型　1件。侈口，大扁腹鼓折。M3：11，体型较大，黄褐胎稍软，火候略低，器表有褐色陶衣。大侈口微残，圆唇，颈稍长，溜肩，大扁鼓腹，下腹抹折斜直收，刮胎较明显，底微内凹。素面无纹。口径11.8、腹径20.4、底径14.6、高14.2厘米，重1400克（图一五二，11；图版一〇四，2）。

J型　1件。圆球腹，形态特征与四耳罐同。M3：24，灰白胎较硬，火候较高，器表呈铁褐色，局部施酱釉，腹部粘连有窑渣。侈口，圆唇，口部因烧制变形严重，底心凸起。肩部饰细凹弦纹一道，其余素面。口径9～9.7、腹径15.9、底径10、高11.6厘米，重1000克（图

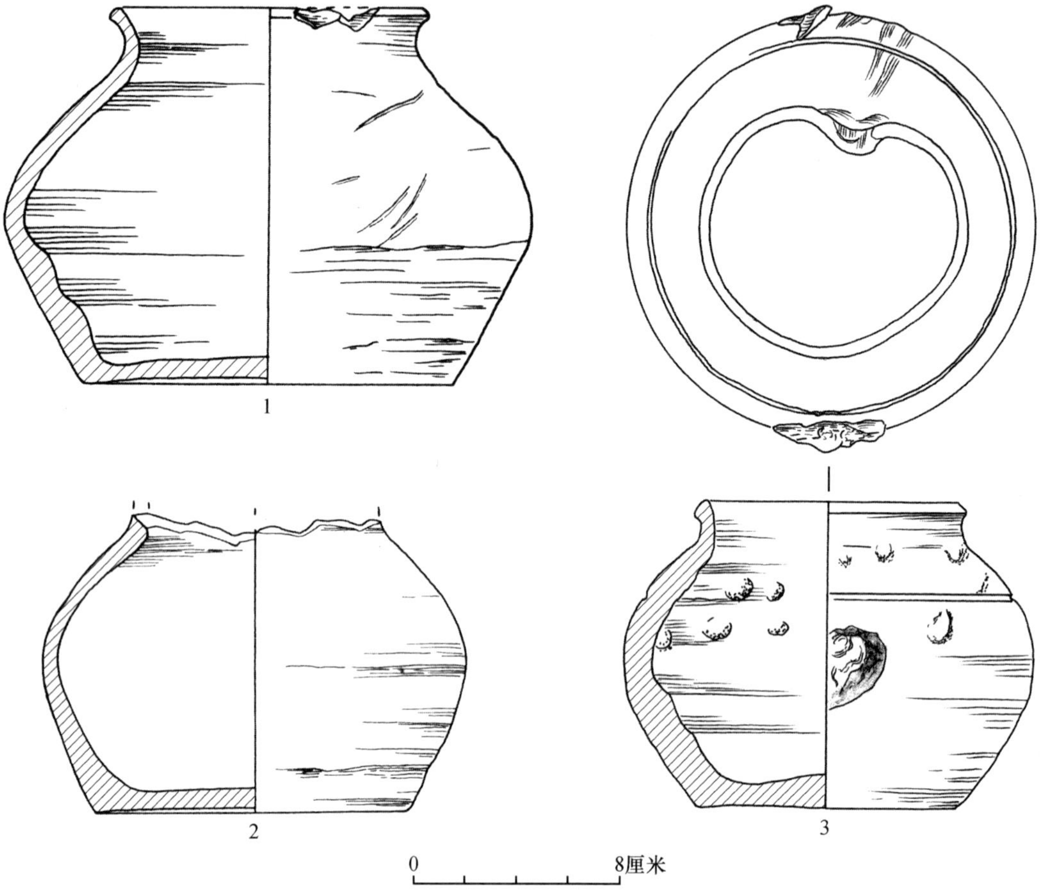

图一五二　M3出土陶罐

1. Gd型罐（M3∶11）　2. 罐（M3∶14）　3. J型罐（M3∶24）

一五二，3；图版一〇四，3、4）。

Kb型Ⅰ式　1件。长颈，窄沿稍宽，颈部略直，颈、肩分界明显，鼓腹，重心偏上。M3∶4，体型规整，灰白胎较硬，器表有灰褐色陶衣。小直口，窄沿斜折，直颈较高，颈部旋刮规整，小底微内凹。肩部饰细凹弦纹两道，其余素面。口径9.8、腹径15.4、底径9.4、高12.6厘米，重810克（图一五三，1；图版一〇四，5）。

Kb型Ⅱ式　4件。尖圆唇，长颈，颈、肩分界不明显，溜肩，鼓腹，重心居中。

M3∶3，红褐胎稍软，器表有黑褐色陶衣。侈口，圆唇，腹略鼓，小底内凹。肩部饰细凹弦纹一道。口径10.5、腹径16.2、底径9.8、高12.2厘米，重1000克（图一五三，5；图版一〇四，6）。

M3∶13，黄色软陶，火候较低。侈口，圆唇，鼓腹，小底内凹。肩饰细凹弦纹一道，下腹刮胎明显。口径9.6、腹径15.2、底径9.8、高12.2厘米（图一五三，2；图版一〇五，1）。

M3∶15，灰白胎较硬，火候较高，器表有褐色陶衣，局部施青黄釉，多已脱落。口微侈，尖圆唇，腹鼓垂，下腹刮胎明显，小底内凹。肩饰细凹弦纹两道。底有叠烧痕。口径8、腹径13.8、底径9.3、高10厘米，重700克（图一五三，3；图版一〇五，2）。

M3∶16，灰白胎较硬，火候较高，局部施青黄釉。口微侈，尖圆唇，鼓腹，下腹刮胎较

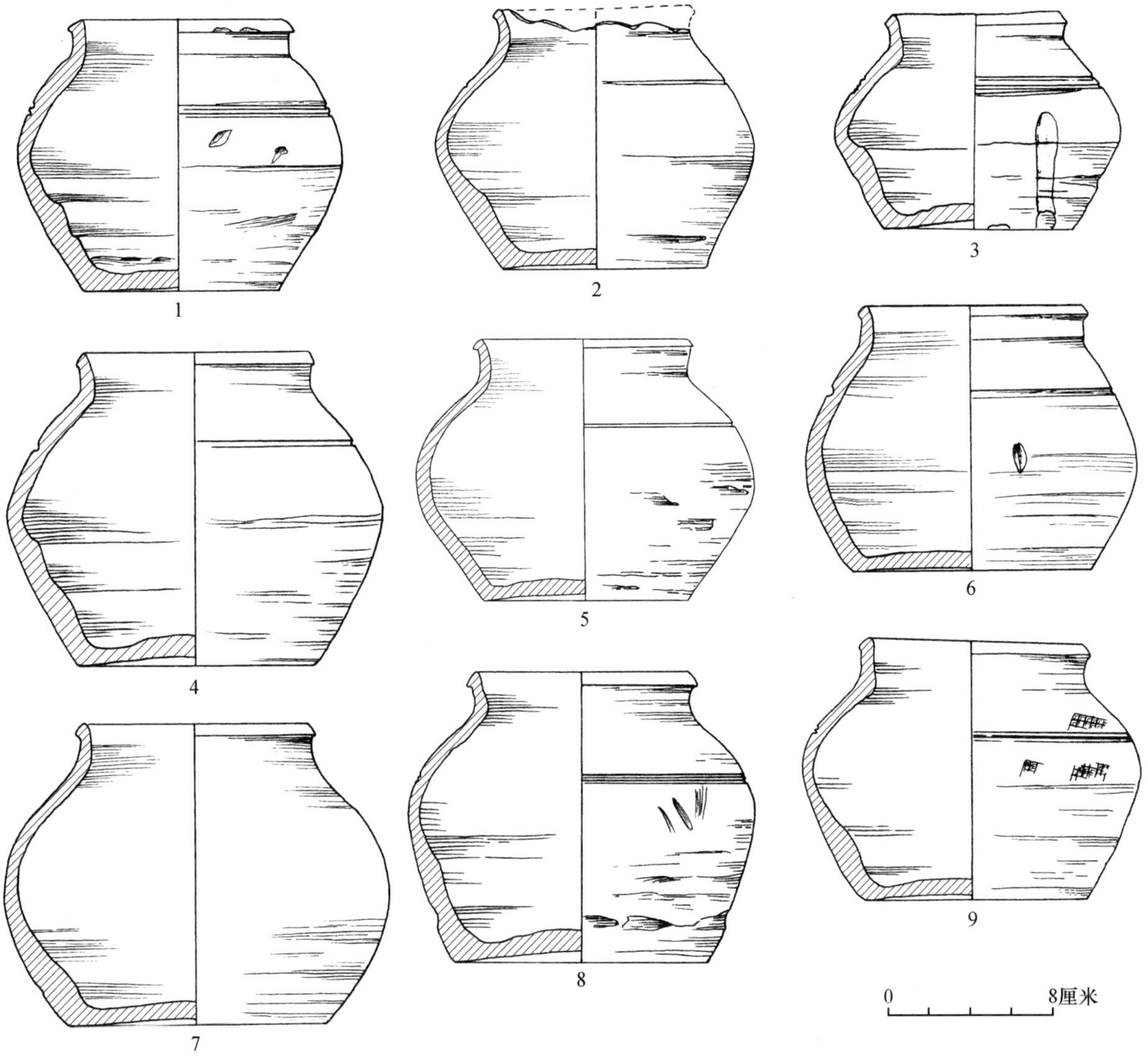

图一五三　M3出土陶罐

1. Kb型Ⅰ式（M3：4）　2～5. Kb型Ⅱ式（M3：13、M3：15、M3：16、M3：3）　6. Kc型Ⅰ式（M3：17）　7. Kc型Ⅱ式（M3：1）　8. Kd型Ⅰ式（M3：18）　9. Kd型Ⅱ式（M3：19）

明显，小底内凹。肩部饰凹弦纹一道，底有叠烧痕。口径11、腹径17.8、底径11.4、高14.6厘米，重1330克（图一五三，4；图版一〇五，3）。

Kc型Ⅰ式　1件。长颈高直，颈部旋刮，颈、肩分界稍明显，圆鼓腹下垂。M3：17，黄胎稍软，火候略低，器表有褐色陶衣，陶衣多已脱落。直口，圆唇，圆腹重心偏下，大底微内凹。肩部饰宽凹弦纹一道。口径11.1、腹径16、底径11.5、高12.4厘米，重950克（图一五三，6；图版一〇五，4）。

Kc型Ⅱ式　1件。长颈，颈部不旋刮，与肩分界不明显，圆腹居中。M3：1，红胎稍软，火候略低。直口，尖圆唇，底内凹。素面无纹。口径10.8、腹径18.2、底径12、高14厘米，残重1300克（图一五三，7；图版一〇五，5）。

Kd型Ⅰ式　1件。长颈，窄沿斜折，宽肩，底稍大。M3：18，灰白胎较硬，局部施青黄釉。唇沿尖斜，肩略丰满，下腹斜直，重心略偏上，大底内凹。肩部饰细凹弦纹两道，其余素面。底有叠烧痕迹。口径10、腹径16.4、底径12.2、高13.6厘米，重960克（图一五三，8；图版一〇五，6）。

Kd型Ⅱ式　1件。长颈，沿不明显，圆唇，宽肩，底稍小。M3：19，红褐胎略硬，器表有褐色陶衣。体型宽矮，器身变形严重，直口，圆唇，下腹斜直，小底内凹。体饰零星细方格纹，肩部饰细凹弦纹两道，下腹有多道断续的细弦纹。口径10.2、腹径16.2、底径10.7、高12.2厘米，重860克（图一五三，9；图版一〇六，1）。

Ke型　1件。体型较大，长颈，大圆腹。M3：12，灰白胎较硬，器表有褐色陶衣，局部施青黄釉。小侈口，尖圆唇，平底。体饰零星细方格纹，肩部饰细凹弦纹一道。口径11.4、腹径21.4、底径14.6、高18.8厘米，重2200克（图一五四，1；图版一〇六，2）。

L型　2件。尖圆唇，短直颈，弧腹近桶状。

M3：10，灰褐胎较硬，器表有灰褐色陶衣。大侈口，唇沿斜折，短直颈旋刮规整，弧腹，大底内凹。体饰方格纹，近底部纹饰抹净，肩部饰细凹弦纹两道，弦纹细而深，较锐利。出土时口沿有零星缺口。口径10、腹径14.8、底径11.4、高12厘米，重920克（图一五四，5；图版一〇六，3）。

M3：20，黑色硬陶，火候较高，器身变形严重。大侈口，唇沿斜折，短直颈旋刮规整，丰肩，下腹斜直，大底凹凸不平。肩部饰方格纹，下腹纹饰抹净。口径11.6～13、腹径18～18.4、底径13～13.4、高15厘米，重1540克（图一五四，3；图版一〇六，4）。

双耳罐　1件。属A型，直口内敛，圆鼓腹，器形与四耳罐基本相同。M3：8，红褐胎较硬。口、底略有变形，敛口，方唇，肩部贴附两对称耳，圆腹，近底部刮胎明显，平底。肩饰细凹弦纹两道。口径7.3、腹径15.2、底径11.2、高10.3厘米，重1000克（图一五四，4；图版一〇六，5）。

四耳罐　1件。斜平唇，圆腹，器体重心居中，属A型Ⅱ式。M3：5，灰白胎较硬，体施青黄釉，大部已脱落。口微敛，圆腹，平底。肩附四对称耳，其中两耳已不存。肩部饰细凹弦纹两道，其余素面。口径8.6、腹径15.6、底径11.4、高12厘米，重1060克（图一五四，2；图版一〇六，6）。

圈足碗　1件。口近直，深腹，属B型。M3：21，黄色软陶，火候较低。圆唇，深腹略直，内圜底，喇叭状圈足。腹饰凹弦纹两道。口径11.7、足径7.4、高7.7厘米，残重240克（图一五四，6；图版一〇七，1）。

帷帐座　1件。M3：25，夹砂黄褐陶。器身呈柱础状，中间有圆形穿孔。底径2.8、高1厘米，重7克（图一五五，1；图版一〇七，2）。

铜碗　1件。M3：22，胎壁较厚，敞口，圆唇，深腹，内底近平，假圈足。腹部有宽凸棱一道。口径14.4、足径8.4、胎厚0.2、高5.8厘米（图一五五，2；图版一〇七，3）。

铁钉　10枚。M3：23，锈蚀较严重，大多残缺不全，均为码钉。器身均较宽扁，截面呈长方形，两端弯折，弯折部分收刹呈三角形钉尖。长约14、宽约2.4、高约5.4、厚约0.5厘米（图一五五，3；图版一〇七，4）。

图一五四　M3出土陶器

1. Ke型罐（M3：12）　2. A型Ⅱ式四耳罐（M3：5）　3、5. L型罐（M3：20、M3：10）　4. A型双耳罐（M3：8）　6. B型圈足碗（M3：21）

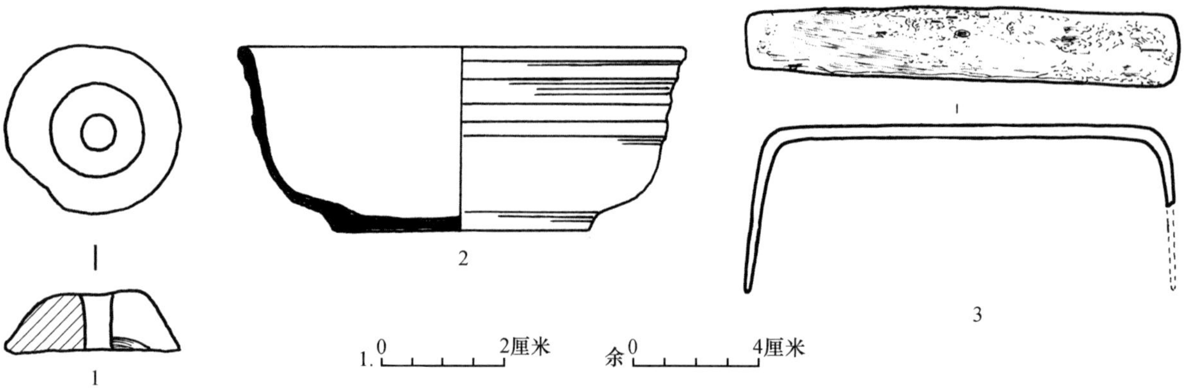

图一五五　M3出土器物

1. 帷帐座（M3：25）　2. 铜碗（M3：22）　3. 铁钉（M3：23）

三、Eb型墓

凸字形带器物坑墓，器物坑后部无土台。共3座，分别为M1、M2、M7。

（一）M1

1. 墓葬概况

位于田垌村南面一处低平的土岭上，为铜盆墓群分布最低点，海拔约248米。发掘前地表未见封土，墓口距地表约0.3米。墓葬朝向西南，方向230°。

墓室开在河旁台地砾石层中，坑壁上部存在不同程度的崩塌，下部相对平直。墓室长4.6、宽2.3、深2.5米。填土为原坑土，夹杂大量砾石块，土质相对疏松，其内发现铁锸1件，可能为筑墓时遗留。棺椁葬具均已腐朽无存，从墓室底部散落的铁钉看，该墓应存在棺椁葬具，由于朽痕不清，大小不详。

墓室前端有长方形器物坑，器物坑长1.5米，前端直抵墓道，宽度与墓室底部等宽，底部低于墓室底部0.2米。

墓道较窄，平面呈长方形，长4.6、宽约0.9米，底呈斜坡式，在距器物坑底部约0.8米起斜坡，坡度约35°。

随葬器物共16件（套），计有瓮5、双耳罐3、直身罐1、圈足碗2、三足釜2、圜底釜1、纺轮1、铁钉7枚。除铁钉及纺轮出土于墓室外，其余器物均放置于器物坑内（图一五六；图版一〇八；图版一〇九，1）。

2. 出土器物

瓮　5件。体型轻薄，敛口，广口大底，腹壁弧直近桶状，器体重心偏上，均属D型Ⅲ式。均为硬陶，器表多有陶衣，部分施青黄釉，腹中部以上饰方格纹，个别有戳印，下腹纹饰

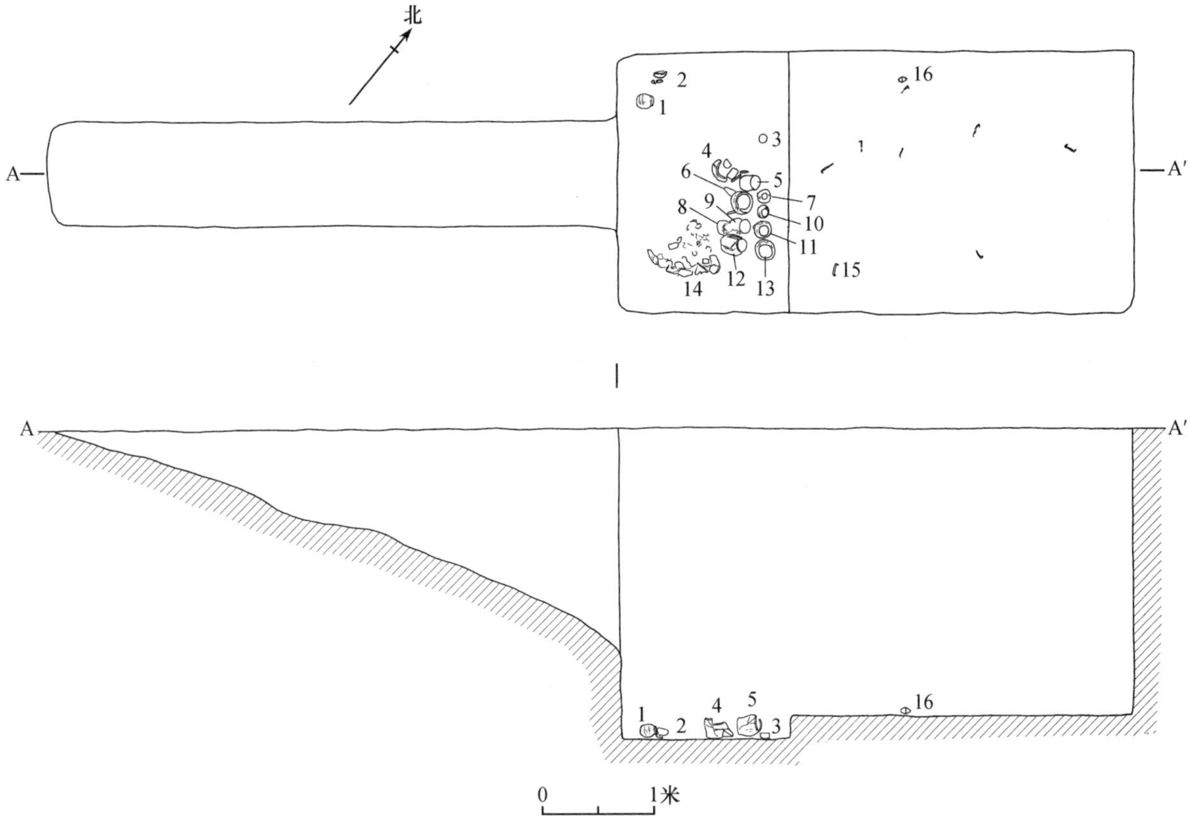

图一五六　M1平、剖面图

1、4、5、9、12. 陶瓮　2、3. 陶圈足碗　6、14. 陶三足釜　7、10、13. 陶双耳罐　8. 陶圜底釜　11. 陶直身罐　15. 铁钉　16. 陶纺轮

抹净，腹部均不饰弦纹。

M1：1，红褐胎较硬，器表有黑褐色陶衣。敛口，尖圆唇，无短颈，鼓肩，下腹斜直，大底内凹，器体重心偏上。上腹饰方格纹，方格纹细而深，较规整，下腹刮胎痕迹明显。口微残，底有叠烧痕迹。口径15.2、腹径20.6、底径15.2、高20.7厘米，重2520克（图一五七，1；图版一〇九，2）。

M1：4，青灰胎较硬，器表有褐色陶衣。口近直，尖唇，短直颈，肩略鼓，下腹斜收，重心偏上，大底内凹。上腹饰方格纹，下腹纹饰大部抹净。口微残。口径17、腹径22.6、底径16.8、高21.3厘米，重2880克（图一五七，2；图版一〇九，3）。

M1：12，灰白胎较硬，火候较高，体施青黄釉，釉层较薄。口部变形严重，敛口，尖唇，短颈较矮，丰肩，腹壁近直斜收，器体重心偏上，大底内凹。上腹饰方格纹加一圈方几何形戳印，下腹不饰纹饰，腹部有较为模糊的宽凹弦纹一道。底有叠烧痕迹。口径16～17、腹径23、底径18.2、高20.6厘米，重2880克（图一五七，3；图版一一〇，1）。

M1：5，灰白胎较硬，火候较高，器身施青黄釉，釉层较薄，多已脱落。敛口，尖唇，短直颈较矮，桶状腹微弧，重心偏上，大底内凹。上腹饰方格纹，下腹不饰纹饰，器身有多道刮痕。口微残。口径15、腹径20.2、底径17.4、高20.2厘米，重2400克（图一五八，1；图版一一〇，2）。

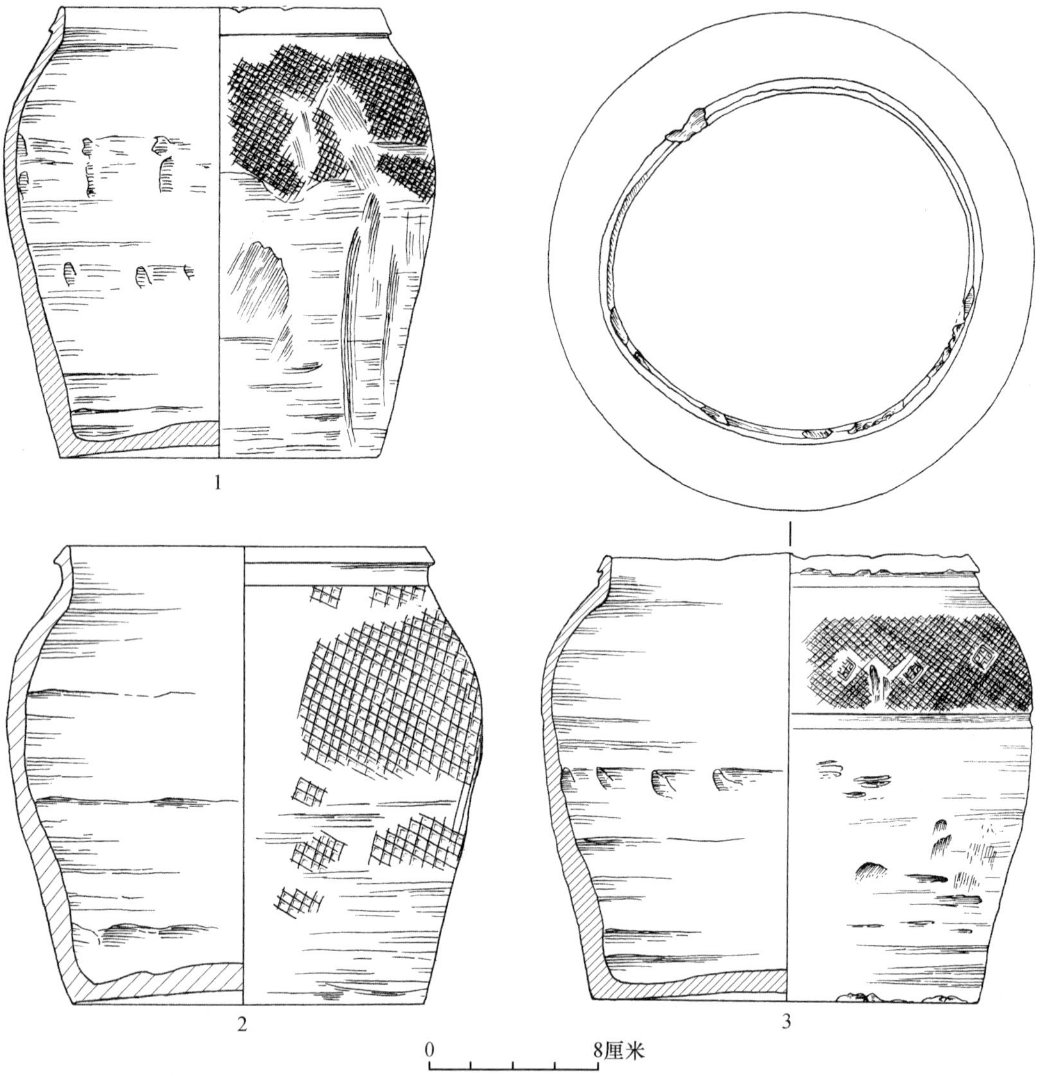

图一五七　M1出土D型Ⅲ式陶瓮
1. M1：1　2. M1：4　3. M1：12

M1：9，灰白胎较硬，器表有褐色陶衣，器身变形严重。口微敛，尖唇，短直颈较矮，桶状腹下腹斜内收，器体重心偏上，底近平。上腹饰方格纹，下腹不饰纹饰，方格纹较细小。器体变形严重。口径13.6～16、腹径19.8～20.6、底径16.6、高21.5厘米，重2140克（图一五八，4；图版一一〇，3）。

双耳罐　3件。分属C型和F型。

C型　2件。体型宽矮，长颈，圆鼓腹。

M1：7，灰白胎较硬，器表有褐色陶衣，局部施釉。体型稍高，直口，圆唇，唇下凸起一圈呈子口状，颈较长，肩微溜，肩附两对称耳，圆鼓腹，下腹不刮胎，底内凹。肩、腹各饰细凹弦纹一道。口沿有两处缺口。口径10.4、腹径16、底径10.6、高14厘米，重1070克（图一五八，3；图版一一〇，4）。

M1：10，灰白胎较硬，体施青黄釉，釉层相对较厚，局部脱落。体型稍矮，直口，圆唇，唇下凸起一圈呈子口状，长颈，溜肩，肩附两对称耳，圆鼓腹，下腹刮胎明显。器身有零星细碎的方格纹，肩部有细凹弦纹一道。底有叠烧痕。口径10.4、腹径15.9、底径12、高12.5厘米，重1010克（图一五八，5；图版一一〇，5）。

F型　1件。体型瘦长，弧腹。M1：13，黄胎稍软，器表有褐色陶衣。直口，圆唇，唇下凸起一圈呈子口状，长颈，溜肩，肩附两对称耳，长弧腹重心平稳，底内凹严重。器表有零星

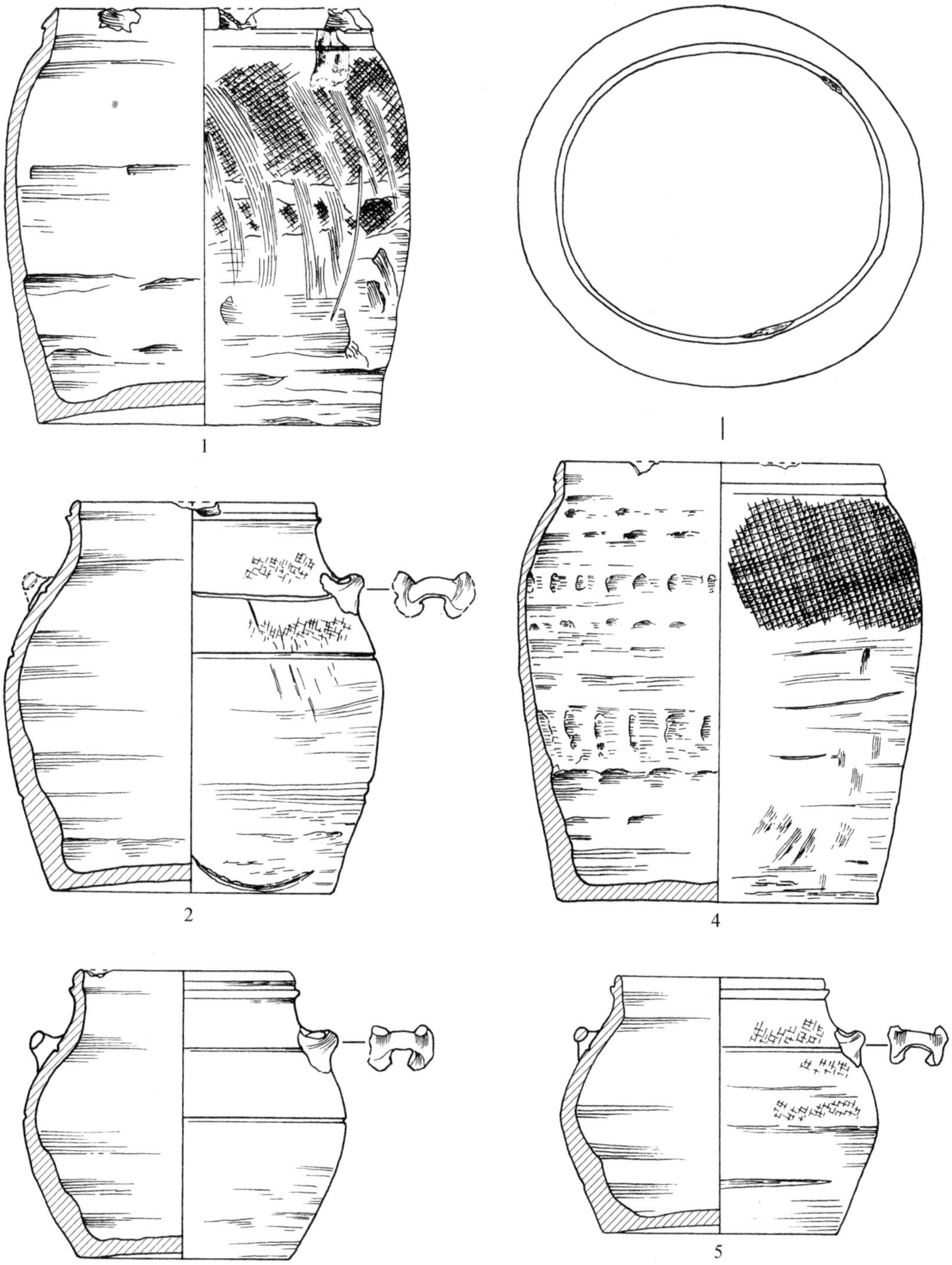

图一五八　M1出土陶器

1、4. D型Ⅲ式瓮（M1：5、M1：9）　2. F型双耳罐（M1：13）　3、5. C型双耳罐（M1：7、M1：10）

细方格纹，肩、腹各饰细凹弦纹一道，器身有较多细旋纹。口微残，一耳缺失。口径12、腹径18.8、底径14、高19厘米，重1490克（图一五八，2；图版一一〇，6）。

直身罐　1件。M1：11，灰白胎较硬，器表有褐色陶衣。斜平唇，斜肩，直桶形腹，平底，上腹横贴两对称耳，其中一耳缺失。口下饰细凹弦纹两道，腹部上下共饰细凹弦纹三道。口径8.8、腹径15、底径13、高12.2厘米，重770克（图一五九，1；图版一一一，1）。

圈足碗　2件。均为灰白色硬陶，器表有褐色陶衣，分属A、B型。

A型　1件。敞口，弧腹略浅。M1：2，体型较大，尖圆唇，高喇叭形圈足。口下饰细弦纹一道，体施青黄釉，釉层较薄。口径14.6、足径8.6、高8.7厘米，重400克（图一五九，3；图版一一一，2）。

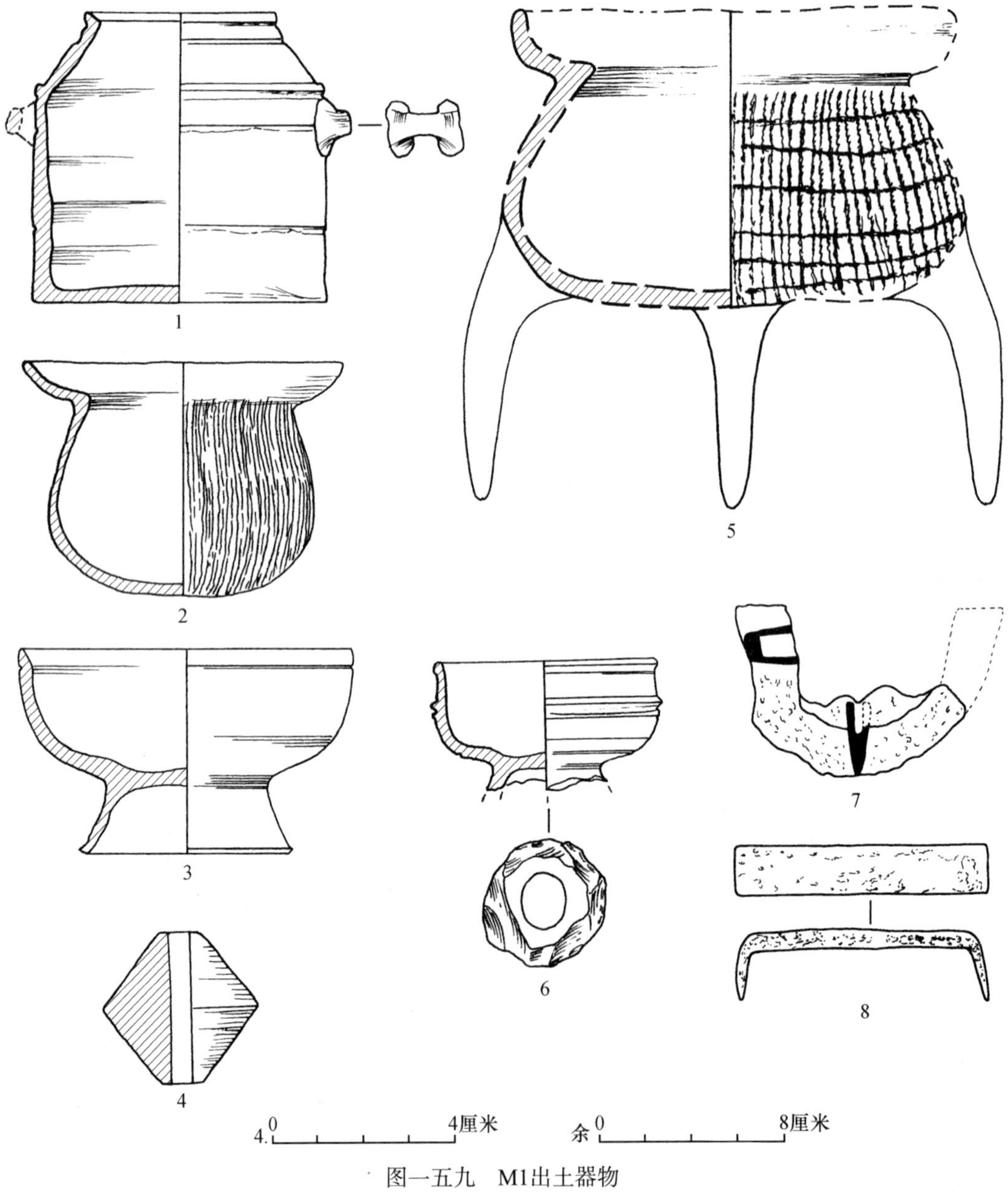

图一五九　M1出土器物

1. 直身罐（M1：11）　2. 圜底釜（M1：8）　3. A型圈足碗（M1：2）　4. 纺轮（M1：16）　5. C型三足釜（M1：14）　6. B型圈足碗（M1：3）　7. 铁锸（M1：17）　8. 铁钉（M1：15）

B型　1件。口近直，深腹。M1：3，圆唇，腹部有凸棱一道，凸棱下饰凹弦纹。圈足已不存，残缺处有修整痕迹。口径9.7、残高5.5厘米，残重150克（图一五九，6；图版一一一，3）。

圜底釜　1件。M1：8，体型较小，保存较差。夹砂黄褐陶，火候较低，器表有烟炱。宽沿，束颈，圜底，体饰绳纹。口径14、腹径11.8、高10厘米（图一五九，2；图版一一一，4）。

三足釜　2件。属C型。其中1件因较残破而无法复原，均为夹砂黄褐陶，火候较低。均为宽沿，束颈，大扁鼓腹，圜底，底附三锥状足。体饰大方格纹，器身有烟炱。M1：14，口径19、腹径20、高21厘米（图一五九，5）。

纺轮　1件。M1：16，灰白色硬陶，体呈算珠形。直径3.3、高3.2厘米，重23克（图一五九，4；图版一一一，5）。

铁锸　1件。M1：17，出于墓室填土内。锈蚀严重，半边已不存。呈“凹”字形，圆弧刃较锐，銎呈楔形。长7.2、残宽10厘米，残重70克（图一五九，7）。

铁钉　7枚，保存基本完整者4枚。M1：15，大小相若，器身宽扁，均为两端弯折的码钉，钉尖部分宽扁不收刹，但较锋利。长约10.8、宽约2、厚约0.8、高约3厘米，重约60克（图一五九，8；图版一一一，6）。

（二）M2

1. 墓葬概况

位于田垌村西北部，M1的东南面，与凉伞岭隔着一条冲沟，海拔约250米。发掘前地表无封土残留，墓口距地表约0.34米。墓葬朝向西面略偏北，方向295°。

墓坑开在包含大量石块的砾石层内，平面近梯形，长5、宽2.3～2.5、深1.7米。墓底后部偏右侧发现有棺痕，从朽痕判断，棺长约2.1、宽约1米。棺底铺有零星木炭，边缘有铁钉分布，前端有零星青膏泥，可能为密封棺木之用。墓室前端与墓道连接处有长方形器物坑，坑长1.8、宽2.5、深0.3米。

墓道较窄，平面略呈梯形，长2.8、宽0.7～0.8米。底为斜坡式，距器物坑底部0.2米起斜坡，坡度35°。

随葬器物24件（套），计有四耳瓮2、瓮2、罐3、双耳罐10、壶1、盂4、盒1、铁钉8枚。除1件双耳罐和1件陶瓮分别置于墓室前端中部和墓道下部外，其余器物均放置于器物坑内，主要置于左侧，摆放相对较为集中（图一六〇；图版一一二）。

2. 出土器物

四耳瓮　2件。分属A、B二型。

A型　1件。器身瘦高，弧腹。M2：4，黄褐胎较硬，器表有褐色陶衣。直口下有凸棱，呈子口状，圆唇，弧腹，底内凹，肩部附四对称耳。体饰细方格纹，方格纹较细碎模糊。肩、

图一六〇　M2平、剖面图

1、2. 陶瓮　3、4. 陶四耳瓮　5. 陶壶　6、8、17、18. 陶盂　7、9～13、16、19、20、24. 双耳罐　14、15、22. 陶罐　21. 陶盒　23. 铁钉

腹各饰细凹弦纹一道。口部分残缺，残缺部位磨损较光滑。口径16、腹径24.2、底径17.2、高28.5厘米，重3480克（图一六一，2；图版一一三，1）。

B型　1件。长颈，大圆腹。M2：3，灰白胎较硬，器表有褐色陶衣，局部施青黄釉，多已脱落。口微敛，圆唇，唇下有凸棱一道，大圆腹，底内凹，肩附四对称耳。体饰零星小方格纹，肩、腹各饰细凹弦纹两道。口沿有零星磕碰缺口。口径14.8、腹径29.6、底径19、高29厘米，重4560克（图一六一，2；图版一一三，2）。

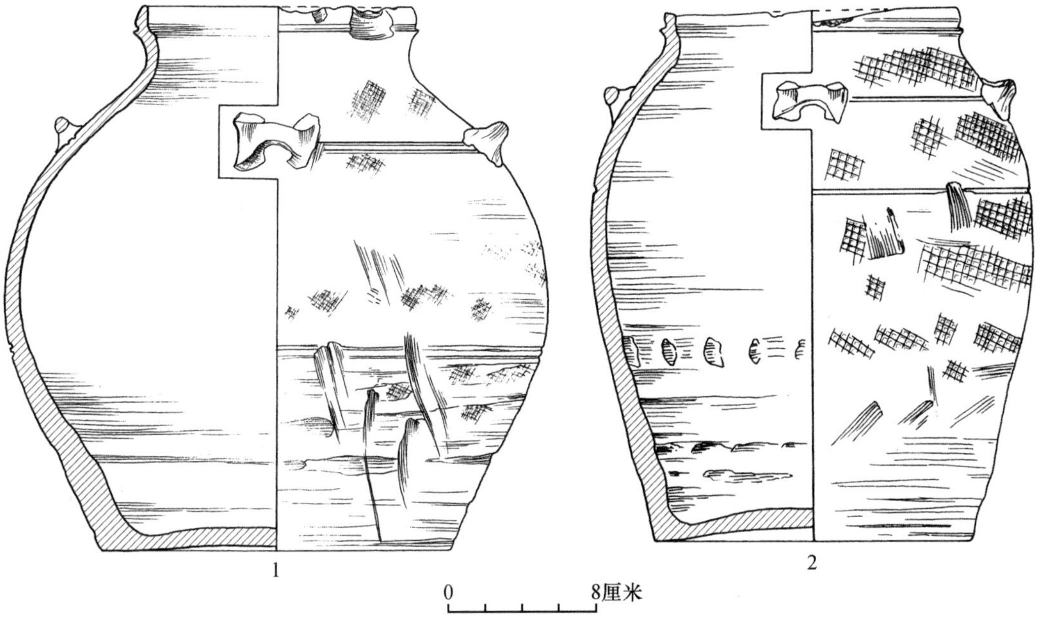

图一六一　M2出土陶四耳瓮

1. B型（M2：3）　2. A型（M2：4）

瓮　2件。直口或敛口，广口大底，腹壁弧直近桶状，器体重心偏上，均属D型Ⅲ式。

M2：1，红色软陶，火候较低。直口略微变形，尖圆唇，短直颈旋刮规整，上腹丰满，下腹斜收，器体重心偏上，底内凹。体饰方格纹，方格纹多漫漶不清，下腹纹饰多抹净。口径16.2、腹径26.4、底径18、高26厘米，重4000克（图一六二，1；图版一一三，3）。

M2：2，黑褐胎较硬，火候较高，器表有黑褐色陶衣。口近直，尖圆唇，短直颈旋刮规整，弧腹近桶状，重心平稳，底内凹。体饰方格纹加方形戳印，下腹纹饰多抹净。底有叠烧痕迹，口径16.6、腹径22.6、底径18.8、高21厘米，重2560克（图一六二，3；图版一一三，4）。

罐　3件。1件口沿不存，型式不明，另2件属L型。

M2：14，黄色软陶，火候较低。鼓腹，下腹抹折。素面无纹。口残径8.4、腹径13、底径9、残高9厘米，残重390克（图一六二，5；图版一一三，5）。

L型　2件。直口，尖唇，弧腹近桶状，除体型较小外，器形与D型瓮基本相同。

M2：15，灰白胎较硬，火候较高，器表有褐色陶衣，局部施青黄釉，多已脱落。器身因烧制变形严重，高短颈，肩部丰满，最大径偏上，底微内凹，底面有叠烧痕。器身有零星细方格纹，方格纹较模糊。口径8.7～9.4、腹径13.5、底径9.2～9.9、高11.8厘米，重730克（图一六二，2；图版一一三，6）。

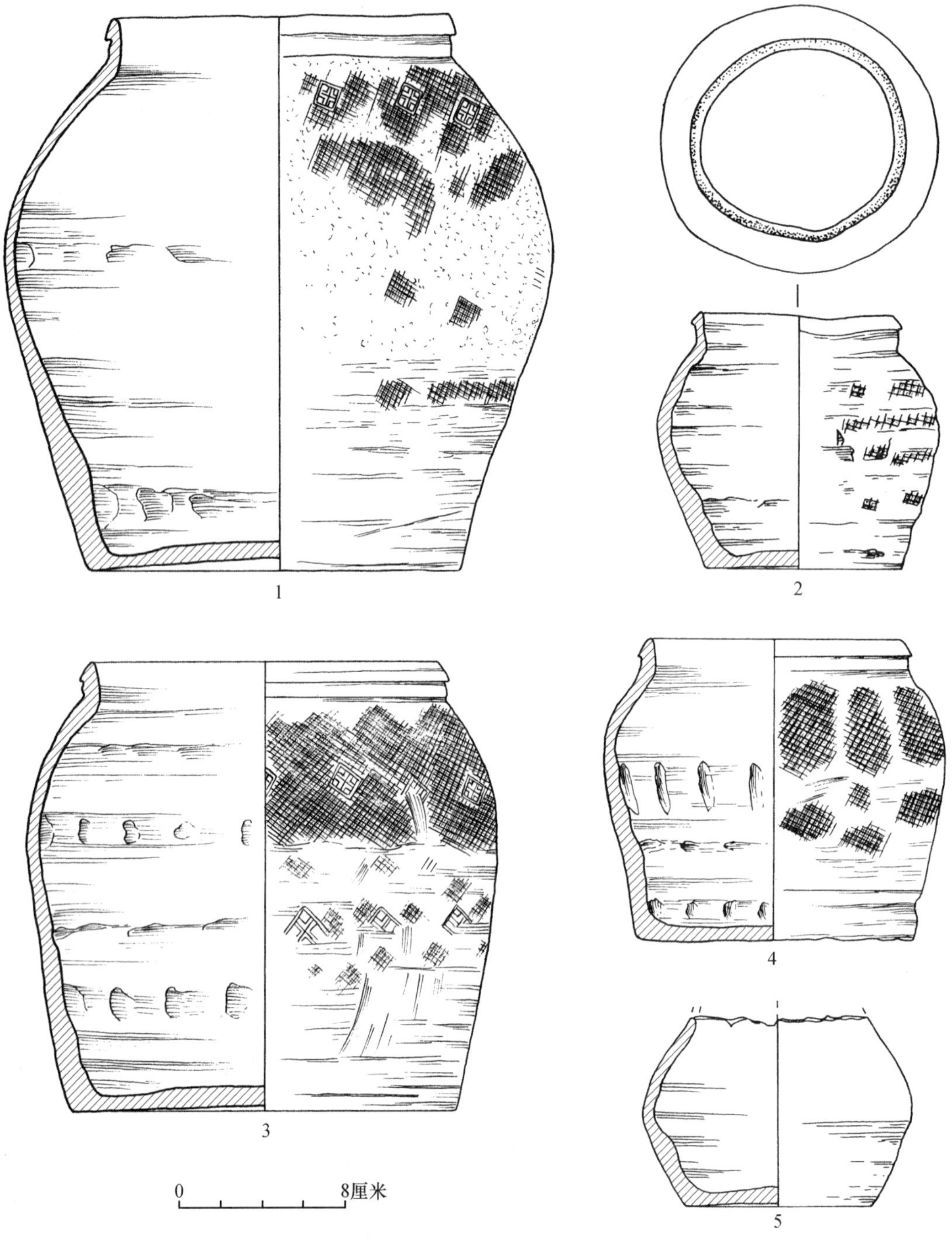

图一六二　M2出土陶器

1、3. D型Ⅲ式瓮（M2∶1、M2∶2）　2. L型罐（M2∶15）　4. L型罐（M2∶22）　5. 罐（M2∶14）

M2∶22，红胎稍软，火候略低。尖圆唇，短直颈稍矮，腹壁弧直近桶状，器体重心偏上，底微内凹。腹中部以上饰方格纹，方格纹小而规整，下腹纹饰大部抹净。口径12、腹径16.4、底径13.1、高14厘米，重1040克（图一六二，4；图版一一四，1）。

双耳罐　10件。均为子口，圆唇，唇下凸起一圈呈子口状，长颈，肩部贴附两对称耳。分属B型、C型、D型和E型。

B型　1件。体型宽矮，束颈，圆鼓腹。M2∶10，灰白胎较硬，器身局部施青黄釉，釉层较薄。体型宽矮，器身不甚规整，小直口，圆唇，丰肩，肩两侧附对称耳，下腹刮胎明显，底面中心凸起，边缘下凹。肩、腹各饰细凹弦纹一道，下腹有细旋纹。底有叠烧痕，出土时口沿略有残损。口径8、腹径14.2、底径10.8、高11厘米，重680克（图一六三，1；图版一一四，2）。

C型　4件。体型宽矮，长颈，圆鼓腹。

M2：7，灰白胎较硬，上腹及器底内外均施青黄釉，釉层相对略厚，局部有脱落。口微敛，圆唇，肩部微溜，肩两侧附两对称耳，大鼓腹，下腹斜直，刮胎明显，底内凹。肩、腹各饰细凹弦纹一道。底有叠烧痕，出土时一耳缺失。口径8.8、腹径16、底径11.4、高12.8厘米，重960克（图一六三，4；图版一一四，3）。

M2：12，体型较小，器形较规整。灰白胎较硬，火候较高，器表有褐色陶衣。直口，圆唇，颈略长，肩部微溜，肩两侧附两对称耳，腹最大径略偏下，下腹弧收，刮胎明显，大底内凹。上腹饰细方格纹，下腹纹饰刮净，肩、腹各饰凹弦纹一道。外底边缘凸起一圈，底部有

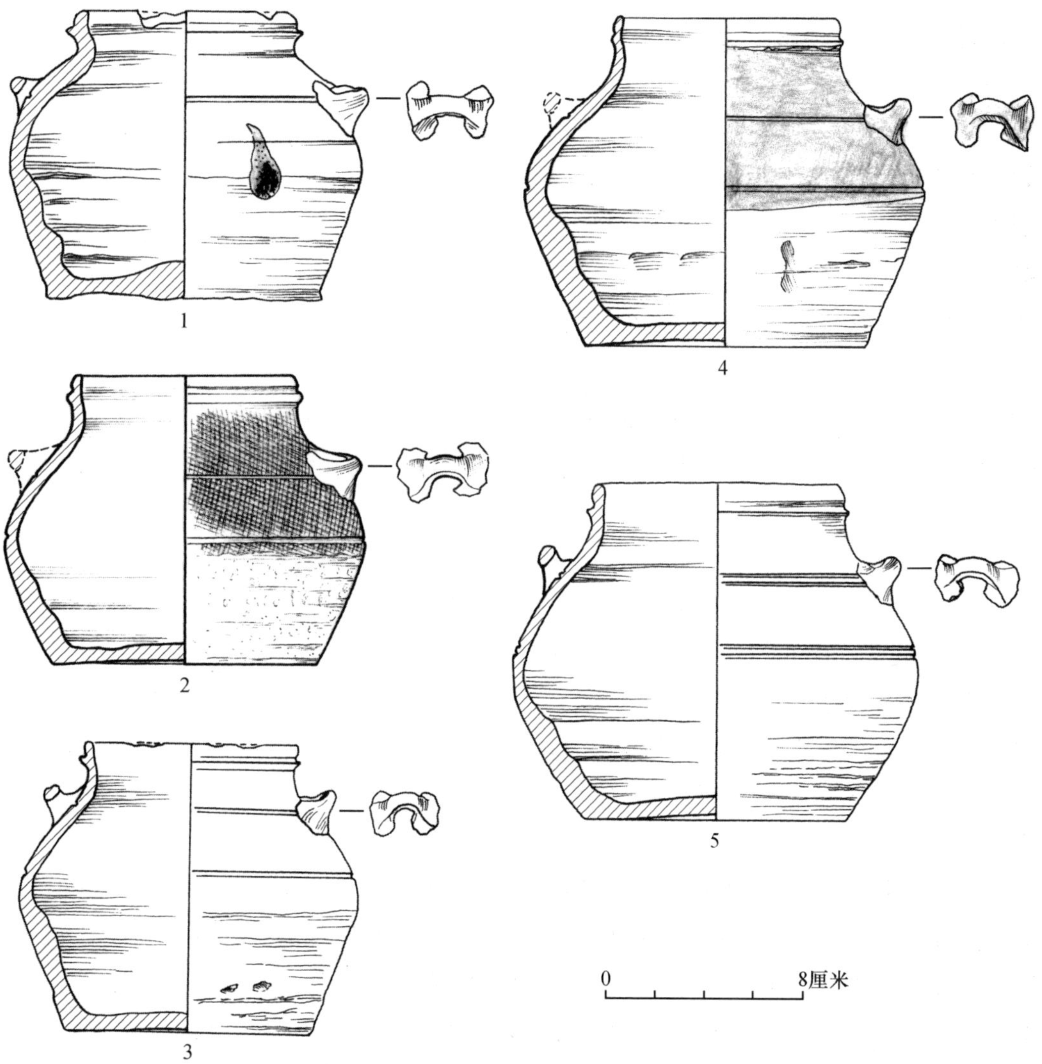

图一六三　M2出土陶双耳罐

1. B型（M2：10）　2～5. C型（M2：12、M2：16、M2：7、M2：13）

叠烧痕，出土时一耳缺失。口径8.6、腹径14.4、底径10.2、高11.2厘米，重670克（图一六三，2；图版一一四，4）。

M2：13，灰白胎较硬，火候较高，体施青黄釉，釉层较薄。口微敛，圆唇，溜肩，肩两侧附对称耳，腹部相对较圆，下腹弧收，刮胎不明显，小底内凹。肩、腹各饰细凹弦纹两道，底有叠烧痕。口径9.6、腹径16.2、底径10.6、高13厘米，重940克（图一六三，5；图版一一四，5）。

M2：16，灰白胎较硬，上腹施青黄釉，釉层较薄，有脱落现象。直口，圆唇，溜肩，肩两侧附对称耳，腹较圆鼓，下腹刮胎明显，腹壁斜直，底内凹。肩、腹各饰凹弦纹一道，下腹有较多细旋纹。底有叠烧痕。口径8.4、腹径13.4、底径9.8、高11.2厘米，重610克（图一六三，3；图版一一四，6）。

D型　2件。体型瘦长，长颈，鼓腹。

M2：9，灰白胎较硬，上腹及外底施青黄釉。体型相对修长，敛口，圆唇，颈较长，溜肩，肩两侧附对称耳，下腹刮胎明显，腹壁斜直，底内凹。肩、腹各饰细凹弦纹一道，底有叠烧痕。口径9、腹径15.3、底径10.4、高13.2厘米，重950克（图一六四，1；图版一一五，1）。

M2：19，灰白胎较硬，体施青黄釉，釉面基本已完全脱落，局部有大块青绿色玻璃质滴釉。敛口微残，圆唇，颈较长，溜肩，肩两侧腹对称耳，下腹无明显刮胎，底内凹。肩部饰细凹弦纹一道。出土时口部分残缺。口径9、腹径14.3、底径10.4、高13.2厘米，重860克（图一六四，2；图版一一五，2）。

E型　3件。体型瘦长，丰肩，下腹斜直。

M2：11，灰白胎较硬，器表有褐色陶衣，局部施青黄釉，釉层较薄。直口，圆唇，短颈，肩略丰，两侧附对称耳，下腹略斜收，底内凹。腹部有零星细方格纹，下腹纹饰抹净，肩部饰细凹弦纹两道，底有叠烧痕。口径6.8、腹径12、底径9、高10.6厘米，重500克（图一六四，4；图版一一五，3）。

M2：20，灰白胎较硬，器身局部施青黄釉，外底亦施釉，釉层略厚。直口微残，尖圆唇，短颈，丰肩，肩两侧附对称耳，下腹斜收，底内凹。肩、腹各饰细凹弦纹一道，底有叠烧痕。口径10、腹径16.6、底径12.6、高14.9厘米，重1200克（图一六四，3；图版一一五，4）。

M2：24，灰白胎较硬，器表有褐色陶衣，体施青黄釉，脱落严重。体型高大修长，口近直，圆唇，短颈，肩较丰满，肩两侧附对称耳，下腹斜收，小底内凹。肩、腹中部及下部各饰细凹弦纹一道，出土时口沿有零星磕碰缺口。口径9.6、腹径17.2、底径11、高16.6厘米，重1260克（图一六四，5；图版一一五，5）。

壶　1件。杯形口，腹部方折，属A型Ⅳ式。M2：5，灰白胎较硬，体施青黄釉，釉层局部脱落，有滴釉现象。直口，方唇，粗短颈，肩部贴附两对称耳与底部两对穿圆孔对应，腹部方折下坠，高喇叭状圈足外撇，圈足与底结合处不收束。口沿外侧及肩、腹饰细凹弦纹。出土时口沿略有残缺，圈足缺失小部分。口径8.8、腹径18.6、足径10、高21厘米，残重1540克（图一六四，6；图版一一五，6）。

盂　4件。分属Bb型、Ca型和E型。

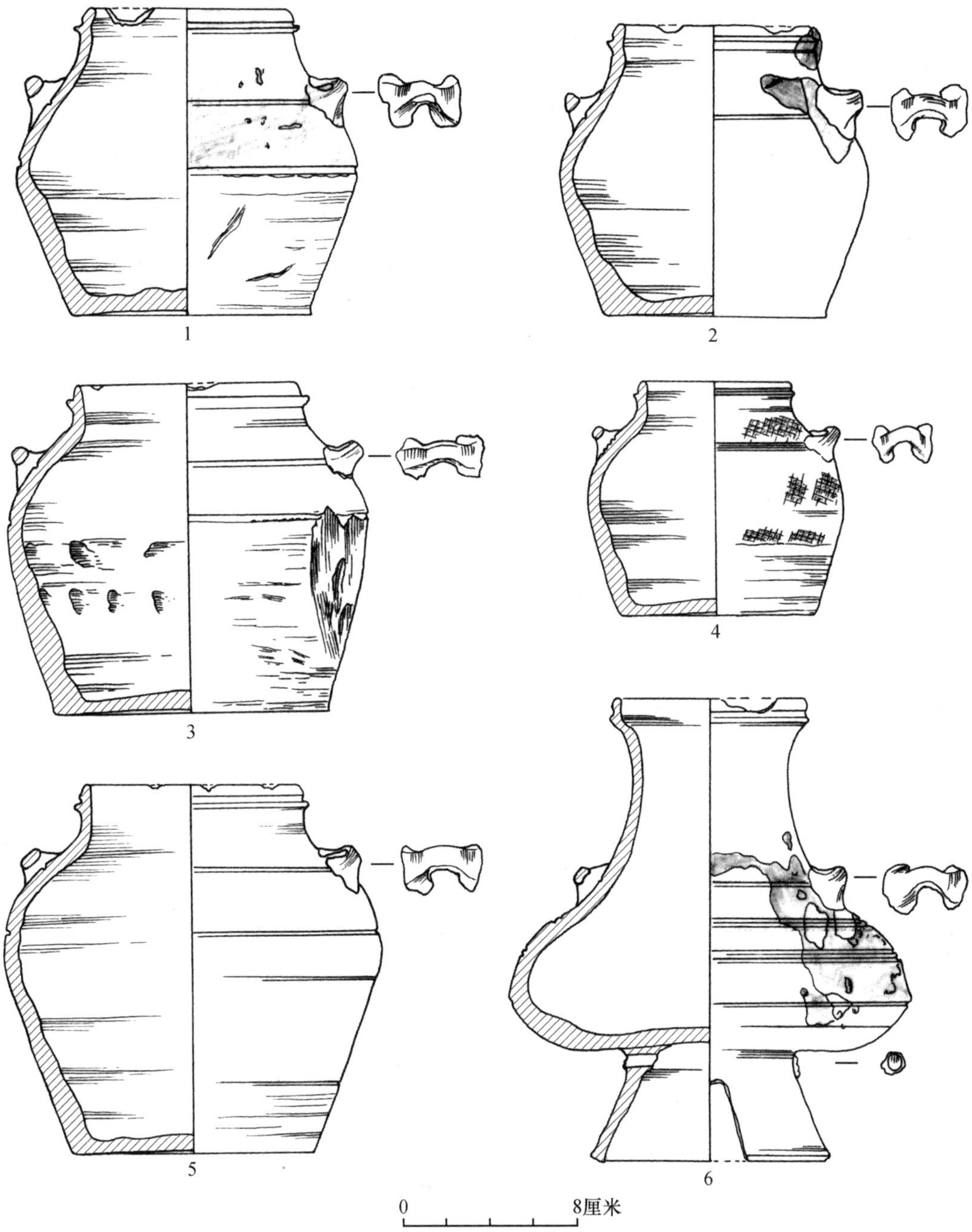

图一六四　M2出土陶器

1、2. D型双耳罐（M2：9、M2：19）　3～5. E型双耳罐（M2：20、M2：11、M2：24）　6. A型Ⅳ式壶（M2：5）

Bb型　2件。矮斜领，溜肩，深斜折腹下坠。

M2：8，黄褐胎较硬，体施青黄釉，釉层较薄。敞口，圆唇，束颈，近底部折收，小平底，底面有切痕。腹部上下各饰细弦纹一道。出土时口部有两处较大的缺口。口径10.5、腹径14.4、底径7.8、高9.4厘米，重530克（图一六五，1；图版一一六，1）。

M2：17，灰白胎较硬，上腹施青黄釉，釉层较厚。敞口，圆唇，束颈，近底部折收，刮胎明显，内底底心凸起，外底内凹，外底面有偏心涡纹。腹饰细弦纹一道。口径10.2、腹径12.5、底径8.4、高8.8厘米，重400克（图一六五，2；图版一一六，2）。

Ca型　1件。矮斜领，束颈，鼓垂腹。

M2：6，灰白胎较硬，体施青黄釉，釉层较薄。敞口，圆唇，鼓腹下垂，腹略浅，底内凹，底面有偏心涡纹。出土时口部局部残缺。口径10、腹径12、底径7、高7厘米，重300克（图一六五，3；图版一一六，3）。

E型　1件。小直口，高短颈，圆鼓腹。M2：18，灰白胎较硬，火候较高，器身局部施釉，釉较薄。唇沿斜折，短颈较高，颈部旋刮规整，腹略下垂，平底。腹饰细凹弦纹一道。口径7.3、腹径11.2、底径6.5、高8厘米，重400克（图一六五，4；图版一一六，4）。

盒　1件。盖缺失，仅余器身。M2：21，灰褐胎较硬，火候较高，器表有黑色陶衣。子口内敛，浅弧腹，喇叭状圈足外撇。口径9.2、足径5.8、高5厘米，重200克（图一六五，5；图版一一六，5）。

铁棺钉　8枚。M2：23，大部残缺。器身宽扁，两端弯折，钉尖部分收刹呈三角形。残长

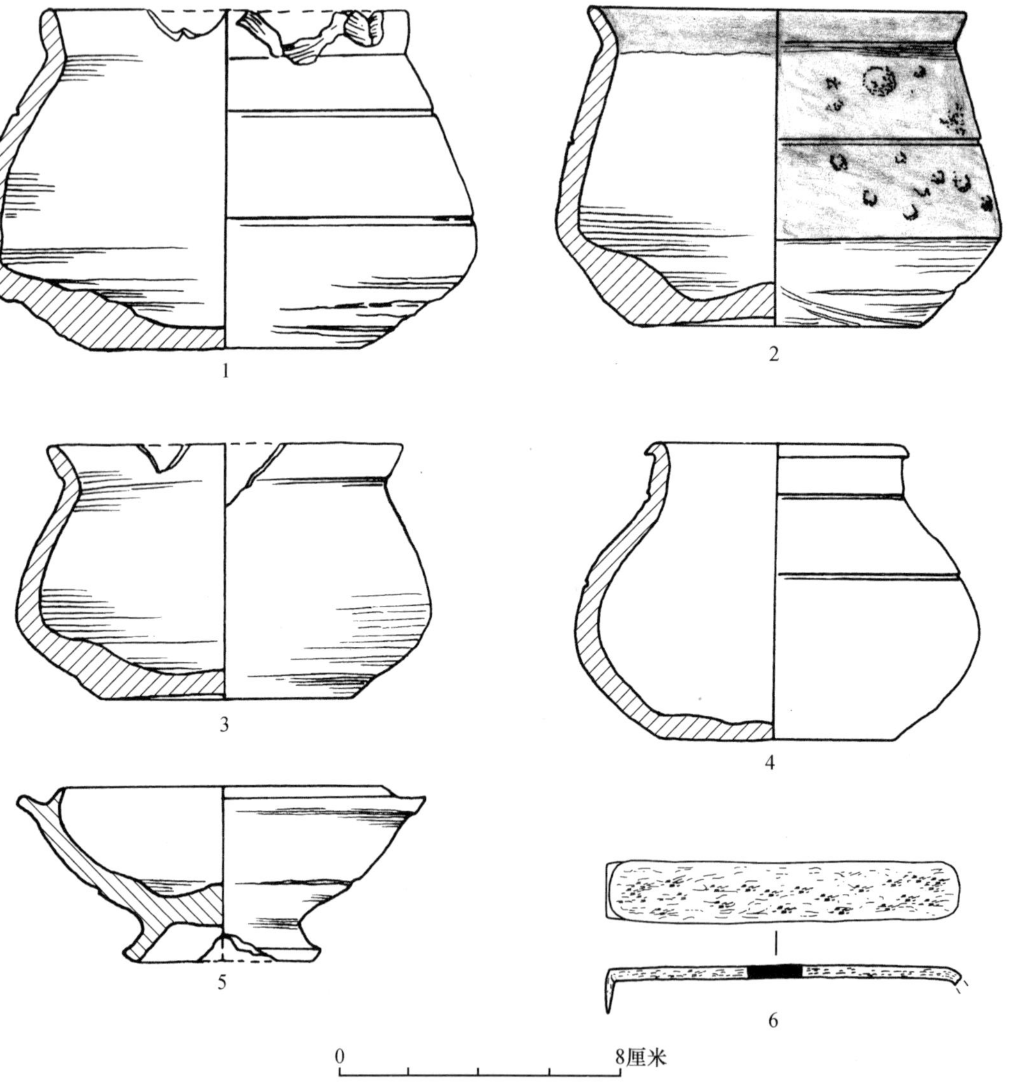

图一六五　M2出土器物

1. Bb型盂（M2：8）　2. C型双耳罐（M2：17）　3. Ca型盂（M2：6）　4. E型盂（M2：18）　5. 盒（M2：21）
6. 铁钉（M2：23）

约10、宽约1.7、厚约0.4、高约1.3厘米，残重30克（图一六五，6；图版一一六，6）。

（三）M7

1. 墓葬概况

位于凉伞岭西部坡脚，与M2隔着一条沟壑相望，海拔约253米。发掘前地表无封土，墓口距地表约0.3米。墓葬朝向西面略偏北，方向295°。

墓室平面呈梯形，前窄后宽，长4.8、宽2.2～2.4、深1.9米。坑壁上部存在不同程度的崩塌，下部相对平直，填土为原坑土，较疏松。棺椁葬具均已腐朽无存，痕迹不清，从墓底所铺零星木炭及散布的铁钉推测，棺应位于墓室后部偏左位置。墓室前端设置有器物坑，器物坑长1.6、宽2.4、深0.4米。

墓道较窄，其位于墓室前端偏右侧，平面呈梯形，前宽后窄，口大底小，上部因崩塌不甚规整，近底部平直，前端被一断坎打破。残长3.4、宽1～1.1米。底为斜坡式，距器物坑底部0.1米起斜坡，坡度较缓，仅15°。

随葬品共22件（套），计有瓮4、壶1、罐12、双耳罐3、琉璃耳珰1件，另外在墓室内还发现铁钉7枚。随葬器物主要摆放于左侧，自墓室前端延续至器物坑内，其中15件置于墓室前端，另6件置于器物坑内（图一六六；图版一一七）。

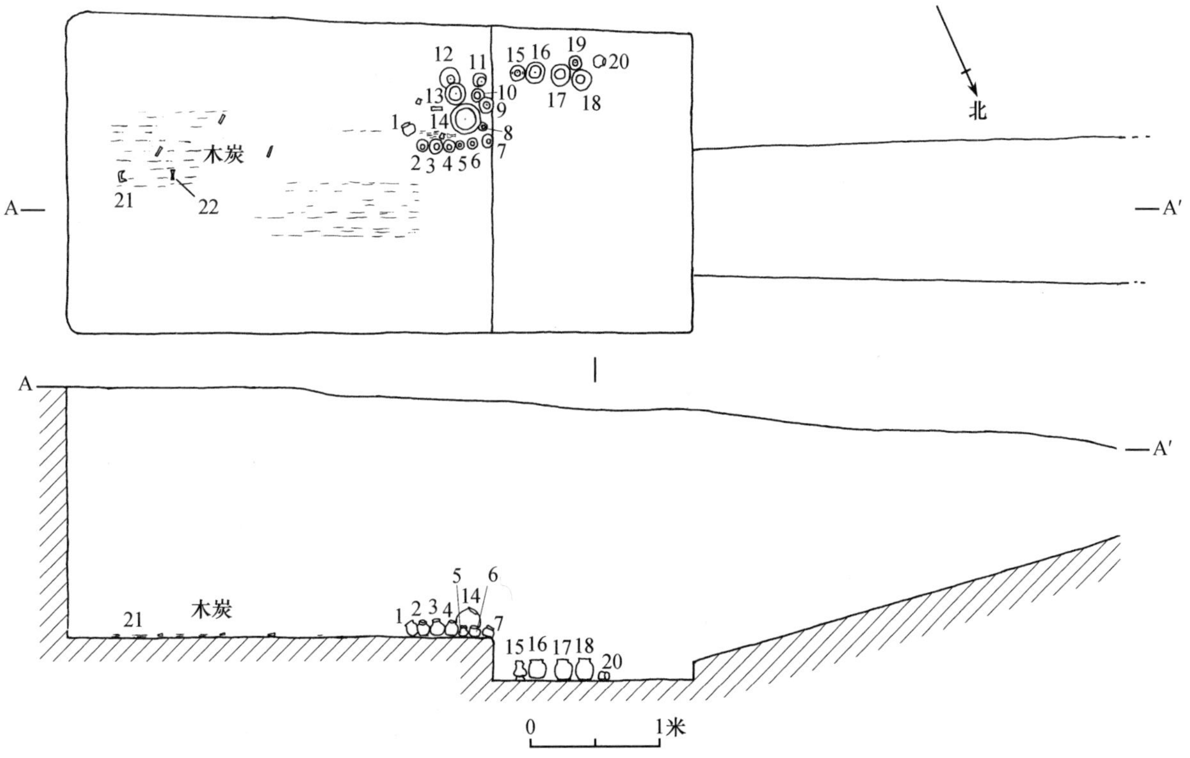

图一六六　M7平、剖面图

1～4、6、8、9、11～13、19、20. 陶罐　5、7、10. 陶双耳罐　14、16～18. 陶瓮　15. 陶壶　21. 铁钉　22. 琉璃耳珰

2. 出土器物

瓮　4件。体型矮胖，口近直或微敛，广口大底，腹壁弧直近桶状，重心偏上，均属D型Ⅲ式。

M7∶14，黄色软陶，火候较低。体型宽矮，敛口，尖唇，短直颈较矮，颈部旋刮规整，大底微内凹。体饰方格纹加一圈方几何形戳印，下腹纹饰大部抹净。口径18、腹径24、底径19.4、高20.8厘米，残重2400克（图一六七，1；图版一一八，1）。

M7∶16，红褐胎略硬，器表有褐色陶衣。体型略显修长，直口微残，尖唇，短颈轻微旋抹，器体重心略偏上，大底内凹严重。体饰方格纹加一圈方几何形戳印，下腹纹饰抹净。口径16、腹径21.7、底径17.6、高21.6厘米，重2300克（图一六七，2；图版一一八，2）。

M7∶17，黄褐胎较硬，火候较高。体型显宽矮，敛口，尖唇，短直颈旋刮规整，大底内

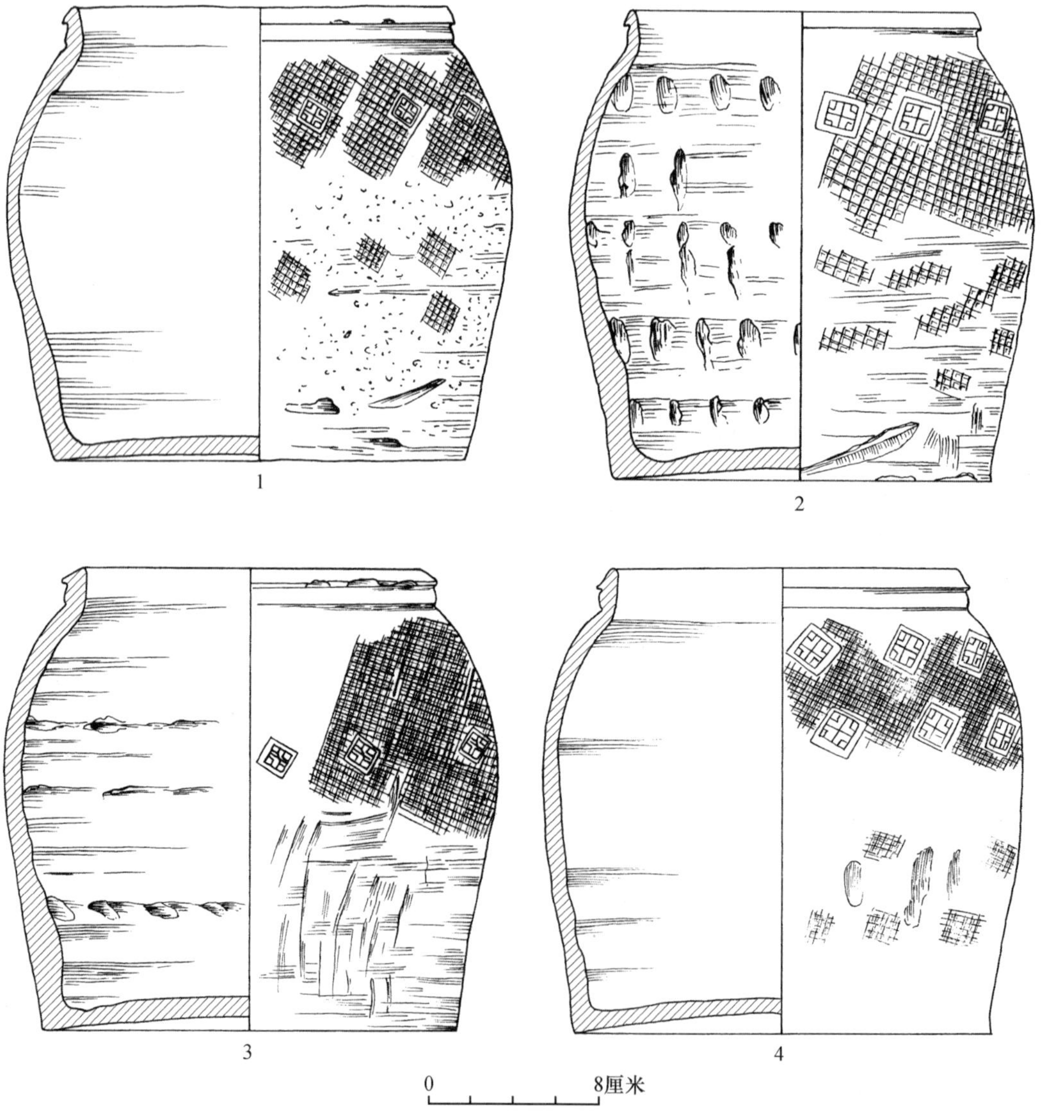

图一六七　M7出土D型Ⅲ式陶瓮

1. M7∶14　2. M7∶16　3. M7∶18　4. M7∶17

凹严重。上腹饰方格纹加两圈大而深的方几何形戳印，下腹纹饰几乎抹净。口部有叠烧时形成的粘连痕迹。口径16.2、腹径22.4、底径19.4、高21.4厘米，重2900克（图一六七，4；图版一一八，3）。

M7：18，灰白胎较硬，器表有褐色陶衣，局部施青黄釉，均已脱落。敛口，唇沿斜平，短直颈旋刮规整，器体重心略偏上，大底内凹，腹饰方格纹加一圈方几何形戳印，下腹纹饰抹净。口径15.6、腹径23.5、底径19.8、高21.2厘米，重2860克（图一六七，3；图版一一八，4）。

壶　1件。杯形口，扁圆腹，圈足不收束，属A型Ⅲ式。M7：15，黄褐胎较硬，胎体较厚。整体器形矮胖，造型僵硬。直口，方唇，器体重心略偏下。小矮喇叭形圈足外撇，圈足与器底之间无凹状收束。肩部贴附两对称耳，器耳颜色与器身差异较大，贴附痕迹明显。圈足上部对穿两圆孔，圆孔较小，与肩部两对称耳对应。口外侧及腹中部各饰凹弦纹一道，肩部有两条稍宽而深的凹弦纹，弦纹旋削较平直。圈足出土时大半残缺，缺口不连续，参差不齐，显然为多次碰撞形成。口径9.2、腹19.6、足径10.4、高24.8厘米，残重2060克（图一六八，1；图版一一九，1）。

罐　12件。其中1件口部残缺，型式不明，其余11件分属A型Ⅳ式、A型Ⅴ式、Ka型、Kb型Ⅲ式、Kc型Ⅱ式、Kd型Ⅰ式及L型。

M7：9，口沿已不存，型式不明。灰白色软陶，火候较低。大鼓腹，下腹斜直。腹径15、底径11、残高10.8厘米（图一六八，2；图版一一九，2）。

A型Ⅳ式　1件。侈口，尖圆唇，束颈，圆腹略鼓，腹重心偏下。M7：2，黄色胎稍软，火候略低。颈部旋刮，大底微内凹。肩部饰细凹弦纹两道。口径9.2、腹径14.2、底径10、高11.7厘米，重660克（图一六八，3；图版一一九，3）。

A型Ⅴ式　1件。口微敛，尖圆唇，颈不明显，圆弧腹重心偏下。M7：8，体型矮小，灰白胎较硬。内壁保留明显的泥条盘筑痕迹。腹部饰细凹弦纹两道。口径9、腹径13、底径10.2、高9.8厘米，重720克（图一六八，4；图版一一九，4）。

Ka型　2件。颈部稍长，尖圆唇，圆弧腹。

M7：12，灰白胎较硬，器表有褐色陶衣，局部施青黄釉，釉层较薄。敛口略变形，圆弧腹重心居中，大底内凹。肩、腹各饰凹弦纹一道，弦纹细而深，边缘较锐，其余素面。口径11、腹径17.6、底径13、高14.8厘米，重1170克（图一六九，2；图版一一九，5）。

M7：20，灰白胎较硬，器表有褐色陶衣，局部施青黄釉。敛口略变形，圆唇，底内凹。肩、腹各饰细凹弦纹一道。口径11.6、腹径17.8、底径14、高14.5厘米，重1190克（图一六九，3；图版一一九，20）。

Kb型Ⅲ式　2件。尖圆唇，颈较长，大鼓腹居中。

M7：11，灰白胎较硬，器表有褐色陶衣，体施青黄釉。小口微侈，大腹较鼓，底微内凹。肩部饰宽凹弦纹两道，其余素面。底有叠烧痕迹。口径10.5、腹径18.6、底径12.2、高15.7厘米，重1680克（图一六九，6；图版一二〇，1）。

M7：13，胎、釉及器形纹饰均与M7：11相同。口径10.5、腹径18.6、底径11.6、高15.6厘米，重1570克（图一六九，7；图版一二〇，2）。

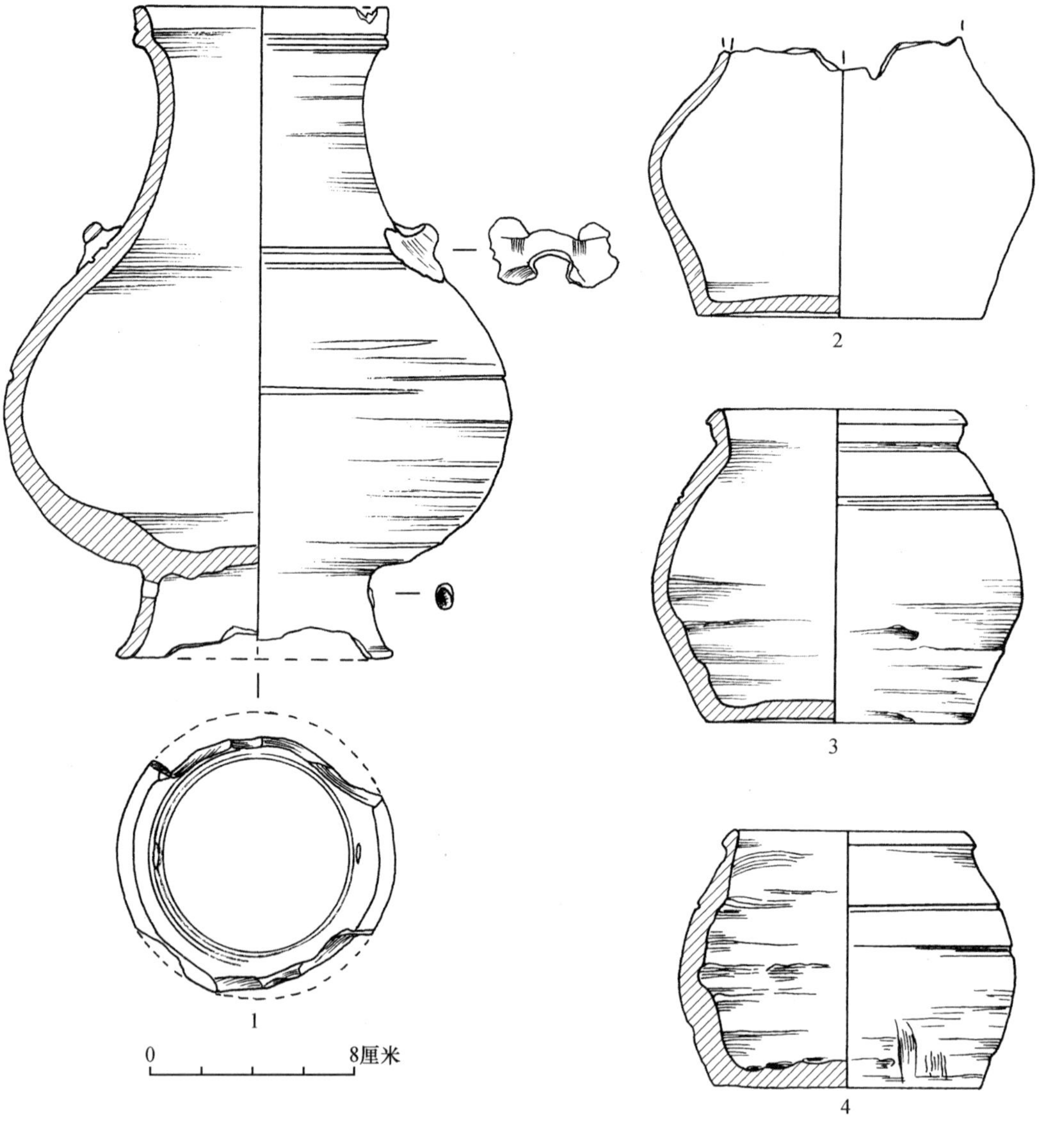

图一六八　M7出土陶器

1. A型Ⅲ式壶（M7：15）　2. 罐（M7：9）　3. A型Ⅳ式罐（M7：2）　4. A型Ⅴ式罐（M7：8）

Kc型Ⅱ式　2件。长颈，圆腹居中。

M7：3，黄褐胎较硬，器表有褐色陶衣，局部施青黄釉，釉层多已脱落。口微敛，圆唇，颈稍长，底微内凹。肩、腹各饰细凹弦纹两道。口径9.4、腹径15.6、底径10.8、高12.3厘米，重850克（图一六九，4；图版一二〇，3）。

M7：6，黄褐色胎稍硬，火候略低，器表有黑褐色陶衣。口微侈，尖唇，颈较长，圆腹，底微内凹。肩饰细凹弦纹两道。口径9、腹径14.2、底径10.2、高11.4厘米，重870克（图一六九，5；图版一二〇，4）。

Kd型Ⅰ式　1件。高直颈，唇沿稍宽，鼓腹，重心偏上。M7：19，灰白色硬陶，器表有褐色陶衣。侈口，唇沿稍宽，颈部旋刮规整，颈、肩分界明显大鼓腹，下腹近斜直，底微内凹。肩部饰细凹弦纹，其余素面。口径10.5、腹径17.4、底径12.3、高13.2厘米，重1050克（图

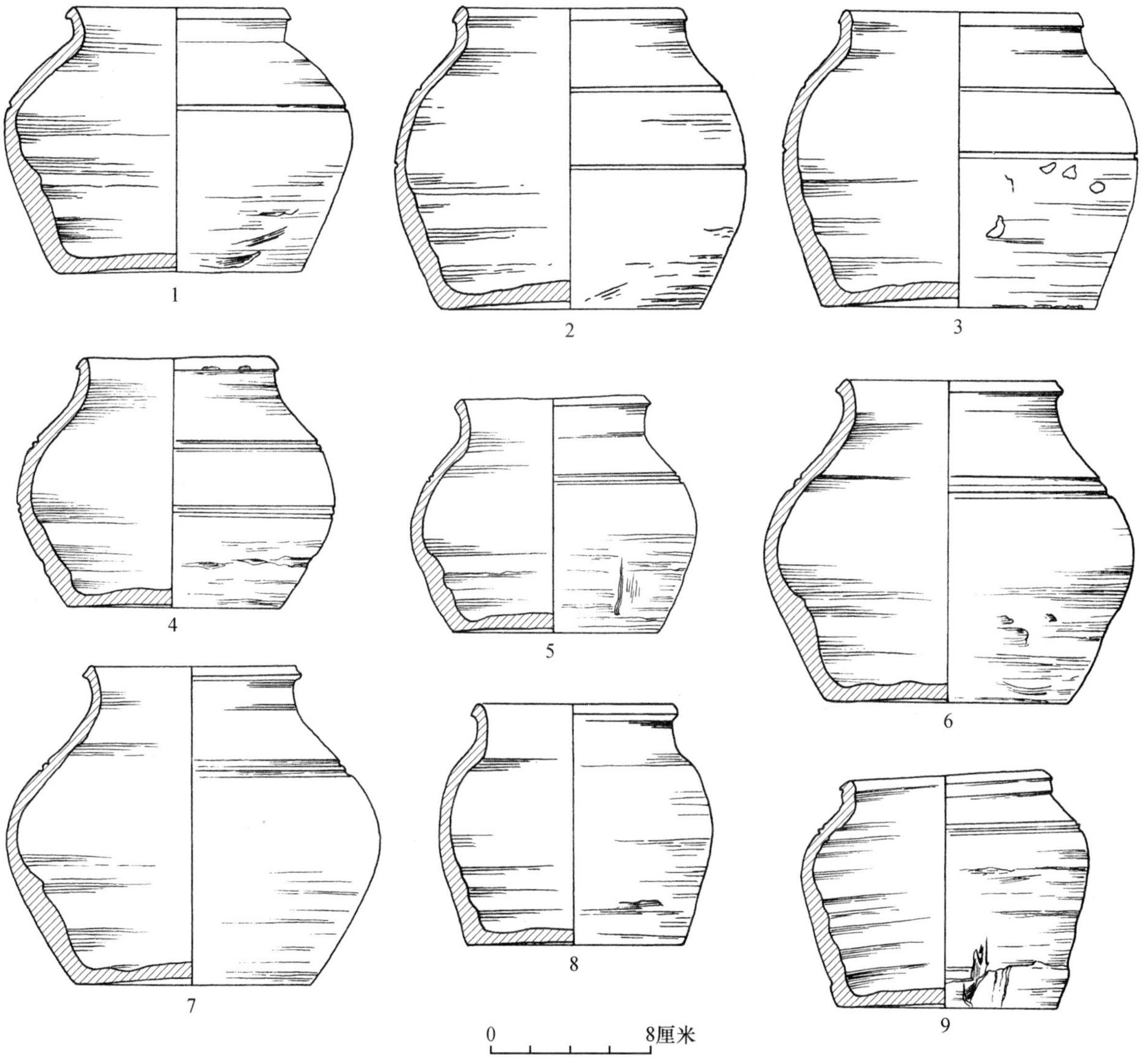

图一六九　M7出土陶罐

1. Kd型Ⅰ式（M7：19）　2、3. Ka型（M7：12、M7：20）　4、5. Kc型Ⅱ式（M7：3、M7：6）　6、7. Kb型Ⅲ式（M7：11、M7：13）　8、9. L型（M7：4、M7：1）

一六九，1；图版一二〇，5）。

L型　2件。尖唇，弧腹近桶状。

M7：1，黄褐胎较硬，器体变形严重。口微敛，短直颈旋刮规整，肩略鼓折，下腹斜直。肩部饰细凹弦纹两道，旋纹不规整，底与器身接缝痕迹明显。口径9.6、腹径14.4、底径11.2、高11～11.6厘米，重790克（图一六九，9；图版一二〇，6）。

M7：4，红褐胎稍软，器表有褐色陶衣，陶衣多已脱落。器身因烧制略有变形，口近直，尖圆唇。颈部不旋刮，底微内凹。口径9.6、腹径13.8、底径10.6、高11.8厘米，重800克（图一六九，8；图版一二一，1）。

双耳罐　3件。均为子口状圆唇，肩部贴附两对称耳。分属G型及H型。

G型　2件。体型宽矮，大圆腹。

M7：7，黄色胎较硬，器表有褐色陶衣，局部施青黄釉，大部脱落。口微侈，尖圆唇，束颈，腹较大，重心略偏下，底微内凹。肩、腹各饰细凹弦纹一道，口沿有连续磕碰形成的细碎缺口，一耳缺失。口径10.2、腹径19、底径13、高14.6厘米，重1650克（图一七〇，1；图版一二一，2）。

M7：10，黄色胎较硬，器表有褐色陶衣，局部施青黄釉，釉面厚薄不均，脱落严重。口近直，圆唇，颈较长，底微内凹，底面有叠烧痕。肩、腹各饰细凹弦纹两道，口沿有磕碰形成的细碎缺口。口径8.7、腹径16.7、底径11、高13.4厘米，重110克（图一七〇，3；图版一二一，3）。

H型　1件。体型较小，扁鼓腹。M7：5，灰白胎较硬，体施青黄釉，釉层大部脱落。口微敞，尖圆唇，小平底，近底部刮胎明显。肩、腹饰细凹弦纹。口径9.4、腹径15、底径8.2、高9.8厘米，重540克（图一七〇，2；图版一二一，4）。

琉璃耳珰　1件。M7：22，两端大小不一，近哑铃状，器身呈浅蓝色半透明状，两端有贯穿的细小穿孔，一端端面有圆窝，原先可能镶嵌有装饰物。最大径1.2、通高2.8厘米，重3.5克（图一七〇，5；图版一二一，5）。

铁钉　7枚。M7：21，锈蚀较严重，大多残缺不全，基本完整者4枚，均为码钉。器身均较宽扁，截面呈长方形，两端弯折，弯折部分较短，略收呈梯形，较锋利。长约6.6、宽约

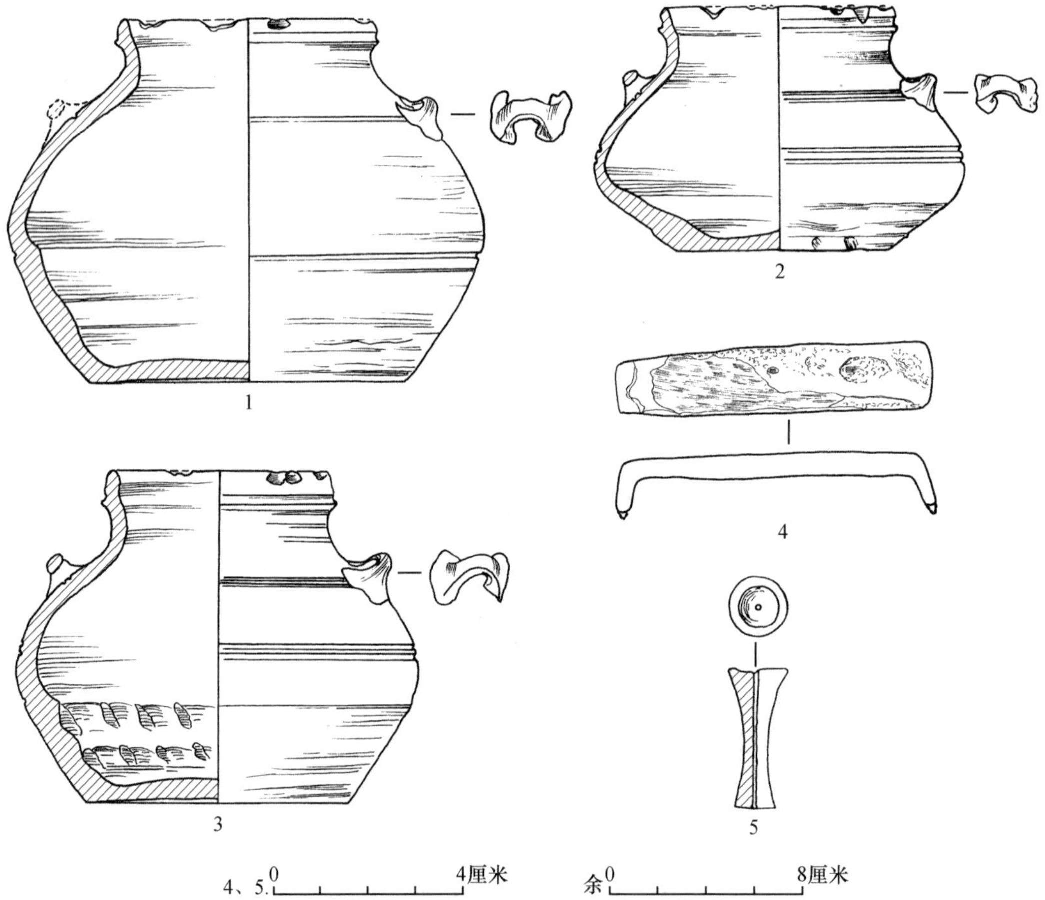

图一七〇　M7出土器物

1、3. G型双耳罐（M7：7、M7：10）　2. H型双耳罐（M7：5）　4. 铁钉（M7：21）　5. 琉璃耳珰（M7：22）

1.4、高约1.1、厚约0.4厘米（图一七〇，4；图版一二一，6）。

第三节　小　　结

本期墓葬在形制方面依然延续东汉前期的风格，但墓室前端设置器物坑及墓底铺木炭的做法更为普遍，墓底设置枕木沟的做法已完全消失，出现用少量青膏泥密封棺木及用铁钉固定棺椁的现象。

在随葬器物方面，本期随葬器物较东汉前期更加丰富，且施釉陶器较东汉前期大幅增加，但方格纹及戳印纹则更加衰落。在具体器物方面，此前各期流行的陶罐类型基本消失，新出现的K型罐成为陶罐的主流；D型瓮由东汉前期器体宽大厚重演变为矮小轻薄，口由敞口演变为以直口或敛口为主，重心由居中到普遍偏上，且腹壁更直；陶壶器形变小，整体造型更加呆板僵硬，圈足更加外撇，且圈足与器底之间的凹状收束已完全消失，新出现了折腹等形态；K型罐及双耳罐的普遍出现是本期区别于东汉前期最为明显的标志，这两种器物在整体器形上具有某些相似特征，体现出较为明显的时代印记。

具体到每座墓时代早晚的推定方面，M4墓室前端不设器物坑，且随葬的个别D型瓮依然具有前期D型瓮厚重的特征，因此其时代应当相对早一些；M3虽然设置器物坑，但依然延续前期设置土台的形态，且随葬双耳罐均较少，时代可能略晚；M7虽然未见土台，但随葬器物尚有部分位于墓室前端，其摆放特征与M3有相似之处，其时代较M3可能稍晚一些；M1、M2均位于墓群的最低处，且墓葬形制完全一致，随葬器物特征也基本相同，其时代可能更晚一些。

值得注意的是，本期墓葬中普遍出现了较多两头弯折的铁钉，铁钉体型均较大，均为两端弯折的码钉，其普遍出现不仅表明本期墓葬棺椁开始使用铁钉固定，同时也表明本期铁器冶炼和铸造已相对较为普遍。事实上在墓地背后的东岭上就有较为丰富的铁矿，且发掘期间该铁矿的开采也在继续，因此不排除这些铁钉为本地生产的可能。

第九章　期别不明显汉墓

第一节　墓葬概况

在这批墓葬中，有部分墓葬因无出土器物或出土器物时代特征不明显，且从墓葬形制上亦无法对其时代进行清晰判断，故将其放在本期进行介绍。

此类墓葬共4座，分别为M8、M30、M38、M50。形制有长方形和长方形带斜坡墓道两种。

第二节　个墓介绍

一、Ad型墓

长方形竖穴墓，无柱洞、无二层台、亦无腰坑，仅M8一座。

M8

墓葬概况

位于凉伞岭西西麓缓坡上，海拔约260米。未见封土，墓口距地表约0.3米，方向290°。

墓室平面呈梯形，较为窄长，长4.8、宽1.2～1.4米，依坡势深0.7～1.3米不等。填土为原坑土，较疏松，未见葬具朽痕，亦未见随葬品（图一七一；图版一二二，1）。

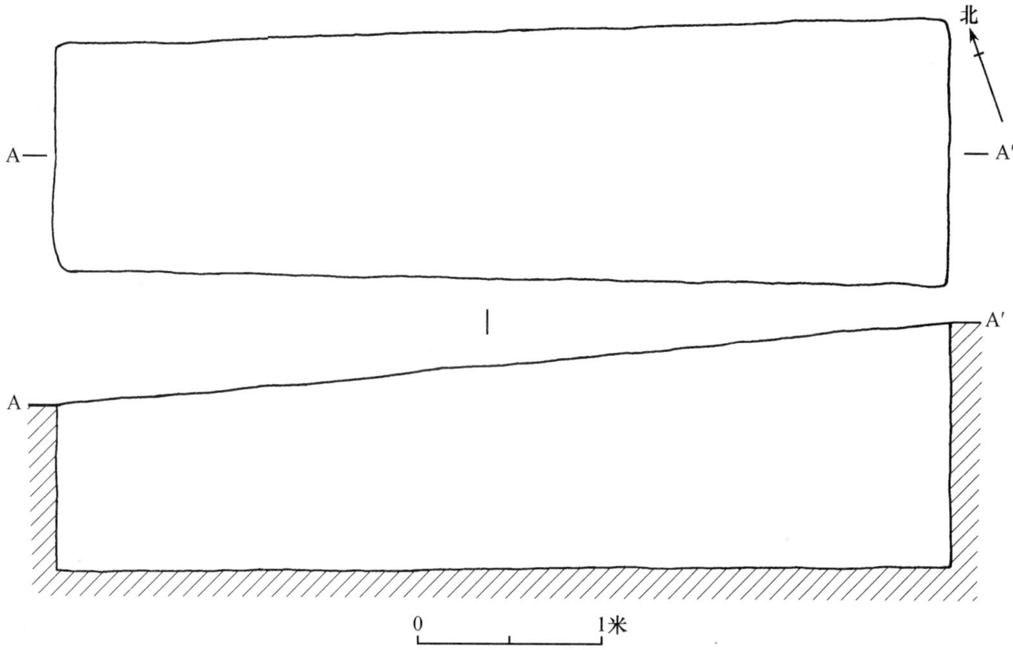

图一七一　M8平、剖面图

二、Cd型墓

凸字形，有斜坡墓道，无柱洞及二层台。共3座，分别为M30、M38、M50。

（一）M30

墓葬概况

位于凉伞岭中部南坡，海拔约264米。未见封土，墓口距地表0.2～0.5米，墓葬朝向西面略偏北，方向295°。

墓口平面近梯形，长约3.7米，宽1.6～2米，深1.1～1.2米。墓葬开在风化花岗岩内，由于基岩较硬，墓底及坑壁凹凸不平，形状极不规则，中部及前端各置一条横向枕木沟。填土为原坑土，较疏松，未发现葬具朽痕。亦未发现随葬器物。

墓道平面呈梯形，长3.3、宽0.5～0.8米。底呈斜坡式，自墓底起斜坡，坡度20°（图一七二；图版一二二，2）。

（二）M38

墓葬概况

位于凉伞岭岭顶西南部缓坡上，海拔约268米。发掘前地表有直径7～9、高0.94米的馒头

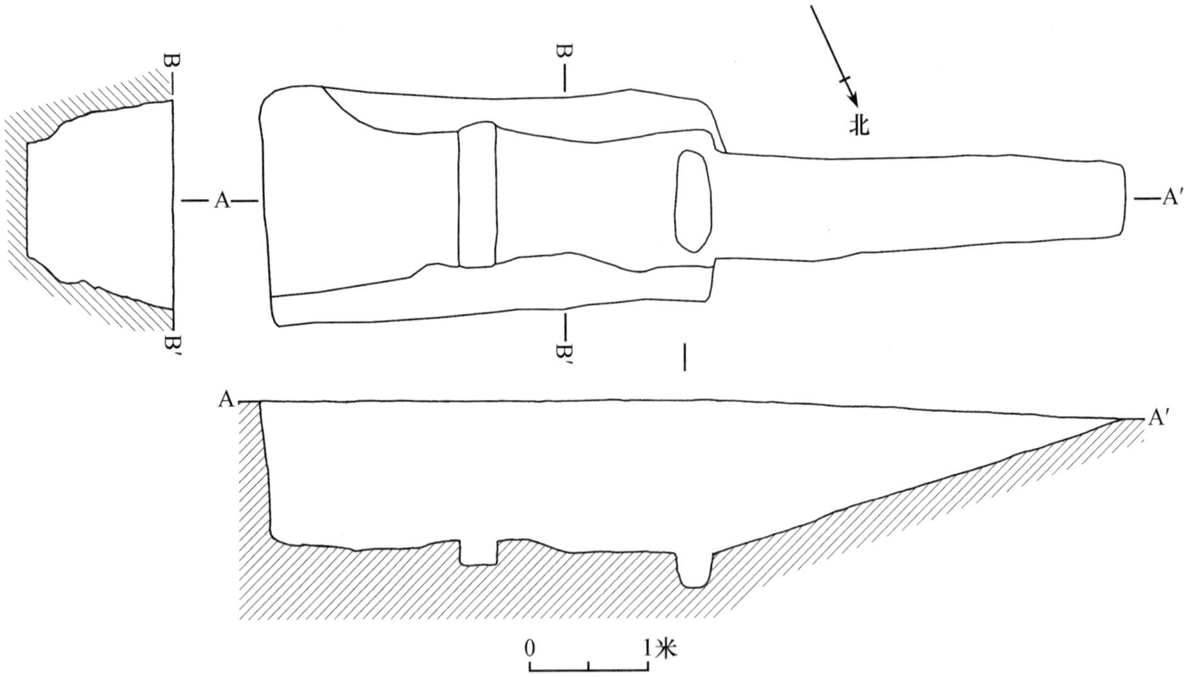

图一七二　M30平、剖面图

状封土。墓葬朝向山后高耸的东岭山脉，方向105°。

墓室平面呈长方形，长4.3、宽2.1、深1.2米。墓坑平直，采用原坑土回填，靠坑壁填土经夯实，中间部分较疏松，填土内发现夹砂陶釜残片1片。墓底两侧有两条宽0.2、深0.1米的纵向枕木沟，与前端一条宽0.3、深0.1米的横向枕木沟相通。葬具朽痕不清，但从枕木沟外侧填土经夯打的迹象判断，该墓应构筑有椁室，椁室高度大致在0.6米。

墓道较宽，其位于墓室前端正中，平面呈长方形。长3.5、宽1.5米，底为斜坡式，自墓底起斜坡，坡度10°（图一七三；图版一二二，3）。

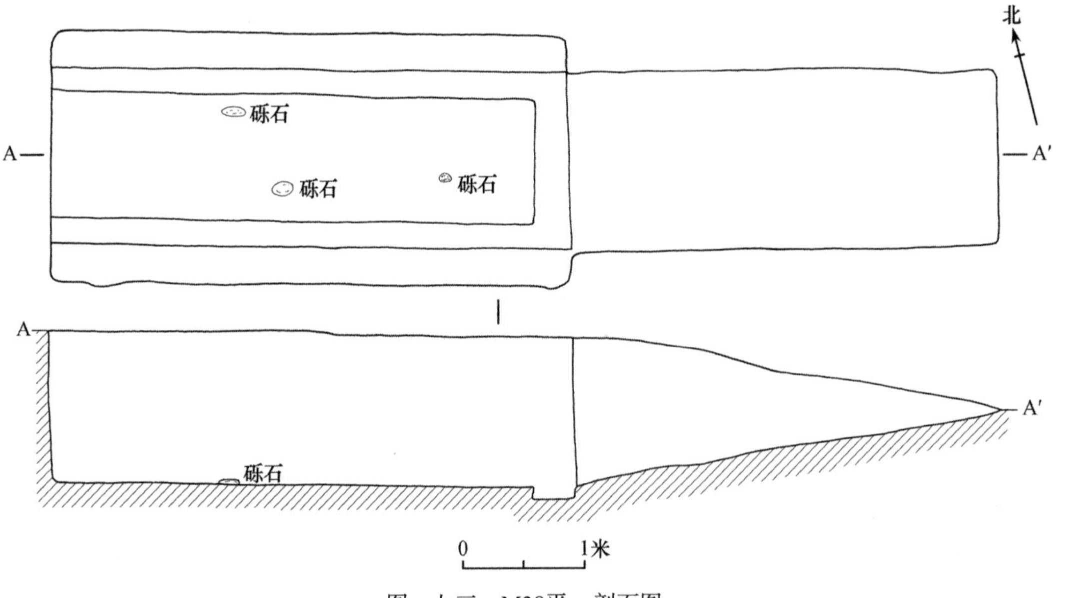

图一七三　M38平、剖面图

除在墓底发现3件小砾石外，该墓未见其他随葬器物。砾石形态分别为扁长形、三角形和椭圆形，其中扁长形长15、宽6、厚4厘米，重360克；三角形长8.8、宽7.6、厚4.6厘米，重320克；椭圆形长6、宽5厘米，重120克。

（三）M50

1. 墓葬概况

位于凉伞岭岭顶南面缓坡上，海拔266米。墓室依坡势而建，发掘前地表封土已不存，墓口距地表0.2～0.7米，方向296°。

墓室长3.7、宽2、深1.2～1.3米。墓边规整，坑壁平直，填土为原坑土，距墓口0.3米以下靠近坑壁填土均经夯打，夯打范围较为清晰，应为木椁与坑壁之间的间隙。墓底前、中、后各有一条横向枕木沟，两端均直抵墓室两侧壁。

墓道平面呈梯形。长4.1、宽1～1.3米。底为斜坡式，自墓底起斜坡，坡度15°（图一七四；图版一二二，4）。

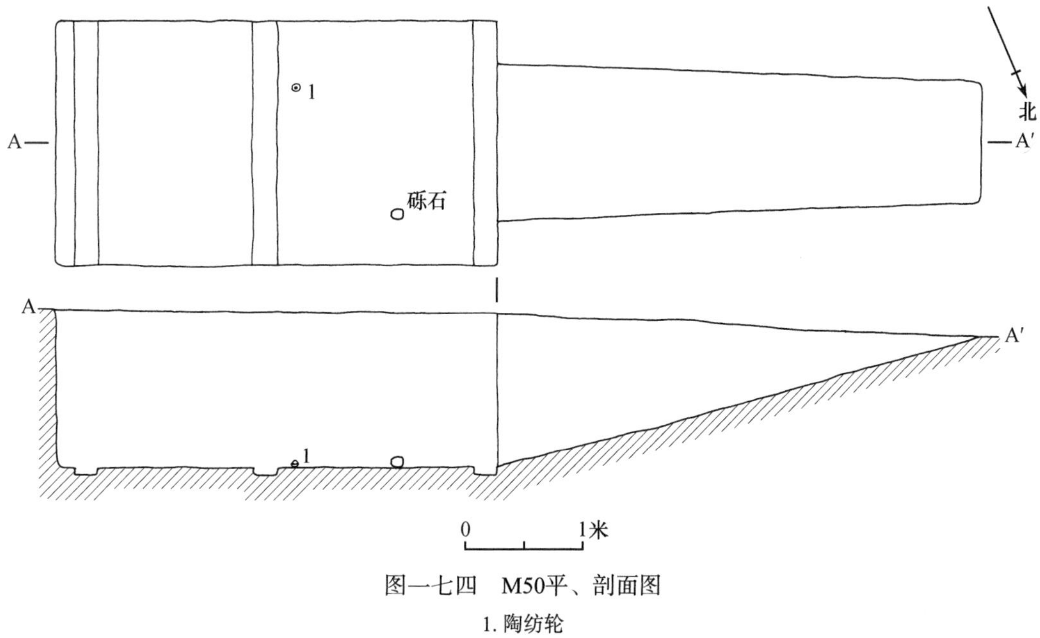

图一七四　M50平、剖面图
1. 陶纺轮

随葬品仅纺轮1件，其位于墓室中部左侧。另在墓室前端右侧发现小砾石1件，砾石呈圆球形，直径约5.5厘米，重180克。

2. 出土器物

纺轮　1件。M50：1，黄褐胎略硬，体呈算珠形。直径3.2、高2.6厘米（图一七五）。

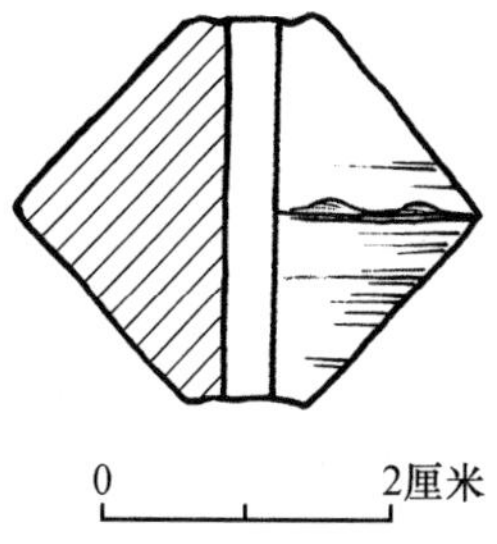

图一七五　M50出土陶纺轮（M50：1）

第三节　小　　结

这批墓葬虽然几乎无随葬品出土，但从形制特征看显然为汉代无疑。下面就其具体期别略作推断。

从形制看，M30、M38、M50均为凸字形墓，墓底均设枕木沟，墓道相对较宽，这些特征与西汉时期墓葬形态较为一致，且均处于西汉墓葬分布集中区域，因此其属于西汉时期的可能性较大。M8为长方形竖穴墓，这类墓葬延续时间较长，单从形制不易判断，但从形制及填土等情况判断，其应属于汉代无疑，且属于西汉前期的可能性较大。

第十章　相关问题探讨

这批墓葬保存均较完整，且时代延续，墓葬普遍按时代早晚从山顶向山脚分布，之间无叠压亦无打破关系，用残器随葬及墓底放置小砾石的现象也贯穿整个墓地始终，表明墓葬所属群体构成和文化特性均较为稳定，对研究本地区汉墓发展演变及本地区社会经济文化的发展演进均提供了难得的资料。

墓群处于非郡县治地，随葬品以日常生活实用器为主，具有较为浓郁的生活气息，展现出了有别于郡县治地的生活风貌，对于了解两汉岭南地区普通平民的生活状态也颇有助益。

关于墓葬的演变及时代特征前面章节已有较多论述，在此不再重复。本章主要对铜盆汉墓与两广其他地区汉墓特征进行对比，并对墓葬中的一些特殊现象及相关问题进行讨论，以供读者参考。

一、铜盆汉墓与两广其他地区汉墓的异同

从整体上看，铜盆汉墓与两广其他地区汉墓无论是墓葬形制还是随葬器物方面均较为一致，体现了岭南汉文化较为统一的特征，但之间也存在一些小的差异。

从墓葬类型看，铜盆汉墓均为土坑墓，不见两广东汉前期就已出现的砖室墓类型。从随葬器物看，铜盆汉墓各期随葬器物均较为单一，西汉前期不见瓿、盒、三足罐等特色器物，西汉晚期及东汉墓均不见鼎、盒、熏炉、簋、魁、鐎壶等常见的器形，亦不见井、仓、灶、屋及动物模型等明器，且青铜器均较为罕见。另外在埋葬习俗方面，各期随葬陶器制作多不规整，使用残次陶器随葬的现象较为多见，且各期墓葬均普遍存在放置小砾石的现象。

纵观以上这些差异，除普遍放置小砾石这一独特的现象外，其余均或多或少与当地经济发展状况密切相关，与岭南其他地区发现的汉墓在文化上并不构成根本性的差异。从目前发现情况看，在岭南地区发现的汉墓中，无论是东汉砖室墓的普遍流行还是随葬品中鼎、盒、壶、鐎壶、簋、魁、熏炉等仿青铜礼器及井、仓、灶、屋等模型明器的大量使用，均主要集中于郡治所在地，而在郡治之外的广大地区，大部分墓葬随葬品同样以日常生活实用器为主，和铜盆汉墓并无二致。可以说郡治地区的墓葬主要反映的是城市居民或官宦阶层的生活风貌，而类似于铜盆等非郡治地区的墓葬，则是普通民众日常生活状态和当地经济发展状况的真实写照。

二、关于使用残损陶器随葬的现象

使用变形陶器和残损陶器随葬是铜盆汉墓一个较为明显的特征，在本次发掘墓葬中，除M53等少数几座墓葬随葬器物体型相对规整外，大部分墓葬随葬器物都存在因制作或烧制技术等原因而产生的变形现象。除变形陶器外，使用残损陶器随葬的现象也较为普遍，仅以出土时整体形态完整的陶器统计（出土时碎裂的器物由于存在判断困难，为保证统计数据的客观性，因此不纳入统计），就有146件存在不同程度的残损，占陶器总数的37.7%。残损器物主要以罐和壶为主，其中陶罐共92件存在不同程度的残损，占全部211件陶罐总数的43.6%。残缺部位主要集中于口沿部位，大多仅局部残缺或部分残缺，也有少部分口部完全缺失的。陶壶的残缺现象则更为普遍，在所有26件陶壶中，有17件存在残损情况，占陶壶总数的65.4%。残缺部位主要集中在颈部和圈足，残缺程度不一，有的口沿完全缺失，有的圈足缺失，有的颈部以上缺失，甚至有4件颈部以上及圈足大部缺失。

关于上述两种特殊现象，就随葬器物中大量使用变形陶器来说，笔者认为此类现象既非特殊埋葬习俗，也非陶器明器化的体现，而是当地经济发展水平的真实反映。如前所述，铜盆墓汉墓处于非郡县治地，其主要为普通平民墓葬，相对于郡、县治地而言，铜盆因地处经济文化相对落后的乡村地区，整体经济的发展状况及个体家境的殷实程度必然普遍比郡治地区要低，因此当地居民无论是在购买日用陶器还是为死者挑选用于随葬的陶器时，不可避免地会考虑到购买力和经济实惠的问题。一般而言，相对于品相完好、器形规整的器物，变形陶器作为烧制时的缺陷产品，其价格肯定较正常产品为低，因此在不影响正常使用的前提下，其低廉的价格自然会成为购买时的首选。事实上这些变形陶器虽不美观，但绝大部分并不影响日常的使用，而且部分变形陶器确实存在明显的使用痕迹。

至于大量使用残损陶器随葬的现象，其原因可能要复杂得多。墓葬中使用残器随葬在广西出现得较早，在属于西周至春秋时期的武鸣马头元龙坡①墓葬中就已存在，只不过其做法是将器物打碎散置于填土或墓底，这与铜盆汉墓使用残器随葬的现象存在明显的差异。类似铜盆汉墓的现象在桂平大塘城②及贺州凤凰岭③东汉晚期墓中亦有发现，关于这一现象，笔者在《广西贺州凤凰岭古墓群相关问题探讨》④一文中曾有过论述，当时将其作为一种特殊的毁器习俗看待，并认为可能和埋葬时举行的某种丧葬仪式有关，但从铜盆汉墓发现的情况看，对这一现象应做具体分析，不能一概而论。

---

① 广西文物工作队、南宁市文物管理委员会、武鸣县文物管理所：《广西武鸣马头元龙坡墓葬发掘报告》，《文物》1988年第12期。

② 广西文物考古研究所等：《桂平大塘城遗址汉墓发掘报告》，《广西考古文集》（第四辑），科学出版社，2010年。

③ 广西文物保护与考古研究所等：《贺州凤凰岭古墓群考古发掘报告》，《广西考古文集》（第五辑），科学出版社，2013年。

④ 谢广维、陈丁山：《广西贺州凤凰岭古墓群相关问题探讨》，《广西博物馆文集》（第九辑），广西人民出版社，2012年。

从残损情况看，铜盆汉墓随葬的残损器物残损部位大多集中在口沿及耳部等易于磕碰的部位，且残损程度存在较大的差异。对于轻微残损器物而言，不能排除其为烧制运输或日常使用过程中磕碰所致，甚至也不能排除埋入墓葬后因葬具腐朽坍塌挤压而缺失的可能。而对于残损较为严重的器物，残缺部位大多存在修整及使用磨损痕迹，部分陶壶和陶罐甚至存在用利刃对残缺断口进行切削修整的现象，表明这类器物并非故意损毁，而是在残缺之后通过稍微修整仍继续使用。由于铜盆汉墓随葬器物多为实用器，因此在墓主去世后以其作为随葬品也是合乎情理的。鉴于包括桂平大塘城、贺州凤凰岭等地发现的此类现象均主要出现于非郡县治所所在地的普通平民墓葬中，受经济发展差异及墓主生前财富地位的限制，出现用残损器物随葬的现象也就不难理解了。

当然由于部分残损严重的器物中也存在断口较为锋利未经修整的情况，因此也不能完全排除此类器物是为满足某种特殊的需要而刻意为之的可能。

三、关于墓葬中放置小砾石的现象

由于这批墓葬均无盗扰，且墓葬所在地的自然地层中除东汉后期的两座墓葬外，其余均不夹杂石块，这为我们了解墓葬中放置小砾石的现象排除了其他因素的干扰。在铜盆发现的47座汉墓中，共有26座在墓底放置小砾石或个别石块，占到墓葬总数的54.2%，且这一现象从西汉前期一直延续至东汉后期，具有较长的延续性和稳定性。这显然并非是一种偶然现象，而是作为一种固定埋葬习俗存在的。

墓葬中放置砾石或石块的做法在广西出现较为久远，在新石器时代中期的贝丘遗址中就已大量存在。新石器时代晚期至先秦两汉时期，这种现象依然延续。尽管这些现象表现各异，其目的和用意也可能存在很大的不同，但通过对这一现象梳理对比，有助于读者对此类现象进行更为全面的了解和把握。

从目前发现看，在广西新石器时代中晚期的贝丘遗址中，墓内普遍发现有骸骨之上压放石块的现象。这些石块主要以岩块为主，也有部分砾石或石器。关于这一现象，由于此类墓葬大多为屈肢葬或肢解葬，因此学术界普遍认为这种压放石块的做法应该和其采取的特殊埋葬方式有关。

与早期贝丘遗址主要以石块于死者骸骨之上的做法不同，处于新石器时代晚期的田东利老遗址[①]墓内放置的石块均为砾石，这些砾石数量多寡不一，最多的达13件，体型均与成年人手掌大小相当，形态多较扁长，表面较为光滑。其出土时主要散布于墓底周边，且多与随葬器物放置于一起。同样的现象在武鸣马头元龙坡[②]先秦墓葬中也有发现，在元龙坡350座墓葬中共发现砾石48件，这些砾石表面均较光滑，有的单独出于填土，有的和随葬品放置于一起，报告编写者将其作为随葬品看待，并认为这些砾石是制作陶器时用以托拍陶胎或打磨器表的工具。就

① 谢广维等：《广西田东利老遗址发现大石铲文化新类型》，《中国文物报》2016年7月29日。

② 广西壮族自治区文物工作队、南宁市文物管理委员会、武鸣县文物管理所：《广西武鸣马头元龙坡墓葬发掘报告》，《文物》1988年第12期。以下提到元龙坡其出处均与此同。

目前来看，虽然这种推测尚需更多的证据支撑，但从表面来看，其做法倒是和铜盆发现的此类现象颇为相似。

除墓内放置天然的砾石外，在龙州舍巴遗址、武鸣岜马山岩洞葬①、武鸣敢猪岩洞葬②、武鸣马头元龙坡等地发现的先秦墓葬中均发现随葬有小石子的现象，这些小石子数量均较多，除岜马山岩洞葬为48颗外，其余单座墓葬均超过100颗。其均采自河滩，出土时均集中堆放，形态大小相对一致，且大部分或全部存在不同程度的加工。以龙州舍巴遗址③及元龙坡M237为例，在舍巴遗址M1中共发现小石子151颗，其形态多呈椭圆饼形，长2.5～3.2厘米，重4～11克，其中有39件在端部或侧面存在明显的人为修整痕迹，有1件甚至通体精磨。而在元龙坡M237发现的130颗小石子中，所有小石子两端均经过人为加工，形态均为扁方形，一般长2、宽1.5、厚0.5厘米。关于其用途，目前一般认为和巫术活动有关，但也不能排除其作为游戏娱乐用具的可能。都安北大岭遗址④新石器时代石器制作场内发现的小石子似乎可作为这一猜测的补充。但无论其功能寓意如何，这些小石子显然都是作为随葬品埋放的。

除以上资料外，在广西先秦至汉代墓葬中还存在墓内填充石块和墓底铺河沙状卵石等做法。其中墓葬内放置大石块的做法仅见于武鸣马头元龙坡的部分墓葬。在元龙坡发现的350座墓葬中，有10座在填土、二层台或墓底放置有许多大石块，另外在桂平大塘城汉墓⑤中还发现用大块砾石砌筑二层台的现象。至于墓底铺河沙状卵石的做法则主要见于平乐银山岭⑥、贺州高寨⑦、都安北大岭⑧等地的战国或汉代墓葬。对于以上现象的解释，从现有资料看，元龙坡墓内放置大石块的目的和用意目前尚不得而知，但战国两汉时期墓底铺河沙状卵石的做法则很可能与铺垫墓底以作为室内地面的象征有关，至于大塘城汉墓二层台上砌筑的大块砾石，则很可能是出于墓葬构筑方面的需要。

回到铜盆汉墓的讨论上，从以上这些墓内放置砾石或石块的现象可以看出，铜盆汉墓墓底放置小砾石的做法表面上似乎和田东利老和武鸣马头元龙坡墓底放置砾石的做法有相似之处，但由于这种现象背后的目的和含义目前尚不明确，二者之间是否存在文化关联尚不得而知。我们在探究某些相似现象背后的文化关联时，既要考虑现象之间的表面联系，更要看到现象背后的目的性差异。就铜盆发现的此类现象来说，由于小砾石的选择较为随意，其本身并不包含太

① 广西壮族自治区文物工作队、南宁市文物管理委员会、武鸣县文物管理所：《广西武鸣岜马山岩洞葬清理简报》，《文物》1988年12期。在4号洞壁发现小砾石48颗，大小基本一致，呈椭圆形，有的两端打制，一般长2、宽1.5、厚1厘米左右。

② 广西文物考古研究所、南宁市博物馆：《广西先秦岩洞葬》，科学出版社，2007年。

③ 广西文物保护与考古研究所内部资料。

④ 广西文物保护与考古研究所内部资料。

⑤ 广西文物考古研究所等：《桂平大塘城遗址汉墓发掘报告》，《广西考古文集》（第四辑），科学出版社，2010年。

⑥ 广西文物工作队：《平乐银山岭战国墓》，《考古学报》1978年第2期。本节中提到此书者出处均与此处相同；广西文物工作队：《平乐银山岭汉墓》，《考古学报》1978年第4期。本节中提到本书均与此处相同。

⑦ 广西壮族自治区文物工作队、贺县文化局：《广西贺县河东高寨西汉墓》，《文物资料丛刊》（4），文物出版社，1981年。

⑧ 林强、谢广维：《广西都安北大岭遗址考古发掘取得重要成果》，《中国文物报》2005年12月2日。

多的信息，使用的目的才是了解这一现象本质的关键。但就现有资料而言，所能获取的信息还较为缺乏。

四、同穴合葬墓所反映的问题

在这批墓葬中，共发现双墓道同穴合葬墓5座。此类墓葬墓室和墓道填土均较为一致，发掘时除M53可能存在二次掘开的可能外，其余均未发现有分二次葬入的迹象。

就合葬墓而言，如果仅仅是墓室不存在二次掘开倒也容易理解，因为这类墓葬均为木椁墓，而且木椁均为一次性构筑而成，后葬入者可以通过掘开墓道后从墓门进入。但问题是铜盆发现的此类墓葬不仅仅在墓室，甚至墓道亦无二次掘开的迹象。按常理来说，若存在二次开挖墓道的情况，一方面在填土方面应当有所反映，另一方面新开凿的墓道和原先的墓道在位置、方向、深度方面不可避免地会存在一定的误差。但在此类墓葬中，不仅两条墓道方向一致，深度相同，而且墓道下部残留的生土隔墙也无打破迹象，因此唯一合理的解释就是墓葬为一次性构筑而成，且死者为同时埋入。

如此，则此类墓葬所体现的埋葬习俗就是一个值得探究的问题。笔者认为大致可能存在以下几种可能：第一种可能是迁葬，即合葬的一方或双方均在下葬后迁至同一墓穴中进行合葬。第二种为停柩待葬，即先去世的一方先不下葬，停柩待另一方去世后再行合葬。当然也不排除第三种极端的可能，即合葬的双方同时去世，同时下葬。至于铜盆发现的此类墓葬究竟属于其中的那种情况，目前均无法得到肯定的回答。

但值得注意的是，这批合葬墓还有一个较为反常的现象。在这批墓葬中，除M53外，其余均分布于整个墓群的南部缓坡最边缘地带，且墓葬朝向均与其他大部分墓葬朝向土山前面开阔的河谷相反，其朝向背后近在咫尺的东岭山脉。这种特殊的分布情况及违背一般风水规律的现象或许与其采取的特殊埋葬习俗有关。

五、铜盆汉墓与思勤江通道的形成

受东西横亘的五岭阻隔，岭与岭之间的峡谷、隘口便成为沟通岭南与岭北之间物质文化交流的必经通道。正如《晋书·地理志》所云：“自北徂南，入越之道，必由岭峤，时有五处，故曰五岭。”[①]宋人周去非更是明确指出：“自秦世有五岭之说，皆指山名之。考之，乃入岭之途五耳，非必山也。……自道入广西之贺，四也；自全入静江，五也。”[②]后人将“自全入靖江”的通道称为湘桂走廊，而将自“道入广西之贺”的通道称为潇贺古道。

从古道的命名不难看出，潇贺古道主要沟通潇水和贺江，是潇水和贺江的水陆联运通道。关于这条通道，长期以来不少学者开展了大量的研究工作，目前已较为明朗，但潇贺古道与思

① 《晋书》卷十五，中华书局，1974年。

② 《岭外代答校注》卷一，中华书局，1999年，第11页。

勤江通道的对接却长期受到忽视，然而无论是从自然地理角度还是历史遗存方面考察，潇贺古道除对接贺江外，铜盆汉墓所处的思勤江通道在岭南与岭北文化交流中亦发挥过重要作用。

思勤江古称灵溪水，其发源于钟山两安乡的大桶山脉，于昭平注入桂江，是潇贺古道进入桂江最为便捷的通道。其上游钟山两安与富川柳家之间的枫树坳一带与潇贺古道仅一山之隔，山间有丘陵低地相通，地理上较为便利。目前在富川柳家经枫树坳至钟山两安一带尚保留有部分卵石或石板铺就的古道与潇贺古道对接，是这条通道存在的最直接证据。历代通过潇贺古道进入广西的人员物资在富川麦岭古城一带分道后，一条顺富江南下对接贺江，是为传统意义上的萧贺古道；另一条经柳家越过枫树坳向西，经由思勤江南下进入桂江，即本书所指的思勤江通道。

关于这条通道存在的证据，除目前残存的古道之外，思勤江两岸分布的大量古墓葬亦是这条古道曾经繁荣的见证。在思勤江上游河段仅钟山两安至清塘40余千米河段就分布着莲花古楼、铜盆、红花、西岭、麦岭挂榜山、里太公安、牛庙张屋、燕塘、清塘英家等十余个较大的古墓群，这些古墓群无论是规模还是分布密度上在岭南地区都是极其罕见的。从岭南地区汉晋墓葬分布规律看，其要么分布于郡县治地，要么位于交通道路沿线。思勤江两岸大量古墓群的存在是这一地区汉—南朝时期经济开发的最好体现，也是思勤江通道最为有力的见证。

（一）潇贺古道及思勤江通道的形成

作为潇贺古道的一个分支，思勤江通道形成时间较贺江通道为晚。受独特的地理位置所决定，作为岭南与岭北文化交流不可回避的重要通道，潇水与贺江水陆联运通道形成相对较早，其在早期人类文化交流中必然发挥过重要作用。限于贺州地区史前考古工作开展较少，这种文化之间的交流影响尚不明确。但从《史记·五帝本纪》“（舜）践帝位三十九年，南巡狩，崩于苍梧之野，葬于江南九嶷，是为零陵”①的记载看，早在三皇五帝时代，潇贺古道邻近地区就已纳入中原文化视野，而相关的考古资料亦证实，先秦时期这一地区和岭北文化之间曾发生过密切的文化接触。贺州地区出土的青铜牺尊②、马东村周代墓葬出土的青铜罍③等中原式的青铜器均位于贺江流域，是这条通道早期物质文化交流的重要体现。但客观上讲，囿于秦汉以前岭南地区社会经济发展的现实，先秦时期岭南与岭北之间的文化交流虽然存在，但并未完全成形，这一时期的潇贺古道更多的是属于文化交流通道的范畴，与道路交通方面的概念尚存在一定的差距。

真正道路意义上的潇贺古道的形成应始于秦平岭南，在平定岭南的五路大军中，“守镡城

---

① 《史记》卷一，中华书局，1982年。

② 贺县博物馆：《广西贺县龙中岩洞墓清理简报》，《考古》1993年第4期。

③ 贺县博物馆：《广西贺州市马东村周代墓葬》，《考古》2001年第11期。

之岭”[④]的西路军位于湘桂走廊一线，而“守九疑之塞”[①]的中路大军则位于潇贺古道及其邻近地区。在秦王朝进军岭南的过程中，为解决军需粮草的转运问题，在湘桂走廊沿线的湘江和漓江之间开凿了灵渠，而在潇水和贺江之间开辟了新道。新道的开通不仅大大地方便了岭南与岭北之间的政治经济文化往来，此后更是成为历代用兵岭南及维系岭南岭北政治经济文化联系的重要通道。

至于思勤江通道的形成时间则较贺江通道晚一些，从该流域的考古遗存看，思勤江沿岸虽然分布着大量古墓群，但其时代均为汉至六朝时期，基本未见先秦时期的墓葬，且汉墓均以西汉中晚期及其后墓葬为主，西汉前期墓葬相对较少。以铜盆汉墓为例，该墓群西汉前期墓规模均较小，且随葬品稀少单一，表明这一时期当地经济发展水平仍较为低下，开发程度有限。但进入西汉中期后，无论墓葬数量、规模还是随葬品种类、数量等方面均较前期有了大幅提高，表明西汉中期以来这一地区经济文化开始快速发展，而这种发展除了与汉武帝统一岭南后对这一地区经济开发方面的重视外，也与思勤江通道的开通存在密切关联。另外从行政建制情况看，思勤江流域最早的行政建制始于汉武帝平定南越后富川县的设置，这和西汉中期以来沿岸墓葬数量的大量增加是一致的，表明至迟到西汉中期，思勤江流域已开始受到中原王朝的重视。

（二）思勤江通道形成原因

道路的形成不仅仅受自然地理因素的影响，也是政治经济文化综合互动的结果，思勤江通道的形成也不外乎这两点。

从自然地理角度考察，思勤江和富江分属桂江和贺江两大支流，二者在钟山境内一西一东并行南流后折向，其中思勤江流向西南并于昭平注入桂江，而富江则折向东南，于贺街注入贺江。虽然二者最后均汇入西江，但由于汇入点及其辐射范围的差异，其在沟通岭南诸郡县的便利性方面也各有侧重。从地理位置看，贺江上游支流——富江位置较思勤江偏东，其直接与潇贺古道对接，交通较为便利，且其注入西江的位置亦较桂江偏东，其在沟通岭北和西江下游诸郡县方面具有天然的便捷优势。沿潇贺古道进入今富川的人员物资，直接进入富江并经贺江南下进入西江后，东下可直达番禺，西进可进入广西腹地。尤其是在沟通岭北与西江下游诸郡县方面，贺江通道与经潇贺古道汇入桂江的各条通道相比均具有重要优势，加之其水量充沛，因此在岭南与岭北物质文化交往过程中长期处于主导地位。而思勤江属桂江支流，其位置较富江偏西。由潇贺古道进入富江沿岸后，需进一步向西翻越枫树凹一带的低地才可进入思勤江流域，在交通方面显然不如贺江便捷，其形成较贺江通道为晚也就在情理之中。但由于其在沟通富江以西的桂江流域方面具有天然的优势，加之其汇入西江的位置较贺江更为偏西，对于西向进入广西腹地方面也存在一定的便利性，作为沟通桂江流域和潇贺古道沿线最为便捷的通道，

---

① 《淮南子》卷十八：“又利越之犀角、象齿、翡翠、珠玑，乃使尉屠睢发卒五十万为五军，一军塞镡城之岭；一军守九疑之塞；一军处番禺之都；一军守南野之界；一军结余干之水。”上海古籍出版社，1991年，第203页。

其开通也事出必然。

除自然地理方面的决定性因素外，思勤江通道的形成还与汉平南越后岭南地区政治经济文化的变迁密切相关。从政治格局看，秦存在时间较短，且在交通道路的应用方面主要着眼于军事用兵，当时经营的重点主要为经湘桂走廊进入广西的湘漓通道和经潇贺古道进入广西的贺江通道，与潇贺古道邻近的思勤江因其水量相对较小及便利性有限，尚不被重视也就在情理之中。而在秦末及西汉前期，由于中原战乱及汉越关系紧张，导致处于汉越边界地区的交通一度闭塞，且从南越的政治视野考虑，当时南越经营的重点无论是着眼于与中原内地的交往还是南越内部的整合均主要围绕其政治中心番禺展开。在南越视野下，无论是从番禺沿西江西进北上进入中原腹地，还是从中原地区经潇贺古道南下直达番禺，于封开注入西江的贺江均是最为便捷的通道，这从南越封苍梧王赵光于贺江流域的铺门一带便可看出南越对于这条通道的重视程度。彼时相对于便捷的贺江通道，注入桂江的思勤江在此时的汉越交往中无论是距离还是便利性方面均毫无优势可言，加之其地处汉越交接地带，其在加强南越内部政治经济文化整合中的作用亦相对有限，这也是西汉前期沿思勤江两岸尚未出现大规模开发的原因。但在汉武帝消除南越割据政权后，岭南地区原有的政治经济格局发生了较大改变，交往重心也由南越时期以都城番禺为中心的南越视野向着眼加强岭南与中原内地及岭南诸郡之间的政治经济文化整合的中原王朝视野转变。在中原王朝视野下，不仅岭南与中原内地之间，而且岭南诸郡县之间的交往融合需求也进一步提升。在此背景下，伴随着原有政治藩篱的打破，处于汉越边境地区的思勤江流域一下从此前的边关变为岭南与中原内地交往的前沿地带。为便于中原内地与岭南诸郡县之间的往来，同时也为便于岭南诸郡县之间的联系，除原有主要干道外，迫切需要开辟更多的支线通道以加强岭南诸郡县及其与内地之间的联系，在此背景下，处于潇贺古道沿线连接桂江和贺江的思勤江通道也就最终形成了。

（三）思勤江通道的重要作用及历史价值

关于思勤江通道在古代物质文化交往中的地位及其作用，应予以客观看待。首先，作为潇贺古道的一个分支，思勤江通道的形成使得潇贺古道在沟通中原和岭南地区交往中提供了除贺江通道之外的另一选择，与贺江通道形成了一定的互补，极大地促进了潇贺古道的繁荣，在潇贺古道道路体系中具有重要研究价值。其次，思勤江通道的开通有效的沟通了潇水、贺江和桂江通道，密切了贺江和桂江流域的交通往来，极大地促进了思勤江沿岸的经济开发。另外，作为岭南古代道路交通体系的重要组成部分，思勤江通道的形成对于研究岭南地区政治经济格局的变迁与互动，乃至整个岭南古代道路交通体系的形成均具备一定的参考价值。

当然我们在肯定思勤江通道重要作用的同时，也不能过度夸大其历史地位及价值。就潇贺古道体系而言，思勤江通道的开通并不意味着贺江通道的衰弱，事实上，自潇贺古道的形成开始，贺江通道就一直是岭南和中原内地交往的主要通道，在整个潇贺古道体系中处于主导地位。这从汉平南越后对贺江流域的控制便可见一斑，在汉代苍梧郡所辖十县中，谢沐、冯乘、临贺、封阳四县均位于潇贺古道贺江通道沿线，而在思勤江流域仅设置有富川一县。此后历代在思勤江流域虽然设置过思勤、龙平等县，但其数量与实力与贺江流域诸郡县均不可同日而语。至隋唐以降，随着富川县城从思勤江边迁至富江沿岸的今钟山县城，其通道地位也就更加衰落了。

附　　表

附表一　铜盆汉墓墓葬登记表

墓号	封土	墓向（度）	海拔（米）	形制	枕木沟	出土器物（件/套）	砾石	时代
M5	无	255	260	Ac	无	无	无	西汉前期
M9	无	265	262	Ac	无	纺轮2、铁环首刀1	无	西汉前期
M19	无	280	264	Ab	无	纺轮1、铁环首刀1	1	西汉前期
M21	无	285	265	Aa	无	无	2	西汉前期
M22	无	294	266	Ad	无	B型Ⅱ式陶碗1	1	西汉前期
M25	无	290	264	Ca	无	小陶釜1	无	西汉前期
M26	无	290	264	Ac	无	无	无	西汉前期
M27	无	290	265	Cb	无	无	无	西汉前期
M36	有	295	266	Cd	无	A型碗1、纺轮1	无	西汉前期
M37	有	282	268	Cd	两横两纵	A型碗1、B型Ⅰ式碗1	无	西汉前期
M42	无	280	264	B	无	铁环首刀1	无	西汉前期
M46	无	132	264	Cd	四横	B型小陶釜1、玉环1	3	西汉前期
M14	无	295	262	Cd	两纵一横	A型Ⅰ式罐4、A型Ⅱ式罐4、A型Ⅰ式壶1	5	西汉中期
M15	无	282	264	Cc	两纵	B型Ⅰ式瓮2、A型Ⅱ式7、A型Ⅰ式四耳罐1、B型Ⅱ式碗1	8	西汉中期
M16	无	270	262	Cd	四横	罐及纺轮各1	无	西汉中期
M18	无	275	264	Cd	两纵一横	C型Ⅰ式瓮1、A型Ⅱ式罐4、C型Ⅰ式罐2、A型Ⅱ式壶1、B型Ⅰ式四耳罐1、灯盘1、铁环首刀1、铜盆1、铜钱1串	4	西汉中期
M20	无	108	264	Cd	两纵一横	A型Ⅱ式罐6、C型Ⅰ式罐1、D型Ⅰ式罐1、A型Ⅰ式壶1、铜碗1、铜卮1、铜钱1枚	1	西汉中期
M23	无	290	262	Cd	四横	C型Ⅰ式瓮1、A型Ⅰ式罐1、A型Ⅱ式罐3、C型Ⅰ式罐1、A型Ⅰ式壶1、D型及E型小陶釜各1、纺轮1、铁刀1	3	西汉中期
M28	有	285	266	Cd	两纵两横	A型Ⅰ式罐2、A型Ⅱ式罐6、A型Ⅰ式壶1、E型小陶釜1、纺轮1、A型三足釜1（出于封土）	5	西汉中期
M29	有	290	265	Cc	无	A型盂1、熏炉1、纺轮1	1	西汉中期

续表

墓号	封土	墓向（度）	海拔（米）	形制	枕木沟	出土器物（件/套）	砾石	时代
M31	有	290	262	Cc	无	陶罐1、A型Ⅰ式罐1、A型Ⅱ式罐3、C型Ⅰ式罐1、E型Ⅰ式罐3、A型五联罐1、豆1、B型三足釜1（出于封土）、井1、铜鋗1	2	西汉中期
M34	有	280	262	Cd	无	A型Ⅱ式罐1、C型小陶釜1	4	西汉中期
M35	有	285	264	Cd	一横	A型Ⅱ式罐4、E型Ⅰ式罐1、A型Ⅰ式壶1、B型Ⅰ式四耳罐1、A型五联罐1，铜钱1串	3	西汉中期
M44	有	285	266	Cd	两纵	A型Ⅰ式罐1、A型Ⅱ式罐6、I型罐1、A型瓿1、A型小陶釜1、铁刀1	2	西汉中期
M45	有	292	266	Cd	两纵一横	A型Ⅱ式壶1、罐6、C型Ⅰ式罐1、D型Ⅰ式罐1、A型五联罐1	2（岩块）	西汉中期
M53	有	290	266	Da	三纵一横	A型Ⅰ式瓮1、A型Ⅰ式罐4、A型Ⅱ式罐10、B型Ⅰ式罐3、B型Ⅱ式罐1、C型Ⅰ式罐3、A型Ⅰ式壶1、A型Ⅱ式壶2、匏壶1、鼎2、樽1、盆1、豆1、灶1、D型小陶釜1、Ba型及Ca型盂各1、甑2、纺轮1、铜镜1、铜盆1、铜环首刀1、铜饰件1、铜钱3枚、石箭镞1（出于填土）	3	西汉中期
M6	有	318	256	Cd	两横	A型Ⅱ式瓮1、A型Ⅳ式罐4、Cb型及F型盂各1、D型盂2、纺轮1	无	西汉晚期
M11	无	285	261	Cd	两纵一横	A型Ⅲ式罐4、C型Ⅱ式罐1、E型Ⅰ式罐2、F型Ⅰ式罐1、A型Ⅰ式四耳罐1、D型小陶釜1、纺轮1、铁环首刀1、	1	西汉晚期
M12	无	295	259	Cd	两纵一横	C型Ⅱ式瓮2、A型Ⅲ式罐1、A型Ⅳ式罐4、C型Ⅱ式罐1、F型Ⅱ式罐1、铜钱1串	无	西汉晚期
M13	无	110	260	Db	三纵	B型Ⅰ式瓮1、E型瓮1、A型Ⅰ式罐1、A型Ⅱ式罐4、A型Ⅲ式罐2、A型Ⅳ式罐1、B型Ⅱ式罐1、D型Ⅰ式罐1、D型Ⅱ式罐2、Ga型罐1、Ha型罐1、A型Ⅱ式壶1、B型Ⅰ式壶1、豆1、纺轮1	1	西汉晚期
M17	无	299	262	Cd	两纵一横	A型Ⅱ式罐2、A型Ⅲ式罐3、A型Ⅳ罐1、D型Ⅱ式罐2、A型Ⅱ式壶1、Ca型盂1、铁刀1、石凿1（出于填土）	无	西汉晚期
M32	有	130	260	Db	两纵一横	壶1、C型壶1、B型Ⅱ式瓮1、A型Ⅱ式罐2、A型Ⅲ式罐1、D型Ⅱ式罐1、D型Ⅲ式罐2、E型Ⅰ式罐1、F型Ⅰ式罐1、B型瓿1、纺轮1、铁锸1（出于填土）	2	西汉晚期

续表

墓号	封土	墓向（度）	海拔（米）	形制	枕木沟	出土器物（件/套）	砾石	时代
M33	有	122	260	Db	三纵一横	B型Ⅱ式瓮1、A型Ⅲ式罐1、A型Ⅳ式罐1、B型Ⅱ式罐1、D型Ⅲ式罐2、E型Ⅰ式罐1、E型Ⅱ式罐1、F型Ⅱ式罐5、Hb型罐1、B型Ⅰ式壶1、A型五联罐1、纺轮1	4	西汉晚期
M43	无	294	264	Cd	两纵一横	C型Ⅱ式瓮1、B型Ⅰ式壶1、罐1、A型Ⅲ式罐1、A型Ⅳ式罐3、F型Ⅱ式罐2、纺轮1	4	西汉晚期
M10	无	280	260	Ad	无	D型Ⅱ式瓮1、壶1	无	东汉前期
M54	无	280	258	Ea	无	D型Ⅰ式瓮3、罐1、A型Ⅳ式罐3、D型Ⅲ式罐1、E型Ⅱ式罐2、F型Ⅱ式罐2、Gb型罐1、Gc型罐1、壶2、小陶壶1、B型Ⅱ式四耳罐2、灯1、纺轮1、铜卮1、铜盘1件	1	东汉前期
M60	有	268	256	Cd	无	D型Ⅰ式瓮3、D型Ⅱ式瓮1、B型Ⅱ式壶1、罐1、纺轮2、铜碗1	无	东汉前期
M49	无	115	262	Db	两横两纵	C型Ⅱ式瓮1、D型Ⅰ式瓮3、罐1、A型Ⅳ式罐2、Ga型罐1、B型Ⅱ式壶1、B型五联罐1、纺轮1、铜碗1	无	东汉前期
M1	无	230	248	Eb	无	D型Ⅲ式瓮5、C型双耳罐2、F型双耳罐1、直身罐1,A、B型圈足碗各1、圜底釜1、C型三足釜2、纺轮1、铁锸1（出于填土）、铁钉7颗	无	东汉后期
M2	无	295	250	Eb	无	D型Ⅲ式瓮2、四耳瓮2、罐1、L型罐2、A型Ⅳ式壶1、B型双耳罐1、C型双耳罐4、D型双耳罐2、E型双耳罐3、Bb型盂2、Ca型盂1、E型盂1、盒1、铁钉8颗	无	东汉后期
M3	有	265	254	Ea	无	D型Ⅲ式瓮3、罐1、Gd型罐1、J型罐1、K型罐10、L型罐2、B型Ⅲ式壶1、A型双耳罐1、A型Ⅱ式四耳罐1、B型圈足碗1、陶帷帐座1、铜碗1、铁钉10颗	8	东汉后期
M4	无	255	256	Cd	无	D型Ⅲ式瓮2、Kb型Ⅰ式罐1、壶1、C型双耳罐1、纺轮1、铁环首刀1	无	东汉后期
M7	无	295	253	Eb	无	D型Ⅲ式瓮4、罐1、A型Ⅳ式罐1、A型Ⅴ式罐1、K型罐7、L型罐2、A型Ⅲ式壶1、G型双耳罐2、H型双耳罐1、琉璃耳铛1、铁钉7	无	东汉后期
M8	无	290	260	Ad	无	无	无	汉代
M30	无	295	264	Cd	两横	无	无	汉代
M38	有	105	268	Cd	两纵一横	无	3	汉代
M50	无	296	266	Cd	三横	纺轮1	1	汉代

附表二　铜盆汉墓出土陶器登记表

序号	标本号	器名	胎质	有无施釉	方格纹	凹弦纹	戳印	刻划	其他纹饰	残损情况	备注
1	M1：1	瓮	硬		方格纹					口微残	底有叠烧痕
2	M1：2	圈足碗	硬	有		细					
3	M1：3	圈足碗	硬			细				圈足缺失	
4	M1：4	瓮	硬	有	方格纹						
5	M1：5	瓮	硬	有	方格纹					口微残	
6	M1：6	三足釜	夹砂						大方格纹		
7	M1：7	双耳罐	硬	有		细				口微残	
8	M1：8	圜底釜	夹砂						绳纹		
9	M1：9	瓮	硬		方格纹						
10	M1：10	双耳罐	硬	有	方格纹	细					底有叠烧痕
11	M1：11	直身罐	硬			细				缺一耳	
12	M1：12	瓮	硬	有	方格纹	宽	方BaⅢ				底有叠烧痕
13	M1：13	双耳罐	稍软		方格纹	细				口微残，缺一耳	
14	M1：14	三足釜	夹砂						大方格纹		
15	M1：16	纺轮	硬			细					
16	M2：1	瓮	软		方格纹						
17	M2：2	瓮	硬		方格纹		方BaⅢ				底有叠烧痕
18	M2：3	四耳瓮	硬	有	方格纹	细				口微残	
19	M2：4	四耳瓮	硬		方格纹	细				口微残	
20	M2：5	壶	硬	有		细				口及圈足部分残	
21	M2：6	盂	硬	有						口部分残	
22	M2：7	双耳罐	硬	有		细				缺一耳	底有叠烧痕
23	M2：8	盂	硬	有		细				口部分残	
24	M2：9	双耳罐	硬	有		细				口微残	底有叠烧痕
25	M2：10	双耳罐	硬	有		细				口微残	底有叠烧痕
26	M2：11	双耳罐	硬	有	方格纹	细					底有叠烧痕
27	M2：12	双耳罐	硬		方格纹	细				缺一耳	底有叠烧痕
28	M2：13	双耳罐	硬	有		细					底有叠烧痕
29	M2：14	罐	软								
30	M2：15	罐	硬	有	方格纹						底有叠烧痕
31	M2：16	双耳罐	硬	有		细					底有叠烧痕
32	M2：17	盂	硬	有		细					
33	M2：18	盂	硬	有		细					
34	M2：19	双耳罐	硬	有		细				口微残	
35	M2：20	双耳罐	硬	有		细				口微残	底有叠烧痕

续表

序号	标本号	器名	胎质	有无施釉	方格纹	凹弦纹	戳印	刻划	其他纹饰	残损情况	备注
36	M2：21	盒	硬								
37	M2：22	罐	稍软		方格纹						
38	M2：24	双耳罐	硬	有		细				口微残	
39	M3：1	罐	稍软								
40	M3：2	瓮	硬		方格纹						底有叠烧痕
41	M3：3	罐	硬			细					
42	M3：4	罐	硬			细					
43	M3：5	四耳罐	硬	有		细				缺两耳	
44	M3：6	壶	硬			细				口部分残，圈足缺失	
45	M3：7	瓮	软		方格纹						
46	M3：8	双耳罐	硬			细					
47	M3：9	瓮	硬		方格纹		方BaⅢ				
48	M3：10	罐	硬		方格纹	细				口微残	
49	M3：11	罐	稍软							口微残	
50	M3：12	罐	硬	有	方格纹	细					
51	M3：13	罐	软			细					
52	M3：14	罐	软								
53	M3：15	罐	硬	有		细					底有叠烧痕
54	M3：16	罐	硬	有		细				口微残	底有叠烧痕
55	M3：17	罐	稍软			宽					
56	M3：18	罐	硬	有		细					底有叠烧痕
57	M3：19	罐	硬		方格纹	细					
58	M3：20	罐	硬		方格纹						
59	M3：21	圈足碗	软			细					
60	M3：25	帷帐座	夹砂								
61	M3：24	罐	硬	有		细					
62	M4：1	罐	硬			细					
63	M4：2	瓮	硬		方格纹		方BaⅢ				底有叠烧痕
64	M4：3	壶	硬	有		细				颈及圈足缺失	
65	M4：4	纺轮	硬								
66	M4：5	双耳罐	硬			细				口微残	底有叠烧痕
67	M4：6	瓮	软		方格纹						
68	M6：1	瓮	硬			细					
69	M6：2	盂	硬			细					
70	M6：3	盂	硬	有		细					
71	M6：4	盂	软								

续表

序号	标本号	器名	胎质	有无施釉	方格纹	凹弦纹	戳印	刻划	其他纹饰	残损情况	备注
72	M6：5	盂	硬	有		细					
73	M6：6	罐	硬	有	方格纹		方BaⅢ				
74	M6：7	罐	硬			细				口微残	底有叠烧痕
75	M6：8	罐	硬		方格纹						
76	M6：9	罐	硬		方格纹		方BaⅡ				
77	M6：10	纺轮	硬								
78	M7：1	罐	硬			细					
79	M7：2	罐	稍软			细					
80	M7：3	罐	硬	有		细					
81	M7：4	罐	稍软								
82	M7：5	双耳罐	硬	有		细					
83	M7：6	罐	硬			细					
84	M7：7	双耳罐	硬	有		细				口微残、缺一耳	
85	M7：8	罐	硬			细					
86	M7：9	罐	软								
87	M7：10	双耳罐	硬	有		细				口微残	底有叠烧痕
88	M7：11	罐	硬	有		宽					底有叠烧痕
89	M7：12	罐	硬	有		细					
90	M7：13	罐	硬	有		宽					底有叠烧痕
91	M7：14	瓮	软		方格纹		方BaⅢ				
92	M7：15	壶	硬			细				口微残，圈足大部残	
93	M7：16	瓮	硬		方格纹		方BaⅢ			沿微残	
94	M7：17	瓮	硬		方格纹		方BaⅢ				口有叠烧痕
95	M7：18	瓮	硬	有	方格纹		方BaⅢ				
96	M7：19	罐	硬			细					
97	M7：20	罐	硬	有		细					
98	M9：1	纺轮	硬								
99	M9：2	纺轮	硬								
100	M10a：1	瓮	硬		方格纹		方BaⅡ				口有支钉痕，底有叠烧痕
101	M10a：2	壶	硬	有		细				颈及圈足大部缺失	下腹有叠烧痕
102	M11：1	罐	硬		方格纹	细	三角形			沿微残	
103	M11：2	罐	硬	有	方格纹		方BbⅠ				
104	M11：3	罐	硬		方格纹		方BbⅠ				口有支钉痕

续表

序号	标本号	器名	胎质	有无施釉	方格纹	凹弦纹	戳印	刻划	其他纹饰	残损情况	备注
105	M11：4	罐	硬			细					
106	M11：5	罐	硬	有		宽				沿微残	口有支钉痕，底有叠烧痕
107	M11：6	罐	硬			宽					
108	M11：7	罐	硬		方格纹	宽	圆Ea			沿大部残缺	
109	M11：8	四耳罐	硬	有	方格纹	宽	圆Ea			耳缺失	
110	M11：9	罐	硬	有	方格纹	宽	蛇纹				
111	M11：10	小陶釜	硬								
112	M11：11	纺轮	硬								
113	M12：1	瓮	稍软		方格纹	细	菱形			沿微残	
114	M12：2	罐	硬		方格纹		方Bc				
115	M12：3	罐	硬			细				沿微残	
116	M12：4	罐	硬		方格纹	细					
117	M12：5	罐	硬		方格纹	宽					
118	M12：6	罐	硬		方格纹	宽	菱形			沿微残	
119	M12：7	罐	硬							沿微残	口有叠烧痕
120	M12：8	罐	硬	有		细		"Q"			
121	M12：9	瓮	硬	有	方格纹	宽	蛇纹				
122	M13a：1	壶	硬			宽				口大部残	
123	M13a：2	罐	硬		方格纹	细	方BbⅠ				
124	M13a：3	罐	硬	有	方格纹		方Aa				
125	M13a：4	罐	硬		方格纹		方Ab			口微残	
126	M13a：5	瓮	硬			细					口有支钉痕
127	M13a：6	罐	硬			细				沿部分残	
128	M13a：7	罐	稍软		方格纹	宽	方BaⅡ				
129	M13a：8	罐	软		方格纹	宽	方BaⅠ				
130	M13a：9	罐	硬	有	方格纹	宽	菱形			沿微残	口、底有叠烧痕
131	M13a：10	瓮	硬		方格纹	宽	圆Eb				
132	M13b：1	罐	硬	有	方格纹	宽	菱形			沿部分残	口有叠烧痕
133	M13b：2	纺轮	硬	有							
134	M13b：3	罐	硬	有							底有叠烧痕
135	M13b：4	罐	硬		方格纹	细	B型五铢钱纹			沿微残	
136	M13b：5	罐	软			无					
137	M13b：6	罐	硬		方格纹	宽	方BbⅠ				
138	M13b：7	罐	硬		方格纹	宽	方BaⅡ				
139	M13b：8	罐	夹砂			细					口有支钉痕

续表

序号	标本号	器名	胎质	有无施釉	方格纹	凹弦纹	戳印	刻划	其他纹饰	残损情况	备注
140	M13b：9	壶	硬	有		细					
141	M13b：10	豆	硬							圈足微残	
142	M14：1	罐	稍软		方格纹	宽	四叶纹	箭头		沿微残	
143	M14：2	罐	稍软		方格纹	宽	圆C	箭头		沿微残	
144	M14：3	罐	硬	有	方格纹	宽	组合			沿部分残	口有支钉，底有叠烧痕
145	M14：4	罐	硬		方格纹	宽	圆A				
146	M14：5	罐	硬		方格纹	宽	方Aa			沿部分残	
147	M14：6	壶	硬			宽				缺一耳	
148	M14：7	罐	硬		方格纹	宽	圆Ea	短线		沿大部残	
149	M14：8	罐	硬		方格纹	宽	圆Ea	短线		沿微残	
150	M14：9	罐	硬		方格纹	宽	圆Ea			沿微残	
151	M15：1	碗	硬			宽				口微残	
152	M15：2	瓮	稍软		方格纹	宽	云纹				
153	M15：3	瓮	硬		方格纹	宽	方Aa			沿微残	
154	M15：4	罐	硬		方格纹	宽	圆Eb	“小”			
155	M15：5	罐	硬		方格纹	宽	圆Ea			沿微残	
156	M15：6	罐	硬	有	方格纹	宽				沿微残	口、底有支钉痕
157	M15：7	罐	硬		方格纹	宽	圆Ea	短线			
158	M15：8	四耳罐	硬	有	方格纹	宽	A型五铢钱纹		戳刺纹		
159	M15：9	罐	硬		方格纹	宽	圆B				
160	M15：10	罐	硬	有	方格纹	宽	菱形				口有支钉痕
161	M15：11	罐	硬		方格纹	宽	菱形				
162	M16：1	罐	硬			宽					
163	M16：2	纺轮	硬								
164	M17：2	壶	硬			宽					
165	M17：3	罐	硬		方格纹	宽	圆Ea				
166	M17：4	罐	硬	有							口有支钉痕
167	M17：5	罐	硬	有	方格纹		方Ab				
168	M17：6	罐	硬		方格纹					沿微残	
169	M17：7	罐	硬	有	方格纹		方BaⅡ				口有支钉痕，底有叠烧痕
170	M17：8	罐	稍软		方格纹	宽				沿部分残	口有支钉痕
171	M17：9	罐	硬			细				沿微残	
172	M17：10	罐	硬	有	方格纹		方BbⅠ				
173	M17：11	盂	硬								
174	M18：1	瓮	夹砂		方格纹	宽	组合			沿部分残	

续表

序号	标本号	器名	胎质	有无施釉	方格纹	凹弦纹	戳印	刻划	其他纹饰	残损情况	备注
175	M18：2	壶	硬	有		宽					
176	M18：3	罐	硬		方格纹	宽	A型五铢钱纹			沿部分残	
177	M18：4	罐	硬		方格纹	宽	圆Ea	短线			口有支钉痕
178	M18：5	罐	硬		方格纹	宽	方Ba Ⅰ				口有支钉痕
179	M18：6	罐	硬		方格纹	宽		短线		沿微残	
180	M18：7	罐	硬		方格纹	宽		短线		沿微残	
181	M18：8	四耳罐	硬		方格纹	细					
182	M18：9	罐	硬	有		宽				沿部分残	
183	M18：12	灯盘	软								
184	M19：2	纺轮	硬								
185	M20：1	壶	硬			宽				口及圈足微残，缺一耳	
186	M20：2	罐	硬		方格纹	宽	圆Ea			沿部分残	
187	M20：3	罐	硬	有	方格纹	宽	方C				
188	M20：4	罐	硬		方格纹	宽	方Aa				口有支钉痕
189	M20：5	罐	硬		方格纹	细		短线			
190	M20：6	罐	硬		方格纹	宽	方Aa				口有支钉痕
191	M20：7	罐	硬		方格纹	宽	方Aa				
192	M20：8	罐	硬		方格纹	宽	方Aa				口有支钉痕
193	M20：9	罐	硬		方格纹		圆Eb				口有支钉痕
194	M22：1	碗	硬							口微残	
195	M23：1	壶	硬			宽				口及圈足部分残	
196	M23：2	罐	硬	有		无				沿微残	口有支钉痕
197	M23：3	罐	硬		方格纹	宽	A型五铢钱纹	短线		沿大部残	
198	M23：4	罐	软		方格纹					沿大部残	
199	M23：5	小陶釜	硬								
200	M23：6	罐	夹砂		方格纹	宽				沿大部残	
201	M23：7	罐	软		方格纹						
202	M23：8	瓮	硬		方格纹	宽	圆Eb				
203	M23：10	纺轮	硬								
204	M23：11	小陶釜	硬								
205	M25：1	小陶釜	硬	有							
206	M28：1	小陶釜	硬							口微残	
207	M28：2	壶	硬	有		宽				口部分残	

续表

序号	标本号	器名	胎质	有无施釉	方格纹	凹弦纹	戳印	刻划	其他纹饰	残损情况	备注
208	M28：3	罐	硬	有	方格纹	宽	A型五铢钱纹			沿微残	口有支钉痕，底有支钉
209	M28：4	罐	硬		方格纹	宽				沿微残	口有支钉痕
210	M28：5	罐	硬		方格纹	宽	蛇纹			沿大部残	口、底有支钉痕
211	M28：6	罐	稍软		方格纹	宽	圆Ea			沿微残	
212	M28：7	罐	硬		方格纹	宽	圆Ea			沿微残	
213	M28：8	罐	夹砂		方格纹			短线			
214	M28：9	罐	硬	有	方格纹	宽				沿大部残	口有支钉
215	M28：10	罐	硬		方格纹	宽	方Aa			沿微残	
216	M28：11	纺轮	硬								
217	M28：12	三足釜	夹砂						大方格纹		
218	M29：1	盂	稍软								
219	M29：2	熏炉	硬	有							
220	M29：3	纺轮	夹砂								
221	M31：1	豆	硬			宽					
222	M31：2	罐	硬		方格纹						
223	M31：3	罐	硬		方格纹	宽	方Aa			沿微残	
224	M31：4	罐	硬		方格纹	宽					
225	M31：5	罐	硬	有	方格纹	宽					
226	M31：6	罐	硬		方格纹	宽	方Aa			沿微残	
227	M31：7	罐	硬		方格纹	宽					
228	M31：8	罐	硬		方格纹	宽					
229	M31：9	罐	硬			宽					
230	M31：10	罐	硬		方格纹	宽					
231	M31：12	五联罐	硬								
232	M31：13	井	稍软		方格纹		方BbⅠ				
233	M31：14	三足釜	夹砂						大方格纹		
234	M32a：1	瓿	硬			宽					
235	M32a：2	罐	硬		方格纹	宽	圆Ea			沿微残	
236	M32a：3	壶	硬	有		宽				口大部残，圈足部分残	
237	M32a：4	纺轮	硬								
238	M32b：1	罐	硬			宽				沿微残	
239	M32b：2	罐	硬			宽				沿微残	
240	M32b：3	罐	硬		方格纹		方BbⅠ			沿微残	
241	M32b：4	瓮	硬		方格纹	宽	方BaⅡ			沿微残	

续表

序号	标本号	器名	胎质	有无施釉	方格纹	凹弦纹	戳印	刻划	其他纹饰	残损情况	备注
242	M32b : 5	壶	硬	有		宽				肩部以上及圈足均缺失	
243	M32b : 6	罐	硬		方格纹	宽	圆Ea			沿大部残缺	
244	M32b : 7	罐	软		方格纹						
245	M32b : 8	罐	硬		方格纹	宽	方BaⅡ				口有支钉痕
246	M32b : 9	罐	硬		方格纹		方BbⅠ				
247	M33a : 1	罐	稍软			宽					
248	M33a : 2	五联罐	稍软								
249	M33a : 3	罐	稍软								
250	M33a : 4	罐	硬								
251	M33a : 5	罐	稍软							沿微残	
252	M33a : 6	瓮	硬		方格纹	宽	方Aa				底有支钉痕
253	M33b : 1	壶	硬			细					
254	M33b : 2	罐	硬			细					
255	M33b : 3	罐	硬								
256	M33b : 4	罐	硬		方格纹						
257	M33b : 5	罐	硬		方格纹	细	三角形				
258	M33b : 6	罐	硬		方格纹	宽				沿大部残	
259	M33b : 7	罐	硬	有	方格纹	细	方BbⅠ	“л”			
260	M33b : 8	罐	硬			细				口大部残	
261	M33b : 9	罐	稍软		方格纹	细	方BaⅡ			口大部残	
262	M33b : 10	纺轮	硬								
263	M33b : 11	罐	稍软			细				口大部残	
264	M34 : 1	小陶釜	硬								
265	M34 : 2	罐	硬		方格纹	宽	组合				
266	M35 : 1	罐	硬		方格纹	宽		短线		沿微残	
267	M35 : 2	罐	硬		方格纹		方Aa	短线		沿微残	口有支钉痕
268	M35 : 3	罐	硬		方格纹	宽				沿微残	口有支钉痕，底有叠烧痕
269	M35 : 4	四耳罐	硬	有	方格纹	宽	方Aa			口微残，缺一耳	
270	M35 : 5	罐	硬		方格纹	宽	菱形			沿微残	
271	M35 : 6	罐	硬		方格纹	宽	组合			沿微残	
272	M35 : 7	壶	硬			宽					
273	M35 : 9	五联罐	硬								
274	M36 : 1	纺轮	硬								
275	M36 : 2	碗	硬								
276	M37 : 1	碗	硬								

续表

序号	标本号	器名	胎质	有无施釉	方格纹	凹弦纹	戳印	刻划	其他纹饰	残损情况	备注
277	M37：2	碗	硬								
278	M43：1	壶	硬	有		细				口残缺，圈足微残	
279	M43：2	纺轮	硬								
280	M43：3	瓮	软		方格纹	细	方BbⅡ				
281	M43：4	罐	硬		方格纹	细	方BbⅡ			口部分残	
282	M43：5	罐	硬			细					底有叠烧痕
283	M43：6	罐	硬		方格纹		方BbⅡ				
284	M43：7	罐	硬		方格纹		方BaⅠ			沿大部残	
285	M43：8	罐	硬			细				口部分残	
286	M43：9	罐	硬	有	方格纹		方BbⅡ				
287	M43：10	罐	硬	有		细				口沿缺失	
288	M44：1	罐	硬		方格纹	宽	圆Ea			沿大部残	
289	M44：2	罐	夹砂		方格纹	宽	圆Eb	短线		沿大部残	
290	M44：3	罐	硬		方格纹	宽	圆Eb			沿微残	
291	M44：4	罐	硬		方格纹	宽		“非”		沿微残	
292	M44：5	罐	硬		方格纹	宽	菱形				口有支钉痕
293	M44：6	瓿	硬		方格纹	宽					
294	M44：7	罐	硬	有	方格纹	宽				沿大部残	
295	M44：8	罐	硬							沿微残	
296	M44：9	罐	硬		方格纹	宽	圆Ea			沿部分残	
297	M44：10	小陶釜	硬					“Ω”			
298	M45：1	罐	稍软		方格纹	宽	方BaⅡ			沿微残	
299	M45：2	罐	硬								
300	M45：3	罐	硬		方格纹	宽				沿部分残	
301	M45：4	罐	硬			宽					
302	M45：5	罐	硬								
303	M45：6	罐	硬		方格纹	细				沿微残	
304	M45：7	罐	硬			宽					
305	M45：8	五联罐	稍软								
306	M45：9	罐	硬		方格纹	宽	方Aa			沿部分残	
307	M45：10	壶	硬	有		宽				口微残，缺一耳	
308	M46：1	小陶釜	硬	有						口大部残	
309	M49A：1	瓮	硬		方格纹		方BaⅡ				
310	M49A：2	五联罐	稍软								
311	M49A：3	罐	软		方格纹						
312	M49A：4	罐	软		方格纹		方C				

续表

序号	标本号	器名	胎质	有无施釉	方格纹	凹弦纹	戳印	刻划	其他纹饰	残损情况	备注
313	M49A：5	罐	硬		方格纹		方BaⅢ				
314	M49A：6	壶	稍软			细					
315	M49A：7	罐	硬			细				口微残	
316	M49A：8	瓮	硬		方格纹	细	方BaⅡ				
317	M49A：9	纺轮	硬								
318	M49B：1	瓮	稍软		方格纹		方BaⅢ				
319	M49B：2	瓮	软		方格纹		方BaⅢ				
320	M50：1	纺轮	硬								
321	M53A：1	罐	硬			宽					
322	M53A：2	罐	硬		方格纹	宽	方BaⅡ				口有支钉痕
323	M53A：3	罐	硬	有	方格纹	宽				沿微残	口有支钉痕
324	M53A：4	罐	硬		方格纹	宽	方BaⅡ			沿微残	
325	M53A：5	盂	硬								
326	M53A：6	罐	硬		方格纹	宽				沿微残	
327	M53A：7	罐	硬		方格纹	宽	圆Eb			沿微残	口有支钉痕
328	M53A：8	盆	硬			宽					口、腹有支钉痕
329	M53A：9	罐	硬		方格纹	宽	圆Eb	短线		沿微残	口、底均有支钉
330	M53A：10	罐	硬		方格纹	宽	方BaⅡ			沿微残	口有支钉痕
331	M53A：11	罐	硬		方格纹	宽	组合			沿微残	
332	M53A：12	罐	硬		方格纹	细				沿大部残	
333	M53A：13	小陶釜	硬								
334	M53A：14	壶	硬			宽					
335	M53A：15	纺轮	硬								
336	M53B：1	盂	硬								
337	M53B：2	罐	硬		方格纹	宽	菱形				口有支钉痕
338	M53B：3	壶	硬	有		宽					底有刻划，腹有叠烧痕
339	M53B：4	罐	硬		方格纹	宽	方BbⅠ				口有支钉痕
340	M53B：5	罐	硬		方格纹	宽	方BbⅠ				
341	M53B：6	罐	硬		方格纹	宽	方BbⅠ				
342	M53B：7	灶	硬						叶脉纹		
343	M53B：8	壶	硬	有		宽					底有刻划，腹有叠烧痕
344	M53B：10	匏壶	硬	有		宽				口部分残	
345	M53B：11	豆	硬			宽		刻符			
346	M53B：12	罐	硬		方格纹	宽		短线		沿微残	
347	M53B：13	罐	硬		方格纹	宽		短线		沿微残	口有支钉痕

续表

序号	标本号	器名	胎质	有无施釉	方格纹	凹弦纹	戳印	刻划	其他纹饰	残损情况	备注
348	M53B：14	罐	硬	有	方格纹	宽	圆Eb	短线		沿微残	口有叠烧痕
349	M53B：15	罐	硬	有	方格纹	宽	圆Eb	短线		沿微残	口有支钉痕
350	M53B：16	罐	硬		方格纹	宽	方C	短线		沿微残	口有支钉痕
351	M53B：17	罐	硬		方格纹	宽	方BbⅠ				
352	M53B：18	樽	硬	有		宽		“×”	戳刺纹、铺首纹		口有支钉
353	M53B：19	鼎	硬	有		宽			叶脉纹，四叶纹		
354	M53B：20	鼎	硬	有		宽			叶脉纹，四叶纹		
355	M53B：22	甗	夹砂						大方格纹		
356	M53B：23	瓮	硬		方格纹	宽	圆D				
357	M53b：25	甗	夹砂						大方格纹		
358	M53：1	罐	硬		方格纹	宽	组合			沿部分残	
359	M54：1	瓮	硬		方格纹		方BaⅢ				
360	M54：2	瓮	硬		方格纹		方BaⅡ				
361	M54：3	壶	稍软			细				颈部以上缺失	
362	M54：4	罐	硬			细					
363	M54：5	罐	硬		方格纹		菱形				
364	M54：6	罐	软		方格纹		方BaⅡ				
365	M54：7	罐	硬		方格纹		方BaⅢ				
366	M54：8	罐	硬	有		细					口有支钉痕
367	M54：9	小陶壶	硬	有		细				口微残	
368	M54：10	罐	硬		方格纹		菱形				
369	M54：11	瓮	硬		方格纹		方D				
370	M54：12	四耳罐	硬			细				缺两耳	
371	M54：13	壶	硬			细				颈部以上，圈足及耳缺失	
372	M54：14	罐	硬	有	方格纹	细	方BaⅡ				口有支钉
373	M54：15	四耳罐	硬	有		细				四耳缺失	
374	M54：16	罐	软		方格纹						
375	M54：17	罐	软		方格纹		方BaⅢ				
376	M54：18	罐	硬								
377	M54：19	罐	稍软		方格纹					口微残	
378	M54：20	灯	软								
379	M54：21	纺轮	硬								

续表

序号	标本号	器名	胎质	有无施釉	方格纹	凹弦纹	戳印	刻划	其他纹饰	残损情况	备注
380	M60：2	罐	硬		方格纹		组合			口部缺失	
381	M60：3	瓮	硬		方格纹		方BaⅢ				口有支钉痕
382	M60：4	壶	硬	有		细				口微残，圈足大部缺失	口有支钉痕
383	M60：5	瓮	软		方格纹		方BaⅢ				
384	M60：6	纺轮	硬								
385	M60：7	瓮	软		方格纹		方BaⅢ				
386	M60：8	瓮	软		方格纹		方BaⅢ				
387	M60：9	纺轮	硬								

注：表格戳印一栏中，“方”指方几何形，“圆”指圆几何形，后面的英文字母代表某型，罗马数字代表某式。表格胎质一栏中，除夹砂陶外均为泥质陶。

附表三　铜盆汉墓陶器胎质及施釉情况统计表

期别及数量 \ 胎质及施釉		胎质					施釉
		夹砂陶	泥质陶			合计	
			硬陶	稍软	软陶		
西汉前期	数量	0	10	0	0	10	2
	百分比		100%				20%
西汉中期	数量	9	127	8	3	147	26
	百分比	6.1%	86.4%	5.4%	2%		17.7%
西汉晚期	数量	1	85	9	5	100	24
	百分比	1%	85%	9%	5%		24%
东汉前期	数量	0	27	5	10	42	6
	百分比		64.3%	11.9%	23.8%		14.3%
东汉后期	数量	4	67	7	9	87	38
	百分比	4.6%	77%	8%	10.3%		43.7%
期别不明墓	数量	0	1			1	0
	百分比		100%				
合计		14	317	29	27	387	96
百分比		3.6%	82%	7.5%	7%	100%	24.8%

附表四　铜盆汉墓陶器纹饰统计表

纹饰、数量及百分比 \ 期别		西汉中期（147）	西汉晚期（100）	东汉前期（42）	东汉后期（87）	合计
大方格纹	数量	4	0	0	2	6
	占本期陶器总数的比例	2.7%			2.3%	
方格纹	数量	95	50	24	28	197
	占本期陶器总数的比例	64.6%	50%	57.1%	32.1%	
戳印纹	数量	66	42	21	8	137
	占本期陶器总数的比例	44.9%	42%	50%	9.2%	
	占本期方格纹陶器的比例	69.5%	84%	87.5%	28.6%	
宽凹弦纹	数量	108	31	0	4	143
	占本期陶器的比例	73.5%	31%		46%	
	占本期凹弦纹的比例	96.4%	50%		7.1%	
细凹弦纹	数量	4	31	13	52	100
	占本期陶器的比例	2.7%	31%	31%	59.8%	
	占本期弦纹的比例	3.6%	50%	100%	92.9%	
刻划	数量	25	2	0	0	27
	占本期陶器总数的比例	17%	2%			
叶脉纹	数量	3	0	0	0	3
	占本期陶器总数的比例	2%				
铺首纹	数量	1	0	0	0	1
	占本期陶器总数的比例	0.7%				
四叶纹	数量	2	0	0	0	2
	占本期陶器总数的比例	1.4%				
戳刺纹	数量	2	0	0	0	2
	占本期陶器总数的比例	1.4%				
绳纹	数量	0	0	0	1	1
	占本期陶器总数的比例				1.1%	

注：首行括号内的数字为各期出土陶器数量。

附表五　铜盆汉墓戳印种类占比统计表

戳印种类、数量及百分比 \ 期别		西汉中期	西汉晚期	东汉前期	东汉后期	合计
圆几何形	数量	24	6	0	0	30
	占本期戳印的比例	36.4%	14.3%			
	占圆几何形戳印的比例	80%	20%			
方几何形	数量	24	27	18	8	77
	占本期戳印的比例	36.4%	64.3%	85.7%	100%	
	占方几何形戳印的比例	31.2%	35.1%	23.4	10.4%	
五铢钱纹	数量	4	1	0	0	5
	占本期戳印的比例	6.1%	2.4%			
	占五铢钱纹戳印的比例	80%	20%			
菱形	数量	5	4	2	0	11
	占本期戳印的比例	7.6%	9.5%	9.5%		
	占菱形戳印的比例	45.5%	36.4%	18.2%		
三角形	数量	0	2	0	0	2
	占本期戳印的比例		4.8%			
	占三角形戳印的比例		100%			
四叶纹	数量	1	0	0	0	1
	占本期戳印的比例	1.5%				
	占四叶形戳印的比例	100%				
云纹	数量	1	0	0	0	1
	占本期戳印的比例	1.5%				
	占云纹戳印的比例	100%				
蛇纹	数量	1	2	0	0	3
	占本期戳印的比例	1.5%	4.8%			
	占蛇纹戳印的比例	33.3%	66.7%			
组合戳印	数量	6	0	1	0	7
	占本期戳印的比例	9.1%		4.8%		
	占组合戳印的比例	85.7%		14.3%		
合计		66	42	21	8	137

附表六　铜盆汉墓戳印种类数量统计表

类型 \ 期别		西汉中期	西汉晚期	东汉前期	东汉后期	小计	合计
圆几何形	A	1	0	0	0	1	30
	B	1				1	
	C	1				1	
	D	1				1	
	Ea	11	5			16	
	Eb	9	1			10	
方几何形	Aa	12	2	0	0	14	77
	Ab	0	2			2	
	BaⅠ	1	2			3	
	BaⅡ	4	7	6		17	
	BaⅢ	0	1	10	8	19	
	BbⅠ	5	8	0	0	13	
	BbⅡ	0	4			4	
	Bc	0	1			1	
	C	2	0	1		3	
	D	0	0	1		1	
五铢钱形	A	4	0	0	0	4	5
	B	0	1	0	0	1	
菱形		5	4	2	0	11	11
四叶形		1	0	0	0	1	1
云纹		1	0	0	0	1	1
蛇纹		1	2	0	0	3	3
组合戳印		6	0	1	0	7	7
合计		66	42	21	8	137	

附表七　铜盆汉墓陶瓮纹饰统计表

期别 纹饰		西汉中期（5）		西汉晚期（8）		东汉前期（12）		东汉后期（16）	
		数量	百分比	数量	百分比	数量	百分比	数量	百分比
方格纹		5	100%	6	75%	12	100%	16	100%
无方格纹		0		2	25%	0		0	
戳印		5	100%	6	75%	12	100%	8	50%
无戳印		0		2	25%	0		8	50%
弦纹	宽	5	100%	4	50%	0		1	6.3%
	细	0		4	50%	1	8.3%	0	
无弦纹		0		0		11	91.7%	15	93.7%

注：括号内数字为各期出土陶瓮数量。

附表八　铜盆汉墓陶罐纹饰统计表

期别 纹饰		西汉中期（95）		西汉晚期（69）		东汉前期（16）		东汉后期（31）		合计
		数量	百分比	数量	百分比	数量	百分比	数量	百分比	
方格纹		85	89.5%	43	62.3%	12	75%	6	19.4%	146
无方格纹		10	10.5%	26	37.7%	4	25%	25	80.6%	65
戳印		58	61.1%	35	50.7%	9	56.3%	0		102
无戳印		37	38.9%	34	49.3%	7	43.7%	31	100%	109
弦纹	宽	82	86.3%	21	30.4%	0		3	9.7%	106
	细	3	3.2%	21	30.4%	4	25%	19	61.3%	47
无弦纹		10	10.5%	27	39.1%	12	75%	9	29%	58

注：首行括号内数字为各期出土陶罐总数。

后　　记

时光匆匆，不经意间从墓葬发掘至今已七载有余，回顾当初发掘情景，往事历历在目。在本书即将付梓之际，要特别感谢陈洪波、黄秋红、黎文宗、吴艳、薛淑娉、蒽礼峰六位参加发掘的广西师范大学历史文化与旅游学院师生及谢广学、刘华、陈晓林、李桂芳等本所及钟山县文物管理所的同仁，感谢你们的辛勤付出及那段难忘的相处时光。

本书由谢广维执笔；绘图及描图由谢广学、张小波、宁豇功负责；器物照由梧州市博物馆的周树雄和苏飒负责拍摄；野外照片由谢广学负责；文物修复及拓片由严术、宁豇功完成；墓葬分布图由陈丁山负责测绘。

在发掘和资料整理期间，林强、韦革等所领导及所内同仁曾多次亲临现场指导，并对资料整理及报告编写提出诸多宝贵意见；钟山县文物管理所在整理场地及日常整理工作方面提供较多的支持和协助；梧州市博物馆在出土器物照片的拍摄方面给予了大力的支持。本书前期出版相关工作由刘能负责，后因刘能工作调动，正式的编辑校核工作转由赵越负责。在此对以上所有支持本书编写和出版的单位和个人表示衷心的感谢。

本书编写力求资料的完整和客观，虽然在器物型式划分方面不可避免地会掺杂一些主观的因素，但好在所有资料线图照片齐备，读者亦可根据自己的判断重新进行检视。

这批墓葬从勘探、发掘到资料整理均为笔者一手负责，每座墓葬从勘探确认到发掘清理再到资料整理均亲自参与其中，其间凡事亲力亲为，不敢有丝毫懈怠，但囿于学识所限，书中难免会存在不足和错误之处，敬请专家学者及同仁批评指正。

谢广维

2018年1月

图版

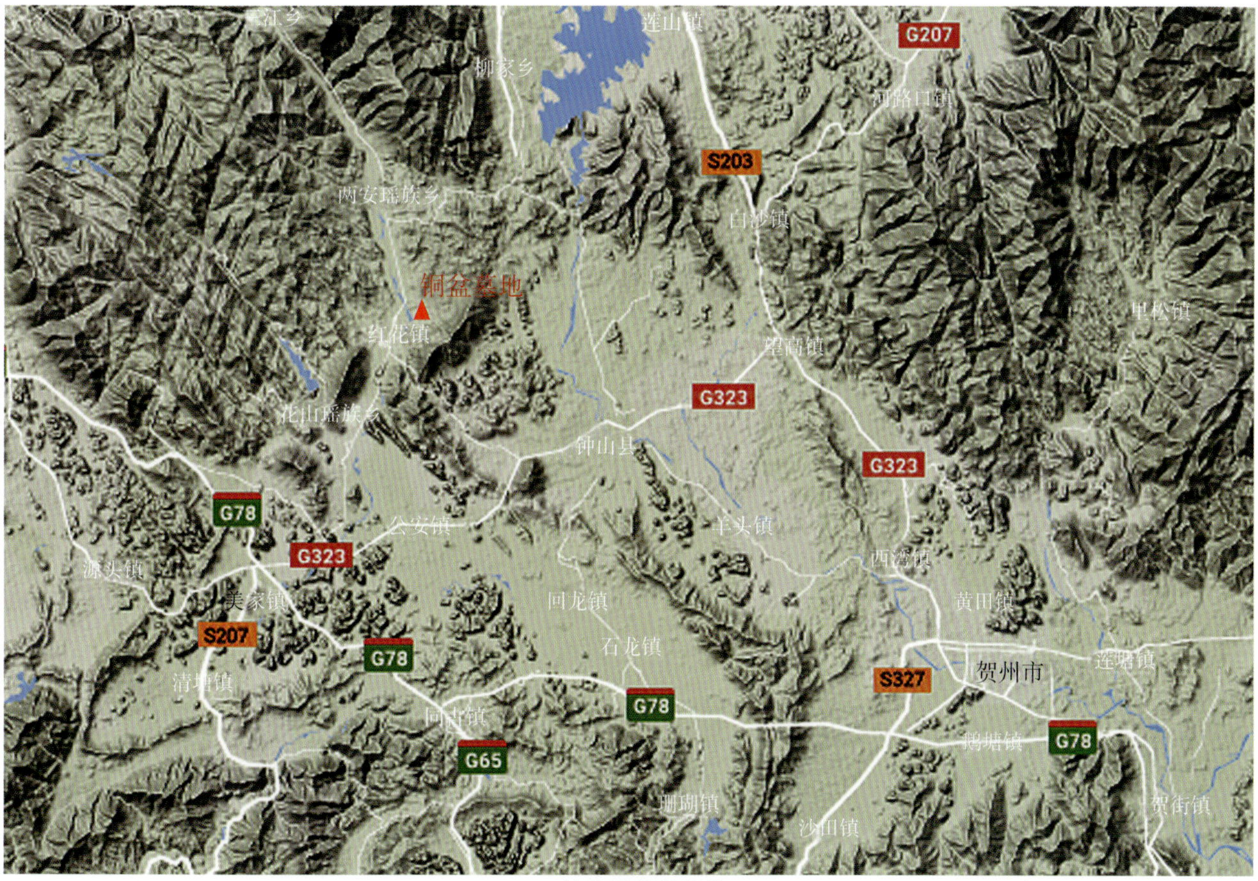

1. 钟山县地形地貌

2. 铜盆墓地周边地形地貌

铜盆墓地所在区域地形地貌

图版二

1. 铜盆墓地远景（东南—西北）

2. 铜盆墓地近景（东南—西北）

铜盆墓地

1. 陶壶泥条盘筑痕迹（M53b：8）

2. 陶壶底部刻划（M53b：3）

3. 直接起底陶罐底部竹篾印痕（M28：8）

4. 直接起底陶罐底部边缘凸起情况（M44：3）

5. 线直切起底陶罐底面情况（M18：9）

6. 线直切起底陶碗底面情况（M37：1）

陶器制法及起底方式

图版四

1. 陶盂底面线旋切偏心涡纹（M2：6）

2. 陶盂底面线旋切偏心涡纹（M17：11）

3. 小陶釜底面线旋切偏心涡纹（M11：10）

4. 陶碗底面线旋切偏心涡纹（M37：2）

5. 小陶釜底面切底条纹（M23：11）

6. 陶碗底面切底条纹（M15：1）

陶器起底方式

1. 陶罐口部支钉痕（M35：2）

2. 陶壶口部支钉痕（M60：4）

3. 陶罐底部支钉（M53a：9）

4. 陶罐底部支钉（M15：6）

5. 陶罐口对底叠烧痕（M2：9）

6. 陶壶腹部叠烧痕（M53b：3）

陶器装烧方式

1. M21全景（西—东）

2. M19全景（东—西）

3. 纺轮（M19：1）

4. 铁环首刀（M19：2）

M19、M21及出土器物

1. M5全景（南—北）

2. M9全景（东—西）

3. 纺轮（左M9：1、右M9：2）

M5、M9全景及出土器物

1. M26全景（东—西）

2. M22全景（东—西）

3. B型碗（M22：1）

M26、M22全景及出土陶碗

1. M42全景（东—西）

2. M25全景（东—西）

3. 环首铁刀（M42：1）

4. C型小陶釜（M25：1）

M25、M42全景及出土器物

图版一〇

1. M36全景（东—西）

2. M37全景（东—西）

3. A型碗（M36：2）

4. 纺轮（M36：1）

5. A型碗（M37：1）

6. B型Ⅰ式碗（M37：2）

M36、M37全景及出土陶器

1. M46全景（西—东）

2. B型小陶釜（M46：1）

3. 玉环（M46：2）

M46全景及出土器物

M15全景（东—西）

1. B型Ⅰ式瓮（M15：2）

2. B型Ⅰ式瓮（M15：3）

3. A型Ⅱ式罐（M15：4）

4. A型Ⅱ式罐（M15：5）

5. A型Ⅱ式罐（M15：6）

6. A型Ⅱ式罐（M15：7）

M15出土陶瓮、陶罐

图版一四

1. A型Ⅱ式罐（M15：9）

2. A型Ⅱ式罐（M15：10）

3. 陶罐底面施釉情况（M15：10）

4. A型Ⅱ式罐（M15：11）

5. A型Ⅰ式四耳罐（M15：8）

6. B型Ⅱ式碗（M15：1）

M15出土陶器

1. M29全景（东—西）

2. 熏炉（M29：2）

3. A型盂（M29：1）

4. 纺轮（M29：3）

M29全景及出土陶器

1. M31全景（东—西）

2. M31器物出土情况

M31全景及局部

1. 罐（M31：9）

2. A型Ⅰ式罐（M31：5）

3. A型Ⅱ式罐（M31：2）

4. A型Ⅱ式罐（M31：4）

5. A型Ⅱ式罐（M31：6）

6. C型Ⅰ式罐（M31：3）

M31出土陶罐

1. E型Ⅰ式罐（M31：7）

2. E型Ⅰ式罐（M31：8）

3. E型Ⅰ式罐（M31：10）

4. 豆（M31：1）

5. A型五联罐（M31：12）

M31出土陶器

1. B型三足釜（M31：14）

2. 陶井（M31：13）

3. 铜鋗（M31：11）

4. 铜鋗麻布痕迹（M31：11）

M31出土器物

1. M14全景（东—西）

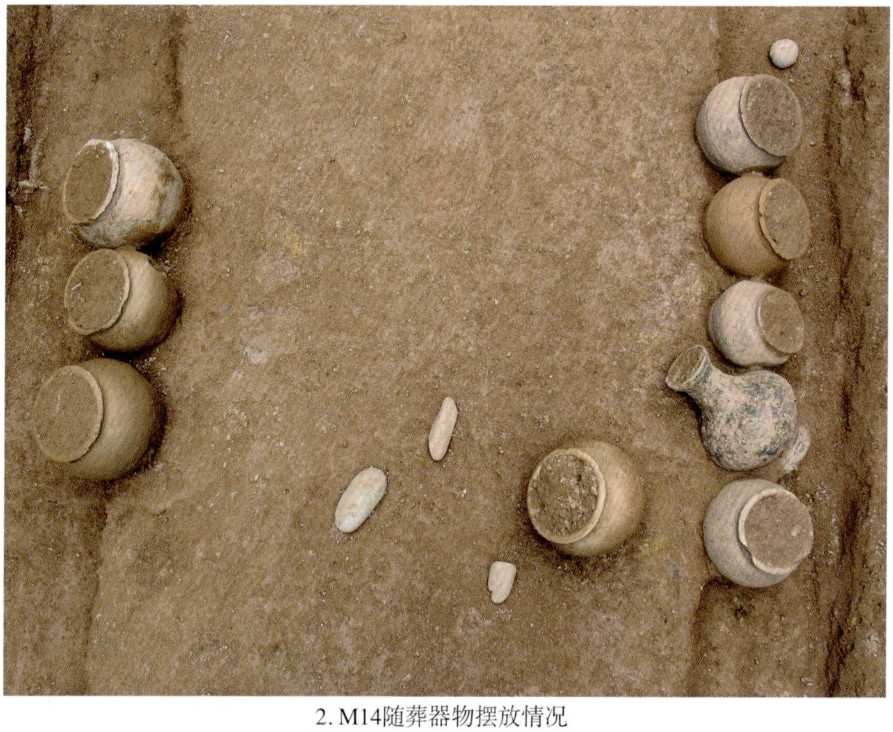

2. M14随葬器物摆放情况

M14全景及局部

1. A型Ⅰ式罐（M14：3）

2. A型Ⅰ式罐（M14：4）

3. A型Ⅰ式罐（M14：7）

4. 器体变形情况（M14：7）

5. A型Ⅰ式罐（M14：9）

6. A型Ⅱ式罐（M14：1）

M14出土陶罐

图版二二

1. A型Ⅱ式罐（M14：2）

2. A型Ⅱ式罐（M14：5）

3. 底面情况（M14：5）

4. A型Ⅱ式罐（M14：8）

5. A型Ⅰ式壶（M14：6）

M14出土陶罐、陶壶

1. M16全景（东—西）

2. 陶罐（M16：1）

3. 陶纺轮（M16：2）

M16全景及出土器物

1. M18全景（东北—西南）

2. M18随葬器物摆放情况

M18全景及局部

1. A型Ⅱ式罐（M18：3）

2. A型Ⅱ式罐（M18：4）

3. A型Ⅱ式罐（M18：5）

4. A型Ⅱ式罐（M18：9）

5. C型Ⅰ式罐（M18：6）

6. C型Ⅰ式罐（M18：7）

M18出土陶罐

1. C型Ⅰ式瓮（M18：1）

2. A型Ⅱ式壶（M18：2）

3. B型Ⅰ式四耳罐（M18：8）

4. 灯盘（M18：12）

5. 铜钱（M18：13）

M18出土器物

1. M20全景（西—东）

2. M20器物摆放情况

M20全景及局部

1. A型Ⅰ式壶（M20：1）

2. A型Ⅱ式罐（M20：2）

3. A型Ⅱ式罐（M20：3）

4. 器体变形情况（M20：3）

5. A型Ⅱ式罐（M20：6）

M20出土陶罐、陶壶

1. A型Ⅱ式罐（M20：7）

2. A型Ⅱ式罐（M20：8）

3. A型Ⅱ式罐（M20：9）

4. C型Ⅰ式罐（M20：4）

5. D型Ⅰ式罐（M20：5）

6. 铜卮（M20：11）

M20出土器物

1. M23全景（东—西）

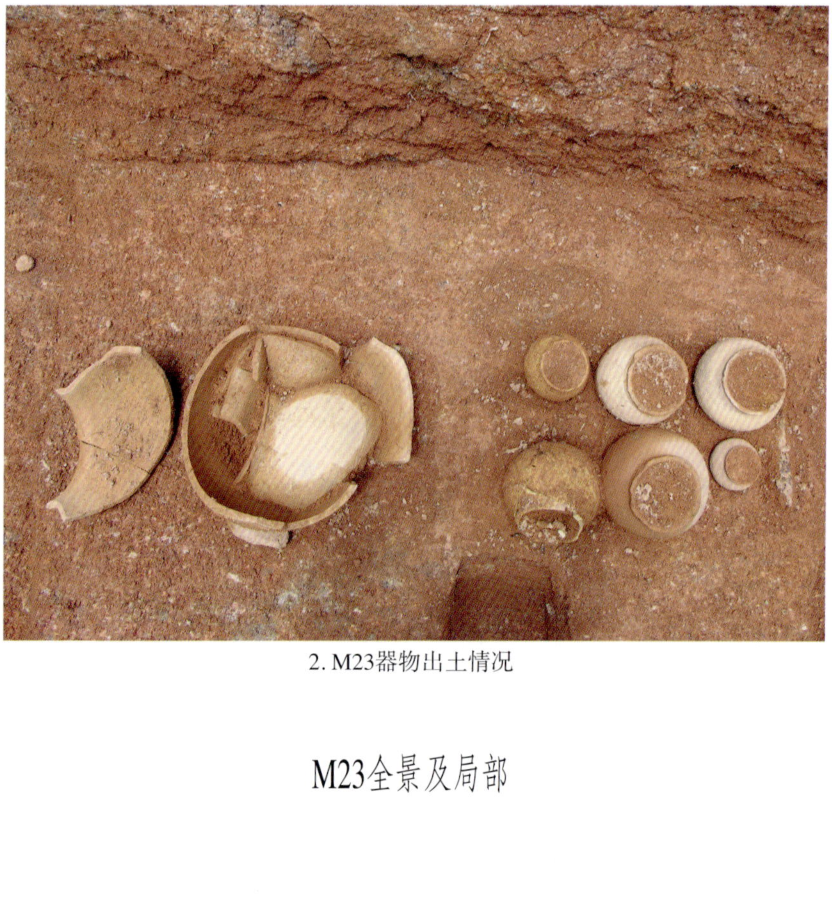

2. M23器物出土情况

M23全景及局部

1. A型Ⅰ式壶（M23：1）

2. C型Ⅰ式瓮（M23：8）

3. A型Ⅰ式罐（M23：6）

4. A型Ⅱ式罐（M23：3）

M23出土器物

1. A型Ⅱ式罐（M23：4）

2. A型Ⅱ式罐（M23：7）

3. C型Ⅰ式罐（M23：2）

4. D型小陶釜（M23：11）

5. E型小陶釜（M23：5）

6. 纺轮（M23：10）

7. 铁刀（M23：9）

M23出土器物

1. M28全景（东—西）

2. M28椁痕

M28全景及局部

图版三四

1. A型Ⅰ式壶（M28：2）

2. A型Ⅰ式罐（M28：3）

3. A型Ⅰ式罐（M28：8）

4. A型Ⅱ式罐（M28：4）

5. A型Ⅱ式罐（M28：5）

M28出土陶罐、陶壶

1. A型Ⅱ式罐（M28：6）

2. A型Ⅱ式罐（M28：7）

3. A型Ⅱ式罐（M28：9）

4. A型Ⅱ式罐（M28：10）

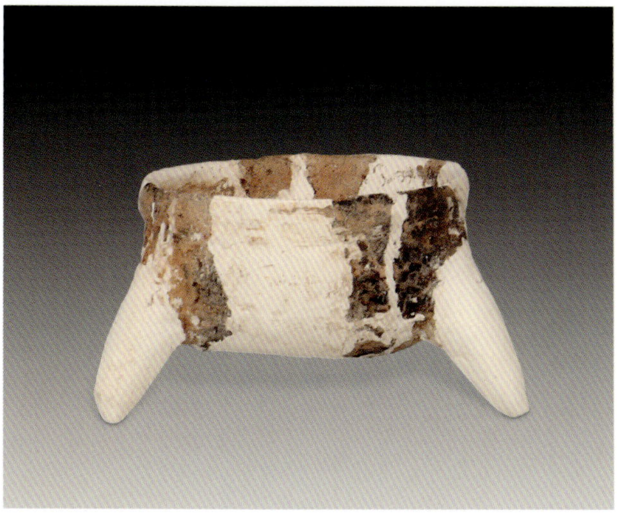

5. A型三足釜（M28：11）

6. E型小陶釜（M28：1）

M28出土器物

1. M34全景（东—西）

2. M34椁痕（西—东）

3. A型Ⅱ式陶罐（M34：2）

4. C型小陶釜（M34：1）

M34全景及出土陶器

1. M35全景（东—西）

2. M35器物出土情况

M35全景及局部

1. A型Ⅱ式罐（M35：1）

2. A型Ⅱ式罐（M35：2）

3. A型Ⅱ式罐（M35：5）

4. A型Ⅱ式罐（M35：6）

5. E型Ⅰ式罐（M35：3）

6. 底部叠烧黏连痕迹（M35：3）

M35出土陶罐

1. A型Ⅰ式壶（M35：7）

2. B型Ⅰ式四耳罐（M35：4）

4. Aa型铜钱（M35：8）

3. A型五联罐（M35：9）

M35出土器物

1. M44全景（东—西）

2. M44器物摆放情况

M44全景及局部

1. A型Ⅰ式罐（M44：4）

2. A型Ⅱ式罐（M44：1）

3. A型Ⅱ式罐（M44：2）

4. A型Ⅱ式罐（M44：3）

5. A型Ⅱ式罐（M44：5）

6. A型Ⅱ式罐（M44：7）

M44出土陶罐

图版四二

1. A型Ⅱ式罐（M44：9）

2. 器体变形情况（M44：9）

3. I型罐（M44：8）

4. 器体变形情况（M44：8）

5. A型瓿（M44：6）

6. A型小陶釜（M44：10）

7. 铁刀（M44：11）

M44出土器物

1. M45全景（东—西）

2. M45器物出土情况

3. M45器物出土情况

M45全景及器物出土情况

1. M45：2

2. M45：3

3. M45：4

4. M45：5

5. M45：6

6. M45：7

M45出土陶罐

1. A型Ⅱ式壶（M45：10）

2. C型Ⅰ式罐（M45：9）

3. D型Ⅰ式罐（M45：1）

4. A型五连罐（M45：8）

M45出土器物

M53全景（东—西）

1. M53器物分布情况（西—东）

2. M53二层台与椁室填土

3. M53随葬器物出土情况

M53局部及器物出土情况

1. A型Ⅰ式壶（M53a：14）

2. A型Ⅱ式壶（M53b：3）

3. A型Ⅱ式壶（M53b：8）

4. 匏壶（M53b：10）

M53出土陶壶、匏壶

1. A型Ⅰ式瓮（M53b：23）

2. A型Ⅰ式罐（M53a：4）

3. A型Ⅰ式罐（M53a：9）

4. A型Ⅰ式罐（M53a：11）

5. A型Ⅰ式罐（M53a：12）

M53出土陶瓮、陶罐

1. A型Ⅱ式罐（M53a：2）

2. A型Ⅱ式罐（M53a：3）

3. A型Ⅱ式罐（M53a：6）

4. A型Ⅱ式罐（M53a：7）

5. A型Ⅱ式罐（M53b：2）

6. A型Ⅱ式罐（M53b：6）

M53出土陶罐

1. A型Ⅱ式罐（M53b：12）

2. A型Ⅱ式罐（M53b：13）

3. A型Ⅱ式罐（M53b：14）

4. A型Ⅱ式罐（M53b：16）

5. B型Ⅰ式罐（M53b：4）

6. B型Ⅰ式罐（M53b：5）

M53出土陶罐

图版五二

1. B型Ⅰ式罐（M53b：17）

2. B型Ⅱ式罐（M53a：1）

3. C型Ⅰ式罐（M53a：10）

4. C型Ⅰ式罐（M53b：15）

5. C型Ⅰ式罐（M53：1）

6. 豆（M53b：11）

M53出土陶罐、陶豆

1. 鼎（M53b：19）

2. 鼎（M53b：20）

3. 樽（M53b：18）

4. 盆（M53a：8）

5. 灶（M53b：7）

M53出土陶器

图版五四

1. 甗（M53b：22）

2. 甗分视俯拍（M53b：22）

3. Ba型盂（M53b：1）

4. Ca型盂（M53a：5）

5. D型小陶釜（M53a：13）

6. 纺轮（M53a：15）

M53出土陶器

1. 铜环首刀（M53b：24）

2. 铜饰件（M53a：17）

3. 铜钱（M53a：16）

4. 石箭镞（M53：43）

5. 铜镜（M53b：9）

M53出土器物

M6全景（东—西）

1. A型Ⅱ式瓮（M6：1）

2. A型Ⅳ式罐（M6：6）

3. A型Ⅳ式罐（M6：7）

4. A型Ⅳ式罐（M6：8）

5. A型Ⅳ式罐（M6：9）

M6出土陶瓮、陶罐

图版五八

1. Cb型盂（M6：2）

2. D型盂（M6：3）

3. 盂底部偏心涡纹（M6：3）

4. D型盂（M6：5）

5. F型盂（M6：4）

6. 纺轮（M6：10）

M6出土陶盂、陶纺轮

M11全景（东一西）

图版六〇

1. A型Ⅲ式罐（M11：2）

2. A型Ⅲ式罐（M11：3）

3. A型Ⅲ式罐（M11：5）

4. A型Ⅲ式罐（M11：9）

5. C型Ⅱ式罐（M11：6）

6. E型Ⅰ式罐（M11：1）

M11出土陶罐

1. E型Ⅰ式罐（M11：7）

2. F型Ⅰ式罐（M11：4）

3. A型Ⅰ式四耳罐（M11：8）

4. D型小陶釜（M11：10）

5. 纺轮（M11：11）

6. 铁环首刀（M11：12）

M11出土器物

M12全景（东—西）

1. C型Ⅱ式瓮（M12：1）

2. C型Ⅱ式瓮（M12：9）

3. A型Ⅲ式罐（M12：7）

4. A型Ⅳ式罐（M12：2）

M12出土陶瓮、陶罐

图版六四

1. A型Ⅳ式罐（M12：4）

2. A型Ⅳ式罐（M12：6）

3. A型Ⅳ式罐（M12：8）

4. C型Ⅱ式罐（M12：3）

5. F型Ⅱ式罐（M12：5）

6. 铜钱（M12：10）

M12出土陶罐、铜钱

M17全景（东—西）

图版六六

1. A型Ⅱ式罐（M17：3）

2. A型Ⅱ式罐（M17：8）

3. A型Ⅲ式罐（M17：5）

4. A型Ⅲ式罐（M17：7）

5. 罐口支钉痕（M17：7）

6. A型Ⅲ式罐（M17：9）

M17出土陶罐

1. A型Ⅳ式罐（M17：10）

2. D型Ⅱ式罐（M17：4）

3. D型Ⅱ式罐（M17：6）

4. Ca型盂（M17：11）

5. A型Ⅱ式壶（M17：2）

6. 石凿（M17：1）

7. 铁刀（M17：12）

M17出土器物

M43全景（东—西）

1. B型Ⅰ式壶（M43：1）

2. C型Ⅱ式瓮（M43：3）

3. 罐（M43：10）

4. A型Ⅲ式罐（M43：7）

M43出土陶器

1. A型Ⅳ式罐（M43：5）

2. A型Ⅳ式罐（M43：8）

3. A型Ⅳ式罐（M43：9）

4. F型Ⅱ式罐（M43：4）

5. F型Ⅱ式罐（M43：6）

6. 纺轮（M43：2）

M43出土陶罐、陶纺轮

M13全景（东—西）

1. A型Ⅱ式壶（M13a：1）

2. B型Ⅰ式壶（M13b：9）

3. B型Ⅰ式瓮（M13a：10）

4. E型瓮（M13a：5）

M13出土陶壶、陶瓮

1. A型Ⅰ式罐（M13b：1）

2. A型Ⅱ式罐（M13a：7）

3. A型Ⅱ式罐（M13a：9）

4. 罐底施釉情况（M13a：9）

5. A型Ⅱ式罐（M13b：5）

6. A型Ⅱ式罐（M13b：7）

M13出土陶罐

1. A型Ⅲ式罐（M13a：2）

2. 器体变形情况（M13a：2）

3. A型Ⅲ式罐（M13b：6）

4. A型Ⅳ式罐（M13b：4）

5. B型Ⅱ式罐（M13a：8）

6. D型Ⅰ式罐（M13a：3）

M13出土陶罐

1. D型Ⅱ式罐（M13b：3）

2. D型Ⅱ式罐（M13a：4）

3. Ga型罐（M13a：6）

4. Ha型罐（M13b：8）

5. 豆（M13b：10）

6. 纺轮（M13b：2）

M13出土陶器

M32全景（西—东）

1. 壶（M32b：5）

4. C型壶（M32a：3）

2. 壶口部残缺情况（M32b：5）

3. 壶圈足残缺情况（M32b：5）

5. B型Ⅱ式瓮（M32b：4）

M32出土陶壶、陶瓮

1. A型Ⅱ式罐（M32a：2）

2. A型Ⅱ式罐（M32b：6）

3. A型Ⅲ式罐（M32b：8）

4. D型Ⅱ式罐（M32b：3）

5. D型Ⅲ式罐（M32b：7）

6. D型Ⅲ式罐（M32b：9）

M32出土陶罐

1. E型Ⅰ式罐（M32b：1）

2. 底部情况（M32b：1）

3. F型Ⅰ式罐（M32b：2）

4. B型瓿（M32a ：1）

5. 纺轮（M32a：4）

6. 铁锸（M32：1）

M32出土器物

M33全景（西—东）

1. B型Ⅱ式瓮（M33a：6）

2. A型Ⅲ式罐（M33a：1）

3. A型Ⅳ式罐（M33b：11）

4. B型Ⅱ式罐（M33b：9）

5. D型Ⅲ式罐（M33a：5）

6. D型Ⅲ式罐（M33b：4）

M33出土陶瓮、陶罐

1. E型Ⅰ式罐（M33b：6）

2. E型Ⅱ式罐（M33b：2）

3. F型Ⅱ式罐（M33a：3）

4. F型Ⅱ式罐（M33a：4）

5. F型Ⅱ式罐（M33b：3）

6. F型Ⅱ式罐（M33b：5）

M33出土陶罐

1. F型Ⅱ式罐（M33b：7）

2. Hb型罐（M33b：8）

3. B型Ⅰ式壶（M33b：1）

4. 纺轮（M33b：10）

5. A型五联罐（M33a：2）

M33出土陶器

1. M10全景（东—西）

2. M10a木炭及青膏泥

M10全景及局部

1. 壶（M10a：2）

2. 壶口部残缺修整情况（M10a：2）

3. D型Ⅱ式瓮（M10a：1）

4. 瓮器体变形情况（M10：1）

M10出土陶瓮、陶壶

M49全景（西—东）

1. C型Ⅱ式瓮（M49a：8）

2. D型Ⅰ式瓮（M49a：1）

3. D型Ⅰ式瓮（M49b：1）

4. D型Ⅰ式瓮（M49b：2）

5. 罐（M49a：3）

6. A型Ⅳ式罐（M49a：4）

M49出土陶瓮、陶罐

1. A型Ⅳ式罐（M49a：5）

2. Ga型罐（M49a：7）

3. B型Ⅱ式壶（M49a：6）

4. B型五联罐（M49a：2）

5. 纺轮（M49a：9）

6. 铜碗（M49b：3）

M49出土器物

M60全景（东一西）

图版九〇

1. B型Ⅱ式壶（M60：4）

2. D型Ⅰ式瓮（M60：3）

3. D型Ⅰ式瓮（M60：7）

4. D型Ⅱ式瓮（M60：5）

M60出土陶壶、陶瓮

1. 罐（M60：2）

2. 纺轮（左M60：9、右M60：6）

3. 铜碗（M60：1）

4. 铜碗修补痕迹（M60：1）

M60出土器物

M54全景（东—西）

1. M54器物叠放情况（南—北）

2. M54器物叠放情况（北—南）

M54随葬器物叠放情况

1. 壶（M54：3）

2. 壶口部残缺磨损情况（M54：3）

3. 壶（M54：13）

4. 壶口部切削情况（M54：13）

5. 壶圈足修整情况（M54：13）

6. 小陶壶（M54：9）

M54出土陶壶

1. D型Ⅰ式瓮（M54：1）

2. D型Ⅰ式瓮（M54：2）

3. D型Ⅰ式瓮（M54：11）

4. A型Ⅳ式罐（M54：5）

5. A型Ⅳ式罐（M54：10）

6. A型Ⅳ式罐（M54：17）

M54出土陶瓮、陶罐

1. D型Ⅲ式罐（M54：14）

2. E型Ⅱ式罐（M54：18）

3. E型Ⅱ式罐（M54：19）

4. F型Ⅱ式罐（M54：6）

5. F型Ⅱ式罐（M54：7）

6. Gb型罐（M54：8）

M54出土陶罐

1. Gc型罐（M54：4）

2. B型Ⅱ式四耳罐（M54：12）

3. B型Ⅱ式四耳罐（M54：15）

4. 灯（M54：20）

5. 铜卮（M54：22）

6. 铜盆（M54：23）

M54出土器物

1. M4全景（南—北）

2. M4墓底情况

M4全景及局部

1. D型Ⅲ式瓮（M4：2）

2. D型Ⅲ式瓮（M4：6）

3. Kb型Ⅰ式罐（M4：1）

4. C型双耳罐（M4：5）

5. 双耳罐底面情况（M4：5）

M4出土陶器

图版一〇〇

1. 陶壶（M4：3）

2. 壶口部修整情况（M4：3）

3. 纺轮（M4：4）

4. 铁环首刀（M4：7）

M4出土器物

M3全景（东北—西南）

1. M3封土（西—东）

2. M3随葬器物摆放情况

M3封土及随葬器物摆放情况

1. M3出土小砾石

2. D型Ⅲ式瓮（M3：2）

3. D型Ⅲ式瓮（M3：9）

4. B型Ⅲ式壶（M3：6）

5. 壶圈足残缺修整情况（M3：6）

M3出土器物

1. 罐（M3：14）

2. Gd型罐（M3：11）

3. J型罐（M3：24）

4. 罐器体变形情况（M3：24）

5. Kb型Ⅰ式罐（M3：4）

6. Kb型Ⅱ式罐（M3：3）

M3出土陶罐

1. Kb型Ⅱ式罐（M3：13）

2. Kb型Ⅱ式罐（M3：15）

3. Kb型Ⅱ式罐（M3：16）

4. Kc型Ⅰ式罐（M3：17）

5. Kc型Ⅱ式罐（M3：1）

6. Kd型Ⅰ式罐（M3：18）

M3出土陶罐

1. Kd型Ⅱ式罐（M3：19）

2. Ke型罐（M3：12）

3. L型罐（M3：10）

4. L型罐（M3：20）

5. A型双耳罐（M3：8）

6. A型Ⅱ式四耳罐（M3：5）

M3出土陶器

1. B型圈足碗（M3：21）

2. 陶帷帐座（M3：25）

3. 铜碗（M3：22）

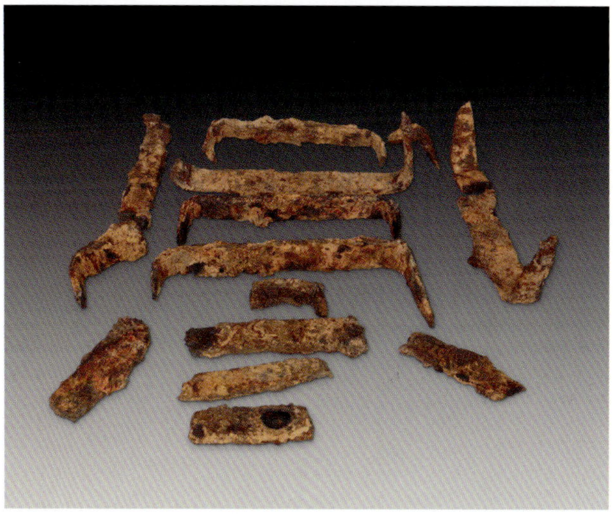

4. 铁棺钉（M3：23）

M3出土器物

M1全景（东北—西南）

1. M1随葬器物摆放情况

2. D型Ⅲ式瓮（M1：1）

3. D型Ⅲ式瓮（M1：4）

M1随葬器物摆放情况及出土陶瓮

图版一一〇

1. D型Ⅲ式瓮（M1：12）

2. D型Ⅲ式瓮（M1：5）

3. D型Ⅲ式瓮（M1：9）

4. C型双耳罐（M1：7）

5. C型双耳罐（M1：10）

6. F型双耳罐（M1：13）

M1出土陶瓮、陶双耳罐

1. 直身罐（M1：11）

2. A型圈足碗（M1：2）

3. B型圈足碗（M1：3）

4. 釜（M1：8）

5. 纺轮（M1：16）

6. 铁棺钉（M1：15）

M1出土器物

M2全景（东—西）

1. A型四耳瓮（M2：4）

2. B型四耳瓮（M2：3）

3. D型Ⅲ式瓮（M2：1）

4. D型Ⅲ式瓮（M2：2）

5. 罐（M2：14）

6. L型罐（M2：15）

M2出土陶瓮、陶罐

1. L型罐（M2：22）

2. B型双耳罐（M2：10）

3. C型双耳罐（M2：7）

4. C型双耳罐（M2：12）

5. C型双耳罐（M2：13）

6. C型双耳罐（M2：16）

M2出土陶罐

1. D型双耳罐（M2：9）

2. D型双耳罐（M2：19）

3. E型双耳罐（M2：11）

4. E型双耳罐（M2：20）

5. E型双耳罐（M2：24）

6. A型Ⅳ式壶（M2：5）

M2出土陶双耳罐及陶壶

1. Bb型盂（M2：8）

2. Bb型盂（M2：17）

3. Ca型盂（M2：6）

4. E型盂（M2：18）

5. 盒（M2：21）

6. 铁棺钉（M2：23）

M2出土器物

M7全景（东—西）

1. D型Ⅲ式瓮（M7：14）

2. D型Ⅲ式瓮（M7：16）

3. D型Ⅲ式瓮（M7：17）

4. D型Ⅲ式瓮（M7：18）

M7出土陶瓮

1. A型Ⅲ式壶（M7：15）

2. 罐（M7：9）

3. A型Ⅳ式罐（M7：2）

4. A型Ⅴ式罐（M7：8）

5. Ka型罐（M7：12）

6. Ka型罐（M7：20）

M7出土陶壶、陶罐

1. Kb型Ⅲ式罐（M7：11）

2. Kb型Ⅲ式罐（M7：13）

3. Kc型Ⅱ式罐（M7：3）

4. Kc型Ⅱ式罐（M7：6）

5. Kd型Ⅰ式罐（M7：19）

6. L型罐（M7：1）

M7出土陶罐

1. L型罐（M7：4 ）

2. G型双耳罐（M7：7）

3. G型双耳罐（M7：10）

4. H型双耳罐（M7：5）

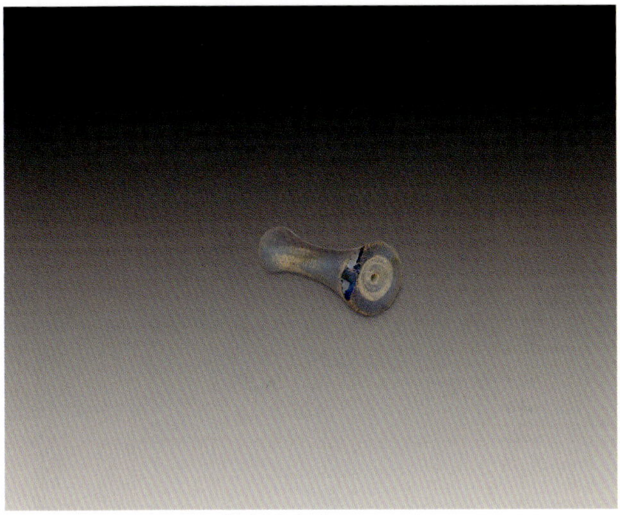

5. 琉璃耳珰（M7：22）

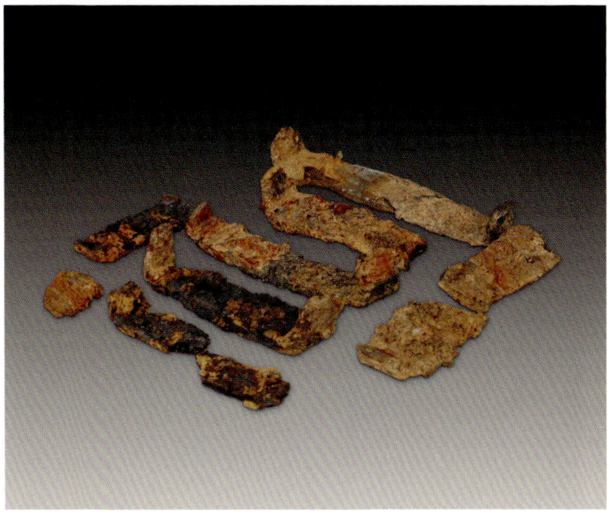

6. 铁棺钉（M7：21）

M7出土器物